中华传世藏书

【图文珍藏版】

资治通鉴

[北宋] 司马光·原著

姜涛·主编

线装书局

图书在版编目（CIP）数据

资治通鉴：全6册 /（北宋）司马光原著；姜涛主编. -- 北京：线装书局, 2014.6
ISBN 978-7-5120-1409-1

Ⅰ. ①资… Ⅱ. ①司… ②姜… Ⅲ. ①中国历史 – 古代史 – 编年体 Ⅳ. ①K204.3

中国版本图书馆CIP数据核字(2014)第088090号

资治通鉴

原　　著：	［北宋］司马光
主　　编：	姜　涛
责任编辑：	高晓彬
装帧设计：	博雅圣轩藏书馆 Boyashengxuan Cangshuguan
出版发行：	线装书局
地　　址：	北京市西城区鼓楼西大街41号（100009）
电　　话：	010-64045283　64041012
网　　址：	www.xzhbc.com
经　　销：	新华书店
印　　制：	北京彩虹伟业印刷有限公司
开　　本：	787mm×1092mm　1/16
印　　张：	168
彩　　插：	8
字　　数：	2040千字
版　　次：	2014年6月第1版第1次印刷
印　　数：	0001-3000套
定　　价：	1580.00元（全六册）

司马光主持编纂《资治通鉴》

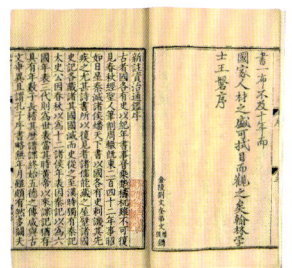

　　司马光（1019年11月17日~1086年10月11日）初字公实，后改君实，号迂夫，晚号迂叟，司马池之子。汉族，出生于河南省光山县，原籍陕州夏县（今属山西）涑水乡人，世称涑水先生。司马光是北宋政治家、文学家、史学家，历仕仁宗、英宗、神宗、哲宗四朝，卒赠太师、温国公，谥文正。司马光为人温良谦恭、刚正不阿，其人格堪称儒学教化下的典范，历来受人景仰。他主持编纂了中国历史上第一部编年体通史《资治通鉴》，全书294卷，约300多万字，历时十九年，所记历史断限，上起周威烈王二十三年(前403年)，下迄后周显德六年(959年)，涵盖16朝1362年的历史，内容以政治、军事为主，略于经济、文化。

晋分三国成七雄

田单火牛破敌阵

孙膑庞涓斗智

廉颇负荆请罪

秦始皇焚书坑儒

勇士荆轲刺秦王

萧何月下追韩信

张骞出使西域

曹操煮酒论英雄

关羽过五关斩六将

诸葛亮七擒孟获

秦晋淝水之战

刘裕篡位称宋帝

冯太后铁腕辅政

宇文邕改革图强

隋文帝励精图治

李渊起兵攻长安

唐太宗接见吐蕃

杨贵妃受宠有术

宋太祖杯酒释兵权

前　言

　　《资治通鉴》是中国古代著名的历史著作,历来为人们所重视和阅读学习。作为历代君王的教科书,对《资治通鉴》的称誉,除《史记》之外,几乎没有任何一部史著可与其相媲美,故自成书以来,历代帝王将相、文人骚客、各界要人争读不止。点评批注《资治通鉴》的帝王、贤臣、鸿儒及现代的政治家、思想家、学者不胜枚举、数不胜数,此书已和《史记》一样,被人们称为史学瑰宝,广为流传,教益大众。正如清代学者王鸣盛所说:"此天地间必不可无之书,亦学者必不可不读之书。"

　　司马光一生大部分精力都奉敕编撰此书,自英宗治平三年(公元1066),至神宗元丰七年(公元1084),共费时十九年。他在《进资治通鉴表》中说:"日力不足,继之以夜","精力尽于此书"。司马光为此书付出毕生精力,成书不到两年,他便积劳而逝。

　　在宋代之前,历代史书已卷帙浩繁,且均文字繁多,体裁各异,布衣尚且"读之不遍",日有万机的人君更是无暇周览。司马光因之属意于编纂一部编年通史,意在"删削冗长,举撮机要,专取关国家盛衰,系生世休戚,善可为法,恶可为戒者,为编年一书,使先后有伦,精粗不杂",以方便君王大臣阅览、借鉴。后遇英宗皇帝下诏令编写,得以遍选当时优秀史家相助,因缘际会,乃成此三百余万言大著。

　　公元1067年,刚刚即位的北宋第六位皇帝神宗赵顼,认为司马光等所编史志,记述了以往明君、良臣,记载有议论精要的话言,天人相通的分际,美恶诸事发端的征兆,权柄福泽盛衰的原因,良将的方略,循吏的教化,判断邪曲正直的标准,政事治乱的关键,认为"鉴于往事,有资于治道",故赐名"资治通鉴"。

　　《资治通鉴》的内容以政治、军事和民族关系为主,兼及经济、文化和历史人物评价,记载了上起战国时期周威烈王二十三年(前403),下迄后周世宗显德六年(959)五代灭亡,前后长达一千三百六十二年的历史。选取的资料除了十七史外,还包括了二百多种野史和文集。由于编者司马光在史料的搜集、事实的考订、年月的编排以及文字的剪裁润饰上所下的功夫,使它成为我们研究唐以及唐以前历史的一部必不可少的参考书。书中描绘了战国至五代期间的历史发展脉络,探讨了秦、汉、晋、隋、唐等统一的王朝和战国七雄、魏蜀吴三国、五胡十六国、南北朝、五代十国等几十个政权的盛衰缘由,生动地刻画了帝王将相们的为政治国、待人处世之道,以及他们在历史旋涡中的生死悲欢,目的是通过对事关国家盛衰、民族兴亡的统治阶级政策的描述,以警示后人。

　　《资治通鉴》虽然是一部史书,但艺术上也有很高的成就。它的行文生动优美,结构严谨,尤长于叙事。司马光堪称一代语言文学大师,其语言既详细周全,又不失简洁明了；文笔既精湛优美，又不流于高深古奥；风格既博采众长，又独树一帜，充分体现了他驾驭文字和语言的非凡能力。

司马光所处的时代，距今已有900余年，当时文言与当下所用的白话文已相去甚远，故现代人读此书，多有因感到吃力而放弃的。有鉴于此，我们组织了众多专家学者联袂编撰了这套文白对照的《资治通鉴》丛书，编译者在翻译时力图贴近、还原《资治通鉴》，译文典雅，紧贴原著，并配有精美插图，不以"现代眼光"作解人，不擅作发挥，目的就是能让读者读到"干干净净的《资治通鉴》，干干净净的司马君实"。

目录

资治通鉴第一卷 …………………………………………………… (1)
  周纪一 …………………………………………………………… (1)
资治通鉴第二卷 …………………………………………………… (30)
  周纪二 …………………………………………………………… (30)
资治通鉴第三卷 …………………………………………………… (42)
  周纪三 …………………………………………………………… (42)
资治通鉴第四卷 …………………………………………………… (55)
  周纪四 …………………………………………………………… (55)
资治通鉴第五卷 …………………………………………………… (66)
  周纪五 …………………………………………………………… (66)
资治通鉴第六卷 …………………………………………………… (79)
  秦纪一 …………………………………………………………… (79)
资治通鉴第七卷 …………………………………………………… (95)
  秦纪二 …………………………………………………………… (95)
资治通鉴第八卷 …………………………………………………… (109)
  秦纪三 …………………………………………………………… (109)
资治通鉴第九卷 …………………………………………………… (120)
  汉纪一 …………………………………………………………… (120)
资治通鉴第十卷 …………………………………………………… (132)
  汉纪二 …………………………………………………………… (132)
资治通鉴第十一卷 ………………………………………………… (138)
  汉纪三 …………………………………………………………… (138)
资治通鉴第十二卷 ………………………………………………… (153)
  汉纪四 …………………………………………………………… (153)

资治通鉴第十三卷 ……………………………………………………………（167）
　　汉纪五 ……………………………………………………………………（167）
资治通鉴第十四卷 ……………………………………………………………（177）
　　汉纪六 ……………………………………………………………………（177）
资治通鉴第十五卷 ……………………………………………………………（184）
　　汉纪七 ……………………………………………………………………（184）
资治通鉴第十六卷 ……………………………………………………………（198）
　　汉纪八 ……………………………………………………………………（198）
资治通鉴第十七卷 ……………………………………………………………（212）
　　汉纪九 ……………………………………………………………………（212）
资治通鉴第十八卷 ……………………………………………………………（220）
　　汉纪十 ……………………………………………………………………（220）
资治通鉴第十九卷 ……………………………………………………………（233）
　　汉纪十一 …………………………………………………………………（233）
资治通鉴第二十卷 ……………………………………………………………（251）
　　汉纪十二 …………………………………………………………………（251）
资治通鉴第二十一卷 …………………………………………………………（259）
　　汉纪十三 …………………………………………………………………（259）
资治通鉴第二十二卷 …………………………………………………………（271）
　　汉纪十四 …………………………………………………………………（271）
资治通鉴第二十三卷 …………………………………………………………（285）
　　汉纪十五 …………………………………………………………………（285）
资治通鉴第二十四卷 …………………………………………………………（296）
　　汉纪十六 …………………………………………………………………（296）
资治通鉴第二十五卷 …………………………………………………………（311）
　　汉纪十七 …………………………………………………………………（311）
资治通鉴第二十六卷 …………………………………………………………（324）
　　汉纪十八 …………………………………………………………………（324）
资治通鉴第二十七卷 …………………………………………………………（339）
　　汉纪十九 …………………………………………………………………（339）
资治通鉴第二十八卷 …………………………………………………………（352）
　　汉纪二十 …………………………………………………………………（352）

资治通鉴第二十九卷 …………………………………………（366）
  汉纪二十一 ……………………………………………………（366）
资治通鉴第三十卷 ……………………………………………（384）
  汉纪二十二 ……………………………………………………（384）
资治通鉴第三十一卷 …………………………………………（397）
  汉纪二十三 ……………………………………………………（397）
资治通鉴第三十二卷 …………………………………………（409）
  汉纪二十四 ……………………………………………………（409）
资治通鉴第三十三卷 …………………………………………（419）
  汉纪二十五 ……………………………………………………（419）
资治通鉴第三十四卷 …………………………………………（424）
  汉纪二十六 ……………………………………………………（424）
资治通鉴第三十五卷 …………………………………………（430）
  汉纪二十七 ……………………………………………………（430）
资治通鉴第三十六卷 …………………………………………（442）
  汉纪二十八 ……………………………………………………（442）
资治通鉴第三十七卷 …………………………………………（452）
  汉纪二十九 ……………………………………………………（452）
资治通鉴第三十八卷 …………………………………………（461）
  汉纪三十 ………………………………………………………（461）
资治通鉴第三十九卷 …………………………………………（469）
  汉纪三十一 ……………………………………………………（469）
资治通鉴第四十卷 ……………………………………………（484）
  汉纪三十二 ……………………………………………………（484）
资治通鉴第四十一卷 …………………………………………（494）
  汉纪三十三 ……………………………………………………（494）
资治通鉴第四十二卷 …………………………………………（504）
  汉纪三十四 ……………………………………………………（504）
资治通鉴第四十三卷 …………………………………………（511）
  汉纪三十五 ……………………………………………………（511）
资治通鉴第四十四卷 …………………………………………（525）
  汉纪三十六 ……………………………………………………（525）

资治通鉴第四十五卷 …………………………………………………………………（538）
  汉纪三十七……………………………………………………………………（538）
资治通鉴第四十六卷 …………………………………………………………………（546）
  汉纪三十八……………………………………………………………………（546）
资治通鉴第四十七卷 …………………………………………………………………（554）
  汉纪三十九……………………………………………………………………（554）
资治通鉴第四十八卷 …………………………………………………………………（559）
  汉纪四十………………………………………………………………………（559）
资治通鉴第四十九卷 …………………………………………………………………（568）
  汉纪四十一……………………………………………………………………（568）
资治通鉴第五十卷 ……………………………………………………………………（575）
  汉纪四十二……………………………………………………………………（575）
资治通鉴第五十一卷 …………………………………………………………………（586）
  汉纪四十三……………………………………………………………………（586）
资治通鉴第五十二卷 …………………………………………………………………（593）
  汉纪四十四……………………………………………………………………（593）
资治通鉴第五十三卷 …………………………………………………………………（603）
  汉纪四十五……………………………………………………………………（603）
资治通鉴第五十四卷 …………………………………………………………………（613）
  汉纪四十六……………………………………………………………………（613）
资治通鉴第五十五卷 …………………………………………………………………（621）
  汉纪四十七……………………………………………………………………（621）
资治通鉴第五十六卷 …………………………………………………………………（629）
  汉纪四十八……………………………………………………………………（629）
资治通鉴第五十七卷 …………………………………………………………………（635）
  汉纪四十九……………………………………………………………………（635）
资治通鉴第五十八卷 …………………………………………………………………（643）
  汉纪五十………………………………………………………………………（643）
资治通鉴第五十九卷 …………………………………………………………………（653）
  汉纪五十一……………………………………………………………………（653）
资治通鉴第六十卷 ……………………………………………………………………（663）
  汉纪五十二……………………………………………………………………（663）

资治通鉴第六十一卷 ……………………………………………… （672）
　　汉纪五十三 ……………………………………………… （672）
资治通鉴第六十二卷 ……………………………………………… （676）
　　汉纪五十四 ……………………………………………… （676）
资治通鉴第六十三卷 ……………………………………………… （690）
　　汉纪五十五 ……………………………………………… （690）
资治通鉴第六十四卷 ……………………………………………… （699）
　　汉纪五十六 ……………………………………………… （699）
资治通鉴第六十五卷 ……………………………………………… （707）
　　汉纪五十七 ……………………………………………… （707）
资治通鉴第六十六卷 ……………………………………………… （714）
　　汉纪五十八 ……………………………………………… （714）
资治通鉴第六十七卷 ……………………………………………… （723）
　　汉纪五十九 ……………………………………………… （723）
资治通鉴第六十八卷 ……………………………………………… （731）
　　汉纪六十 ………………………………………………… （731）
资治通鉴第六十九卷 ……………………………………………… （738）
　　魏纪一 …………………………………………………… （738）
资治通鉴第七十卷 ………………………………………………… （747）
　　魏纪二 …………………………………………………… （747）
资治通鉴第七十一卷 ……………………………………………… （758）
　　魏纪三 …………………………………………………… （758）
资治通鉴第七十二卷 ……………………………………………… （765）
　　魏纪四 …………………………………………………… （765）
资治通鉴第七十三卷 ……………………………………………… （774）
　　魏纪五 …………………………………………………… （774）
资治通鉴第七十四卷 ……………………………………………… （780）
　　魏纪六 …………………………………………………… （780）
资治通鉴第七十五卷 ……………………………………………… （790）
　　魏纪七 …………………………………………………… （790）
资治通鉴第七十六卷 ……………………………………………… （799）
　　魏纪八 …………………………………………………… （799）

资治通鉴第七十七卷 (810)
魏纪九 (810)
资治通鉴第七十八卷 (819)
魏纪十 (819)
资治通鉴第七十九卷 (831)
晋纪一 (831)
资治通鉴第八十卷 (844)
晋纪二 (844)
资治通鉴第八十一卷 (853)
晋纪三 (853)
资治通鉴第八十二卷 (865)
晋纪四 (865)
资治通鉴第八十三卷 (880)
晋纪五 (880)
资治通鉴第八十四卷 (888)
晋纪六 (888)
资治通鉴第八十五卷 (897)
晋纪七 (897)
资治通鉴卷八十六卷 (905)
晋纪八 (905)
资治通鉴第八十七卷 (917)
晋纪九 (917)
资治通鉴第八十八卷 (930)
晋纪十 (930)
资治通鉴第八十九卷 (938)
晋纪十一 (938)
资治通鉴第九十卷 (952)
晋纪十二 (952)
资治通鉴第九十一卷 (963)
晋纪十三 (963)
资治通鉴第九十二卷 (975)
晋纪十四 (975)

资治通鉴第九十三卷	(986)
晋纪十五	(986)
资治通鉴第九十四卷	(998)
晋纪十六	(998)
资治通鉴第九十五卷	(1008)
晋纪十七	(1008)
资治通鉴第九十六卷	(1021)
晋纪十八	(1021)
资治通鉴第九十七卷	(1033)
晋纪十九	(1033)
资治通鉴第九十八卷	(1049)
晋纪二十	(1049)
资治通鉴第九十九卷	(1061)
晋纪二十一	(1061)
资治通鉴第一百卷	(1075)
晋纪二十二	(1075)
资治通鉴第一百零一卷	(1091)
晋纪二十三	(1091)
资治通鉴第一百零二卷	(1108)
晋纪二十四	(1108)
资治通鉴第一百零三卷	(1116)
晋纪二十五	(1116)
资治通鉴第一百零四卷	(1128)
晋纪二十六	(1128)
资治通鉴第一百零五卷	(1140)
晋纪二十七	(1140)
资治通鉴第一百零六卷	(1154)
晋纪二十八	(1154)
资治通鉴第一百零七卷	(1160)
晋纪二十九	(1160)
资治通鉴第一百零八卷	(1173)
晋纪三十	(1173)

资治通鉴第一百零九卷 (1189)
　　晋纪三十一 (1189)
资治通鉴第一百一十卷 (1194)
　　晋纪三十二 (1194)
资治通鉴第一百一十一卷 (1207)
　　晋纪三十三 (1207)
资治通鉴第一百一十二卷 (1222)
　　晋纪三十四 (1222)
资治通鉴第一百一十三卷 (1235)
　　晋纪三十五 (1235)
资治通鉴第一百一十四卷 (1250)
　　晋纪三十六 (1250)
资治通鉴第一百一十五卷 (1265)
　　晋纪三十七 (1265)
资治通鉴第一百一十六卷 (1283)
　　晋纪三十八 (1283)
资治通鉴第一百一十七卷 (1292)
　　晋纪三十九 (1292)
资治通鉴第一百一十八卷 (1302)
　　晋纪四十 (1302)
资治通鉴第一百一十九卷 (1311)
　　宋纪一 (1311)
资治通鉴第一百二十卷 (1322)
　　宋纪二 (1322)
资治通鉴第一百二十一卷 (1334)
　　宋纪三 (1334)
资治通鉴第一百二十二卷 (1343)
　　宋纪四 (1343)
资治通鉴第一百二十三卷 (1355)
　　宋纪五 (1355)
资治通鉴第一百二十四卷 (1364)
　　宋纪六 (1364)

资治通鉴第一百二十五卷	(1374)
宋纪七	(1374)
资治通鉴第一百二十六卷	(1379)
宋纪八	(1379)
资治通鉴第一百二十七卷	(1386)
宋纪九	(1386)
资治通鉴第一百二十八卷	(1389)
宋纪十	(1389)
资治通鉴第一百二十九卷	(1398)
宋纪十一	(1398)
资治通鉴第一百三十卷	(1408)
宋纪十二	(1408)
资治通鉴第一百三十一卷	(1413)
宋纪十三	(1413)
资治通鉴第一百三十二卷	(1421)
宋纪十四	(1421)
资治通鉴第一百三十三卷	(1429)
宋纪十五	(1429)
资治通鉴第一百三十四卷	(1441)
宋纪十六	(1441)
资治通鉴第一百三十五卷	(1452)
齐纪一	(1452)
资治通鉴第一百三十六卷	(1462)
齐纪二	(1462)
资治通鉴第一百三十七卷	(1470)
齐纪三	(1470)
资治通鉴第一百三十八卷	(1477)
齐纪四	(1477)
资治通鉴第一百三十九卷	(1483)
齐纪五	(1483)
资治通鉴第一百四十卷	(1488)
齐纪六	(1488)

资治通鉴第一百四十一卷	(1498)
齐纪七	(1498)
资治通鉴第一百四十二卷	(1509)
齐纪八	(1509)
资治通鉴第一百四十三卷	(1516)
齐纪九	(1516)
资治通鉴第一百四十四卷	(1522)
齐纪十	(1522)
资治通鉴第一百四十五卷	(1530)
梁纪一	(1530)
资治通鉴第一百四十六卷	(1539)
梁纪二	(1539)
资治通鉴第一百四十七卷	(1547)
梁纪三	(1547)
资治通鉴第一百四十八卷	(1556)
梁纪四	(1556)
资治通鉴第一百四十九卷	(1565)
梁纪五	(1565)
资治通鉴第一百五十卷	(1574)
梁纪六	(1574)
资治通鉴第一百五十一卷	(1581)
梁纪七	(1581)
资治通鉴第一百五十二卷	(1587)
梁纪八	(1587)
资治通鉴第一百五十三卷	(1590)
梁纪九	(1590)
资治通鉴第一百五十四卷	(1594)
梁纪十	(1594)
资治通鉴第一百五十五卷	(1600)
梁纪十一	(1600)
资治通鉴一百五十六卷	(1608)
梁纪十二	(1608)

资治通鉴第一百五十七卷	(1617)
梁纪十三	(1617)
资治通鉴第一百五十八卷	(1623)
梁纪十四	(1623)
资治通鉴第一百五十九卷	(1629)
梁纪十五	(1629)
资治通鉴第一百六十卷	(1635)
梁纪十六	(1635)
资治通鉴第一百六十一卷	(1638)
梁纪十七	(1638)
资治通鉴第一百六十二卷	(1643)
梁纪十八	(1643)
资治通鉴第一百六十三卷	(1650)
梁纪十九	(1650)
资治通鉴第一百六十四卷	(1656)
梁纪二十	(1656)
资治通鉴第一百六十五卷	(1666)
梁纪二十一	(1666)
资治通鉴第一百六十六卷	(1671)
梁纪二十二	(1671)
资治通鉴第一百六十七卷	(1677)
陈纪一	(1677)
资治通鉴第一百六十八卷	(1686)
陈纪二	(1686)
资治通鉴第一百六十九卷	(1698)
陈纪三	(1698)
资治通鉴第一百七十卷	(1706)
陈纪四	(1706)
资治通鉴第一百七十一卷	(1721)
陈纪五	(1721)
资治通鉴第一百七十二卷	(1727)
陈纪六	(1727)

资治通鉴第一百七十三卷 …………………………………… (1732)
　陈纪七 ……………………………………………………………… (1732)
资治通鉴第一百七十四卷 …………………………………… (1741)
　陈纪八 ……………………………………………………………… (1741)
资治通鉴第一百七十五卷 …………………………………… (1746)
　陈纪九 ……………………………………………………………… (1746)
资治通鉴第一百七十六卷 …………………………………… (1757)
　陈纪十 ……………………………………………………………… (1757)
资治通鉴第一百七十七卷 …………………………………… (1765)
　隋纪一 ……………………………………………………………… (1765)
资治通鉴第一百七十八卷 …………………………………… (1771)
　隋纪二 ……………………………………………………………… (1771)
资治通鉴第一百七十九卷 …………………………………… (1783)
　隋纪三 ……………………………………………………………… (1783)
资治通鉴第一百八十卷 ……………………………………… (1794)
　隋纪四 ……………………………………………………………… (1794)
资治通鉴第一百八十一卷 …………………………………… (1801)
　隋纪五 ……………………………………………………………… (1801)
资治通鉴第一百八十二卷 …………………………………… (1809)
　隋纪六 ……………………………………………………………… (1809)
资治通鉴第一百八十三卷 …………………………………… (1815)
　隋纪七 ……………………………………………………………… (1815)
资治通鉴第一百八十四卷 …………………………………… (1824)
　隋纪八 ……………………………………………………………… (1824)
资治通鉴第一百八十五卷 …………………………………… (1829)
　唐纪一 ……………………………………………………………… (1829)
资治通鉴第一百八十六卷 …………………………………… (1835)
　唐纪二 ……………………………………………………………… (1835)
资治通鉴第一百八十七卷 …………………………………… (1840)
　唐纪三 ……………………………………………………………… (1840)
资治通鉴第一百八十八卷 …………………………………… (1846)
　唐纪四 ……………………………………………………………… (1846)

资治通鉴第一百八十九卷	(1855)
唐纪五	(1855)
资治通鉴第一百九十卷	(1862)
唐纪六	(1862)
资治通鉴第一百九十一卷	(1869)
唐纪七	(1869)
资治通鉴第一百九十二卷	(1881)
唐纪八	(1881)
资治通鉴第一百九十三卷	(1891)
唐纪九	(1891)
资治通鉴第一百九十四卷	(1900)
唐纪十	(1900)
资治通鉴第一百九十五卷	(1907)
唐纪十一	(1907)
资治通鉴第一百九十六卷	(1913)
唐纪十二	(1913)
资治通鉴第一百九十七卷	(1918)
唐纪十三	(1918)
资治通鉴第一百九十八卷	(1926)
唐纪十四	(1926)
资治通鉴第一百九十九卷	(1932)
唐纪十五	(1932)
资治通鉴第二百卷	(1941)
唐纪十六	(1941)
资治通鉴第二百零一卷	(1950)
唐纪十七	(1950)
资治通鉴第二百零二卷	(1959)
唐纪十八	(1959)
资治通鉴第二百零三卷	(1969)
唐纪十九	(1969)
资治通鉴第二百零四卷	(1976)
唐纪二十	(1976)

资治通鉴第二百零五卷 ……………………………………………………（1984）
　　唐纪二十一 ……………………………………………………………（1984）
资治通鉴第二百零六卷 ……………………………………………………（1992）
　　唐纪二十二 ……………………………………………………………（1992）
资治通鉴第二百零七卷 ……………………………………………………（2000）
　　唐纪二十三 ……………………………………………………………（2000）
资治通鉴第二百零八卷 ……………………………………………………（2010）
　　唐纪二十四 ……………………………………………………………（2010）
资治通鉴第二百零九卷 ……………………………………………………（2016）
　　唐纪二十五 ……………………………………………………………（2016）
资治通鉴第二百一十卷 ……………………………………………………（2021）
　　唐纪二十六 ……………………………………………………………（2021）
资治通鉴第二百一十一卷 …………………………………………………（2029）
　　唐纪二十七 ……………………………………………………………（2029）
资治通鉴第二百一十二卷 …………………………………………………（2037）
　　唐纪二十八 ……………………………………………………………（2037）
资治通鉴第二百一十三卷 …………………………………………………（2047）
　　唐纪二十九 ……………………………………………………………（2047）
资治通鉴第二百一十四卷 …………………………………………………（2053）
　　唐纪三十 ………………………………………………………………（2053）
资治通鉴第二百一十五卷 …………………………………………………（2061）
　　唐纪三十一 ……………………………………………………………（2061）
资治通鉴第二百一十六卷 …………………………………………………（2070）
　　唐纪三十二 ……………………………………………………………（2070）
资治通鉴第二百一十七卷 …………………………………………………（2078）
　　唐纪三十三 ……………………………………………………………（2078）
资治通鉴第二百一十八卷 …………………………………………………（2083）
　　唐纪三十四 ……………………………………………………………（2083）
资治通鉴第二百一十九卷 …………………………………………………（2097）
　　唐纪三十五 ……………………………………………………………（2097）
资治通鉴第二百二十卷 ……………………………………………………（2105）
　　唐纪三十六 ……………………………………………………………（2105）

资治通鉴第二百二十一卷 ……………………………………………… (2110)
 唐纪三十七 ……………………………………………………… (2110)
资治通鉴第二百二十二卷 ……………………………………………… (2116)
 唐纪三十八 ……………………………………………………… (2116)
资治通鉴第二百二十三卷 ……………………………………………… (2128)
 唐纪三十九 ……………………………………………………… (2128)
资治通鉴第二百二十四卷 ……………………………………………… (2134)
 唐纪四十 ………………………………………………………… (2134)
资治通鉴第二百二十五卷 ……………………………………………… (2141)
 唐纪四十一 ……………………………………………………… (2141)
资治通鉴第二百二十六卷 ……………………………………………… (2146)
 唐纪四十二 ……………………………………………………… (2146)
资治通鉴第二百二十七卷 ……………………………………………… (2152)
 唐纪四十三 ……………………………………………………… (2152)
资治通鉴第二百二十八卷 ……………………………………………… (2159)
 唐纪四十四 ……………………………………………………… (2159)
资治通鉴第二百二十九卷 ……………………………………………… (2165)
 唐纪四十五 ……………………………………………………… (2165)
资治通鉴第二百三十卷 ………………………………………………… (2174)
 唐纪四十六 ……………………………………………………… (2174)
资治通鉴第二百三十一卷 ……………………………………………… (2179)
 唐纪四十七 ……………………………………………………… (2179)
资治通鉴第二百三十二卷 ……………………………………………… (2184)
 唐纪四十八 ……………………………………………………… (2184)
资治通鉴第二百三十三卷 ……………………………………………… (2190)
 唐纪四十九 ……………………………………………………… (2190)
资治通鉴第二百三十四卷 ……………………………………………… (2203)
 唐纪五十 ………………………………………………………… (2203)
资治通鉴第二百三十五卷 ……………………………………………… (2208)
 唐纪五十一 ……………………………………………………… (2208)
资治通鉴第二百三十六卷 ……………………………………………… (2217)
 唐纪五十二 ……………………………………………………… (2217)

资治通鉴第二百三十七卷	(2222)
唐纪五十三	(2222)
资治通鉴第二百三十八卷	(2230)
唐纪五十四	(2230)
资治通鉴第二百三十九卷	(2236)
唐纪五十五	(2236)
资治通鉴第二百四十卷	(2244)
唐纪五十六	(2244)
资治通鉴第二百四十一卷	(2254)
唐纪五十七	(2254)
资治通鉴第二百四十二卷	(2258)
唐纪五十八	(2258)
资治通鉴第二百四十三卷	(2261)
唐纪五十九	(2261)
资治通鉴第二百四十四卷	(2271)
唐纪六十	(2271)
资治通鉴第二百四十五卷	(2280)
唐纪六十一	(2280)
资治通鉴第二百四十六卷	(2287)
唐纪六十二	(2287)
资治通鉴第二百四十七卷	(2295)
唐纪六十三	(2295)
资治通鉴第二百四十八卷	(2298)
唐纪六十四	(2298)
资治通鉴第二百四十九卷	(2310)
唐纪六十五	(2310)
资治通鉴第二百五十卷	(2321)
唐纪六十六	(2321)
资治通鉴第二百五十一卷	(2326)
唐纪六十七	(2326)
资治通鉴第二百五十二卷	(2334)
唐纪六十八	(2334)

资治通鉴第二百五十三卷	(2343)
唐纪六十九	(2343)
资治通鉴第二百五十四卷	(2348)
唐纪七十	(2348)
资治通鉴第二百五十五卷	(2355)
唐纪七十一	(2355)
资治通鉴第二百五十六卷	(2360)
唐纪七十二	(2360)
资治通鉴第二百五十七卷	(2367)
唐纪七十三	(2367)
资治通鉴第二百五十八卷	(2371)
唐纪七十四	(2371)
资治通鉴第二百五十九卷	(2376)
唐纪七十五	(2376)
资治通鉴第二百六十卷	(2383)
唐纪七十六	(2383)
资治通鉴第二百六十一卷	(2389)
唐纪七十七	(2389)
资治通鉴第二百六十二卷	(2392)
唐纪七十八	(2392)
资治通鉴第二百六十三卷	(2397)
唐纪七十九	(2397)
资治通鉴第二百六十四卷	(2400)
唐纪八十	(2400)
资治通鉴第二百六十五卷	(2405)
唐纪八十一	(2405)
资治通鉴第二百六十六卷	(2413)
后梁纪一	(2413)
资治通鉴第二百六十七卷	(2419)
后梁纪二	(2419)
资治通鉴第二百六十八卷	(2425)
后梁纪三	(2425)

资治通鉴第二百六十九卷 ……………………………………（2435）
　　后梁纪四 ……………………………………………………（2435）
资治通鉴第二百七十卷 ………………………………………（2442）
　　后梁纪五 ……………………………………………………（2442）
资治通鉴第二百七十一卷 ……………………………………（2450）
　　后梁纪六 ……………………………………………………（2450）
资治通鉴第二百七十二卷 ……………………………………（2454）
　　后唐纪一 ……………………………………………………（2454）
资治通鉴第二百七十三卷 ……………………………………（2460）
　　后唐纪二 ……………………………………………………（2460）
资治通鉴第二百七十四卷 ……………………………………（2465）
　　后唐纪三 ……………………………………………………（2465）
资治通鉴第二百七十五卷 ……………………………………（2472）
　　后唐纪四 ……………………………………………………（2472）
资治通鉴第二百七十六卷 ……………………………………（2476）
　　后唐纪五 ……………………………………………………（2476）
资治通鉴第二百七十七卷 ……………………………………（2480）
　　后唐纪六 ……………………………………………………（2480）
资治通鉴第二百七十八卷 ……………………………………（2487）
　　后唐纪七 ……………………………………………………（2487）
资治通鉴第二百七十九卷 ……………………………………（2493）
　　后唐纪八 ……………………………………………………（2493）
资治通鉴第二百八十卷 ………………………………………（2499）
　　后晋纪一 ……………………………………………………（2499）
资治通鉴第二百八十一卷 ……………………………………（2508）
　　后晋纪二 ……………………………………………………（2508）
资治通鉴第二百八十二卷 ……………………………………（2514）
　　后晋纪三 ……………………………………………………（2514）
资治通鉴第二百八十三卷 ……………………………………（2523）
　　后晋纪四 ……………………………………………………（2523）
资治通鉴第二百八十四卷 ……………………………………（2528）
　　后晋纪五 ……………………………………………………（2528）

资治通鉴第二百八十五卷 ……………………………………（2533）
　　后晋纪六 ………………………………………………（2533）
资治通鉴第二百八十六卷 ……………………………………（2542）
　　后汉纪一 ………………………………………………（2542）
资治通鉴第二百八十七卷 ……………………………………（2546）
　　后汉纪二 ………………………………………………（2546）
资治通鉴第二百八十八卷 ……………………………………（2553）
　　后汉纪三 ………………………………………………（2553）
资治通鉴第二百八十九卷 ……………………………………（2561）
　　后汉纪四 ………………………………………………（2561）
资治通鉴第二百九十卷 ………………………………………（2572）
　　后周纪一 ………………………………………………（2572）
资治通鉴第二百九十一卷 ……………………………………（2579）
　　后周纪二 ………………………………………………（2579）
资治通鉴第二百九十二卷 ……………………………………（2587）
　　后周纪三 ………………………………………………（2587）
资治通鉴第二百九十三卷 ……………………………………（2593）
　　后周纪四 ………………………………………………（2593）
资治通鉴第二百九十四卷 ……………………………………（2600）
　　后周纪五 ………………………………………………（2600）
　　职官名词解释 …………………………………………（2618）

资治通鉴第一卷

周纪一

【原文】

威烈王二十三年（戊寅，前 403 年）

初命晋大夫魏斯、赵籍、韩虔为诸侯。

臣光曰：臣闻天子之职莫大于礼，礼莫大于分，分莫大于名。何谓礼？纪纲是也。何谓分？君、臣是也。何谓名？公、侯、卿、大夫是也。

夫以四海之广，兆民之众，受制于一人，虽有绝伦之力，高世之智，莫不奔走而服役者，岂非以礼为之纪纲哉！是故天子统三公，三公率诸侯，诸侯制卿大夫，卿大夫治士庶人。贵以临贱，贱以承贵。上之使下犹心腹之运手足，根本之制支叶，下之事上犹手足之卫心腹，支叶之庇本根，然后能上下相保而国家治安。故曰天子之职莫大于礼也。

文王序易，以乾、坤为首。孔子系之曰："天尊地卑，乾坤定矣。卑高以陈，贵贱位矣。"言君臣之位犹天地之不可易也。春秋抑诸侯，尊周室，王人虽微，序于诸侯之上，以是见圣人于君臣之际未尝不惓惓也。非有桀、纣之暴，汤、武之仁，人归之，天命之，君臣之分，当守节伏死而已矣。是故以微子而代纣，则成汤配天矣，以季札而君吴则太伯血食矣，然二子宁亡国而不为者，诚以礼之大节不可乱也。故曰礼莫大于分也。

夫礼，辨贵贱，序亲疏，裁群物，制庶事，非名不著，非器不形；名以命之，器以别之，然后上下粲然有伦，此礼之大经也。名器既亡，则礼安得独在哉！昔仲叔于奚有功于卫，辞邑而请繁缨，孔子以为不如多与之邑。惟名与器，不可以假人，君之所司也；政亡则国家从之。卫君待孔子而为政，孔子欲先正名，以为名不

正则民无所措手足。夫繁缨，小物也，而孔子惜之；正名，细务也，而孔子先之：诚以名器既乱则上下无以相保故也。夫事未有不生于微而成于著，圣人之虑远，故能谨其微而治之，众人之识近，故必待其著而后救之；治其微则用力寡而功多，救其著则竭力而不能及也。易曰："履霜坚冰至，"书曰："一日二日万几，"谓此类也。故曰分莫大于名也。

呜呼！幽、厉失德，周道日衰，纲纪散坏，下陵上替，诸侯专征，大夫擅政，礼之大体什丧七八矣，然文、武之祀犹绵绵相属者，盖以周之子孙尚能守其名分故也。何以言之？昔晋文公有大功于王室，请隧于襄王，襄王不许，曰："王章也。未有代德而有二王，亦叔父之所恶也。不然，叔父有地而隧，又何请焉！"文公于是惧而不敢违。齐，白公之于楚，智伯之于晋，其势皆足以逐君而自为，然而卒不敢者，岂其力不足而心不忍哉，乃畏奸名犯分而天下共诛之也。今晋大夫暴蔑其君，剖分晋国，天子既不能讨，又宠秩之，使列于诸侯，是区区之名分复不能守而并弃之也。先王之礼于斯尽矣！

或者以为当是之时，周室微弱，三晋强盛，虽欲勿许，其可得乎！是大不然。夫三晋虽强，苟不顾天下之诛而犯义侵礼，则不请于天子而自立矣。不请于天子而自立，则为悖逆之臣，天下苟有桓、文之君，必奉礼义而征之。今请于天子而天子许之，是受天子之命而为诸侯也，谁得而讨之！故三晋之列于诸侯，非三晋之坏礼，乃天子自坏之也。

呜呼！君臣之礼既坏矣，则天下以智力相雄长，遂使圣贤之后为诸侯者，社稷无不泯绝，生民之类糜灭几尽，岂不哀哉！

初，智宣子将以瑶为后，智果曰："不如宵也。瑶之贤于人者五，其不逮者一也。美鬓长大则贤，射御足力则贤，伎艺毕给则贤，巧文辩惠则贤，强毅果敢则贤；如是而甚不仁。夫以其五贤陵人而以不仁行之，其谁能待之？若果立瑶也，智宗必灭。"弗听。智果别族于太史，为辅氏。

赵简子之子，长曰伯鲁，幼曰无恤。将置后，不知所立，乃书训戒之辞于二简，以授二子曰："谨识之！"三年而问之，伯鲁不能举其辞；求其简，已失之矣。问无恤，诵其辞甚习；求其简，出诸袖中而奏之。于是简子以无恤为贤，立以为后。

简子使尹铎为晋阳，请曰："以为茧丝乎？抑为保障乎？"简子曰："保障哉！"

尹铎损其户数。简子谓无恤曰："晋国有难，而无以尹铎为少，无以晋阳为远，必以为归。"

及智宣子卒，智襄子为政，与韩康子、魏桓子宴于蓝台。智伯戏康子而侮段规。智国闻之，谏曰："主不备难，难必至矣！"智伯曰："难将由我。我不为难，谁敢兴之！"对曰："不然。夏书有之：'一人三失，怨岂在明，不见是图。'夫君子能勤小物，故无大患。今主一宴而耻人之君相，又弗备，曰'不敢兴难'，无乃不可乎！蚋、蚁、蜂、虿，皆能害人，况君相乎！"弗听。

智伯请地于韩康子，康子欲弗与。段规曰："智伯好利而愎，不与，将伐我；不如与之。彼狃于得地，必请于他人；他人不与，必响之以兵，然后我得免于患而待事之变矣。"康子曰："善。"使使者致万家之邑于智伯。智伯悦。又求地于魏桓子，桓子欲弗与。任章曰："何故弗与？"桓子曰："无故索地，故弗与。"任章曰："无故索地，诸大夫必惧；吾与之地，智伯必骄。彼骄而轻敌，此惧而相亲；以相亲之兵待轻敌之人，智氏之命必不长矣。周书曰：'将欲败之，必姑辅之。将欲取之，必姑与之。'主不如与之，以骄智伯，然后可以择交而图智氏矣，奈何独以吾为智氏质乎！"桓子曰："善。"复与之万家之邑一。

智伯又求蔡、皋狼之地于赵襄子，襄子弗与。智伯怒，帅韩、魏之甲以攻赵氏。襄子将出，曰："吾何走乎？"从者曰："长子近，且城厚完。"襄子曰："民罢力以完之，又毙死以守之，其谁与我！"从者曰："邯郸之仓库实。"襄子曰："浚民之膏泽以实之，又因而杀之，其谁与我！其晋阳乎，先主之所属也，尹铎之所宽也，民必和矣。"乃走晋阳。

三家以国人围而灌之，城不浸者三版；沈灶产蛙，民无叛意。智伯行水，魏桓子御，韩康子骖乘。智伯曰："吾乃今知水可以亡人国也。"桓子肘康子，康子履桓子之跗，以汾水可以灌安邑，绛水可以灌平阳也。絺疵谓智伯曰："韩、魏必反矣。"智伯曰："子何以知之？"絺疵曰："以人事知之。夫从韩、魏之兵以攻赵，赵亡，难必及韩、魏矣。今约胜赵而三分其地，城不没者三版，人马相食，城降有日，而二子无喜志，有忧色，是非反而何？"明日，智伯以絺疵之言告二子，二子曰："此夫谗人欲为赵氏游说，使主疑于二家而懈于攻赵氏也。不然，夫二家岂不利朝夕分赵氏之田，而欲为危难不可成之事乎！"二子出，絺疵入曰："主何以臣之言告二子也?"智伯曰:"子何以知之?"对曰:"臣见其视臣端而趋疾,知臣得其情故也。"智伯不悛。絺疵请使于齐。

赵襄子使张孟谈潜出见二子,曰:"臣闻唇亡则齿寒。今智伯帅韩、魏以攻赵,赵亡则韩、魏为之次矣。"二子曰:"我心知其然也;恐事未遂而谋泄,则祸立至矣。"张孟谈曰:"谋出二主之口,入臣之耳,何伤也!"二子乃潜与张孟谈约,为之期日而遣之。襄子夜使人杀守堤之吏,而决水灌智伯军。智伯军救水而乱,韩、魏翼而击之,襄子将卒犯其前,大败智伯之众,遂杀智伯,尽灭智氏之族。唯辅果在。

臣光曰:智伯之亡也,才胜德也。夫才与德异,而世俗莫之能辨,通谓之贤,此其所以失人也。夫聪察强毅之谓才,正直中和之谓德。才者,德之资也;德者,才之帅也。云梦之竹,天下之劲也;然而不矫揉,不羽括,则不能以入坚。棠溪之金,天下之利也;然而不熔范,不砥砺,则不能以击强。是故才德全尽谓之"圣人",才德兼亡谓之"愚人";德胜才谓之"君子",才胜德谓之"小人"。凡取人之术,苟不得圣人、君子而与之,与其得小人,不若得愚人。何则?君子挟才以为善,小人挟才以为恶。挟才以为善者,善无不至矣;挟才以为恶者,恶亦无不至矣。愚者虽欲为不善,智不能周,力不能胜,譬如乳狗搏人,人得而制之。小人智足以遂其奸,勇足以决其暴,是虎而翼者也,其为害岂不多哉!夫德者人之所严,而才者人之所爱;爱者易亲,严者易疏,是以察者多蔽于才而遗于德。自古昔以来,国之乱臣,家之败子,才有馀而德不足,以至于颠覆者多矣,岂特智伯哉!故为国为家者苟能审于才德之分而知所先后,又何失人之足患哉!

三家分智氏之田。赵襄子漆智伯之头,以为饮器。智伯之臣豫让欲为之报仇,乃诈为刑人,挟匕首,入襄子宫中涂厕。襄子如厕心动,索之,获豫让。左右欲杀之,襄子曰:"智伯死无后,而此人欲为报仇,真义士也,吾谨避之耳。"乃舍之。豫让又漆身为癞,吞炭为哑。行乞于市,其妻不识也。行见其友,其友识之,为之泣曰:"以子之才,臣事赵孟,必得近幸。子乃为所欲为,顾不易邪?何乃自苦如此?求以报仇,不亦难乎!"豫让曰:"既已委质为臣,而又求杀之,是二心也。凡吾所为者,极难耳。然所以为此者,将以愧天下后世之为人臣怀二心者也。"襄子出,豫让伏于桥下。襄子至桥,马惊;索之,得豫让,遂杀之。

襄子为伯鲁之不立也，有子五人，不肯置后。封伯鲁之子于代，曰代成君，早卒；立其子浣为赵氏后。襄子卒，弟桓子逐浣而自立；一年卒。赵氏之人曰："桓子立非襄主意。"乃共杀其子，复迎浣而立之，是为献子。献子生籍，是为烈侯。魏斯者，魏桓子之孙也，是为文侯。韩康子生武子；武子生虔，是为景侯。

魏文侯以卜子夏、田子方为师。每过段干木之庐必式。四方贤士多归之。

文侯与群臣饮酒，乐，而天雨，命驾将适野。左右曰："今日饮酒乐，天又雨，君将安之？"文侯曰："吾与虞人期猎，虽乐，岂可无一会期哉！"乃往，身自罢之。

韩借师于魏以伐赵，文侯曰："寡人与赵，兄弟也，不敢闻命。"赵借师于魏以伐韩，文侯应之亦然。二国皆怒而去。已而知文侯以讲于己也，皆朝于魏。魏于是始大于三晋，诸侯莫能与之争。

使乐羊伐中山，克之；以封其子击。文侯问于群臣曰："我何如主？"皆曰："仁君。"任座曰："君得中山，不以封君之弟而以封君之子，何谓仁君！"文侯怒，任座趋出。次问翟璜，对曰："仁君。"文侯曰："何以知之？"对曰："臣闻君仁则臣直。响者任座之言直，臣是以知之。"文侯悦，使翟璜召任座而反之，亲下堂迎之，以为上客。

文侯与田子方饮，文侯曰："钟声不比乎？左高。"田子方笑。文侯曰："何笑？"子方曰："臣闻之，君明乐官，不明乐音。今君审于音，臣恐其聋于官也。"文侯曰："善"。

子击出，遭田子方于道，下车伏谒。子方不为礼。子击怒，谓子方曰："富贵者骄人乎？贫贱者骄人乎？"子方曰："亦贫贱者骄人耳，富贵者安敢骄人！国君而骄人则失其国，大夫而骄人则失其家。失其国者未闻有以国待之者也，失其家者未闻有以家待之者也。夫士贫贱者，言不用，行不合，则纳履而去耳，安往而不得贫贱哉！"子击乃谢之。

文侯谓李克曰："先生尝有言曰：'家贫思良妻；国乱思良相。'今所置非成则璜，二子何如？"对曰："卑不谋尊，疏不谋戚。臣在阙门之外，不敢当命。"文侯曰："先生临事勿让！"克曰："君弗察故也。居视其所亲，富视其所与，达视其所举，穷视其所不为，贫视其所不取，五者足以定之矣，何待克哉！"文侯曰："先生

水灌智伯营

就舍，吾之相定矣。"李克出，见翟璜。翟璜曰："今者闻君召先生而卜相，果谁为之？"克曰："魏成。"翟璜忿然作色曰："西河守吴起，臣所进也。君内以邺为忧，臣进西门豹。君欲伐中山，臣进乐羊。中山已拔，无使守之，臣进先生。君之子无傅，臣进屈侯鲋。以耳目之所睹记，臣何负于魏成！"李克曰："子言克于子之君者，岂将比周以求大官哉？君问相于克，克之对如是。所以知君之必相魏成者，魏成食禄千钟，什九在外，什一在内；是以东得卜子夏、田子方、段干木。此三人者，君皆师之；子所进五人者，君皆臣之。子恶得与魏成比也！"翟璜逡巡再拜曰："璜，鄙人也，失对，愿卒为弟子！"

吴起者，卫人，仕于鲁。齐人伐鲁，鲁人欲以为将，起取齐女为妻，鲁人疑之，起杀妻以求将，大破齐师。或谮之鲁侯曰："起始事曾参，母死不奔丧，曾参绝之；今又杀妻以求为君将。起，残忍薄行人也！且以鲁国区区而有胜敌之名，则诸侯图鲁矣。"起恐得罪，闻魏文侯贤，乃往归之。文侯问诸李克，李克曰："起贪而好色；然用兵，司马穰苴弗能过也。"于是文侯以为将，击秦，拔五城。

起之为将，与士卒最下者同衣食，卧不设席，行不骑乘，亲裹赢粮，与士卒分劳苦。卒有病疽者，起为吮之。卒母闻而哭之。人曰："子，卒也，而将军自吮其疽，何哭为？"母曰："非然也。往年吴公吮其父疽，其父战不旋踵，遂死于敌。吴公今又吮其子，妾不知其死所矣，是以哭之。"

燕湣公薨，子僖公立。

【译文】

周威烈王二十三年（戊寅，公元前403年）

周威烈王姬午首次分封晋国大夫魏斯、赵籍、韩虔为诸侯国君。

臣司马光曰：我知道天子的职责中最重要的是维护礼教，礼教中最重要的是区分地位，区分地位中最重要的又是匡正名分。什么是礼教？就是礼纪朝纲。什么是区分地位，就是君臣有别。什么是名分？就是公、侯、卿、大夫等官爵序列。

四海之广，亿万之众，都在天子一人的管辖之下。尽管是才能超群、智慧绝伦的人，也不能不在天子足下为他奔走服务，这就是以礼教作为礼纪朝纲的作用啊！所以天子统率三公，三公督率诸侯国君，诸侯国君节制卿、大夫官员，卿、大夫官员又统治士人百姓。权贵支配贱民，贱民服从权贵。上层指挥下层就好像人的心腹控制四肢行动，树干的根和干支配枝和叶；下层服侍上层就好像人的四肢卫护心腹，树木的枝和叶遮护根和干，这样才能上下层互相保护，从而使国家得到长治久安。所以说，天子的职责没有比维护礼教更重要的了。

从前周文王演绎排列《易经》，把乾、坤放在首位。孔子解释说："天尊贵，地卑微，阳阴于是确定。由低至高排列有序，贵贱也就各得其位。"这是说君主和臣子之间的上下关系就像天和地一样不能互易。《春秋》一书贬低诸侯，尊崇周王室，尽管周王室的宗族后来衰微了，在书中排列顺序仍在诸侯国君之上。由此可见孔圣人对于君臣之间关系的殷切关注。如果不是夏桀、商纣那样的暴虐昏君，对手又遇上商汤、周武王这样的仁德明主，使人民归心、上天赐命的话，君臣之间的名分是不可改变的，作臣子的只能恪守臣节，矢死不渝。当年如果商朝立贤明的微子为国君来取代纣王，成汤创立的商朝就可以永保天下；而吴国如果以仁德的季札做君主，开国之君太伯也可以永享祭祀。然而微子、季札二人宁肯国家灭亡也不愿做君主，实在是因为礼教的大节绝不可因此破坏。所以说，礼教中最重要的就是地位高下的区分。

　　礼教的真义，在于分辨贵贱，区别亲疏，裁决万物，处理日常事务。没有一定的名位，就不能相应地显扬；不享有标志名位、爵号的器物，就不该树立相应的形象。只有用名位来分别称呼，用器物来分别标志，然后上上下下才能井然有序，分明不乱。这就是礼教的精华所在。如果名位、器物都没有了，那礼教又怎么能单独存在呢！当年仲叔于奚为卫国建立了大功，他谢绝了赏赐的封地，却请求允许他享用贵族才应有的马饰，卫国国君同意了。孔子听说这件事，认为不如多赏赐他一些封地，唯独名位和器物，这是国君的职权象征，绝不能假于他人。处理政事不坚持原则，国家也就会随着走向危亡。卫国国君期待孔子为他处理政事，孔子却先提出要确立名位，认为名位不正则百姓无所适从。马饰，是一种小器物，而孔子却珍惜它的价值；正名位，似乎是一件小事情，而孔子却要先从它做起，就是因为名位、器物一紊乱，国家上下就无法相安互保。没有一件事情不是从微小之处产生而逐渐发展显著的，圣贤考虑久远，所以能够谨慎对待微小的变故及时予以处理；常人见识短浅，只能等弊端闹大了才来设法挽救。矫正初起的小错，用力小而收效大；挽救已明显的大害，往往是竭尽全力也不能成功。《易经》说："行于霜上而知严寒冰冻将至。"《尚书》说："先王每天都要兢兢业业地处理成千上万件事情。"就是指这类防微杜渐的例子。所以说，区别地位高下最重要的是匡正各个等级的名分。

　　呜呼！自从周幽王、周厉王丧失君德，政治腐败，周朝的气数就每况愈下了。礼纪朝纲土崩瓦解；下欺上，上惧下；诸侯国君不听周王调遣，恣意征讨他人；士大夫越过诸侯国君，擅自干预朝政；礼教从总体上已经有百分之七八十沦丧了。然而周文王、周武王开创的政权还能绵绵不断地延续下来，就是因为周王朝的子孙后裔尚能守定名位不放弃。为什么这样说呢？当年晋文公为周朝平定内乱，建立了大功，于是向周襄王请求允许他死后享用王室的隧葬礼制，周襄王没有准许，说："周王明显与诸侯不同。没有改朝换代而有两个天子，这也是作为叔父辈的晋文公您所反对的。不然的话，叔父您有的是地，愿意怎么葬就怎么葬，何必要请示我呢？"晋文公听了这番话，到底是畏惧周朝礼教而不敢违反。周王室的地盘并不比曹国、滕国大，管辖的臣民也不比邾国、莒国多，然而经过几百年仍然是天下共同承认的宗主，即使是晋、楚、齐、秦那样的强国也还不敢公然凌驾于其上，这是为什么呢？就是周王还保有天子的名分。再看看鲁国的大夫季氏、齐国的田常、楚国的白公胜、晋国的智伯，他们的势力都大得足以驱逐国君而自立，然而他们终于不敢这样做，难道是他们力量不足或是于心不忍呢？只不过是害怕蒙上篡权夺位的恶名而招致天下的讨伐罢了。现在晋国的三家大夫视国君如粪土，公然瓜分了晋国，作为天子的周王不能派兵征讨，反而对他们加封赐爵，让他们列位于诸侯国君之中，这样做就使周王朝仅有的一点名分不能再存守而全部放弃了。周朝先王创下的礼教到此荡然无存！

也许有人认为当时周王室已经衰微，而晋国三家力量强大，就算周王不想承认他们，又怎么能做得到呢！这种说法是完全错误的。晋国三家虽然强悍，但他们如果打算不顾天下的指责公然侵犯仁义礼教的话，就不会来请求周天子的批准，而是去自立为君了。不向天子请封而自立为国君，那就是叛逆之臣，天下如果有像齐桓公、晋文公那样的贤德诸侯，一定会高举礼义大旗对他们进行征讨。现在晋国三家向天子请封，天子又批准了。他们就是奉天子命令而成为诸侯的，谁又能对他们加以讨伐呢！所以晋国三家大夫僭位成为诸侯，并不是晋国三家破坏了礼教，正是周天子自己破坏了周朝的礼教啊！

呜呼！维系君臣大义的礼纪既然崩坏瓦解，于是天下便开始以智慧、武力争雄称霸，使当年受周先王分封而成为诸侯国君的圣贤后裔，江山相继沦亡，周朝先民的子孙灭亡殆尽，岂不令人哀痛！

起初，统治晋国的智宣子想确定诸子中的智瑶为继承人，族人智果说：“他不如智宵。智瑶有超越他人的五项长处，只有一项短处。仪表堂堂是第一项长处，精于骑射是第二项长处，才艺双全是第三项长处，能言善辩是第四项长处，坚毅果敢是第五项长处。他的唯一短处就是居心不仁。如果他以五项长处来制服别人而做不仁不义的恶事，谁能和他和睦相处？要是真的立智瑶为继承人，那么智氏宗族一定离灭亡不远了。”智宣子置之不理。智果便向太史请求脱离智族姓氏，另立为辅氏，以避灭族之祸。

赵国的大夫赵简子有两个儿子，大的叫伯鲁，小的叫无恤。赵简子想确定继承人，不知立哪位好，于是把他的日常训诫言词写在两块竹简上，分别交给两个儿子，嘱咐说：“好好记住！”过了三年，赵简子问起两个儿子，大儿子伯鲁张口结舌，竹简上的话一句也记不起来；再问他的竹简安在，却早已丢失了。又问小儿子无恤，竟然滚瓜烂熟地背诵出竹简训词；追问竹简，他立即从袖子中取出献上。于是赵简子认为无恤十分贤德，便立他为继承人。

赵简子派尹铎去治理晋阳，临行前尹铎请示说："您是打算让我去抽丝剥茧般地搜刮财富呢，还是安抚人心作为他日退路？"赵简子说："当然要作为他日退路。"尹铎到了晋阳，便用少算居民户数的办法，减轻当地的赋税，笼络人心。赵简子又对儿子赵无恤说："一旦晋国发生了大危难，你不要嫌尹铎地位不高，不要怕晋阳路途遥远，一定要投奔那里，作为归宿。"

待到智宣子去世，智襄子智瑶当政统治晋国，一天与国中另两位大夫韩康子、魏桓子在蓝台饮宴，席间智瑶戏弄韩康子，又侮辱他的家相段规。智瑶的家臣智国听说此事，就告诫说："主公您不提防招来灾祸的话，灾祸就真的会来了！"智瑶狂妄地说："人的生死灾祸都取决于我。我不给他们降临灾祸就算不错，谁还敢对我兴风作浪！"智国又说："这话可不妥。《夏书》中说过'一个人屡次三番犯错误，结下的仇怨岂能在明处，应该在它没有表现出来时就设法提防。'贤德的人能够谨慎地处理小事，所以不会招致大祸。现在主公一次宴会就开罪了人家的主君和臣相，又不戒备他们报复，只一味说：'谁敢对我兴风作浪。'这种态度实在不可取。蚊子、蚂蚁、蜜蜂、蝎子是小虫，却都能害人，何况是家族庞大的韩康子、段规呢！"智瑶毫不在意，只一笑而已。

智瑶又向韩康子索要领地，韩康子想不给他。段规进言说："智瑶贪财好利，又刚愎自用，如果不给，他一定起兵讨伐，不如姑且给他。他拿到地更加狂妄，一定又会向别人索要；别人不给，他必定向人动武用兵，这样我们就可以避其锋芒而伺机行动了。"韩康子说："好主意。"便派使臣去见智瑶，送上有万户居民的一个县。智瑶大喜，果然又向魏桓子提出索地要求，魏桓子想不给。家相任章问："为什么不给呢？"魏桓子说："无缘无故来要地，所以不给。"任章说："智瑶无缘无故强索他人领地，一定会引起其他大夫官员的警惕；我们给他地，智瑶一定会骄傲，他骄傲而轻敌，我们警惕而团结众人；用精诚团结之兵来对付狂妄轻乱的智瑶，智家的命运一定不会长久了。《周书》说：'要打败敌人，必须暂时听从他，引导他犯错误；要夺取敌人利益，必须先给他一些好处作诱饵。'主公不如先答应智瑶的要求，让他骄傲自大而无备，然后我们可以乘机联络其他人共同图谋，又何必我们一家现在去激怒他遭受出头鸟的打击呢！"魏桓子说："很好。"也交给智瑶一个有万户之民的县。

智瑶得寸进尺，又向赵襄子家索要蔺和皋狼两处地方。赵襄子断然拒绝。智瑶勃然大怒，集合韩、魏两家，率领甲兵前去攻打赵家。赵襄子准备出逃。问属下："我到哪里去呢？"随从说："长子城最近，而且城墙厚，刚完工。"赵襄子说："百姓筋疲力尽地刚修完城，又要他们舍生入死地为我守城，谁能和我一条心？"随从又说："邯郸城里仓库丰盈。"赵襄子仍是摇头说："搜刮民脂民膏才使仓库充满粮食，现在又因战争让他们送命，没人会和我同心对乱。还是投奔晋阳吧，那是先主的老地盘，尹铎又待百姓宽厚，人民一定能和我们同甘共苦。"于是前往晋阳。

智瑶、韩康子、魏桓子三家出兵团团围住晋阳，又引水灌城。大水一直漫到离城墙头只差三版的地方，城中百姓的锅灶都被泡塌，鱼虾孳生，然而人民仍是对赵襄子忠心耿耿，誓死不降。一天，智瑶在城外水中巡视，魏桓子为他驾车，韩康子站在一边护卫。智瑶望着浩瀚水势，得意地说："我今天才知道水可以让人亡国。"听到这话，魏桓子用胳膊肘碰了一下韩康子，韩康子也会意地用脚踩了一下魏桓子。两人不约而同地想到，汾河水也可以灌魏国都城安邑，绛河水也可以灌韩国都城平阳，都不寒而栗。事后，智家的谋士缔疵对智瑶说："韩、魏两家肯定会反叛。"智瑶问："你何以见得？"缔疵说："以人之常情而论。我们调集韩、魏两家的军队来围攻赵家，一旦赵家覆亡，他们会想到，下次灾难的对象一定是韩、魏两家了。现在我们约定灭掉赵家后三家分割其地，晋阳城仅差三版就被水淹没，城内宰马为食，破城已是指日可待的事了。然而韩康子、魏桓子两人却面无喜色，反倒忧心忡忡，这不是心怀异志又是什么？"第二天，智瑶把缔疵的话告诉了韩、魏二人，二人忙说："这一定是离间小人想为赵家游说，让主公您怀疑我们韩、魏两家而放松对赵家的进攻。不然的话，我们两家岂不是放着早晚就分到手的赵家田土不要，而去干那危险万分必不可成的傻事吗？"两人告辞而出，缔疵进来说："主公为什么把臣下我的话告诉他们两人呢？"智瑶惊奇地反问："你怎么知道的？"回答说："我刚才碰到他们，两人神色慌张地看了我一眼就匆忙离去，因为他们知道我看穿了他们的心思。"智瑶仍是不以为然。于是缔疵请求派他出使齐国，以避大祸。

赵襄子派张孟谈秘密出城来见韩、魏二人，劝说道："唇亡齿寒，古之常理。现在智瑶率领韩、魏两家来围攻赵家，赵家灭亡就该轮到你们韩、魏自身了。"韩康子、魏桓子也说："我们心里也知道他会这样做，只是怕事情还未发动计谋先泄露出去，就会马上大祸临头。"张孟谈又说："计谋出自二位主公之口，只有我一人听见，有什么可担心的？"于是两人秘密地与张孟谈商议，约好起事日期后送他回城了。夜里，赵襄子派人杀掉智军守堤士兵，使大水决口反灌智瑶军营。智瑶军队为救水淹，大乱阵脚，韩、魏两家军队乘机从两翼夹击，赵襄子率士兵从正面迎头痛击，大败智家军，杀死智瑶，又将智家族人尽行斩杀。只有智果因改姓辅氏得以幸免。

臣司马光曰："智瑶的灭亡，在于他多才少德。才与德，是不同的两回事，而世俗之人往往分不清，一概而论之曰贤明，于是就看错了人。所谓才，是指聪明、明察、坚强、果毅；所谓德，是指正直、公道、平和待人。才，是德的辅助资本；德，是才的中心统帅。湖北云梦地方的竹子，天下都称为刚劲，然而如果不矫正其曲，不配上羽毛箭镞，就不能作为利箭穿透坚物。河南棠溪地方出产的铜材，天下都称为精利，然而如果不经熔烧铸造，不锻打出锋，就不能作为兵器击穿硬甲。所以，德才兼备，称之为圣人；无德无才，称之为愚人；德胜过才，称之为君子；才胜过德，称之为小人。挑选人才的标准，如果找不到圣人、君子而委托，与其得到小人，不如得到愚人。原因何在？因为君子持有才干，把它用到善事上；而小人持有才干，就会用来作恶。持有才干做善事，能处处行善；而凭借才干作恶，就无恶不作了。愚人如想作恶，因为智慧不济，气力不胜任，还有所限度，好像小狗咬人，人还能制服它。而小人既有足够的阴谋诡计来发挥邪恶，又有勇猛的力量来逞凶施暴，就如恶虎生翼，为害之大可想而知了！有德的人令人尊敬，有才的人使人喜爱；对尊敬的人往往敬而远之，对喜爱的人往往宠信专任，所以察选人才者经常被人的才干所蒙蔽而忘记了考察他的品德。自古至今，国家的乱臣奸佞，家族的败家浪子，因为才能有余而品德不足，导致家国覆亡的真是举不胜举，又何止智瑶一个人。所以治国治家者如果能审慎地考察才与德两种不同的标准，知道选择的先后，就不会重蹈前人的覆辙！"

赵、韩、魏三家瓜分了智家的领地田土，赵襄子便把智瑶的头骨涂上漆，作为酒具。智瑶的家臣豫让想为主公报仇，就化装为罪人，怀揣匕首，混到赵襄子的宫室中打扫厕所。赵襄子上厕所时，忽然心动不安，令人搜索，抓获了豫让。左右随从要将他处死，赵襄子阻止说："智瑶已死，又无后人，而此人还要为他报仇，真是一个义士，我应该小心躲避他。"于是，下令释放豫让。豫让回去后，用漆涂满全身，弄成一个癞疮病人，又吞下火炭，弄哑嗓音。他每日在街市上乞讨，寻找机会，连结发妻子见面也认不出来。一次路上遇到好友，却被识破，好友垂泪劝说道："以你的才干，如果投靠赵家，一次会得到重用，那时你就为所欲为，再伺机行刺不是易如反掌吗？何苦自残形体以至于此？即使这样来图谋报仇，也是太困难了。"豫让说："我要是委身于赵家为臣，再去刺杀他，就是怀有二心，不忠于主。我也知道现在这种做法，是极困难的。然而之所以还要冒死干下去，就是为了让天下与后世做人臣子而怀有二心的人感到羞愧。"一天，赵襄子乘车出行，豫让事先潜伏在经过的桥下。赵襄子车到了桥前，马突然受惊，卫兵于是进行搜索，捕获豫让，这次就将他杀死了。

赵襄子因为父亲赵简子当年没有立哥哥伯鲁为继承人，自己虽然有五个儿子，也不肯立为继承人。他封赵伯鲁的儿子于代国，称代成君，却不幸早逝，又立其子赵浣为赵家的继承人。待到赵襄子死后，弟弟赵桓子就驱逐赵浣，自立为国君，但继位仅一年也死了。赵家的族人们互相计议说："赵桓子做国君本来就不是赵襄子的主意。"大家一起杀死了赵桓子的儿子，再迎回赵浣，拥立为国君，即称为赵献子。赵献子生子名赵籍，就是受周威烈王分封的赵烈侯。魏家的魏斯，是魏桓子的孙子，也被封为魏文侯。韩康子生子名韩武子，武子又生韩虔，被封为韩景侯。

魏文侯魏斯任命卜子夏、田子方为国师，他每次经过名士段干木的住宅，都要在车上俯首行礼，以示尊敬。四方贤才德士听说都前来归附他。

一天，魏文侯与群臣饮酒，正欢乐间，下起了大雨，魏文侯却下令备车前往山野之中。左右侍臣奇怪地问："今天饮酒正在兴头上，外面又下着大雨，国君打算到哪里去呢？"魏文侯说："我与山野村长约好了今天去打猎，虽然这里很快乐，也不能不遵守那边的会面约定！"于是驾车亲自前去，告诉因雨停猎。

韩国邀请魏国出兵，协助攻打赵国。魏文侯谢绝说："我与赵国，是兄弟之邦，不敢从命。"赵国也来向魏国借兵讨伐韩国，魏文侯仍然用同样的理由拒绝了。两国使者都怒气冲冲地离去。后来两国得知魏文侯对自己的和睦态度，十分佩服，都前来朝拜。魏国于是开始成为魏、赵、韩三国之首，各诸侯国都不能和它相争。

魏文侯派大将乐羊攻打中山国，尽占其地，封给自己的儿子魏击。魏文侯得意地问群臣："我是什么样的君主？"大家异口同声地赞誉说："您是仁德君主！"只有任座不肯阿谀，直言说："国君您得了中山国，不用来封您的弟弟，却封给自己的儿子，这算什么仁德君主！"魏文侯勃然大怒，任座见势不对，起身快步离开。接着，魏文侯又问翟璜，翟璜回答说："您是仁德君主。"魏文侯问："你何以见得？"回答说："臣下我听说国君仁德，他的臣子就敢直言。刚才任座的话很耿直，于是我知道您是仁德君主。"魏文侯转怒为喜，有所领悟，立刻派翟璜去追任座回来，还亲自下殿堂去迎接，奉为上宾。

一天，魏文侯与国师田子方在一起饮酒，文侯忽然侧耳说："编钟的乐声有些不协调，好像左边高。"田子方闻言微微一笑，魏文侯十分诧异："你笑什么？"田子方侃侃而谈："臣下我听说，国君懂得任用乐官，不必懂得乐音。现在国君您精通音乐，我可有些担心您会疏忽了任用官员的职责。"魏文侯点头说："你说得对。"

魏文侯的公子魏击出行，途中遇见国师田子方，连忙下车伏拜行礼。谁知田子方却毫不理睬，不做回礼。魏击怒气冲冲地对田子方说："你说是富贵的人能对人骄傲，还是贫贱的人能对人骄傲？"田子方淡淡地说："当然是贫贱的人能对人骄傲啦，富贵的人哪里敢对人骄傲呢！国君对人骄傲就将亡国，大夫对人骄傲就将失去采地。失去国家的人，没有谁还能给他一个国家；失去采地的人，也没有谁能再给他一份采地。可是贫贱的游士呢，就不同了。我的话你不听，我的行为不合你的意，我就穿上鞋子告辞了，像我这样的贫贱游士，到哪里得不到贫贱呢！"魏击顿然醒悟，再三作揖多谢指教。

魏文侯问李克："先生曾经说过：'家贫思良妻，国乱思良相。'现在我决定从魏成和翟璜中选一个宰相，两人谁好一些？"李克回答说："下属不参与尊长的事，外人不过问内眷的事。臣子我在朝外任职，不敢妄议朝政。"魏文侯说："先生你可不要临事推卸责任！"李克说道："国君您没有仔细观察哎呀！看人，平时看他所亲近的，富贵时看他所交往的，显赫时看他所推荐的，穷困时看他所不做的，贫贱时看他所不取的。仅此五条，就足以判断人的高下了，又何必要我指明呢！"魏文侯沉思片刻，说："先生请回府休息吧，我的宰相已经选定了。"李克告辞离去，遇到翟璜。翟璜问他："听说今天国君召您去征求对宰相人选的看法，到底定了谁呢？"李克说："魏成。"翟璜立刻变了脸色，愤愤不平地说："西河守令吴起，是我推荐的，使秦兵不敢东犯。国君担心内地的邺县，也是我推荐西门豹。国君征伐中山国，又是我推荐乐羊。中山国攻克之后，一时物色不到合适守将，我推荐了先生您。国君的公子没有老师，还是我推荐了屈侯鲋。以耳闻目睹的这些事实，我哪点儿比魏成差！"李克慢慢回答说："你把我介绍给你的国君，难道是为了结党营私以谋求高官显职吗？今天国君问我宰相的人选，我不过说了刚才那一番话。我之所以推断国君肯定会选中魏成为相，是因为魏成享有千钟俸禄，十分之九都用来结交外面的贤士，只有十分之一留作家用，所以得到了卜子夏、田子方、段干木这样的英才。这三个人，国君都奉为老师；而你所举荐的五人，国君都任用为臣属。仅此一点，你怎么能和魏成比呢！"翟璜听罢十分惭愧，再三道歉说："我翟璜，真是个粗鄙之人，刚才的话失礼了，我愿终身拜您为老师！"

吴起，是卫国人，在鲁国任官职。齐国来攻打鲁国，鲁国想任用吴起为大将应敌，但吴起娶的妻子是齐国人，鲁国便因此而疑虑吴起。于是，吴起杀死了自己的妻子，取得鲁国信任，任为大将，率军大破齐国军队。有人在鲁国国君面前攻击他说："吴起当初曾师事曾参，母亲死了也不回去治丧，曾参认为他不孝，与他断绝关系。现在他又杀死妻子来求得您的大将职位。吴起，真是一个残忍缺德的人！况且，以我们小小的鲁国能有战胜齐国的名气，各个国家都要来认真算计鲁国了。"吴起知道此事后，恐怕鲁国治他的罪，又听说魏文侯贤明，于是就前去投奔。魏文侯征求李克的意见，李克说："吴起为人贪婪而好色，然而他的用兵之道，连齐国的名将司马穰苴也是比不上的。"于是魏文侯任命吴起为大将，派他攻打秦国，接连夺下五座城池。

吴起做大将，与最低级的士兵穿一样的衣服，吃一样的饭，睡觉不铺席子，行军也不骑马，亲自挑上士兵的粮担，与士兵们分担疾苦。有个士兵患了毒疮，吴起亲自用口为他吸吮毒汁。士兵的母亲听说后却痛哭流涕，有人奇怪地问："你的儿子是个普通的士兵，而吴起将军亲自为他吸吮毒疮，你还有什么可伤心的？"士兵母亲答道:"话不是这样说啊!当年吴将军就为孩子他的父亲吸过毒疮,他父亲以身相报,未经几战,就战死在敌阵中了。吴将军现在又为我儿子吸毒疮,我想他又不知道该死在哪里了,所以伤心痛哭。"

燕国燕湣公去世,其子燕僖公即位。

【原文】

二十四年(己卯,前402年)

王崩,子安王骄立。

盗杀楚声王,国人立其子悼王。

【译文】

二十四年(己卯,公元前402年)

周威烈王驾崩,其子姬骄即位为周安王。

盗匪杀死楚国楚声王,国中贵族拥立其子楚悼王即位。

【原文】

安王元年(庚辰,前401年)

秦伐魏,至阳孤。

【译文】

周安王元年(庚辰,公元前401年)

秦国攻打魏国,直至阳孤。

【原文】

二年（辛巳，前400年）

魏、韩、赵伐楚，至桑丘。

郑围韩阳翟。

韩景侯薨，子烈侯取立。

赵烈侯薨，国人立其弟武侯。

秦简公薨，子惠公立。

牛形尊

春秋时期晋国青铜器容酒器，牛已穿有鼻环，说明当时牛已被牵引从事农田耕作。

【译文】

二年（辛巳，公元前400年）

韩国、魏国、赵国联合攻打楚国，直至桑丘。

郑国围攻韩国阳翟城。

韩国韩景侯去世，其子韩取即位为韩烈侯。

赵国赵烈侯去世，国中贵族拥立其弟即位为赵武侯。

秦国秦简公去世，其子即位为秦惠公。

【原文】

三年（壬午，前399年）

王子定奔晋。

虢山崩，壅河。

【译文】

三年（壬午，公元前399年）

周朝王子姬定出奔晋国。

虢山崩塌，泥石壅塞黄河。

【原文】

四年（癸未，前398年）

楚围郑。郑人杀其相驷子阳。

【译文】

四年（癸未，公元前398年）

楚国围攻郑国。郑国人杀死宰相驷子相。

【原文】

六年（乙酉，前396年）

郑驷子阳之党弑公，而立其弟乙，是为康公。

宋悼公薨，子休公田立。

【译文】

六年（乙酉，公元前396年）

郑国宰相驷子阳的余党杀死国君郑繻公，改立他的弟弟姬乙，即为郑康公。

宋国宋悼公去世，其子宋田即位为宋休公。

【原文】

八年（丁亥，前394年）

齐伐鲁，取最。

郑负黍叛，复归韩。

【译文】

八年（丁亥，公元前394年）

齐国攻打鲁国，攻占最地。

郑国的负黍地方反叛，复归顺韩国。

【原文】

九年（戊子，前393年）

魏伐郑。

晋烈公薨，子孝公倾立。

【译文】

九年（戊子，公元前393年）

魏国攻打郑国。

晋国晋烈公去世，其子姬倾即位为晋孝公。

【原文】

十五年（甲午，前387年）

秦伐蜀，取南郑。

魏文侯薨，太子击立，是为武侯。

武侯浮西河而下，中流顾谓吴起曰："美哉山河之固，此魏国之宝也！"对曰："在德不在险。昔三苗氏，左洞庭，右彭蠡；德义不修，禹灭之。夏桀之居，左河济，右泰华，伊阙在其南，羊肠在其北；修政不仁，汤放之。商纣之国，左孟门，右太行，常山在其北，大河经其南；修政不德，武王杀之。由此观之，在德不在险。若君不修德，舟中之人皆敌国也！"武侯曰："善。"

魏置相，相田文。吴起不悦，谓田文曰："请与子论功可乎？"田文曰："可。"起曰："将三军，使士卒乐死，敌国不敢谋，子孰与起？"文曰："不如子。"起曰："治百官，亲万民，实府库，子孰与起？"文曰："不如子。"起曰："守西河，秦兵不敢东乡，韩、赵宾从，子孰与起？"文曰："不如子。"起曰："此三者子皆出吾下，而位居吾上，何也？"文曰："主少国疑，大臣未附，百姓不信，方是之时，属之子乎，属之我乎？"起默然良久曰："属之子矣！"

久之，魏相公叔尚主而害吴起。公叔之仆曰："起易去也。起为人刚劲自喜。子先言于君曰：'吴起，贤人也，而君之国小，臣恐起之无留心也。君盍试延以女，起无留心，则必辞矣。'子因与起归而使公主辱子，起见公主之贱子也，必辞，则子之计中矣。"公叔从之，吴起果辞公主。魏武侯疑之而未信，起惧诛，遂奔楚。

楚悼王素闻其贤，至则任之为相。起明法审令，捐不急之官，废公族疏远者，以抚养战斗之士，要在强兵，破游说之言从横者。于是南平百越，北却三晋，西伐秦，诸侯皆患楚之强；而楚之贵戚大臣多怨吴起者。

秦惠公薨，子出公立。

赵武侯薨，国人复立烈侯之太子章，是为敬侯。

韩烈侯薨，子文侯立。

【译文】

十五年（甲午，公元前387年）

秦国攻打蜀地，夺取南郑。

魏国魏文侯去世，太子魏击即位为魏武侯。

魏武侯乘船顺黄河而下，在中游对吴起说："多么美丽而险要的山河哎呀，这是魏国的无价之宝啊！"吴起回答说："国宝在于德政而不在于地势险要。当初三苗氏部落，左面有洞庭湖，右面有彭蠡湖，但他们不讲仁义道德，结果被禹消灭了。夏朝的君王桀居住之地，左边是黄河、济水，右边是泰华山，伊阙山在其南面，羊肠坂在其北面，但朝政腐败，也被商朝汤王把他驱逐了。商朝纣王的都城，左边是孟门，右边是太行山，常山在其北面，黄河经过其南面，只因他多行不义，最终还是被周武王杀了。因此可见，国家应当珍视的，在于德政而不在于地势险要。如果君主您不修朝政，恐怕就是这条船上的人，也要成为您的敌人。"魏武侯听罢说道："说得对。"

魏国设置宰相，任命了田文。吴起很不高兴，对田文说："我和你比较一下功劳长短如何？"田文说："可以。"吴起便说："统率三军，使士兵舍生忘死，敌国不敢来犯，你比我吴起如何？"田文说："我不如你。"吴起又问："使百官安排有序，百姓上下一心，仓库充实有余，你比我吴起如何？"田文说："我不如你。"吴起再问："镇守西河，使秦兵不敢向东侵犯，韩国、赵国依附听命，你比我吴起如何？"田文还是说："我不如你。"吴起质问道："这三条你都在我之下，而职位却在我之上，是什么道理？"田文只说："如今国君年幼，国多疑难，大臣们不能齐心归附，老百姓都心中惴惴不安，在这个时候，宰相之职，是嘱托给你，还是嘱托给我合适？"吴起默默不语地想了一会儿，说："是该嘱托给你。"

过了许多日子，魏国宰相公叔娶公主为妻，权势渐大，便想陷害吴起。他的仆人献计说："吴起容易去掉，这个人心直口快，而且以此为荣。您可以先对国君说：'吴起是个杰出人才，但我们的国家小，我担心他到底没有长留的心思。国君您何不试着要把女儿嫁给他，如果吴起没有久留之心，一定会辞谢的。'主人您再与吴起一起回来，让公主羞辱您，吴起看到公主如此轻视您，一定会辞谢国君女儿的婚事，这样您的计谋就实现了。"公叔照此去做，吴起果然辞谢了与公主的婚事。魏武侯从此疑忌他，不敢信任，吴起害怕杀身之祸，于是投奔了楚国。

楚悼王早就听说吴起是个人才，一到，便任命他为宰相。吴起严明法纪号令，裁减一些不重要的闲官，废除了王族中远亲疏戚的俸禄，用来安抚奖励能征善战之士，把增强军队、破除合纵连横游说言论作为首务。于是楚国向南平定百越，向北抵挡住韩、魏、赵三国的扩张，向西征讨秦国，各诸侯国都害怕楚国的强大，而楚国的王亲贵戚、权臣显要中却有很多人怨恨吴起。

秦国秦惠公去世，其子即位为秦出公。

赵国赵武侯去世，国中贵族又拥立赵烈侯的太子赵章即位为赵敬侯。

韩国韩烈侯去世，其子即位为韩文侯。

【原文】

十六年（乙未，前386年）

初命齐大夫田和为诸侯。

赵公子朝作乱，奔魏；与魏袭邯郸，不克。

【译文】

十六年（乙未，公元前386年）

周王朝开始任命齐国大夫田和为诸侯国君。

赵国公子赵朝作乱，出奔魏国，与魏国军队一起进攻赵国邯郸，未能攻克。

【原文】

十七年（丙申，前385年）

秦庶长改逆献公于河西而立之；杀出子及其母，沈之渊旁。

齐伐鲁。

韩伐郑，取阳城；伐宋，执宋公。

齐太公薨，子桓公午立。

【译文】

十七年（丙申，公元前 385 年）

秦国名叫改的庶长迎接河西的秦献公，立为国君；把秦出公和他的母亲杀死，沉在河里。

齐国攻打鲁国。

韩国攻打郑国，夺取阳城。又攻打宋国，捉住宋国国君。

齐国太公田和去世，其子田午即位为齐桓公。

【原文】

二十一年（庚子，前 381 年）

楚悼王薨。贵戚大臣作乱，攻吴起；起走之王尸而伏之。击起之徒因射刺起，并中王尸。既葬，肃王即位，使令尹尽诛为乱者；坐起夷宗者七十馀家。

【译文】

二十一年（庚子，公元前 381 年）

楚悼王去世，贵族国戚和大臣们作乱，攻打吴起，吴起逃到楚悼王尸体边，伏在上面。攻击吴起的暴徒乱箭射死吴起，并射中了楚悼王尸体。办完丧事，楚肃王即位，命令宰相全数翦灭作乱者，因射吴起之事而被灭族的多达七十余家。

【原文】

二十二年（辛丑，前 380 年）

齐伐燕，取桑丘。魏、韩、赵伐齐，至桑丘。

【译文】

二十二年（辛丑，公元前 380 年）

齐国攻打燕国，夺取桑丘。魏、韩、赵三国攻打齐国，兵至桑丘。

【原文】

二十三年（壬寅，前 379 年）

赵袭卫，不克。

齐康公薨，无子，田氏遂并齐而有之。

是岁，齐桓公亦薨，子威王因齐立。

【译文】

二十三年（壬寅，公元前 379 年）

赵国袭击卫国，未能攻克。

流放的齐康公去世，没有儿子。田氏家族于是把姜氏的齐国全部兼并了。

当年，齐桓公也去世，其子田因齐即位为齐威王。

楚悼王任吴起为相

【原文】

二十四年（癸卯，前 378 年）

狄败魏师于浍。

魏、韩、赵伐齐，至灵丘。

晋孝公薨，子靖公俱酒立。

【译文】

二十四年（癸卯，公元前 378 年）

北方狄族在浍山击败魏国军队。

魏、韩、赵三国攻打齐国，兵至灵丘。

晋国晋孝公去世，其子姬俱酒即位为晋靖公。

【原文】

二十五年（甲辰，前 377 年）

蜀伐楚，取兹方。

子思言苟变于卫侯曰："其才可将五百乘。"公曰："吾知其可将；然变也尝为吏，赋于民而食人二鸡子，故弗用也。"子思曰："夫圣人之官人，犹匠之用木也，取其所长，弃其所短；故杞梓连抱而有数尺之朽，良工不弃。今君处战国之世，选爪牙之士，而以二卵弃干城之将，此不可使闻于邻国也。"公再拜曰："谨受教矣！"

卫侯言计非是，而群臣和者如出一口。子思曰："以吾观卫，所谓'君不君，臣不臣'者也！"公丘懿子曰："何乃若是？"子思曰："人主自臧，则众谋不进。事是而臧之，犹却众谋，况和非以长恶乎！夫不察事之是非而悦之赞己，暗莫甚焉；不度理之所在而阿谀求容，谄莫甚焉。君暗臣谄，以居百姓之上，民不与也。若此不已，国无类矣！"

子思言于卫侯曰："君之国事将日非矣！"公曰："何故？"对曰："有由然焉。君出言自以为是，而卿大夫莫敢矫其非；卿大夫出言亦自以为是，而士庶人莫敢矫其非。君臣既自贤矣，而群下同声贤之，贤之则顺而有福，矫之则逆而有祸，如此则善安从生！诗曰：'具曰予圣，谁知乌之雌雄？'抑亦似君之君臣乎！"

鲁穆公薨，子共公奋立。

韩文侯薨，子哀侯立。

【译文】

二十五年（甲辰，公元前377年）

蜀人攻打楚国，夺取兹方。

孔伋，字子思，向卫国国君推荐苟变说："他的才能足以统帅五百辆战车的军队。"卫侯说："我也知道他是个将才，然而苟变做官吏的时候，有次征税吃了老百姓两个鸡蛋，所以我不用他。"孔伋说："圣人选人任官，就好比木匠使用木料，取其所长，弃其所短；一根合抱的巨木，只有几尺朽烂之处，高明的工匠是不会扔掉它的。现在国君您处在战国纷争之世，正要收罗英武人才，却因为两个鸡蛋而舍弃了一员上将，这话可不能让邻国知道啊！"卫侯一再拜谢说："我接受你的指教。"

卫侯提出了一项不正确的计划，而大臣们却众口一词附和。孔伋说："我看卫国，真是'君不像君，臣不像臣'呀！"公丘懿子问："为什么这样说？"孔伋说："君主自以为是，大家不提出自己的意见。自以为是即使事情处理对了，也是排斥了众人的意见，更何况现在众人都附和错误见解而助长邪恶之风呢！不考察事情的是非而沉溺于别人的赞扬声中，是无比的糊涂；不判断事情是否有道理而一味阿谀奉承，是无比的谄媚。君主糊涂而臣下谄媚，这样来统治百姓，老百姓是不会同心同德的。长期这样不改，国家就没有多久的日子了。"

孔伋对卫侯说："你的国家将要一天不如一天了。"卫侯问："为什么？"回答说："事出有因。国君你发号施令，自以为是，卿大夫等官员没人敢指出你的错误；于是他们也对下刚愎自用，自以为是，士人百姓也不敢有不同意见。君臣都傲横自得，下属又是一片颂扬逢迎，便造成说好话的人青云直上，指出错误的人大祸临头的恶劣风气，这样，怎么会有好的结果！《诗经》所说：'都称自己是圣贤，乌鸦雌雄谁能辨？'不正像你们这些君臣吗？"

鲁国鲁穆公去世，其子姬奋即位为鲁共公。

韩国韩文侯去世，其子即位为韩哀侯。

【原文】

二十六年（乙巳，前376年）

王崩，子烈王喜立。

魏、韩、赵共废晋靖公为家人而分其地。

【译文】

二十六年（乙巳，公元前376年）

周安王去世，其子姬喜即位为周烈王。

魏、韩、赵三国把晋靖公废黜为平民，瓜分了他的残余领地。

【原文】

烈王元年（丙午，前375年）

日有食之。

韩灭郑，因徙都之。

赵敬侯薨，子成侯种立。

【译文】

周烈王元年（丙午，公元前375年）

出现日食。

韩国灭掉郑国，把国都迁到新郑。

赵国赵敬侯去世，其子赵种即位为赵成侯。

【原文】

四年（己酉，前372年）

赵伐卫，取都鄙七十三。

魏败赵师于北蔺。

【译文】

四年（乙酉，公元前 372 年）

赵国攻打卫国，夺取七十三个村镇。

魏国在北蔺击败赵国军队。

【原文】

五年（庚戌，前 371 年）

魏伐楚，取鲁阳。

韩严遂弑哀侯，国人立其子懿侯。初，哀侯以韩廆为相而爱严遂，二人甚相害也。严遂令人刺韩廆于朝，廆走哀侯，哀侯抱之；人刺朝廆，兼及哀侯。

魏武侯薨，不立太子，子䓨与公中缓争立，国内乱。

【译文】

五年（庚戌，公元前 371 年）

魏国攻打楚国，夺取鲁阳。

韩国严遂杀死韩哀侯，国中贵族立哀侯之子为韩懿侯。当初，韩哀侯任命韩廆为国相却宠爱严遂，两人互相仇恨至深。严遂派人在朝廷行刺韩廆，韩廆逃到韩哀侯身边，韩哀侯抱住他，刺客刺韩廆，连带韩哀候也被刺死。

魏国魏武侯去世，没有确立太子，他的儿子魏䓨与公中缓争位，国内大乱。

【原文】

七年（壬子，前 369 年）

日有食之。

王崩，弟扁立，是为显王。

魏大夫王错出奔韩。公孙颀谓韩懿侯曰："魏乱，可取也。"懿侯乃与赵成侯合兵伐魏，战于浊泽，大破之，遂围魏。成侯曰："杀䓨，立公中缓，割地而退，我二国之利也。"懿侯曰："不可。杀魏君，暴也；割地而退，贪也。不如两分之。魏分为两，不强于宋、卫，则我终无魏患矣。"赵人不听。懿侯不悦，以其兵夜去。赵成侯亦去。䓨遂杀公中缓而立，是为惠王。

太史公曰：魏惠王所以身不死、国不分者，二国之谋不和也。若从一家之谋，魏必分矣。故曰："君终，无适子，其国可破也。"

【译文】

七年（壬子，公元前369年）

出现日食。

周烈王去世，弟弟姬扁即位为周显王。

魏国大夫王错出逃投奔韩国。公孙颀对韩懿侯说："魏国内乱，可以乘机攻取。"韩懿侯于是与赵成侯联合出兵攻打魏国，在浊泽地方大战，击败魏军，包围了魏国都城。赵成侯建议说："杀掉魏䓨，立公中缓为魏国国君，然后割去其地退兵，这对我们两国是最有利的做法。"韩懿侯说："不妥。杀死魏国国君，是强暴行为；割地后才退兵，是贪婪的表现。不如让两人分别治理魏国，魏国分为两半，比宋国、卫国还不如，我们就再也不用担心魏国的威胁了。"赵成侯不同意。韩懿侯十分不快，率领他的军队乘夜间不辞而别。赵成侯也只好怏怏退兵归国。魏䓨于是杀死公中缓，即位称为魏惠王。

司马迁曰："魏惠王之所以能保有性命和国家，是由于魏国和赵国意见不同，彼此不和。如果按照其中一家的办法去做，魏国一定会被瓜分。"所以俗语说："国君死时，无继承人，国家就会被击破。"

资治通鉴第二卷

周纪二

【原文】

显王元年（癸丑，前368年）

齐伐魏，取观津。

赵侵齐，取长城。

【译文】

周显王元年（癸丑，公元前368年）

齐国攻打魏国，夺取观津。

赵国入侵齐国，占领长城。

【原文】

四年（丙辰，前365年）

魏伐宋。

【译文】

四年（丙辰，公元前365）

魏国攻打宋国。

【原文】

五年（丁巳，前364年）

秦献公败三晋之师于石门，斩首六万。王赐以黼黻之服。

【译文】

五年（丁巳，公元前364年）

秦献公在石门大败韩、赵、魏三国联军，斩首六万人。周王特地颁赏他绣有黑、白、青花纹的服饰。

【原文】

七年（己未，前362年）

魏败韩师、赵师于浍。

秦、魏战于少梁，魏师败绩；获魏公孙痤。

卫声公薨，子成侯速立。

燕桓公薨，子文公立。

秦献公薨，子孝公立，孝公生二十一年矣。是时河、山以东强国六，淮、泗之间小国十馀，楚、魏与秦接界。魏筑长城，自郑滨洛以北有上郡；楚自汉中，南有巴、黔中：皆以夷翟遇秦，摈斥之，不得与中国之会盟。于是孝会发愤，布德修政，欲以强秦。

【译文】

七年（己未，公元前362年）

魏国在浍地击败韩国和赵国军队。

秦国、魏国在少梁激战，魏国军队大败而逃，公孙痤被俘。

卫国卫声公去世，其子卫速即位为卫成侯。

燕国燕桓公去世，其子即位为燕文公。

秦国秦献公去世，其子即位为秦孝公。孝公已经二十一岁了。这时黄河、崤山以东有六个强国，淮河、泗水流域十几个小国林立，楚国、魏国与秦国接壤。魏国筑有一道长城，从郑县沿着洛水直到上郡；楚国自汉中向南占有巴郡、黔中等地。各国都把秦国当作未开化的夷族，予以鄙视，不准参加中原各诸侯国的会议盟誓。目睹此情，秦孝公决心发愤图强，整顿国家，修明政治，让秦国强大起来。

【原文】

十年（壬戌，前359年）

卫鞅欲变法，秦人不悦。卫鞅言于秦孝公曰："夫民不可与虑始，而可与乐成。论至德者不和于俗，成大功者不谋于众。是以圣人苟可以强国，不法其故。"甘龙曰："不然，缘法而治者，吏习而民安之。"卫鞅曰："常人安于故俗，学者溺于所闻，以此两者，居官守法可也，非所与论于法之外也。智者作法，愚者制焉；贤者更礼，不肖者拘焉。"公曰："善。"以卫鞅为左庶长。卒定变法之令。令民为什伍而相收司、连坐，告奸者与斩敌首同赏，不告奸者与降敌同罚。有军功者，各以率受上爵；为私斗者，各以轻重被刑大小。僇力本业，耕织致粟帛多者，复其身；事末利及怠而贫者，举以为收孥。宗室非有军功论，不得为属籍。明尊卑爵秩等级，各以差次名田宅、臣妾、衣服。有功者显荣，无功者虽富无所芬华。

令既具未布，恐民之不信，乃立三丈之木于国都市南门，募民有能徙置北门者予十金。民怪之，莫敢徙。复曰："能徙者予五十金！"有一人徙之，辄予五十金。乃下令。

令行期年，秦民之国都言新令之不便者以千数。于是太子犯法。卫鞅曰："法之不行，自上犯之。"太子，君嗣也，不可施刑，刑其傅公子虔，黥其师公孙贾。明日，秦人皆趋令。行之十年，秦国道不拾遗，山无盗贼，民勇于公战，怯于私斗，乡邑大治。秦民初言令不便者，有来言令便。卫鞅曰："此皆乱法之民也！"尽迁之于边。其后民莫敢议令。

臣光曰：夫信者，人君之大宝也。国保于民，民保于信；非信无以使民，非民无以守国。是故古之王者不欺四海，霸者不欺四邻，善为国者不欺其民，善为家者不欺其亲。不善者反之，欺其邻国，欺其百姓，甚者欺其兄弟，欺其父子。上不信下，下不信上，上下离心，以至于败。所利不能药其所伤，所获不能补其所亡，岂不哀哉！昔齐桓公不背曹沫之盟，晋文公不贪伐原之利，魏文侯不弃虞人之期，秦孝公不废徙木之赏。此四君者道非粹白，而商君尤称刻薄，又处战攻之世，天下趋于诈力，犹且不敢忘信以畜其民，况为四海治平之政者哉！

进谏图

此图形象地再现了战国时期士大夫向诸侯国君献治国之策的情景，其衣饰、姿态、神情颇具战国风韵。

【译文】

十年（壬戌，公元前 359 年）

公孙鞅想实行变法改革，秦国的贵族都不赞同。他对秦孝公说："对下层人，不能和他们商议开创的计划，只能和他们分享成功的利益。讲论至高道德的人，与凡夫俗子没有共同语言，要建成大业也不能去与众人商议。所以圣贤之人只要能够强国，就不必拘泥于旧传统。"大夫甘龙反驳说："不对，按照旧章来治理，才能使官员熟悉规矩而百姓安定不乱。"公孙鞅说："普通人只知道安于旧习，学者往往陷于所知范围不能自拔。这两种人，让他们做官守法可以，但不能和他们商讨旧章之外开创大业的事。聪明的人制订法规政策，愚笨的人只会受制于人；贤德的人因时而变，无能的人才死守成法。"秦孝公说："说得好！"便任命公孙鞅为左庶长的要职。于是制定变法的法令。下令将人民编为五家一伍、十家一什，互相监督，犯法连坐。举报奸谋的人与杀敌立功的人获同等赏赐，隐匿不报的人按临阵降敌给以同等处罚。立军功者，可以获得上等爵位；私下斗殴内讧的，以其轻重程度处以大小刑罚。致力于本业，耕田织布生产粮食布匹多的人，免除他们的赋役。不务正业因懒惰而贫穷的人，全家收为国家奴隶。皇亲国戚没有获得军功的，不能享有宗族的地位。明确由低到高的各级官阶等级，分别配给应享有的田地房宅、奴仆侍女、衣饰器物。使有功劳的人获得荣誉，无功劳的人即使富有也不能显耀。

法令已详细制订但尚未公布，公孙鞅怕百姓难以确信，于是在国都的集市南门立下一根长三丈的木杆，下令说有人能把它拿到北门去就赏给十金。百姓们感到此事很古怪，没人动手去搬。公孙鞅又说："能拿过去的赏五十金。"于是有一个人半信半疑地拿着木杆到了北门，立刻获得了五十金的重赏。这时，公孙鞅才下令颁布变法法令。

变法法令颁布一年后，秦国百姓前往国都控诉新法使民不便的数以千计。这时太子也触犯了法律，公孙鞅说："新法不能顺利施行，就在于上层人士带头违犯。"太子是国君的继承人，不能施以刑罚，便将他的老师公子虔处刑，将另一个老师公孙贾脸上刺字，以示惩戒。第二天，秦国人听说此事，都小心翼翼地遵从法令。新法施行十年，秦国一片路不拾遗、山无盗贼的太平景象，百姓勇于为国作战，不敢再行私斗，乡野城镇都得到了治理。这时，那些当初说新法不便的人中，有些又来说新法好，公孙鞅说："这些人都是乱法的刁民！"把他们全部驱赶到边疆去住。此后老百姓不敢再议论法令的是非。

臣司马光曰：信誉，是君主至高无上的法宝。国家靠人民来保卫，人民靠信誉来保护；不讲信誉无法使人民服从，没有人民便无法维持国家。所以古代成就王道者不欺骗天下，建立霸业者不欺骗四方邻国，善于治国者不欺骗人民，善于治家者不欺骗亲人，只有蠢人才反其道而行之，欺骗邻国，欺骗百姓，甚至欺骗兄弟、父子。上不信下，下不信上，上下离心，以致一败涂地。靠欺骗所占的一点儿便宜救不了致命之伤，所得到的远远少于失去的，这岂不令人痛心！当年齐桓公不违背曹沫以非法手段胁迫的盟誓，晋文公不贪图攻打原地而遵守信用，魏文侯不背弃与山野之人打猎的约会，秦孝公不收回对移动木杆之人的重赏，这四位君主的治国之道尚称不上完美，而公孙鞅可以说是过于刻薄了，但他们处于你攻我夺的战国乱世，天下尔虞我诈、斗智斗勇之时，况且不敢忘记树立信誉以收服人民之心，又何况今日治理一统天下的当政者呢！

【原文】

十五年（丁卯，前354年）

魏惠王伐赵，围邯郸。楚王使景舍救赵。

【译文】

十五年（丁卯，公元前354年）

魏惠王率军攻打赵国，围困邯郸城。楚王派景舍为将出兵救赵。

【原文】

十六年（戊辰，前353年）

齐威王使田忌救赵。

初，孙膑与庞涓俱学兵法，庞涓仕魏为将军，自以能不及孙膑，乃召之；至，则以法断其两足而黥之，欲使终身废弃。齐使者至魏，孙膑以刑徒阴见，说齐使者；齐使者窃载与之齐。田忌善而客待之，进于威王。威王问兵法，遂以为师。于是威王谋救赵，以孙膑为将；辞以刑馀之人不可，乃以田忌为将而孙子为师，居辎车中，坐为计谋。

田忌欲引兵之赵。孙子曰："夫解杂乱纷纠者不控拳，救斗者不搏撠，批亢捣虚，形格势禁，则自为解耳。今梁、赵相攻，轻兵锐卒必竭于外，老弱疲于内；子不若引兵疾走魏都，据其街路，冲其方虚，彼必释赵以自救：是我一举解赵之围而收弊于魏也。"田忌从之。十月，邯郸降魏。魏师还，与齐战于桂陵，魏师大败。

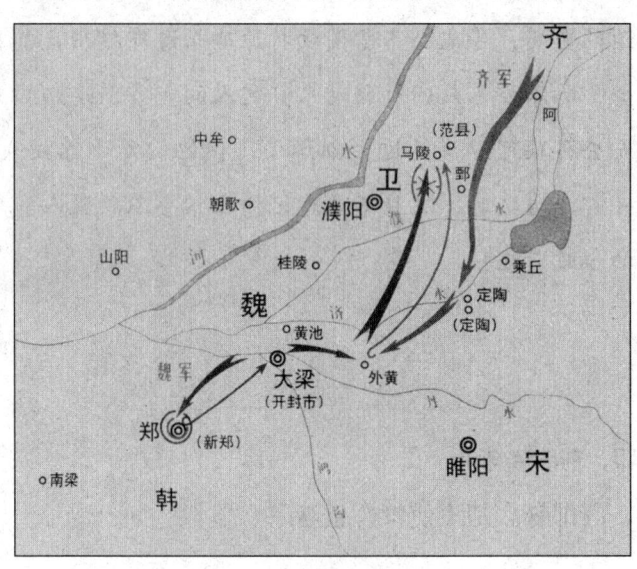

马陵之战形势图

【译文】

十六年（戊辰，公元前353年）

齐威王派田忌率军救赵。

起初，孙膑与庞涓一起学兵法，庞涓在魏国做将军，自己估量才能不如孙膑，便召孙膑前来魏国，又设计依法砍断孙膑的双脚，在脸上刺字，想使他终身成为废人。齐国使者来到魏国，孙膑以受刑罪人身份与他暗中相见，说动了齐国使者，偷偷地把孙膑藏在车中回到齐国。齐国大臣田忌把他奉为座上客，又推荐给齐威王。威王向他请教了兵法，于是延请他为老师。这时齐威王计划出兵援救赵国，任命孙膑为大将，孙膑以自己是个残疾之人坚决辞谢，齐威王便以田忌为大将、孙膑为军师，让他坐在帘车里，出谋划策。

田忌准备率兵前往赵国，孙膑说："排解两方的斗殴，不能用拳脚将他们打开，更不能上手扶持一方帮着打，只能因势利导，乘虚而入，紧张的形势受到阻禁，就自然化解了。现在两国攻战正酣，精兵锐卒倾巢而出，国中只剩老弱病残；您不如率军急袭魏国都城,占据交通要道,冲击他们空虚的后方,魏军一定会放弃攻赵回兵救援。这样我们一举两得,既解了赵国之围,又给魏国国内以打击。"田忌听从了孙膑的计策。十月,赵国的邯郸城投降了魏国。魏军又急忙还师援救国内,在桂陵与齐国军队发生激战,魏军大败。

孙膑

【原文】

二十八年(庚辰,前341年)

魏庞涓伐韩。韩请救于齐。齐威王召大臣而谋曰:"蚤救孰与晚救?"成侯曰:"不如勿救。"田忌曰:"弗救则韩且折而入于魏,不如蚤救之。"孙膑曰:"夫韩、魏之兵未弊而救之,是吾代韩受魏之兵,顾反听命于韩也。且魏有破国之志,韩见亡,必东面而诉于齐矣。吾因深结韩之亲而晚承魏之弊,则可受重利而得尊名也。"王曰:"善。"乃阴许韩使而遣之。韩因恃齐,五战不胜,而东委国于齐。

齐因起兵,使田忌、田婴、田盼将之,孙子为师,以救韩,直走魏都。庞涓闻之,去韩而归。魏人大发兵,以太子申为将,以御齐师。孙子谓田忌曰:"彼三晋之兵素悍勇而轻齐,齐号为怯。善战者因其势而利导之。《兵法》:'百里而趣利者蹶上将,五十里而趣利者军半至。'"乃使齐军入魏地为十万灶,明日为五万灶,又明日为二万灶。庞涓行三日,大喜曰:"我固知齐军怯,入吾地三日,士卒亡者过半矣!"乃弃其步军,与其轻锐倍日并行逐之。孙子度其行,暮当至马陵,马陵道狭而旁多阻隘,可伏兵,乃斫大树,白而书之曰:"庞涓死此树下!"于是令齐师善射者万弩夹道而伏,期日暮见火举而俱发。庞涓果夜到斫木下,见白书,以火烛之,读未毕,万弩俱发,魏师人乱相失。庞涓自知智穷兵败,乃自刭,曰:"遂成竖子之名!"齐因乘胜大破魏师,虏太子申。

【译文】

二十八年（庚辰，公元前341年）

魏国庞涓率军攻打韩国。韩国派人向齐国求救。齐威王召集大臣商议说："是早救好呢，还是晚救好呢？"成侯邹忌建议："不如不救。"田忌不同意，说："我们坐视不管，韩国将会受到重创而被魏国吞并。还是早些出兵救援为好。"孙膑却说："现在韩国、魏国的军队士气没有损伤，我们就去救援，是我们代替韩国承受魏军的打击，反而听命于韩国了。况且魏国有吞并韩国的决心，待到韩国感到亡国迫在眉睫，一定会向东来恳求齐国。那时我们再出兵，既加深了与韩国的亲密关系，又乘魏国军队的凋敝，可获重利而得美名。"齐威王说："对。"便暗中答应韩国使臣的求救，让他回去。韩国以为有齐国的支持，便奋力抵抗，但经过五次大战都大败而归，只好把国家的命运寄托在东方齐国身上。

齐国这时才出兵，派田忌、田婴、田盼为将军，孙膑为军师，前去援救韩国，直袭魏国都城。庞涓听说，急忙放弃韩国，回兵国中。魏国集中了全部兵力，派太子申为将军，抵御齐国军队。孙膑对田忌说："魏、赵、韩那些地方的士

庞涓

兵向来剽悍勇猛而看不起齐国，齐国士兵素称胆小。善于指挥作战的将军必须因势利导，扬长避短。《孙武兵法》说：'从一百里外去奔袭取利的，会损失上将军；从五十里外去奔袭取利的，只有一半军队能到达。'"于是便命令齐国军队进入魏国地界后，做饭修造十万人的灶，第二天减为五万人的灶，第三天再减为二万人的灶。庞涓率兵追击齐军三天，见此情况，大喜说："我原本知道齐兵胆小，进入我国三天，士兵已逃散一多半了。"于是丢掉步兵，与轻兵精锐日夜兼程追击齐军。孙膑估计魏军的行程当晚将到达马陵。马陵这个地方道路狭窄而弯边多险隘，可以伏下军队，孙膑便派人刮去一棵大树的树皮，在白树干上书写六个大字："庞涓死

此树下!"再命令齐国军队万名优秀射箭手夹道埋伏,约定天黑后一见有火把亮光就万箭齐发。果然,庞涓在夜里赶到那棵刮皮树下,看见白树干上有字,使用火照看,还未读完,万箭一齐射下,魏军大乱,溃不成军。庞涓自知败势无法挽回,便拔剑自尽,说:"到底让孙膑这小子成名了!"齐军乘势大破魏军,俘虏了太子申。

【原文】

三十一年（癸未,前338年）

秦孝公薨,子惠文王立。公子虔之徒告商君欲反,发吏捕之。商君亡之魏；魏人不受,复内之秦。商君乃与其徒之商於,发兵北击郑。秦人攻商君,杀之,车裂以徇,尽灭其家。

【译文】

三十一年（癸未,公元前338年）

秦国秦孝公去世,其子即位为秦惠文王。因公子虔的门下人指控商君要谋反,便派官吏前去捕捉他。商君急忙逃往魏国,魏国人拒不接纳,把他送回到秦国。商君只好与他的门徒来到封地商於,起兵向北攻打郑。秦国军队向商君进攻,将他斩杀,车裂分尸示众,全家老小也被杀光。

【原文】

四十八年（庚子,前321年）

靖郭君有子四十人,其贱妾之子曰文。文通傥饶智略,说靖郭君以散财养士。靖郭君使文主家待宾客,宾客争誉其美,皆请靖郭君以文为嗣。靖郭君卒,文嗣为薛公,号曰孟尝君。孟尝君招致诸侯游士及有罪亡人,皆舍业厚遇之,存救其亲戚,食客常数千人,各自以为孟尝君亲己,由是孟尝君之名重天下。

孟尝君聘于楚,楚王遗之象床。登徒直送之,不欲行,谓孟尝君门人公孙戍曰:"象床之直千金,苟伤之毫发,则卖妻子不足偿也。足下能使仆无行者,有先

万里长城第一台遗址

这是秦长城遗址榆林段的一个烽火台,也是榆林段长城中处势最高、台基最大、里面驻军最多的一处,还是两路长城会合之所。自秦以后,历代均以此台为镇守北方的军事要地,号称镇北台。

人之宝剑,愿献之。"公孙戍许诺,人见孟尝君曰:"小国所以皆致相印于君者,以君能振达贫穷,存亡继绝,故莫不悦君之义,慕君之廉也。今始至楚而受象床,则未至之国将何以待君哉!"孟尝君曰:"善。"遂不受。公孙戍趋去,未至中闺,孟尝君召而反之,曰:"子何足之高,志之扬也?"公孙戍以实对。孟尝君乃书门版曰:"有能扬文之名,止文之过,私得宝于外者,疾入谏!"

银镶嵌有翼神兽 战国

臣光曰:孟尝君可谓能用谏矣。苟其言之善也,虽怀诈谖之心,犹将用之,况尽忠无私以事其上乎!《诗》云:"采葑采菲,无以下体。"孟尝君有焉。

【译文】

四十八年（庚子，公元前321年）

齐国的靖郭君有四十个儿子，其中一个地位卑贱的小老婆生的儿子叫田文。田文风流通达、富有智谋，他建议靖郭君广散钱财，蓄养心腹之士。靖郭君便让田文主持家政，接待宾客，宾客都在靖郭君面前争相称赞田文，建议让他做继承人。靖郭君死后，田文果然接班做了薛公，号为孟尝君。他四处招揽收留各国的游士和有罪出逃的人才，为他们添置家产，给以丰厚待遇，还救济他们的亲戚。这样，孟尝君门下收养的食客常达几千人，都各自认为孟尝君亲近自己。因此孟尝君的美名传遍天下。

孟尝君代表齐国前往楚国访问，楚王送他一张象牙床。孟尝君令登徒直先护送象牙床回国。登徒直却不愿意去，他对孟尝君门下人公孙戌说："象牙床价值千金，如果有一丝一毫的损伤，我就是卖了妻子儿女也赔不起啊！你要是能让我躲过这趟差使，我有一把祖传的宝剑，愿意送给你。"公孙戌答应了。他见到孟尝君说："各个小国家之所以都延请您担任国相，是因为您能扶助弱小贫穷，使灭亡的国家复存，使后嗣断绝者延续，大家十分钦佩您的仁义，仰慕您的廉洁。现在您刚到楚国就接受了象牙床的厚礼，那些还没去的国家又拿什么来接待您呢！"孟尝君听罢回答说："你说得有理。"于是决定谢绝楚国的象牙床厚礼。公孙戌告辞快步离开，还没出小宫门，孟尝君就把他叫了回来，问道："你为什么那么趾高气扬、神采飞扬呢？"公孙戌只得把赚了宝剑的事如实报告。孟尝君于是令人在门上贴出布告，写道："无论何人，只要能弘扬我田文的名声，劝止我田文的过失，即使他私下接受了别人的馈赠，也没关系，请赶快来提出意见！"

臣司马光曰：孟尝君可以算是能虚心接受意见的人了。只要提的意见对，即使是别有用心，他也予以采纳，更何况那些毫无私心的尽忠之言呢！《诗经》写道："采集蔓菁，采集土瓜，根好根坏不要管它。"孟尝君具有这种兼容并包的雅度。

资治通鉴第三卷

周纪三

【原文】

慎靓王二年（壬寅，前319年）

魏惠王薨，子襄王立。孟子入见而出，语人曰："望之不似人君，就之而不见所畏焉。卒然问曰：'天下恶乎定？'吾对曰：'定于一。''孰能一之？'对曰：'不嗜杀人者能一之。''孰能与之？'对曰：'天下莫不与也。王知夫苗乎？七、八月之间旱，则苗槁矣。天油然作云，沛然下雨，则苗勃然兴之矣。其如是，孰能御之！'"

【译文】

周慎靓王二年（壬寅，公元前319年）

魏惠王去世，其子即位为魏襄王。孟轲前去拜见他，出来后对别人说："襄王望着不像一个君主，和他接触也见不到威严所在。他猛然问我：'天下怎样才能安定？'我回答说：'统一才能安定。'他又问：'谁能统一？'回答：'不滥杀人的人能统一。''谁来跟随他呢？'我回答说：'天下的人没有不跟随的。大王您知道禾苗吗？七八月间遇上大旱，禾苗都枯槁了。这时天上乌云密布，大雨滂沱，禾苗就蓬勃地生长起来了。这样的势头，谁能阻挡！'"

【原文】

四年（甲辰，前317年）

张仪说魏襄王曰："梁地方不至千里，卒不过三十万，地四平，无名山大川之限，卒戍楚、韩、齐、赵之境，守亭、障者不过十万，梁之地势固战场也。夫诸侯之约从，盟于洹水之上，结为兄弟以相坚也。今亲兄弟同父母，尚有争钱财相杀伤，而欲恃反覆苏秦之馀谋，其不可成亦明矣。大王不事秦，秦下兵攻河外，据卷衍、酸枣，劫卫，取阳晋，则赵不南，赵不南则梁不北，梁不北则从道绝，从道绝则大王之国欲毋危不可得也。故愿大王审定计议，且赐骸骨。"魏王乃倍从约，而因仪以请成于秦。张仪归，复相秦。

【译文】

四年（甲辰，公元前317年）

张仪劝说魏襄王道："魏国地方不满千里，士兵不足三十万，地势四下平坦，没有崇关大河的险要。防军分别守卫与楚、韩、齐、赵接壤的边界，用来扼守要塞的不过十万人，所以，魏国历来是厮杀的战场。各国约定联合抗秦，在洹水结盟，作为兄弟之邦互相救援。然而同一父母的亲兄弟，有时还为争夺钱财互相残杀，各国之间，想靠反复无常小人苏秦的一番伎俩，就结成同盟，明显是不足恃的。大王您不与秦国结好，秦国就会发兵进攻河外，占据卷县、酸枣等地，袭击卫国，夺取阳晋。那时，赵国不能南下，魏国也不能北上，南北隔绝，就谈不上联合抗秦，大王您的国家想避免危险也不可能了。所以我希望大王您能深思熟虑，拿定主意，让我辞去魏国相位，回秦国去筹划修好。"魏王于是背弃了联合抗秦的盟约，派张仪前往秦国去求和。张仪回到秦国，再次出任国相。

【原文】

赧王上元年（丁未，前314年）

燕子之为王三年，国内大乱。将军市被与太子平谋攻子之。齐王令人谓太子曰："寡人闻太子将饬君臣之义，明父子之位，寡人之国唯太子所以令之。"太子因要党聚众，使市被攻子之，不克。市被反攻太子。构难数月，死者数万人，百姓恫恐。齐王令章子将五都之兵，因北地之众以伐燕。燕士卒不战，城门不闭。齐人取子之，醢之，遂杀燕王哙。

齐王问孟子曰："或谓寡人勿取燕，或谓寡人取之。以万乘之国伐万乘之国，五旬而举之，人力不至于此；不取，必有天殃。取之何如？"孟子对曰："取之而燕民悦则取之，古之人有行之者，武王是也。取之而燕民不悦则勿取，古之人有行之者，文王是也。以万乘之国伐万乘之国，箪食壶浆以迎王师，岂有他哉？避水火也。如水益深，如火益热，亦运而已矣！"

诸侯将谋救燕。齐王谓孟子曰："诸侯多谋伐寡人者，何以待之？"对曰："臣闻七十里为政于天下者，汤是也；未闻以千里畏人者也。《书》曰：'徯我后，后来其苏。'今燕虐其民，王往而征之，民以为将拯己于水火之中也，箪食壶浆以迎王师。若杀其父兄，系累其子弟，毁其宗庙，迁其重器，如之何其可也！天下固畏齐之强也，今又倍地而不行仁政，是动天下之兵也。王速出令，反其旄倪，止其重器，谋于燕众，置君而后去之，则犹可及止也。"齐王不听。

已而燕人叛。王曰："吾甚惭于孟子。"陈贾曰："王无患焉。"乃见孟子，曰："周公何人也？"曰："古圣人也。"陈贾曰："周公使管叔奸商，管叔以商畔也。周公知其将畔而使之与？"曰："不知也。"陈贾曰："然则圣人亦有过与？"曰："周公，弟也，管叔，兄也，周公之过不亦宜乎！且古之君子，过则改之；今之君子，过则顺之。古之君子，其过也如日月之食，民皆见之；及其更也，民皆仰之。今之君子，岂徒顺之，又从为之辞！"

【译文】

周赧王元年（丁未，公元前314年）

燕国子之做国王三年，国内大乱，将军市被与太子姬平合谋攻打子之。齐王派人对燕太子说："我听说您将要整饬君臣大义，申明父子名位，我的国家愿意支持您的号召，做坚强后盾。"燕太子于是聚集死党，派将军市被进攻子之，却没有得手,市被反倒戈攻打太子。国内动乱几个月,死亡达几万人,人心惶惶。此时,齐王命章子为大将,率领国都周围五城的军队及北方的部队征伐燕国。燕国士兵毫无战意,城门大开不守。齐国便捕获了子之,把他剁成肉酱。燕王姬哙也同时被杀。

　　齐王请教孟轲:"有人建议我不要攻占燕国,有人却建议我吞并它。我想,以万乘兵车的大国去进攻另一个同样的大国,五十天就征服,这靠人的力量是做不到的,只能是天意。现在我若不吞并燕国,上天一定会降祸怪罪。我把燕国并入齐国,怎么样?"孟轲回答说:"吞并后如果燕国人民很高兴,那就吞并吧,古代有这样做的,周武王便是。吞并而使燕国人民不高兴,就不要吞并,古代有这样行事的,周文王便是。齐国以万乘兵车大国征讨另一个大国,那里的百姓用竹篮盛着饭、用瓦罐装着酒浆,难道有别的原因吗?就是为了跳出水深火热的战祸啊!如果新统治下水更深,火更热,百姓又将转而投奔别的国家了。"

　　各国策划援救燕国。齐王又对孟轲问道:"各国都谋划来攻伐我,怎么办?"回答说:"我听说过只占有七十里而能统一号令天下的例子,就是商王汤。没听说过拥有千里之广的国家而畏惧别人的。《尚书》说:'等待我们的君主,他来了我们就可以复活了。'现在燕国虐待它的百姓,大王前往征服它,燕国人民认为是要从水深火热中拯救他们,都用竹篮盛着饭、用瓦罐装着酒浆前来迎接齐军。您如果杀了他们的父兄,囚捕他们的子弟,毁坏他们的祖庙,掠夺他们的国宝,那怎么可以呢!天下本来就畏惧齐国的强大,现在齐国土地又增加了一倍,如果不施行仁政,那么就会招致天下的讨伐。大王您应该立即下令,释放被捕的老幼百姓,停止掠夺燕国的宝器,与燕国众人商议,立新的国君,然后离开燕国,这样做还来得及使各国停止兴兵。"齐王没有采纳孟轲的劝告。

　　不久,燕国人果然纷纷反叛齐国,齐王叹息道:"我对孟子感到非常惭愧。"陈贾说:"大王不用担心。"于是他前去见孟轲,问:"周公是什么样的人?"回答:"是古代的圣人。"陈贾又说:"周公派管叔监视商朝旧地,管叔却在商地反叛。周公知道管叔会反叛而派他去吗?"回答说:"周公不知道。"陈贾便说:"如此说来圣人也会犯错误吗?"孟轲说:"周公,是弟弟,管叔,是哥哥,周公的错误难道不是合乎情理的吗?况且古代的君子,有了错误就改;现在的所谓君子,有了错误却将错就错。古代的君子,他的过失像日食月食,人民都看得到;待到他改正,人民全都抬头望着。现在的君子,岂止将错就错,还要为错误辩护!"

【原文】

四年(庚戌,前311年)

秦惠王使人告楚怀王,请以武关之外易黔中地。楚王曰:"不愿易地,愿得张仪而献黔中地。"张仪闻之,请行。王曰:"楚将甘心于子,奈何行?"张仪曰:"秦强楚弱,大王在,楚不宜敢取臣。且臣善其嬖臣靳尚,靳尚得事幸姬郑袖,袖之言,王无不听者。"遂往。楚王囚,将杀之。靳尚谓郑袖曰:"秦王甚爱张仪,将以上庸六县及美女赎之。王重地尊秦,秦女必贵而夫人斥矣。"于是郑袖日夜泣于楚王曰:"臣各为其主耳。今杀张仪,秦必大怒。妾请子母俱迁江南,毋为秦所鱼肉也!"王乃赦张仪而厚礼之。张仪因说楚王曰:"夫为从者无以异于驱群羊而攻猛虎,不格明矣。今王不事秦,秦劫韩驱梁而攻楚,则楚危矣。秦西有巴、蜀,治船积粟,浮岷江而下,一日行五百余里,不至十日而拒扞关,扞关惊则从境以东尽城守矣,黔中、巫郡非王之有。秦举甲出武关,则北地绝。秦兵之攻楚也,危难在三月之内,而楚待诸侯之救在半岁之外,夫待弱国之救,忘强秦之祸,此臣所为大王患也。大王诚能听臣,臣请令秦、楚长为兄弟之国,无相攻伐。"楚王已得张仪而重出黔中地,乃许之。

张仪遂之韩,说韩王曰:"韩地险恶山居,五谷所生,非菽而麦,国无二岁之食;见卒不过二十万。秦被甲百馀万。山东之士被甲蒙胄以会战,秦人捐甲徒裼以趋敌,左挈人头,右挟生虏。夫战孟贲、乌获之士以攻不服之弱国,无异垂千钧之重于鸟卵之上,必无幸矣。大王不事秦,秦下甲据宜阳,塞成皋,则王之国分矣,鸿台之宫,桑林之苑,非王之有也。为大王计,莫如事秦以攻楚,以转祸而悦秦,计无便于此者!"韩王许之。

张仪归报,秦王封以六邑,号武信君。复使东说齐王曰:"从人说大王者必曰:'齐蔽于三晋,地广民众,兵强士勇,虽有百秦,将无奈齐何。'大王贤其说而不计其实。今秦、楚嫁女娶妇,为昆弟之国;韩献宜阳;梁效河外;赵王入朝,割河间以事秦。大王不事秦,秦驱韩、梁攻齐之南地,悉赵兵,渡清河,指博关,临菑、即墨非王之有也！国一日见攻，虽欲事秦，不可得也！"齐王许张仪。

张仪去，西说赵王曰："大王收率天下以摈秦，秦兵不敢出函谷关十五年。大王之威行于山东，敝邑恐惧，缮甲厉兵，力田积粟，愁居慑处，不敢动摇，唯大王有意督过之也。今以大王之力，举巴、蜀，并汉中，包两周，守白马之津。秦虽僻远，然而心忿含怒之日久矣。今秦有敝甲凋兵军于渑池，愿渡河，逾漳，据番吾，会邯郸之下，愿以甲子合战，正殷纣之事。谨使使臣先闻左右。今楚与秦为昆弟之国，而韩、梁称东藩之臣，齐献鱼盐之地，此断赵之右肩也。夫断右肩而与人斗，失其党而孤居，求欲毋危得乎！今秦发三将军，其一军塞午道，告齐使渡清河，军于邯郸之东，一军军成皋，驱韩、梁军于河外，一军军于渑池，约四国为一以攻赵，越服必四分其地。臣窃为大王计，莫如与秦王面相约而口相结，常为兄弟之国也。"赵王许之。

张仪乃北之燕，说燕王曰："今赵王已入朝，效河间以事秦。大王不事秦，秦下甲云中、九原，驱赵而攻燕，则易水、长城非大王之有也！且今时齐、赵之于秦，犹郡县也，不敢妄举师以攻伐。今王事秦，长无齐、赵之患矣。"燕王请献常山之尾五城以和。

张仪归报，未至咸阳，秦惠王薨，子武王立。武王自为太子时，不说张仪；及即位，群臣多毁短之。诸侯闻仪与秦王有隙，皆畔衡，复合从。

【译文】

四年（庚戌，公元前311年）

秦惠王派人通知楚怀王，想用武关以外的地方换黔中之地。楚王说："我不愿换地，只想用黔中之地来换张仪。"张仪听说后，请求秦王同意。秦王问："楚国要杀死你才甘心，你为什么还要去？"张仪说："秦国强，楚国弱，只要大王您在，估计楚国不敢把我怎么样。而且我和楚王的宠臣靳尚关系密切，靳尚又侍奉楚王的爱姬郑袖，郑袖的话，楚王没有不听的。"于是欣然前往楚国。楚王把他下在狱中，准备处死。靳尚对郑袖说："秦王十分宠爱张仪，想用上庸等六个县及美女来赎回他。大王看重土地，又尊重秦国，那样秦国的美女将被宠幸，您就会遭到冷落。"

于是郑袖日夜在楚王面前哭着哀求："当年的事，不过是臣各为其主。现在要是杀了张仪，秦国必定震怒。我请求让我们母子两人先迁居江南，不要成为秦国刀下的鱼肉。"楚王于是赦免了张仪，还以厚礼相待。张仪劝说楚王道："倡导各国联合抗秦，简直是赶着羊群去进攻猛虎，明显无法相斗。现在大王您不肯听命秦国，秦国如果逼迫韩国、驱使魏国来联合攻楚，楚国可就危险了。秦国西部有巴、蜀两地，备船积粮，沿岷江而下，一天可行五百余里，不到十天就兵临扞关。扞关惊动，则由此以东的各城都要修治守备，黔中、巫郡便不再是大王您的了。秦国如果大举甲兵攻出武关，那么楚国的北部就成为绝地，秦兵再南攻楚国，楚国的存亡只在三个月以内，而楚国等待各国来救援要在半年以上。坐等那些弱国来救，而忘记了强秦的威胁，我可要为大王您现在的做法担心啊！大王如果能诚心诚意地听我的意见，我可以让楚国、秦国永久结为兄弟之邦，不再互相攻杀。"楚王虽然已经得到了张仪，却又舍不得拿黔中之地来交换，于是同意了张仪的建议，让他离开。

张仪便前往韩国，劝说韩王："韩国地方险恶多山，所产五谷，不是豆子而是杂麦，国家口粮积存不够两年，现在军中的士兵不过二十万，秦国却有甲兵一百余万。崤山以东的人要披上盔甲才可以参战，而秦国人个个赤膊便能上阵迎敌，左手提着人头，右手夹着俘虏。秦国用孟贲、乌获那些勇士们来进攻不肯臣服的弱国，正像在鸟蛋上压下千钧重石，无一可幸免。大王您不肯迎合秦国，若秦国发下甲兵占据宜阳，扼守成皋，大王的国家就被分裂，鸿台的宫殿，桑林的园苑，就不再是您能享有的了。为大王着想，您不如结好秦国进攻楚国，既转嫁了祸灾又取得秦国欢心，没有比这更好的主意了！"韩王听从了张仪的意见。

张仪回到秦国报告，秦王封赏给他六个城邑和武信君的爵位。又派他向东游说齐王道："主张联合抗秦的人，必对您说：'齐国有三晋作屏障，地广人多，兵强士勇，即使有一百个秦国，也拿齐国无可奈何。'大王您也总是称赞这种说法而不考虑实际情况。现在秦、楚两国互通婚姻，结为兄弟之国；韩国献给秦国宜阳；魏国交出河外之地；赵王也去朝见秦王，割让河间讨好秦国。大王若是不迎合秦国，秦国将驱使韩国、魏国之兵进攻齐国南部，再逼迫赵兵倾巢而出，渡过清河，直指博关。那时临淄、即墨等齐国心腹地带可就不属于您所有了。等到国家遭受攻击的那天，您再想讨好秦国，也来不及了！"齐王同样采纳了张仪的建议。

张仪离开齐国，又向西游说赵王道："大王带头联合各国抵抗秦国，使秦兵十五年不敢出函谷关侵犯各国。大王的威望在崤山以东传扬，我们秦国十分恐惧，缮甲厉兵，积蓄粮草，时刻担忧您的威慑，不敢放松警惕，唯恐大王您兴兵前来问罪。现在我们秦国托福您大王的神力，一举攻下巴、蜀，吞并汉中，包围两周，兵抵白马津。我们秦国虽然地处偏远，然而对赵国心含愤怒已不是一天了。如今秦国有一支不成样子的败甲残兵驻在渑池，愿意渡过黄河，越过漳水，进据番吾，前来邯郸城下相会。希望用古时甲子会战形式，重演武王伐纣的故事。为此，特派使臣我来通知您的左右。现在楚国与秦国结为兄弟之邦，韩国、魏国俯首称臣，齐国献出盛产鱼盐的海滨之地，这就像砍断了赵国的右臂。被砍断了右臂而与别人争斗，失去同党而又孤立无援，想要不灭亡，能办到吗！如果秦国派出三支大军，一支军队扼守午道，通知齐国渡过清河，在邯郸之东驻军；另一支军队驻扎成皋，驱使韩、魏军队进军河外；第三支军队驻扎渑池，约定四国联合攻赵，征服后必定四分其地。我为大王着想，不如与秦王当面亲口结下盟约，使两国成为长久的兄弟之国。"赵王也接受了张仪的劝说。

最后，张仪北上到达燕国，对燕王说："如今赵王已经去朝见秦王，并献出河间以迎合秦国。大王您不赶快结好秦国，秦国就会派甲兵到云中、九原，驱使赵国进攻燕国，易水、长城可就不是大王您的了！况且，现在齐国、赵国就像秦国的郡县一样，不敢妄起刀兵相攻伐。大王您服从秦国，就可以长年免除齐国、赵国的威胁了。"燕王于是请张仪献上恒山脚下的五个城以向秦国求和。

张仪回国报告，还没到咸阳，秦惠王就去世了，其子秦武王继位。武王从做太子时就不喜欢张仪，等到他一即王位，群臣中很多人便前来诽谤数说张仪的短处。各国听说张仪与秦王间发生矛盾，都放弃了对秦国的许诺，再次联合抗秦。

【原文】

五年（辛亥，前310年）

张仪说秦武王曰："为王计者，东方有变，然后王可以多割得地也。臣闻齐王甚憎臣，臣之所在，齐必伐之。臣愿乞其不肖之身以之梁，齐必伐梁，齐、梁交兵而不能相去，王以其间伐韩，入三川，挟天子，案图籍，此王业也！"王许之。齐王果伐梁，梁王恐。张仪曰："王勿患也！请令齐罢兵。"乃使其舍人之楚，借使谓齐王曰："甚矣王之托仪于秦也！"齐王曰："何故？"楚使者曰："张仪之去秦也固与秦王谋矣，欲齐、梁相攻而令秦取三川也。今王果伐梁，是王内罢国而外伐与国，而信仪于秦王也。"齐王乃解兵还。张仪相魏一岁，卒。

仪与苏秦皆以纵横之术游诸侯，致位富贵，天下争慕效之。又有魏人公孙衍者，号曰犀首，亦以谈说显名。其余苏代、苏厉、周最、楼缓之徒，纷纭遍于天下，务以辩诈相高，不可胜纪；而仪、秦、衍最著。

【译文】

五年（辛亥，公元前310年）

张仪向秦武王建议："为大王您考虑，东方发生事变，大王才能乘机多割得土地。我听说齐王十分憎恨我，我居留在哪里，齐国必定要去攻打。我请求让我这个不肖之人到梁国去，齐国必定要讨伐梁国，齐国、梁国正打得难解难分的时候，大王便可以乘机攻打韩国，进军三川，挟持天子，掌握天下的版图，这是帝王大业呀！"秦王允许张仪到梁国去。齐国果然出兵攻梁，梁王十分惊恐。张仪安慰说："大王不要担心！让我来退掉齐兵。"于是派他的手下人到楚国，借使臣之口对齐王说："大王把张仪托付给秦国的办法真厉害呀！"齐王问："为什么这样讲？"楚国使者说："张仪离开秦国本来就是与秦王定下的计谋，想让齐、梁两国互相攻击而秦国乘机夺取三川地方。现在大王您果然攻打梁国，这是对内劳民伤财，对外结仇邻国，而使张仪重新获得秦王的信任。"齐王听罢，下令退兵回国。张仪在梁国做了一年的国相，便去世了。

张仪与苏秦都以合纵、连横的政治权术游说各国，达到富贵的高位，使天下人争相效法。还有个魏国人公孙衍，名号犀首，也以能说会道著称。其余的苏代、苏厉、周最、楼缓之流，纷纭而起，遍于天下，务必以诡辩诈术一争高下，多得举不胜举。然而还要数张仪、苏秦、公孙衍当时名声最为显赫。

【原文】

八年（甲寅，前307年）

赵武灵王北略中山之地，至房子，遂至代，北至无穷，西至河，登黄华之上。与肥义谋胡服骑射以教百姓，曰："愚者所笑，贤者察焉。虽驱世以笑我，胡地、中山，吾必有之！"遂胡服。

国人皆不欲，公子成称疾不朝。王使人请之曰："家听于亲，国听于君。今寡人作教易服而公叔不服，吾恐天下议己也。制国有常，利民为本；从政有经，令行为上。明德先论于贱，而从政先信于贵，故愿慕公叔之义以成胡服之功也。"公子成再拜稽首曰："臣闻中国者，圣贤之所教也，礼乐之所用也，远方之所观赴也，蛮夷之所则效也。今王舍此而袭远方之服，变古之道，逆人之心，臣愿王孰图之也！"使者以报。王自往请之，曰："吾国东有齐、中山，北有燕、东胡，西有楼烦、秦、韩之边。今无骑射之备，则何以守之哉？先时中山负齐之强兵，侵暴吾地，系累吾民，引水围鄗；微社稷之神灵，则鄗几于不守也。先君丑之，故寡人变服骑射，欲以备四境之难，报中山之怨。而叔顺中国之俗，恶变服之名，以忘鄗事之丑，非寡人之所望也！"公子成听命，乃赐胡服；明日服而朝。于是始出胡服令，而招骑射焉。

【译文】

八年（甲寅，公元前307年）

赵武灵王向北进攻中山国，大兵经房子城，抵达代地，再向北直至大漠中的无穷，向西攻到黄河，登上黄华山顶，与大臣肥义商议让百姓穿短衣胡服，学骑马与射箭。他说："愚蠢的人会嘲笑我，但聪明的人是可以理解的。即使天下的人都嘲笑我，我也这样做，一定能把北方胡人的领地和中山国都夺过来！"于是带头改穿胡服。

国中的士人有不少反对，公子成假称有病，不来上朝。赵王派人前去说服他："家事听从父母，国政服从国君，现在我向人民宣传改变服装，而叔父您不穿，我担心天下人会议论我徇私情。治理国家有一定章法，总以有利人民为根本；办理政事有一定常规，执行命令是最重要的。宣传道德要先针对卑贱的下层，而推行法令必须从贵族近臣做起。所以我希望能借助叔父您的榜样来完成改穿胡服的功业。"公子成拜谢道："我听说，中国是在圣贤之人教化下，用礼乐仪制，使远方国家前来游观，让四方夷族学习效法的地方。现在君王您舍此不顾，去仿效远方外国的服装，是擅改古代习惯、违背人心的举动，我希望您慎重考虑。"使者回报赵王。赵王便亲自登门解释说："我国东面有齐国、中山国；北面有燕国、东胡；西面是楼烦，与秦、韩两国接壤，如果没有骑马射箭的训练，怎么能守得住呢？先前中山国倚仗齐国的强兵，侵犯我们的领土，掠夺人民，又引水围灌鄗城，如果不是老天保佑，鄗城几乎就失守了。此事先王深以为耻。所以我决心改变服装，学习骑射，想以此抵御四面的灾难，一报中山国之仇。而叔父您一味依循中国旧俗，厌恶改变服装，已经忘记了鄗城的奇耻大辱，我对您深感失望啊！"公子成幡然醒悟，欣然从命，赵王亲自赐给他胡服，第二天他便穿戴入朝。于是，赵王开始下达改穿胡服的法令，提倡学习骑马射箭。

【原文】

十七年（癸亥，前298年）

或谓秦王曰："孟尝君相秦，必先齐而后秦；秦其危哉！"秦王乃以楼缓为相，囚孟尝君，欲杀之。孟尝君使人求解于秦王幸姬，姬曰："愿得君狐白裘。"孟尝君有狐白裘，已献之秦王，无以应姬求。客有善为狗盗者，入秦藏中，盗狐白裘以献姬。姬乃为之言于王而遣之。王后悔，使追之。孟尝君至关，关法，鸡鸣而出客，时尚蚤，追者将至，客有善为鸡鸣者，野鸡闻之皆鸣。孟尝君乃得脱归。

赵王封其弟为平原君。平原君好士，食客尝数千人。有公孙龙者，善为坚白同异之辩，平原君客之。孔穿自鲁适赵，与公孙龙论臧三耳，龙甚辩析。子高弗应，俄而辞出。明日复见平原君。平原君曰："畴昔公孙之言信辩也，先生以为何如？"对曰："然。几能令臧三耳矣。虽然，实难！仆愿得又问于君：今谓三耳甚难而实非也，谓两耳甚易而实是也，不知君将从易而是者乎，其亦从难而非者乎？"平原君无以应。明日,谓公孙龙曰:"公无复与孔子高辩事也!其人理胜于辞;公辞胜于理,终必受诎。"

邹衍过赵,平原君使与公孙龙论白马非马之说。邹子曰:"不可。夫辩者,别殊类使不相害,序异端使不相乱。抒意通指,明其所谓,使人与知焉,不务相迷也。故胜者不失其所守,不胜者得其所求。若是,故辩可为也。及至烦文以相假,饰辞以相惇,巧譬以相移,引人使不得及其意,如此害大道。夫缴纷争言而竞后息,不能无害君子,衍不为也。"座皆称善。公孙龙由是遂诎。

孟尝君

【译文】

十七年(癸亥,公元前298年)

有人劝告秦王:"孟尝君做秦国丞相,一定会先照顾齐国而后才考虑秦国,秦国实在危险!"秦王于是任楼缓为丞相,囚禁孟尝君,想杀掉他。孟尝君派人向秦王宠爱的姬妾求情,姬妾说:"我希望得到你那件白狐皮袍。"孟尝君确实有件白狐皮袍,但已经献给了秦王,无法满足姬妾的要求。他的门客中有个人善于盗窃,便潜入秦宫藏库,盗出白狐皮袍送给那个姬妾。姬妾于是替孟尝君说情,秦王便释放了他。可是秦王又后悔了,就派人去追。孟尝君逃到边关,按照守关制度,要等鸡叫才能放行过客,而这时天色还早,秦王派来追的人马上就到。孟尝君门客中有人善学鸡叫,四野的鸡一听他的叫声都引颈长鸣,孟尝君才得以脱身回国。

赵王封弟弟赵胜为平原君。平原君好养士,门下的食客常有几千人。其中有个公孙龙,善于作"坚白同异"的辩论考证,平原君尊他为座上宾。孔穿从鲁国来到赵国,与公孙龙辩论"奴婢有三个耳朵"的观点,公孙龙辩解十分精微,孔穿无以对答,一会儿就告辞了。第二天他再见平原君,平原君问:"昨天公孙龙的一番论述头头是道,先生觉得如何?"回答说:"是的,他几乎能让奴婢真的长出三只耳朵来。说起来虽然如此,实际上是困难的。我想再请教您:现在论证三个耳朵十分困

士的崛起

春秋战国时期，各国的君主卿相为了充实自己的政治军事实力，广泛招纳人才，养士之风盛行。著名的"战国四公子"都养士多达千人。

难，又非事实；论证两个耳朵十分容易而确属事实，不知道您将选择容易、真实的，还是选择困难、虚假的？"平原君也哑口无言。第二天，平原君对公孙龙说："您不要再和孔穿辩论了，他的道理胜过言辞，而您的言辞胜过道理，最后肯定占不了上风。"

邹衍路过赵国，平原君让他和公孙龙辩论"白马非马"的观点。邹衍说："不行。所谓辩论，应该区别不同类型，不相侵害；排列不同概念，不相混淆；抒发自己的意旨和一般概念，表明自己的观点，让别人理解，而不是困惑迷惘。如此，辩论的胜者能坚持自己的立场，不胜者也能得到他所追求的真理，这样的辩论是可以进行的。如果用繁文缛节来作为凭据，用巧言饰辞来互相诋毁，用华丽辞藻来偷换概念，吸引别人使之不得要领，就会妨害治学的根本道理。那种纠缠不休，咄咄逼人，总要别人认输才肯住口的做法，有害君子风度，我邹衍是绝不参加的。"在座的人听罢都齐声叫好。从此，公孙龙便受到了冷落。

周纪四

【原文】

赧王中二十年（丙寅，前295年）

赵主父封其长子章于代，号曰安阳君。

安阳君素侈，心不服其弟。主父使田不礼相之。李兑谓肥义曰："公子章强壮而志骄，党众而欲大，田不礼忍杀而骄，二人相得，必有阴谋。夫小人有欲，轻虑浅谋，徒见其利，不顾其害，难必不久矣。子任重而势大，乱之所始而祸之所集也。子何不称疾毋出而传政于公子成，毋为祸梯，不亦可乎！"肥义曰："昔者主父以王属义也，曰：'毋变而度，毋易而虑，坚守一心，以殁而世！'义再拜受命而籍之。今畏不礼之难而忘吾籍，变孰大焉！谚曰：'死者复生，生者不愧。'吾欲全吾言，安得全吾身乎！子则有赐而忠我矣。虽然，吾言已在前矣，终不敢失！"李兑曰："诺，子勉之矣！吾见子已今年耳。"涕泣而出。

【译文】

周赧王二十年（丙寅，公元前295年）

赵主父把长子赵章封到代，号称安阳君。

安阳君平素为人骄横，内心对弟弟立为王十分不服。赵主父派田不礼做他的国相。李兑对肥义说："公子赵章身强力壮而怀有野心，党羽众多而贪欲极大，田不礼又残忍好杀，十分狂妄，两人互相勾结，必定会图谋不轨。小人有了野心，就要

轻举妄动,他只看到想获取的利益,看不到带来的危害。一场灾难就在眼前了。你身居要职,权势很大,你将成为动乱的由头,灾祸也将集中在你身上。你何不称病不出,把朝政交给公子赵成去处理,免得被祸事牵连。这样不好吗!"肥义说:"当年赵主父把赵王嘱托给我,说:'不要改变你的宗旨,不要改变你的心意,要坚守一心,至死效忠!'我再三拜谢承命并记录在案。现在如果怕田不礼嫁祸于我而忘掉当年的记录,就是莫大的背弃。俗话说:'面对复生的死者,活着的人无须感到惭愧。'我要维护我的诺言,哪能光顾保全生命!你对我的建议是一片好心,但是我已有誓言在先,绝不敢放弃!"李兑说:"好,你勉力而为吧!能见到你恐后只有今年了。"说罢流泪而出。

【原文】

三十年(丙子,前285年)

齐湣王既灭宋而骄,乃南侵楚,西侵三晋,欲并二周,为天子。狐咺正议,斫之檀衢。陈举直言,杀之东闾。

燕昭王日夜抚循其人,益以富实,乃与乐毅谋伐齐。乐毅曰:"齐,霸国之馀业也,地大人众,未易独攻也。王必欲伐之,莫如约赵及楚、魏。"于是使乐毅约赵,别使使者连楚、魏,且令赵啖秦以伐齐之利。诸侯害齐王之骄暴,皆争合谋与燕伐齐。

【译文】

三十年(丙子,公元前285年)

齐湣王灭掉宋国后十分骄傲,便向南侵入楚国,向西攻打赵、魏、韩国,想吞并东西二周,自立为天子。狐咺义正词严地劝谏他,被斩首于檀台大路上。陈举直言不讳地劝止,被杀死在东门。

燕昭王日夜安抚教导百姓,使燕国更加富足,于是他与乐毅商议进攻齐国。乐毅说:"齐国称霸以来,至今有余力,地广人多,我们独力攻打不易。大王一定要讨伐它,不如联合赵国及楚、魏三国。"燕王便派乐毅约定赵国,另派使者联系楚国、魏国，再让赵国用讨伐齐国的好处引诱秦国。各国苦于齐王的骄横暴虐，都争相赞成参加燕国的攻齐战争。

【原文】

三十二年（戊寅，前283年）

赵王得楚和氏璧，秦昭王欲之，请易以十五城。赵王欲勿与，畏秦强；欲与之，恐见欺。以问蔺相如，对曰："秦以城求璧而王不许，曲在我矣。我与之璧而秦不与我城，则曲在秦。均之二策，宁许以负秦。臣愿奉璧而往；使秦城不入，臣请完璧而归之！"赵王遣之。相如至秦，秦王无意偿赵城。相如乃以诈绐秦王，复取璧，遣从者怀之，间行归赵，而以身待命于秦。秦王以为贤而弗诛，礼而归之。赵王以相如为上大夫。

【译文】

三十二年（戊寅，公元前283年）

赵王得到楚国宝玉和氏璧，秦昭王想要，愿意用十五座城来交换。赵王想不给他，又畏惧秦国的强大；给他，又怕被秦王欺骗。便征求蔺相如的意见。蔺相如回答说："秦国用城来换宝玉而大王不允许，是我们理屈。而我们给他宝玉，他不给我们城，是秦国理屈。衡量两种办法，我看宁可让秦国在道义上有负于我们。我愿护持宝玉前去，假如秦国不交出城来，我一定能完璧归赵。"赵王便派他前往。蔺相如到了秦国，看出秦王并无真意用城来换赵国的宝玉，就哄骗秦王，取回和氏璧，派随从藏在怀中，从小道潜回赵国，而他自己留下来听任秦王的处置。无奈之际，秦王只好称赞蔺相如的贤能，不但不杀他，反而以礼相待，送他回国。蔺相如回到赵国，赵王封他为上大夫。

【原文】

三十四年（庚辰，前281年）

楚欲与齐、韩共伐秦，因欲图周。王使东周武公谓楚令尹昭子曰："周不可图

完璧归赵

也。"昭子曰："乃图周，则无之；虽然，何不可图？"武公曰："西周之地，绝长补短，不过百里。名为天下共主，裂其地不足以肥国，得其众不足以劲兵。虽然，攻之者名为弑君。然而犹有欲攻之者，见祭器在焉故也。夫虎肉臊而兵利身，人犹攻之；若使泽中之麋蒙虎之皮，人之攻之也必万倍矣。裂楚之地，足以肥国，诎楚之名，足以尊王。今子欲诛残天下之共主，居三代之传器，器南，则兵至矣！"于是楚计辍不行。

【译文】

三十四年（庚辰，公元前281年）

楚国想联合齐国、韩国共同进攻秦国，就此打算灭掉周王朝。周王派东周的武公对楚国任令尹职的昭子说："周朝可不能算计。"昭子说："要说算计周朝，那是没有的事。尽管如此，我想问你，周朝为什么不能灭掉？"武公回答："西周现在的地盘，取长补短，也不过方圆一百里。抢占这块地方并不足以使哪个国家富强，得到那里的百姓也不足以壮大军队。但西周却有天下共同拥戴的宗主名义，谁攻打它，谁就是犯上作乱。尽管如此，还是有人想去攻占它，是何原因呢？就是因为古代传下来的祭祀重器在那里。老虎的肉腥臊而又有尖牙利爪，仍有人猎取它；山林中的麋鹿没有爪牙之利，假如再给它披上一张诱人的虎皮，人们猎取它的欲望一定会增加万倍。楚国的情形正是这样，分割楚国的领土，足以使自己富庶；讨伐楚国的名义，又足以有尊崇周王室的声名。楚国要是残害了天下共同拥戴的周王朝，占有了夏、商、周三代相传的礼器，你刚把礼器运回南方，各国征讨的大兵也就到了！"令尹昭子觉得言之有理，于是放弃了楚国原来的打算。

【原文】

三十六年（壬午，前279年）

秦王使使者告赵王，愿为好会于河外渑池。赵王欲毋行，廉颇、蔺相如计曰："王不行，示赵弱且怯也。"赵王遂行，相如从。廉颇送至境，与王诀曰："王行，度道里会遇之礼毕，还不过三十日；三十日不还，则请立太子以绝秦望。"王许之。

会于渑池。王与赵王饮，酒酣，秦王请赵王鼓瑟，赵王鼓之。蔺相如复请秦王击缶，秦王不肯。相如曰："五步之内，臣请得以颈血溅大王矣！"左右欲刃相如，相如张目叱之，左右皆靡。王不怿，为一击缶。罢酒，秦终不能有加于赵；赵人亦盛为之备，秦不敢动。赵王归国，以蔺相如为上卿，位在廉颇之右。

廉颇曰："我为赵将，有攻城野战之功。蔺相如素贱人，徒以口舌而位居我上，吾羞，不忍为之下！"宣言曰："我见相如，必辱之！"相如闻之，不肯与会；每朝，常称病，不欲争列。出而望见，辄引车避匿。其舍人皆以为耻。相如曰："子视廉将军孰与秦王？"曰："不若。"相如曰："夫以秦王之威而相如廷叱之，辱其群臣；相如虽驽，独畏廉将军哉！顾吾念之，强秦所以不敢加兵于赵者，徒以吾两人在也。今两虎共斗，其势不俱生。吾所以为此者，先国家之急而后私雠也！"廉颇闻之，肉袒负荆至门谢罪，遂为刎颈之交。

初，燕人攻安平，临淄市掾田单在安平，使其宗人皆以铁笼傅车辖。及城溃，人争门而出，皆以辖折车败，为燕所擒；独田单宗人以铁笼得免，遂奔即墨。是时齐地皆属燕，独莒、即墨未下，乐毅乃并右军、前军以围莒，左军、后军围即墨。

即墨大夫出战而死。即墨人曰："安平之战，田单宗人以铁笼得全，是多智习兵。"因共立以为将以拒燕。乐毅围二邑，期年不克，乃令解围，各去城九里而为垒，令曰："城中民出者勿获，困者赈之，使即旧业，以镇新民。"三年而犹未下。或谗之于燕昭王曰："乐毅智谋过人，伐齐，呼吸之间克七十馀城，今不下者两城耳，非其力不能拔，所以三年不攻者，欲久仗兵威以服齐人，南面而王耳。今齐人已服，所以未发者，以其妻子在燕故也。且齐多美女，又将忘其妻子。愿王图之！"昭王于是置酒大会，引言者而让之曰："先王举国以礼贤者，非贪土地以遗子孙也。遭所传德薄，不能堪命，国人不顺。齐为无道，乘孤国之乱以害先王。寡人统位，痛之入骨，故广延群臣，外招宾客，以求报雠；其有成功者，尚欲与之同共燕国。今乐君亲为寡人破齐，夷其宗庙，报塞先仇，齐国固乐君所有，非燕之所得也。乐君若能有齐，与燕并为列国，结欢同好，以抗诸侯之难，燕国之福，寡人之愿也。汝何敢言若此！"乃斩之。赐乐毅妻以后服，赐其子以公子之服；辂车乘马，后属百两，遣国相奉而致之乐毅，立乐毅为齐王。乐毅惶恐不受，拜书，以死自誓。由是齐人服其义，诸侯畏其信，莫敢复有谋者。

顷之，昭王薨，惠王立。惠王自为太子时，尝不快于乐毅。田单闻之，乃纵反间于燕，宣言曰："齐王已死，城之不拔者二耳。乐毅与燕新王有隙，畏诛而不敢归，以伐齐为名，实欲连兵南面王齐。齐人未附，故且缓攻即墨以待其事。齐人所惧，唯恐他将之来，即墨残矣。"燕王固已疑乐毅，得齐反间，乃使骑劫代将而召乐毅。乐毅知王不善代之，遂奔赵。燕将士由是愤惋不和。

田单令城中人食，必祭其先祖于庭，飞鸟皆翔舞而下城中。燕人怪之，田单因宣言曰："当有神师下教我。"有一卒曰："臣可以为师乎？"因反走。田单起引还，坐东乡，师事之。卒曰："臣欺君。"田单曰："子勿言也！"因师之。每出约束，必称神师。乃宣言曰："吾唯惧燕军之劓所得齐卒，置之前行，即墨败矣！"燕人闻之，如其言。城中见降者尽劓，皆怒，坚守，唯恐见得。单又纵反间，言"吾惧燕人掘吾城外冢墓，可为寒心！"燕军尽掘冢墓，烧死人。齐人从城上望见，皆涕泣，共欲出城，怒自十倍。田单知士卒之可用，乃身操版、锸，与士卒分功；妻妾编于行伍之间；尽散饮食飨士。令甲卒皆伏，使者、弱、女子乘城，遣使约降于燕；燕军皆呼万岁。田单又收民金得千镒，令即墨富豪遗燕将，曰："即降，愿无虏掠吾族家！"燕将大喜，许之。燕军益懈。田单乃收城中，得牛千馀，为绛缯衣，画以五采龙文，束兵刃于其角，而灌脂束苇于其尾，烧其端，凿城数十穴，夜纵牛，壮士五千随其后。牛尾热，怒而奔燕军。燕军大惊，视牛皆龙文，所触尽死伤。而城中鼓噪从之，老弱皆击铜器为声，声动天地。燕军大骇，败走。齐人杀骑劫，追亡逐北，所过城邑皆叛燕，复为齐。田单兵日益多，乘胜，燕日败亡，走至河上，而齐七十馀城皆复焉。乃迎襄王于莒；入临淄，封田单为安平君。

【译文】

三十六年（壬年，公元前279年）

秦王派使者通知赵王，愿意在黄河外的渑池和好相会。赵王不想赴会，廉颇、蔺相如建议说："大王若是不去，就显得赵国懦弱而又胆怯。"赵王于是决定前往，由蔺相如随行。廉颇送到边境，与赵王告别时说："大王此行，估计加上路程时间，到会议仪式全部结束，不超过三十天就会回来，如果超过三十天您还没有回来，请允许我们立太子为赵王，以断绝秦国的要挟念头。"赵王同意。

渑池相会，秦王与赵王饮酒。酒兴之间，秦王请赵王表演鼓瑟，赵王便演奏了。蔺相如也请秦王表演敲击瓦盆的音乐，秦王却不肯。蔺相如厉色说道："在五步之内，我就可以血溅大王！"秦王左右卫士想上前杀死蔺相如，蔺相如怒目呵斥，左右人都畏缩不敢行动。秦王只好非常不情愿地敲了一下瓦盆。直到酒宴结束，秦国始终不能对赵国加以非分之求。再加上赵国人也早有军队戒备，秦国到底没敢轻举妄动。赵王回国，加封蔺相如为上卿之职，地位在大将廉颇之上。

廉颇不满地说："我作为赵国大将，有攻城野战之功，蔺相如原不过是下层小民，只以能说善辩而位居我之上，我实在感到羞耻，忍不下这口气！"便宣称："我遇到蔺相如，一定要羞辱他一番！"蔺相如听说后，不愿意和他遇见。每逢上朝，常常称病，不和廉颇去争排列顺序。出门在外，远远望见廉颇的车驾，便令自己的车回避。蔺相如的门客下属都感到十分羞耻。蔺相如对他们说："你们看廉将军的威严比得上秦王吗？"回答都说："比不上。"蔺相如说："面对秦王那么大的威势，我都敢在他的朝廷上斥责他，羞辱他的群臣，我虽然无能，难道单单怕廉将军吗！

我是考虑到：强暴的秦国之所以还不敢大举进犯赵国，就是因为我和廉将军在。我们两虎相争，必有一伤。我所以避让，是先考虑到国家的利益而后才去想个人的私怨啊！"廉颇听说了这番话十分惭愧，便赤裸着上身到蔺相如府上来负荆请罪，两人从此结为生死之交。

当初，燕国军队攻打齐国安平时，临淄市的一个小官田单正在城中，他预先让家族人都用铁皮包上车轴头。待到城破，人们争相涌出城门，都因为车轴互相碰断，车辆损坏难行，被燕军俘虏，只有田单一族因铁皮包裹车轴得以幸免，逃到了即墨。当时齐国大部分地区都被燕军占领，仅有莒城、即墨未沦陷。乐毅于是集中右军、前军包围莒城，集中左军、后军包围即墨。即墨大夫出战身亡。即墨人士说："安平之战，田单一族人因铁皮包轴得以保全，可见田单足智多谋，熟悉兵事。"于是共同拥立他为守将抵御燕军。乐毅围攻两城，一年未能攻克，便下令解除围攻，退至城外九里处修筑营垒，下令说："城中的百姓出来不要抓捕他们，有困饿的还要赈济，让他们各操旧业，以安抚新占地区的人民。"过了三年，城还未攻下。有人在燕昭王面前挑拨说："乐毅智谋过人，进攻齐国，一口气攻克七十余城。现在只剩两座城，不是他的兵力不能攻下，之所以三年不攻，就是他想倚仗兵威来收服齐国人心，自己好南面称王而已。如今齐国人心已服，他之所以还不行动，就是因为妻子、儿子在燕国。况且齐国多有美女，他早晚将忘记妻子。希望大王早些防备！"燕昭王听罢下令设置盛大酒宴，拉出说此话的人斥责道："先王倡导全国礼待贤明人才，并不是为了多得土地留给子孙。他不幸遇到继承人缺少德行，不能完成大业，使国内人民怨愤不从，无道的齐国趁着我们国家动乱得以残害先王。我即位以后，对此痛心疾首，才广泛延请群臣，对外招揽宾客，以求报仇。谁能使我成功，我愿意和他分享燕国大权。现在乐毅先生为我大破齐国，平毁齐国宗庙，报却了旧仇，齐国本来就应归乐先生所有，不是燕国该得到的。乐先生如果能拥有齐国，与燕国成为平等国家，结成友好邻邦，抵御各国的来犯，这正是燕国的福气、我的心愿啊！你怎么敢说这种话呢！"于是将挑拨者处死。又赏赐乐毅妻子以王后服饰，赏赐他的儿子以王子服饰，配备君王车驾乘马，及上百辆属车，派宰相侍奉送到乐毅那里，立乐毅为齐王。乐毅十分惶恐，不敢接受，一再拜谢，写下辞书，并宣誓以死效忠燕王。从此齐国人敬服燕国乐毅的德义，各国也畏惧他的信誉,没有再敢来算计的。

不久,燕昭王去世,燕惠王即位。惠王从当太子时,就与乐毅有矛盾。田单听说了,便派人去燕国用反间计,散布说:"齐王已经死了,齐国仅有两座城未被攻克。乐毅与燕国新王有矛盾,害怕加祸不敢回国,他现在以攻打齐国为名,实际想率领军队在齐国称王。齐国人没有归附,所以他暂缓进攻即墨,等待时机举行大事。齐国人所怕的,是燕王派别的大将来,那样即墨就城破受害了。"燕惠王本来就疑心乐毅,中了齐国的反间计,便派骑劫代替乐毅为大将,召他回国。乐毅知道燕王换将居心不良,于是投奔了赵国。从此,燕军将士都愤愤不平,内部不和。

这时,田单下令让城中人吃饭时,先在庭院里祭祀祖先,四处飞鸟争吃祭饭都盘旋落到城中,燕军很是惊讶,田单又让人散布说:"会有天神派军师下界来帮助我们。"有个士兵说:"我可以做神师吗?"说罢起身便走。田单急忙离座追回他,让他面东高坐,奉为神师。士兵说:"我犯上欺主了。"田单忙悄声嘱咐:"你不要说出去。"便以他为师,每当发布号令,都必称奉神师之命。田单又令人散布说:"我就怕燕军把齐国俘虏割去鼻子,作为前导,那样即墨城就完了!"燕国人听说,果然这样做了。城中守兵看到投降燕军的人都被割去鼻子,万分痛恨,决心坚守不降,唯恐被俘。田单再使出反间计,说:"我怕燕军掘毁我们的城外坟墓,那样齐国人就寒心了。"燕军又中计,把城外坟墓尽行挖毁,焚烧死尸。齐国人从城上远远望见,都痛哭流涕,争相请求出战,怒气倍增。田单知道这时军士已经可以死战,于是带头拿起版、锹和士卒一起筑城,把自己的妻妾编进军队,还分发全部食品犒劳将士。他下令让披甲士兵都潜伏在城下,只以老弱人员、女子登城守卫,又派人去燕军中约定投降,燕军都欢呼万岁。田单在城中百姓中募集到一千镒金银,让即墨城的富豪送给燕军大将,说:"我们马上就投降。请不要抢劫掠夺我们的家族!"燕国将军大喜,立刻应允。燕军戒备更加松懈。田单在城中搜罗到一千余头牛,给牛披上大红绸衣,绘上五彩天龙花纹,在牛角上绑束尖刀,而在牛尾绑上灌好油脂的苇草,然后点燃,趁着夜色,从预先凿好的几十个城墙洞中,赶牛冲出,后面紧随着五千名壮士。牛尾部被火燎烧,都惊怒地奔向燕军大营。燕军大惊失色,看到牛身上都是天龙花纹,碰到的不是死就是伤。加上城中敲锣打鼓齐声呐喊,老弱居民也敲击铜器助威,响声惊天动地。燕国军队万分恐惧,纷纷败逃。齐军趁乱杀死燕军大将骑劫，追杀逃亡的燕军，所经过的城邑都叛离燕国，再度归顺齐国。田单的军队越来越多，乘胜而入，燕军日日望风而逃，逃到黄河边，齐国失去的七十几座城都复归。田单于是前往莒城迎齐襄王回国都临淄，襄王册封田单为安平君。

【原文】

四十二年（戊子，前273年）

赵人、魏人伐韩华阳。韩人告急于秦，秦王弗救。韩相国谓陈筮曰："事急矣，愿公虽病，为一宿之行！"陈筮如秦，见穰侯。穰侯曰："事急乎？故使公来。"陈筮曰："未急也。"穰侯怒曰："何也？"陈筮曰："彼韩急则将变而他从；以未急，故复来耳。"穰侯曰："请发兵矣。"乃与武安君及客卿胡阳救韩，八日而至，败魏军于华阳之下，走芒卯，虏三将，斩首十三万。武安君又与赵将贾偃战，沈其卒二万人于河。魏段干子请割南阳予秦以和。苏代谓魏王曰："欲玺者，段干子也，欲地者，秦也。今王使欲地者制玺，欲玺者制地，魏地尽矣！夫以地事秦，犹抱薪救火，薪不尽，火不灭。"王曰："是则然也。虽然，事始已行，不可更矣。"对曰："夫博之所以贵枭者，便则食，不便则止。今何王之用智不如用枭也？"魏王不听，卒以南阳为和，实修武。

【译文】

四十二年（戊子，公元前273年）

赵国、魏国联合进攻韩国华阳。韩国向秦国告急，秦王不救。韩国相国对陈筮说："事情危急了！希望你能抱病连夜走一遭！"陈筮到了秦国，拜见魏冉。魏冉冷笑道："事情危急了吧？所以让你来。"陈筮却说："不着急。"魏冉生气地问："为什么？"陈筮回答："韩国要是真的逼急了，就会转而投靠别的国家。现在还不算急，所以再来秦国求救。"魏冉忙说："我答应出兵了。"于是与武安君白起及客卿胡阳率军救韩，八天后到达，在华阳城下击败魏军，又赶跑芒卯，俘虏三员敌将，杀死十三万人。白起又与赵军大将贾偃交战，设计在黄河中淹死赵兵二万人。魏国的段干子建议割让南阳给秦国以求和。苏代对魏王说:"段干子想掌握秦国的相印,秦国想占据魏国的领土。现在大王您让想夺地的秦国控制相印,让想要相印的段干子来控制魏国土地,互相勾结,魏国的土地就会丧失干净!献地去向秦国讨好,好比抱着干柴去救火,干柴烧不完,火是不会灭的。"魏王说:"话虽是如此,但是,事情已经开始进行,无法改变了。"苏代又劝说:"下棋时之所以重视'枭子',是因为这个棋子方便时可以吃子,不便时可以停止。现在大王使用智谋为什么还不如下棋用'枭子'那样灵活呢?"魏王到底没有听从苏代的劝告,割让了南阳求和。南阳,实际上就是修武。

周纪五

【原文】

赧王下四十四年（庚寅，前271年）

赵田部吏赵奢收租税，平原君家不肯出；赵奢以法治之，杀平原君用事者九人。平原君怒，将杀之。赵奢曰："君于赵为贵公子，今纵君家而不奉公则法削，法削则国弱，国弱则诸侯加兵，是无赵也。君安得有此富乎！以君之贵，奉公如法则上下平，上下平则国强，国强则赵固，而君为贵戚，岂轻于天下邪！"平原君以为贤，言之于王。王使治国赋，国赋太平，民富而府库实。

【译文】

周赧王四十四年（庚寅，公元前271年）

赵国一个收田租的小官赵奢到平原君赵胜家去收租税，他的家人不肯交。赵奢以法处置，杀死平原君家中管事人九名。平原君十分恼怒，想杀死赵奢，赵奢便说："您在赵国是贵公子，如果纵容家人而不奉公守法，法纪就会削弱，法纪削弱国家也就衰弱，国家衰弱则各国来犯，赵国便不存在了。您还到哪里找现在的富贵呢！以您的尊贵地位，带头奉公守法则上下一心，上下一心则国家强大，国家强大则赵家江山稳固，而您作为王族贵戚，难道会被各国轻视吗？"平原君认为赵奢很贤明，便介绍给赵王。赵王派他管理国家赋税，于是国家赋税征收顺利，人民富庶而国库充实。

【原文】

四十五年（辛卯，前270年）

秦伐赵，围阏与。赵王召廉颇、乐乘而问之曰："可救否？"皆曰："道远险狭，难救。"问赵奢，赵奢对曰："道远险狭，譬犹两鼠斗于穴中，将勇者胜。"王乃令赵奢将兵救之。去邯郸三十里而止，令军中曰："有以军事谏者死！"

秦师军武安西，鼓噪勒兵，武安屋瓦尽振。赵军中候有一人言急救武安，赵奢立斩之。坚壁二十八日不行，复益增垒。秦间人赵军，赵奢善食遣之。间以报秦将，秦将大喜曰："夫去国三十里而军不行，乃增垒，阏与非赵地也！"赵奢既已遣间，卷甲而趋，一日一夜而至，去阏与五十里而军，军垒成。秦师闻之，悉甲而往。赵军士许历请以军事谏，赵奢进之。许历曰："秦人不意赵至此，其来气盛，将军必厚集其陈以待之；不然，必败。"赵奢曰："请受教！"许历请刑，赵奢曰："胥，后令邯郸。"许历复请谏，曰："先据北山上者胜，后至者败。"赵奢许诺，即发万人趋之。秦师后至，争山不得上；赵奢纵兵击秦师，秦师大败，解阏与而还。赵王封奢为马服君，与廉、蔺同位；以许历为国尉。

【译文】

四十五年（辛卯，公元前270年）

秦国进攻赵国，围困阏与城。赵王召见廉颇、乐乘问道："可以援救吗？"两人都说："道路遥远，更兼险峻，难救。"再问赵奢，赵奢回答说："道路遥远险峻，就好比两只老鼠在洞穴中咬斗，将是勇敢者取胜。"赵王于是令赵奢率领军队前去援救。赵奢刚离开邯郸三十里就停滞不前，下令军中说："如有人谈及军事，一律处死！"

秦国军队驻扎在武安城西，列阵大喊大擂，武安城内的屋瓦都为之震动。赵军中一个军吏忍不住提议急救武安，被赵奢立即斩首。赵奢军坚守二十八天不动，反倒增修营垒。秦国一个间谍潜入赵军，赵奢佯装不知，用好吃好喝招待他。间谍回去报告秦军大将，秦军大将十分高兴地说："援军离开国都三十里就按兵不动，还增修营垒,阏与一定不是赵国的了!"赵奢放走间谍以后,下令部队卷起盔甲悄声前进,一天一夜便到了离阏与五十里的地方,扎下营来,修起营垒。秦国军队听说后,披甲前往迎敌。赵奢军中有个军士许历要求提出军事建议,赵奢便召他进来。许历说:"秦军没想到赵军会到这里,他们来势盛气凌人。赵将军你一定要集中兵力排出战阵对付,不然必败。"赵奢说:"我接受你的指教。"许历以自己违反了军纪,请处死刑,赵奢忙说:"且慢,现在是邯郸那次军令以后的事了。"许历再次提出建议,说:"先占领北山的人必胜,后到的必败。"赵奢点头称是,立即派出一万人前去北山,秦军后到,争夺北山无法攻上。于是,赵奢指挥全军猛击秦国军队,秦军大败,撤去对阏与的包围,退兵而还。赵王因此封赵奢为马服君,与廉颇、蔺相如同等地位;又任命许历为国尉。

【原文】

四十九年(乙未,前266年)

范雎日益亲,用事,因承间说王曰:"臣居山东时,闻齐之有孟尝君,不闻有王;闻秦有太后、穰侯,不闻有王。夫擅国之谓王,能利害之谓王,制杀生之谓王。今太后擅行不顾,穰侯出使不报,华阳、泾阳击断无讳,高陵进退不请,四贵备而国不危者,未之有也。为此四贵者下,乃所谓无王也。穰侯使者操王之重,决制于诸侯,剖符于天下,征敌伐国,莫敢不听;战胜攻取则利归于陶,战败则结怨于百姓而祸归于社稷。臣又闻之,木实繁者披其枝,披其枝者伤其心;大其都者危其国,尊其臣者卑其主。淖齿管齐,射王股,擢王筋,悬之于庙梁,宿昔而死,李兑管赵,囚主父于沙丘,百日而饿死。今臣观四贵之用事,此亦淖齿、李兑之类也。夫三代之所以亡国者,君专授政于臣,纵酒弋猎;其所授者妒贤嫉能,御下蔽上以成其私,不为主计,而主不觉悟,故失其国。今自有秩以上至诸大吏,下及王左右,无非相国之人者,见王独立于朝,臣窃为王恐,万世之后有秦国者,非王子孙也!"王以为然,于是废太后,逐穰侯、高陵、华阳、泾阳君于关外,以范雎为丞相,封为应侯。

【译文】

四十九年（乙未，公元前266年）

秦王日益亲信范雎，使他掌权，范雎便趁机建议秦王道："我在崤山之东居住时，只听说齐国有孟尝君，不知道有齐王；只听说秦国有王太后、穰侯魏冉，不知道有秦王。所谓独掌国权称作王，决定国家利害称作王，控制生杀大权称作王。现在王太后擅自专行，不顾大王；穰侯出使外国也不报告大王；华阳君、泾阳君处事决断，无所忌讳；高陵君自由进退，也不请示大王。有这四种权贵而国家想不危亡，是不可能的。在这四种权贵的威势之下，可以说秦国并没有王。穰侯魏冉派使者控制大王的外交重权，决断与各国事务，出使遍天下，征讨敌国，无人敢不听从。如果战胜了，他就把所获利益全部收归自己的封地陶邑；如果战败了，他就把百姓的怨愤推到国家身上。我还听说过，果实太多会压折树的枝干，枝干折断会损伤树根，封地过于强大会威胁到国家，大臣过于尊显会使君主卑微。当年淖齿管理齐国，用箭射齐王的大腿，抽去齐王的筋，把他吊在房梁上，过了一夜才折磨死。李兑统治赵国，把赵主父关在沙丘宫里，一百天后活活饿死。如今我看秦国四种权贵的所作所为，也正像淖齿、李兑一类。夏、商、周三代最后亡国的原因，都是因为君王把专权转授给臣下，自己纵酒行猎；被授权者嫉贤妒能，欺下瞒上，以售其奸。他们不为主子考虑，而君主也不觉察醒悟，所以失去了国家。现在秦国自有秩小官直至各个大官，再到大王您的左右随从，无一不是丞相魏冉的人。我看到大王您孤孤零零地在朝廷上，真为您万分担忧。恐怕您去世后，拥有秦国的将不是大王您的子孙了！"秦王听后深以为然，于是毅然废黜太后的专权，把穰侯魏冉、高陵君、华阳君、泾阳君驱逐到关外去；任用范雎为丞相，封为应侯。

【原文】

五十年（丙申，前265年）

秦伐赵，取三城。赵王新立，太后用事，求救于齐。齐人曰："必以长安君为质。"太后不可。齐师不出，大臣强谏。太后明谓左右曰："复言长安君为质者，老

妇必唾其面！"左师触龙愿见太后，太后盛气而胥之人。左师公徐趋而坐，自谢曰："老臣病足，不得见久矣，窃自恕；而恐太后体之有所苦也，故愿望见太后。"太后曰："老妇恃辇而行。"曰："食得毋衰乎？"曰："恃粥耳。"太后不和之色稍解。左师公曰："老臣贱息舒祺，最少，不肖，而臣衰，窃怜爱之，愿得补黑衣之缺以卫王宫，昧死以闻！"太后曰："诺。年几何矣？"对曰："十五岁矣。虽少，愿及未填沟壑而托之。"太后曰："丈夫亦爱少子乎？"对曰："甚于妇人。"太后笑曰："妇人异甚。"对曰："老臣窃以为媪之爱燕后贤于长安君。"太后曰："君过矣！不若长安君之甚。"左师公曰："父母爱其子则为之计深远。媪之送燕后也，持其踵而泣，念其远也，亦哀之矣。已行，非不思也，祭祀则祝之曰：'必勿使反！'岂非为之计长久，为子孙相继为王也哉？"太后曰："然。"左师公曰："今三世以前，至于赵王之子孙为侯者，其继有在者乎？"曰："无有。"曰："此其近者祸及身，远者及其子孙。岂人主之子侯则不善哉？位尊而无功，奉厚而无劳，而挟重器多也。今媪尊长安君之位，而封之以膏腴之地，多与之重器，而不及今令有功于国，一旦山陵崩，长安君何以自托于赵哉？"太后曰："诺，恣君之所使之！"于是为长安君约车百乘质于齐。齐师乃出，秦师退。

【译文】

五十年（丙申，公元前265年）

秦国进攻赵国，夺取三座城市。赵王新即位，赵太后执掌政事，向齐国求救。齐国人答复说："必须以赵公子长安君做人质。"赵太后不答应。齐国的军队不出发，赵国大臣极力劝说赵太后。太后明白地对左右随从说："谁再提让长安君去做人质的事，我老婆子定要往他脸上吐口水！"左师触龙求见赵太后，太后气冲冲地等待他进来。触龙却慢吞吞走过来坐下，道歉说："老臣我的腿脚不好，很久没有来看望太后了，我私下宽恕自己。又担心太后的身体有什么不适，所以还是希望见到太后。"赵太后说："老婆子我只能靠人推车走了。"触龙又问："饭量该不会减少了吧？"太后说："只靠喝粥而已。"太后脸上的不悦之色稍稍宽解。触龙又说："我的儿子舒祺，年岁最小，不成器，而我因为年老，私下最怜爱他，想让他补个

黑衣卫士的缺去护卫王宫，向您冒昧地请求！"太后说："可以。他年龄多大了？"回答说："十五岁了。虽然他年轻，可我想趁我这把老骨头还没入土为他做个安排。"太后说："大丈夫也疼爱小儿子吗？"回答说："比妇人厉害。"太后笑着说："妇人特别厉害！"触龙回答说："我觉得，老太太您爱女儿燕后胜过儿子长安君。"太后说："你错了！我对燕后远不如对长安君。"触龙又说："父母疼爱孩子，就要为他们考虑深远。老太太您送燕后出嫁时，抓住她的脚后跟而掉眼泪，想到她要到遥远的燕国去，心情十分哀伤。待到燕后离去，您不是不

触詟说赵太后

想她，祭祀却祝愿说：'千万别让她回来！'这难道不是为她长久打算，希望她的子孙能在燕国相继为王吗？"太后点头说："是这样。"触龙又说："从现在起三代以前，赵王的子孙被封侯的，现在有继承人在位的吗？"太后回答："没有了。"触龙说："这就是说，近的，灾祸殃及其身；远的，殃及其子孙。难道说君王的儿子封侯就不成才吗？他们地位尊贵而无军功，俸禄丰厚而无劳苦，却享有国家的许多宝器。如今老太太您提高长安君的地位，封给他肥沃的土地，赐给他许多宝器，却不让他趁现在为国家立功。一旦您不在世上，长安君靠什么在赵国自立呢？"太后说："好，任凭您去安排他吧！"于是下令为长安君套好一百乘车，去齐国做人质。齐国于是发兵，秦国军队退回。

【原文】

五十二年（戊戌，前263年）

楚顷襄王疾病。黄歇言于应侯曰："今楚王疾恐不起，秦不如归其太子。太子得立，其事秦必重而德相国无穷，是亲与国而得储万乘也。不归，则咸阳布衣耳。楚更立君，必不事秦，是失与国而绝万乘之和，非计也。"应侯以告王。王曰："令

太子之傅先往问疾，反而后图之。"黄歇与太子谋曰："秦之留太子，欲以求利也。今太子力未能有以利秦也，而阳文君子二人在中。王若卒大命，太子不在，阳文君子必立为后，太子不得奉宗庙矣。不如亡秦，与使者俱出。臣请止，以死当之！"太子因变服为楚使者御而出关；而黄歇守舍，常为太子谢病。度太子已远，乃自言于王曰："楚太子已归，出远矣。歇愿赐死！"王怒，欲听之。应侯曰："歇为人臣，出身以徇其主，太子立，必用歇。不如无罪而归之，以亲楚。"王从之。黄歇至楚三月，秋，顷襄王薨，考烈王即位；以黄歇为相，封以淮北地，号曰春申君。

【译文】

五十二年（戊戌，公元前263年）

楚顷襄王病重。黄歇对应侯范雎说："现在楚王的病恐怕难以痊愈，秦国不如让楚太子回国。太子能够即位，一定会更加侍奉秦国，感戴相国您的无穷恩德，这样做既与邻国结好，又为秦国储存下一个有万乘兵车的帮手。如果不让太子回去，他只是咸阳城里一个普通老百姓而已。楚国再立一个君王，肯定不会侍奉秦国，那么秦国就失去友邦又断送了与一个有万乘兵车大国间的和平。不是上策。"应侯范雎把此话告诉秦王，秦王说："让太子的老师先去看看楚王病的情况，回来再做商议。"黄歇与楚太子盘算道："秦国留下太子，想以此来换取利益。现在太子的力量又做不到什么有利秦国的事。阳文君的两个儿子都在楚国，楚王一旦去世，太子不在国中，阳文君的儿子肯定会被立为继承人，那么太子就不能接替祖业了。太子不如与使者一起逃离秦国，我留在这里，以死来对付秦王。"太子于是换上衣服扮作楚国使者的车夫混出关外；黄歇守在馆舍中，常常称太子生病谢绝来访。他估计太子已经走得很远，便自己去告诉秦王说："楚国太子已经归国，走得很远了。我黄歇情愿领受死罪。"秦王勃然大怒，想照此处理。应侯范雎劝道："黄歇作为臣下，献身以救他的主子，如果楚太子即位，一定会重用黄歇。我们不如赦免黄歇无罪放他回去，以与楚国结好。"秦王听从了劝告，放走黄歇。黄歇回到楚国三个月后的秋天，楚顷襄王去世，太子即位为楚考烈王；任命黄歇为国相，封给他淮河以北的领地，号称春申君。

【原文】

五十五年（辛丑，前260年）

秦左庶长王齕攻上党，拔之。上党民走赵。赵廉颇军于长平，以按据上党民。王齕因伐赵。赵军数战不胜，止一裨将、四尉。

秦数败赵兵，廉颇坚壁不出。赵王以颇失亡多而更怯不战，怒，数让之。应侯又使人行千金于赵为反间，曰："秦之所畏，独畏马服君之子赵括为将耳！廉颇易与，且降矣！"赵王遂以赵括代颇将。蔺相如曰："王以名使括，若胶柱鼓瑟耳。括徒能读其父书传，不知合变也。"王不听。初，赵括自少时学兵法，以天下莫能当；尝与其父奢言兵事，奢不能难，然不谓善。括母问其故，奢曰："兵，死地也，而括易言之。使赵不将括则已；若必将之，破赵军者必括也。"及括将行，其母上书，言括不可使。王曰："何以？"对曰："始妾事其父，时为将，身所奉饭而进食者以十数，所友者以百数，王及宗室所赏赐者，尽以与军吏士大夫；受命之日，不问家事。今括一旦为将，东乡而朝，军吏无敢仰视之者；王所赐金帛，归藏于家，而日视便利田宅可买者买之。王以为如其父，父子异心，愿王勿遣！"王曰："母置之，吾已决矣！"母因曰："即如有不称，妾请无随坐！"赵王许之。

秦王闻括已为赵将，乃阴使武安君为上将军而王齕为裨将，令军中："有敢泄武安君将者斩！"赵括至军，悉更约束，易置军吏，出兵击秦师。武安君佯败而走，张二奇兵以劫之。赵括乘胜追造秦壁，壁坚拒不得入；奇兵二万五千人绝赵军之后，又五千骑绝赵壁间。赵军分而为二，粮道绝。武安君出轻兵击之，赵战不利，因筑壁坚守以待救至。秦王闻赵食道绝，自如河内发民年十五以上悉诣长平，遮绝赵救兵及粮食。齐人、楚人救赵。赵人乏食，请粟于齐，王弗许。周子曰："夫赵之于齐、楚，捍蔽也，犹齿之有唇也，唇亡则齿寒；今日亡赵，明日患及齐、楚矣。救赵之务，宜若奉漏瓮沃焦釜然。且救赵，高义也；却秦师，显名也；义救亡国，威却强秦。不务为此而爱粟，为国计者过矣！"齐王弗听。九月，赵军食绝四十六日，皆内阴相杀食。急来攻垒，欲出为四队，四、五复之，不能出。赵括自出锐卒搏战，秦人射杀之。赵师大败，卒四十万人皆降。武安君曰："秦已拔上党，上党民不乐为秦而归赵。赵卒反覆,非尽杀之,恐为乱。"乃挟诈而尽坑杀之,遗其小者二百四十人归赵,前后斩首虏四十五万人;赵人大震。

【译文】

五十五年(辛丑,公元前260年)

秦国派左庶长王龁进攻上党,予以攻克。上党百姓逃往赵国。赵国派廉颇率军驻守长平,接应上党逃来的百姓。王龁于是挥兵攻打赵国。赵军迎战,几战都不胜,一员副将和四名都尉阵亡。

赵兵屡次被秦军打败,廉颇便下令坚守营垒,拒不出战。赵王以为廉颇损兵折将后更加胆怯,不敢迎敌,气愤得多次斥责他。应侯范睢又派人用千金去赵国施行反间计,散布说:"秦国所怕的,只是马服君赵奢的儿子赵括做大将。廉颇好对付,而且他也快投降了!"赵王中计,便用赵括代替廉颇为大将。蔺相如劝阻说:"大王因为赵括有些名气就重用他,这是粘住调弦的琴柱再弹琴呀!赵括只知道死读他父亲的兵书,不知道随机应变。"赵王仍是

赵括

不听。起初,赵括从小学习兵法时,就自以为天下无人可比。他曾与父亲赵奢讨论兵法,赵奢也难不倒他,但终究不说他有才干。赵括的母亲询问原因,赵奢说:"带兵打仗,就是出生入死,而赵括谈起来却很随便。赵国不用他为大将也还罢了,如果一定要用他,灭亡赵军的必定是赵括。"待到赵括将要出发,他的母亲急忙上书,指出赵括不能重用。赵王问:"为什么?"回答说:"当年我侍奉赵括的父亲,他做大将时,亲自去捧着饭碗招待的有几十位,他的朋友有几百人。大王及宗室王族给他的赏赐,他全部分发给将士。他自接受命令之日起,就不再理睬家事。而赵括刚刚做了大将,就向东高坐,接受拜见,大小军官没人敢抬头正脸看他。大王赏给他的金银绸缎,全部拿回家藏起来,每天忙于察看有什么良田美宅可买的就买

下。大王您以为他像父亲，其实他们父子用心完全不同。请大王千万不要派他去。"赵王却说："老太太你不用管，我已经决定了。"赵括母亲便说："万一赵括出了什么差错，我请求不要连累我治罪。"赵王同意了赵母的请求。

秦王听说赵括已经上任为大将，便暗中派武安君白起为上将军，改王齕为副将，下令军中："谁敢泄露白起为上将军的消息，格杀勿论！"赵括到了赵军中，全部推翻原来的规定，调换军官，下令出兵攻击秦军。白起佯装战败退走，预先布置下两支奇兵准备截击。赵括乘胜追击，直达秦军营垒，秦军坚守，无法攻克。这时，秦军一支二万五千人的奇兵已切断了赵军的后路，另一支五千人的骑兵堵截住赵军返回营垒的通道，赵军被一分为二，粮道也断绝。武安君白起便下令精锐轻军前去袭击，赵军迎战失利，只好坚筑营垒等待救兵。秦王听说赵军运粮通道已经切断，亲自到黄河以北征发十五岁以上的百姓全部调往长平，阻断赵国救兵及运粮。齐国、楚国援救赵国。赵军缺乏粮食，向齐国请求接济，齐王不给。周子说："赵国对于齐国、楚国来说，是一道屏障，就像牙齿外面的嘴唇，唇亡则齿寒。今天赵国灭亡了，明天灾祸就会降临齐国、楚国。援救赵国这件事，应该像捧着漏瓦罐去浇烧焦了的铁锅那样，刻不容缓。何况援救赵国是高尚的道义；抵抗秦军，是显示威名的好事。必须主持正义援救亡国，显示兵威击退强秦。不致力于此事反而爱惜粮食，这样为国家决策是个大错！"齐王仍是不听。九月，赵军已断粮四十六天，士兵们都在内部暗中残杀，互相吞吃。赵括穷急，便下令进攻秦军营垒，想派出四支队伍，轮番进攻，到第五次，仍无法突围。赵括亲自率领精兵上前肉搏，被秦兵射死。赵军于是全线崩溃，四十万士兵全部投降。白起说："当初秦军已攻克上党，上党百姓却不愿归秦而去投奔赵国。赵国士兵反复无常，不全部杀掉，恐怕会有后乱。"于是使用奸计把赵国降兵全部活埋，只放出二百四十个年岁小的回到赵国，前后共杀死四十五万人，赵国大为震惊。

【原文】

五十六年（壬寅，前259年）

十月，武安君分军为三：王齕攻赵武安、皮牢，拔之。司马梗北定太原，尽有上党地。韩、魏使苏代厚币说应侯曰："武安君即围邯郸乎？"曰："然。"苏代曰："赵亡则秦王王矣；武安君为三公，君能为之下乎？虽欲无为之下，固不得已矣。秦尝攻韩，围邢丘，困上党，上党之民皆反为赵，天下不乐为秦民之日久矣。今亡赵，北地入燕，东地入齐，南地入韩、魏，则君之所得民无几何人矣。不如因而割之，无以为武安君功也。"应侯言于秦王曰："秦兵劳，请许韩、赵之割地以和，且休士卒。"王听之，割韩垣雍、赵六城以和，正月，皆罢兵。武安君由是与应侯有隙。

【译文】

五十六年（壬寅，公元前259年）

十月，武安君白起把军队分为三支：王龁；王龁率军进攻赵国武安、皮牢，予以攻克。司马梗向北平定太原，全部占据上党地区。韩国、魏国派苏代用丰厚金银去劝说应侯范雎："白起是否立即就要围攻邯郸？"范雎说："是的。"苏代劝道："赵国一亡，秦王便可以称王天下了；那时武安君白起将列入三公高位，您能甘心在他之下吗？即使不愿意屈居其下，也不得不如此了。秦国曾攻击韩国，围攻邢丘，困死上党，上党的百姓反而都去投奔赵国，天下人不愿做秦国的臣民，由来已久。现在把赵国灭亡了，北部地区的人逃到燕国，东部地区的人奔往齐国，南部地区的人流入韩国、魏国，你们能控制的老百姓就没有几个人了。你们不如乘势割去赵国的一些领土，就此罢手，不要让白起独享大功。"范雎动心，便向秦王建议："秦兵已经疲惫不堪，请允许韩国、赵国割地求和，让将士们暂时休息一下。"秦王听从了他的劝告，同意割韩国的垣雍、赵国的六座城后讲和。正月，双方都停战罢兵。白起从此与范雎产生矛盾。

【原文】

五十七年（癸卯，前258年）

正月，王陵攻邯郸，少利，益发卒佐陵；陵亡五校。武安君病愈，王欲使代之。武安君曰："邯郸实未易攻也；且诸侯之救日至。彼诸侯怨秦之日久矣，秦虽胜于长平,士卒死者过半,国内空,远绝河山而争人国都;赵应其内,诸侯攻其外,破秦军必矣。"王自命不行,乃使应侯请之。武安君终辞疾,不肯行;乃以王龁代王陵。

【译文】

五十七年（癸卯，公元前258年）

正月，王陵进攻邯郸，几次失利，秦王便征发更多的兵丁去支援王陵；王陵损失了五校，仍不能胜。这时武安君白起病愈，秦王想派他去替代王陵。白起却说："邯郸实在是不容易攻下的，而且诸侯救兵一天便可到达。那些国家对秦国的怨恨已经积蓄很久了。秦国虽然在长平一战大获全胜，但自己士兵也死亡过半，国内空虚，再长途跋涉去远攻别人的国都，这时如果赵国在内抵抗，各国在外围进攻，秦军必然大败。"秦王见亲自下命令不行，又让应侯范雎去劝说白起。白起始终以病坚决推辞，不肯前去，于是秦王只得派王龁去代替王陵。

【原文】

五十八年（甲辰，前257年）

十月，免武安君为士伍，迁之阴密。十二月，益发卒军汾城旁。武安君病，未行，诸侯攻王龁，龁数却，使者日至，王乃使人遣武安君，不得留咸阳中。武安君出咸阳西门十里，至杜邮。王与应侯群臣谋曰："白起之迁，意尚怏怏有馀言。"王乃使使者赐之剑，武安君遂自杀。秦人怜之，乡邑皆祭祀焉。

公子无忌既存赵，遂不敢归魏，与宾客留居赵，使将将其军还魏。赵王与平原君计，以五城封公子。赵王扫除自迎，执主人之礼，引公子就西阶。公子侧行辞让，从东阶上，自言罪过，以负于魏，无功于赵。赵王与公子饮至暮，口不忍献五城，以公子退让也。赵王以鄗为公子汤沐邑。魏亦复以信陵奉公子。公子闻赵有处士毛公隐于博徒，薛公隐于卖浆家，欲见之；两人不肯见，公子乃间步从之游。平原君闻而非之。公子曰："吾闻平原君之贤，故背魏而救赵。今平原君所与游，徒豪举耳，不求士也。以无忌从此两人游，尚恐其不我欲也，平原君乃以为羞乎！"

为装欲去。平原君免冠谢,乃止。

【译文】

五十八年(甲辰,公元前257年)

十月,秦王免除白起官爵,贬为士兵,把他迁到阴密。十二月,秦王调动更多士兵驻扎在汾城旁。被贬为士兵的白起因病,未能出征。各国援军向王龁进攻,王龁几次败退,告急使者往返于秦国,秦王羞恼,于是派人驱赶白起,不让他再滞留在咸阳城中。白起起身出了咸阳西门十里,到达杜邮。秦王又与应侯范雎等群臣议论说:"白起迁走时,怏怏不服,还有别的怨言。"秦王便派使者前去赐给他宝剑示意自裁,白起于是自杀。秦国人可怜他,城乡都祭祀他的灵位。

魏无忌救下赵国以后,也不敢再回魏国,与门下宾客留在赵国居住,派将军指挥军队回国。赵王与平原君赵胜商议,用五个城来赐封魏无忌。赵王布置打扫,亲自前去迎接魏无忌,以主人的礼节对待,引他由西面台阶登上大殿。魏无忌侧着身子辞让,从降一等级的东面台阶走上,自己口中说着罪过罪过,已经辜负了魏国,又对赵国没有什么功劳。赵王与魏无忌一直饮酒到天黑,因为魏无忌过于谦让,赵王始终不好意思说出送给他五个城的事。最后,赵王把鄗城送给魏无忌,作为准备朝见时食宿的封邑。后来,魏国也仍把魏无忌的原封地信陵送还给他。魏无忌听说赵国有个高士毛公隐居在赌徒之中,还有个薛公隐居在卖酒人家,想与他们见面,两人不肯见,魏无忌便徒步前去拜访,同他们出游。平原君赵胜听说后,不以为然。魏无忌便说:"我听说平原君是个贤德之人,才背弃魏国前去援救赵国。现在看他与一些人结交出游,只不过是阔绰的举动,不是为访求人才。我魏无忌跟着毛、薛二位出游,心里还直怕他们不愿意接纳我,平原君竟然认为这是羞耻!"于是整备行装,想离开赵国。赵胜急忙前去摘下帽子谢罪,魏无忌才留下。

资治通鉴第六卷

秦纪一

【原文】

昭襄王五十二年（丙午，前255年）

楚春申君以荀卿为兰陵令。荀卿者，赵人，名况，尝与临武君论兵于赵孝成王之前。王曰："请问兵要。"临武君对曰："上得天时，下得地利，观敌之变动，后之发，先之至，此用兵之要术也。"荀卿曰："不然。臣所闻古之道，凡用兵攻战之本，在乎一民。弓矢不调，则羿不能以中；六马不和，则造父不能以致远；士民不亲附，则汤、武不能以必胜也。故善附民者，是乃善用兵者也。故兵要在乎附民而已。"临武君曰："不然。兵之所贵者势利也，所行者变诈也。善用兵者感忽悠暗，莫知所从出；孙、吴用之，无敌于天下，岂必待附民哉！"荀卿曰："不然。臣之所道，仁人之兵，王者之志也。君之所贵，权谋势利也。仁人之兵，不可诈也。彼可诈者，怠慢者也，露袒者也者，君臣上下之间滑然有离德者也。故以桀诈桀，犹巧拙有幸焉。以桀诈尧，譬之以卵投石，以指挠沸，若赴水火，人焉焦没耳。故仁人之兵，上下一心，三军同力；臣之于君也，下之于上

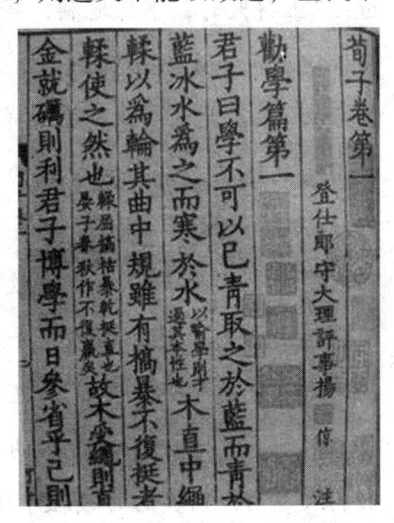

《荀子》书影

也，若子之事父，弟之事兄，若手臂之捍头目而覆胸腹也。诈而袭之，与先惊而后击之，一也。且仁人用十里之国则将有百里之听，用百里之国则将有千里之听，用

千里之国则将有四海之听，必将聪明警戒，和傅而一。故仁人之兵，聚则成卒，散则成列，延则若莫邪之长刃，婴之者断；兑则若莫邪之利锋，当之者溃；圜居而方止，则若盘石然，触之者角摧而退耳。且夫暴国之君，将谁与至哉？彼其所与至者，必其民也。其民之亲我欢若父母，其好我芬若椒兰；彼反顾其上则若灼黥，若仇雠；人之情，虽桀、跖，岂有肯为其所恶，贼其所好者哉！是犹使人之子孙自贼其父母也。彼必将来告，夫又何可诈也！故仁人用，国日明，诸侯先顺者安，后顺者危，敌之者削，反之者亡。《诗》曰：'武王载发，有虔秉钺，如火烈烈，则莫我敢遏，'此之谓也。"

【译文】

秦昭襄王五十二年（丙午，公元前255年）

楚国春申君黄歇任用荀卿为兰陵县令。荀卿是赵国人，名况，曾经与临武君在赵国国君孝成王赵丹面前辩论用兵之道。孝成王说："请问什么是用兵的要旨？"临武君回答道："上得天时，下得地利，观察敌人的变化动向，比敌人后发兵而先到达，这即是用兵的关键方略。"荀况说："不是这样。我所听说的古人用兵的道理是，用兵攻战的根本，在于统一百姓。弓与箭不协调，就是善射的后羿也不能射中目标；六匹马不协力一致，即便善御的造父也无法将马车赶往远方；士人与百姓不和亲附国君，即是商汤、周武王也不能有必胜的把握。因此，善于使百姓归附的人，才是善于用兵的人。所以用兵的要领在于使百姓依附。"临武君说："并非如此。用兵所重视的是形势要有利，行动要讲究诡诈多变。善用兵的人，行事疾速、隐蔽，没有人料得到他会从哪里出动。孙武、吴起采用这种战术，天下无敌，不见得一定要依靠百姓的归附啊！"荀况说："不对。我所说的，是

荀子

荀子，名况，赵国人，又称荀卿。战国时期著名思想家。主张"戡天""隆礼"。

仁人的用兵之道和要统治天下的帝王的志向。您所看重的是权术、谋略、形势、利害。而仁人用的兵，是不能欺诈的。能够施用欺骗之术对付的，是那些骄傲轻慢的军队、疲惫衰弱的军队，以及君与臣、上级与下属之间不和相互离心离德的军队。因此用夏桀的诈术对付夏桀，还有使巧成功或使拙失败的可能。而用夏桀的骗计去对付尧，就如同拿鸡蛋掷石头，把手指伸进滚水中搅动，如同投身到水火之中，不是被烧焦，便是被淹死。故而仁人的军队，上下一条心，三军同出力；臣子对国君，下属对上级，犹如儿子侍奉父亲，弟弟侍奉哥哥，犹如用手臂保护头颅、眼睛、胸膛和腹部。这样的军队，用欺诈之术去袭击它，与先惊动了它而后才去攻击它，是一回事。况且，仁人若统治着十里的国家，他的耳目将布及百里，若统治着百里的国家，他的耳目便将布及千里，若统治着千里的国家，他的耳目就会遍及天下，这样，他必将耳聪目明、机警而有戒备，和众如一。因此仁人的军队，集结起来即为一支支百人的部队，分散开时即成战阵行列；延长伸展好似莫邪宝剑的长刃，碰上的即被斩断；短兵精锐仿佛莫邪宝剑的利锋，遇到的即被瓦解；安营扎寨稳如磐石，顶撞它的，角即遭摧折而退却。再说那暴虐国家的君主，他所依靠的是什么呢？只能是他的百姓。而他的百姓爱我就如同爱他的父母，喜欢我就如同喜欢芬芳的椒兰；反之，想起他的君主好似畏惧遭受烧灼黥刑，好似面对不共戴天的仇敌一般。人之常情，即便是夏桀、盗跖，也不会为他所厌恶的人去残害他所喜爱的人！这就犹如让人的子孙去杀害自己的父母，是根本不可能的。如此，百姓一定会前来告发君主，那又有什么诈术可施呢！所以，由仁人治理国家，国家将日益强盛，各诸侯国先来归顺的则得到安定，后来依附的即遭遇危难；相对抗的将被削弱，进行反叛的即遭灭亡。《诗经》说'商汤竖起大旗，诚敬地握着斧钺，势如熊熊烈火，谁敢把我阻拦？'说的正是这种情况。"

【原文】

孝文王元年（辛亥，前250年）

冬，十月，己亥，王即位；三日薨。子楚立，是为庄襄王；尊华阳夫人为华阳太后，夏姬为夏太后。

燕将攻齐聊城,拔之。或谮之燕王,燕将保聊城,不敢归。齐田单攻之,岁馀不下。鲁仲连乃为书,约之矢以射城中,遗燕将,为陈利害曰:"为公计者,不归燕则归齐。今独守孤城,齐兵日益而燕救不至,将何为乎?"燕将见书,泣三日,犹豫不能自决。欲归燕,已有隙;欲降齐,所杀虏于齐甚众,恐已降而后见辱。喟然叹曰:"与人刃我,宁我自刃!"遂自杀。聊城乱,田单克聊城。归,言鲁仲连于齐,欲爵之。仲连逃之海上,曰:"吾与富贵而诎于人,宁贫贱而轻世肆志焉!"

【译文】

秦孝文王元年(辛亥,公元前250年)

冬季,十月,己亥(初四),孝文王正式登王位。但孝文王在位仅三天就去世了,他的儿子嬴异人继位,是为秦庄襄王。庄襄王尊奉嫡母华阳夫人为华阳太后,尊奉生母夏姬为夏太后。

燕国的一位将领率军攻克了齐国的聊城。但是有人却在燕王面前说这个将领的坏话。这位将领因此而据守聊城,不敢返回燕国。齐国相国田单率军反攻聊城,为时一年多仍然攻克不下。齐人鲁仲连便写了一封信,捆在箭上射入城中给那位燕将,向他陈述利害关系说:"替您打算,您不是回燕国就是归附齐国。而现在您独守孤城,齐国的军队一天天增多,燕国的援兵却迟迟不到,您将怎么办呢?"燕将见信后低声哭泣了好几天,但仍然犹豫不决。他想还归燕国,可是已与燕国有了嫌隙;想投降齐国,又因杀戮、俘获的齐国人太多,而害怕降齐后会遭受屈辱。于是长声叹息着说:"与其让人来杀我,宁可我自杀!"便自刎身亡。聊城城内大乱,田单趁机攻下了聊城。田单凯旋后向齐王述说鲁仲连的功绩,并要授给他爵位。鲁仲连为此逃到海边,说:"我与其因获得富贵而屈从于他人,宁可忍受贫贱而能放荡不羁、随心所欲!"

吕不韦

【原文】

庄襄王元年（壬子，前249年）

吕不韦为相国。

东周君与诸侯谋伐秦；王使相国帅师讨灭之，迁东周君于阳人聚。周既不祀。周比亡，凡有七邑：河南、洛阳、谷城、平阴、偃师、巩、缑氏。

【译文】

秦庄襄王元年（壬子，公元前249年）

吕不韦任秦国的相国。

东周国国君与各诸侯国谋划着共同攻击秦国，庄襄王因此派吕不韦统帅军队讨灭了东周，将东周国君迁移到阳人聚。周王朝至此灭亡，再无人主持祭祀了。周朝至灭亡时共有七邑：河南、洛阳、榖城、平阴、偃师、巩、缑氏。

【原文】

三年（甲寅，前247年）

蒙骜帅师伐魏，取高都、汲。魏师数败，魏王患之，乃使人请信陵君于赵。信陵君畏得罪，不肯还，诫门下曰："有敢为魏使通者死！"宾客莫敢谏。毛公、薛公见信陵君曰："公子所以重于诸侯者，徒以有魏也。今魏急而公子不恤，一旦秦人克大梁，夷先王之宗庙，公子当何面目立天下乎！"语未卒，信陵君色变，趣驾还魏。魏王持信陵君而泣，以为上将军。信陵君使人求援于诸侯。诸侯闻信陵君复为魏将，皆遣兵救魏。信陵君率五国之师败蒙骜于河外，蒙骜遁走。信陵君追至函谷关，抑之而还。

【译文】

三年（甲寅，公元前 247 年）

秦将蒙骜率军进攻魏国，占领了高都和汲。魏军屡战屡败，魏安釐王为此而忧虑，便派人到赵国请信陵君魏无忌回国。信陵君惧怕归国后被判罪，不肯返回，并告诫他的门客们说："有胆敢给魏国使者通报消息的，处死！"于是，宾客们都不敢规劝他。毛公、薛公为此拜见信陵君说："您所以受到各国的敬重，只是因为强大的魏国还存在。现在魏国的情势危急，而您却毫不顾惜，如此，一旦秦国人攻陷了国都大梁，将先王的宗庙铲为平地，您当以何面目立在天下人的面前啊！"二人的话还未说完，信陵君已脸色大变，即刻驾车赶回魏国。魏王见到信陵君后握着他的手啜泣不止，随即便任命他为上将军。信陵君派人向各诸侯国求援，各国听说信陵君重又担任魏国的大将，都纷纷派兵援救魏国。信陵君率领五国联军在黄河以西击败蒙骜的军队，蒙骜带残部逃走。信陵君督师追击到函谷关，将秦军压制在关内后才领兵还魏。

【原文】

始皇帝上元年（乙卯，前 246 年）

韩欲疲秦人，使无东伐，乃使水工郑国为间于秦，凿泾水自仲山为渠，并北山，东注洛。中作而觉，秦人欲杀之。郑国曰："臣为韩延数年之命，然渠成，亦秦万世之利也。"乃使卒为之。注填阏之水溉舄卤之地四万余顷，收皆亩一锺，关中由是益富饶。

【译文】

秦始皇帝元年（乙卯，公元前 246 年）

韩国想要消耗秦国国力，使它不发兵东征，便派遣水利家郑国赴秦，游说秦国兴修水利，从仲山起，开凿一条引泾水、沿北山东注洛河的灌溉渠。工程进行中，秦王觉察到了韩国的意图，为此要杀郑国。郑国说："我确是为韩国延长了几年的寿命，但是这条灌溉渠如果修成了，秦国也可享万世之利啊。"秦王于是命他继续主持施工，完成了此项工程。这条水渠引淤浊而有肥效的水灌溉盐碱地四万多顷，每亩的收成都高达六斛四斗，秦国的关中一带因此更加富裕起来。

【原文】

二年（丙辰，前245年）

赵以廉颇为假相国，伐魏，取繁阳。赵孝成王薨，子悼襄王立，使武襄君乐乘代廉颇。廉颇怒，攻武襄君；武襄君走。廉颇出奔魏；久之，魏不能信用。赵师数困于秦，赵王思复得廉颇，廉颇亦思复用于赵。赵王使使者视廉颇尚可用否。廉颇之仇郭开多与使者金，令毁之。廉颇见使者，一饭斗米，肉十斤，被甲上马，以示可用。使者还报曰："廉将军虽老，尚善饭；然与臣坐，顷之三遗矢矣。"赵王以为老，遂不召。楚人阴使迎之。廉颇一为楚将，无功，曰："我思用赵人！"猝死于寿春。

【译文】

二年（丙辰，公元前245年）

赵国任命廉颇代理相国之职，率军征伐魏国，攻取了繁阳。这时，赵国国君孝成王赵丹去世，他的儿子赵偃继位，是为悼襄王。悼襄王刚执政就令武襄君乐乘取代了廉颇。廉颇因此大怒，攻击乐乘，乐乘跑开了。廉颇便逃奔到魏国的都城大梁。但他在魏很久，仍得不到信任重用。此时，赵国的军队多次遭秦军围困，赵王想重新任用廉颇，廉颇也渴望着再为赵国效力。赵王于是派使者前往大梁，观察廉颇是否还能被任用。廉颇的仇人郭开以重金贿赂那位使者，让他在赵王面前说廉颇的坏话。廉颇会见使者时，有意一餐饭吃下一斗米、十斤肉，然后披挂铠甲，跃上战马，以此显示自己还可以率军去攻城陷阵。使者回到赵国后向赵王报告说："廉将军虽然老了，但饭量还好。只是陪我坐着的时候，不一会就去拉了三次屎。"赵王由此认为廉颇已经老了，便不再召他回国。楚王获悉了这一情况，即偷偷地派人到魏国去迎接廉颇。廉颇一担任楚国的将领后，就没有什么战功了。于是他感慨地说："我真想指挥赵国的士兵啊！"最终死在了楚国的寿春。

【原文】

三年（丁巳，前244年）

赵王以李牧为将，伐燕，取武遂、方城。李牧者，赵之北边良将也，尝居代、雁门备匈奴，以便宜置吏，市租皆输入莫府，为士卒费，日击数牛飨士；习骑射，谨烽火，多间谍，为约曰："匈奴即入盗，急人收保。有敢捕虏者斩！"匈奴每入，烽火谨，辄入收保不战。如是数岁，亦不亡失。匈奴皆以为怯，虽赵边兵亦以为吾将怯。赵王让之，李牧如故。王怒，使他人代之。岁馀，屡出战，不利，多失亡，边不得田畜。王复请李牧，李牧杜门称病不出。王强起之，李牧曰："必欲用臣，如前，乃敢奉令。"王许之。李牧至边，如约。匈奴数岁无所得，终以为怯。边士日得赏赐而不用，皆愿一战。于是乃具选车得千三百乘，选骑得万三千匹，百金之士五万人，彀者十万人，悉勒习战；大纵畜牧、人民满野。匈奴小入，佯北不胜，以数十人委之。单于闻之，大率众来入。李牧多为奇陈，张左、右翼击之，大破之，杀匈奴十馀万骑。灭襜褴，破东胡，降林胡。单于奔走，十余岁不敢近赵边。

【译文】

三年（丁巳，公元前244年）

赵国赵悼襄王任命李牧为大将，率军攻击燕国，占领了武遂、方城。李牧是赵国防守北部边疆的优秀将领，曾经领兵驻扎在代、雁门防备匈奴。根据当时的实际需要，他可以自行任用军吏官员，而城市的税收也都直接送到李牧的账下，充作养兵的经费。李牧令人每天宰杀好几头牛，供给将士们食用，并指挥部队练习射箭和骑马，小心谨慎地把守烽火台，多多派出侦察人员打探敌情，同时申明约束，号令说："如果匈奴兵侵入边境进行掠夺，我军应立即收拾起人马、牛羊、物资等退入堡垒中固守，有胆敢逞强捕捉俘虏的，一律处斩！"如此，匈奴兵每次入侵，李牧的军队都严谨地点燃烽火报警，然后人马、物资退入堡垒中，只守不战。这样过了好几年，也没有什么伤亡损失。匈奴人因此全都认为李牧胆小，就连赵国的守边官兵也认为自己的将帅太胆小了。赵王为此而责备李牧，但李牧依旧维持老样子，不做变动。赵王怒不可遏，派其他人取代李牧统兵。此后一年多时间里，新任将领屡次率军迎击犯境的匈奴，可不但屡次作战失利，损失惨重，而且使边境骚扰不断，百姓无法正常地耕作和放牧。赵王不得已又派人请李牧复出，李牧以生病为由闭门不出，拒绝接见来者。可是赵王坚持着非要让他重新出马不可，李牧无奈，便说："如果一定要用我，必须允许我仍照从前的办法行事，我才敢接受您的命令。"赵王只好答应了他的要求。李牧重返北部边境，继续实行以往的约束。匈奴人几年来侵掠都毫无所获，却终究以为李牧是畏惧他们。守边军士每天得到赏赐却不被派用去抗击匈奴，故都希望与匈奴人打一仗。李牧于是备齐精选的战车一千三百辆，精选的战马一万三千匹，曾获过百金奖赏的勇士五万人，能拉硬弓的善射的士兵十万人，将他们全部组织起来，进行作战训练，并大力组织放牧，使放牧人遍布在边境田野。匈奴人小规模地入侵，李牧指令部队假败下来，且把数十人丢弃给匈奴。匈奴的单于听到这个消息后，即率军大举来犯。李牧多设奇阵，指挥部队从左、右两翼进行包抄，大破敌兵，斩杀匈奴十多万人马，乘胜灭掉了代地以北的胡族襜褴，攻破东胡，使林胡部族归降。匈奴单于领残兵逃奔而去，此后十多年不敢再接近赵国边境。

【原文】

九年（癸亥，前238年）

初，王即位，年少，太后时时与文信侯私通。王益壮，文信侯恐事觉，祸及己，乃诈以舍人嫪毐为宦者，进于太后。太后幸之，生二子，封毐为长信侯，以太原为毐国，政事皆决于毐；客求为毐舍人者甚众。王左右有与毐争言者，告毐实非宦者，王下吏治毐。毐惧，矫王御玺发兵，欲攻蕲年宫为乱。王使相国昌平君、昌文君发卒攻毐，战咸阳，斩首数百；毐败走，获之。秋，九月，夷毐三族；党与皆车裂灭宗；舍人罪轻者徙蜀，凡四千馀家。迁太后于雍萯阳宫，杀其二子。下令曰："敢以太后事谏者，戮而杀之，断其四支，积于阙下！"死者二十七人。齐客茅焦上谒请谏。王使谓之曰："若不见夫积阙下者邪？"对曰："臣闻天有二十八宿，今死者二十七人，臣之来固欲满其数耳。臣非畏死者也！"使者走入白之。茅焦邑子同食者，尽负其衣物而逃。王大怒曰："是人也，故来犯吾，趣召镬烹之，是安得积阙下哉！"王按剑而坐，口正沫出。使者召之人，茅焦徐行至前，再拜谒起，称曰："臣闻有生者不讳死，有国者不讳亡；讳死者不可以得生，讳亡者不可以得存。死生存亡，圣主所欲急闻也，陛下欲闻之乎？"王曰："何谓也？"茅焦曰："陛下有狂悖之行，不自知邪？车裂假父，囊扑二弟，迁母于雍，残戮谏士；桀、纣之行不至于是矣！今天下闻之，尽瓦解，无响秦者，臣窃为陛下危之！臣言已矣！"乃解衣伏质。王下殿，手自接之曰："先生起就衣，今愿受事！"乃爵之上卿，王自驾，虚左方，往迎太后，归于咸阳，复为母子如初。

【译文】

九年（癸亥，公元前238年）

当初，秦王嬴政即位时年龄尚幼，太后赵姬时常与文信侯吕不韦私通。嬴政渐渐长大，吕不韦担心此事败露，给自己招致祸患，便将自己的舍人嫪毐假充作宦官，进献给太后。太后宠幸嫪毐，与他生了两个儿子，并封嫪毐为长信侯，把太原作为毒国，国家政事都由他来决定。宾客中请求作嫪毐舍人的人非常多。嬴政身边有人曾与嫪毐发生过争执，告发嫪毐实际并不是阉割过的宦官。嬴政于是下令将嫪毐交给司法官吏治罪。嫪毐感到恐惧，便盗用御玺，假托秦王之命调兵遣将，企图攻击嬴政居住的蕲年宫，进行叛乱。嬴政派相国昌平君、昌文君发兵讨伐嫪毐，在咸阳展开大战，斩杀叛军数百人，嫪毐在兵败逃亡，被秦王的军队抓获。秋季，九月，嬴政下令诛灭嫪毐父族、母族、妻族三族，并将嫪氏党羽都处以车裂刑，杀灭这些党羽的宗族；舍人中因罪过较轻的被放逐到蜀地，共四千多家。同时把太后迁移到雍城的萯阳宫，杀了她与嫪毐所生的两个儿子。嬴政还下令说："有敢于为太后事对我进行规劝的，一律斩首，砍断四肢，堆积在宫阙之下！"有二十七人为此而死。自齐国来的客人茅焦通名求见秦王。嬴政遣人告诉他说："你没有看见那些堆积在宫阙之下的尸体吗？"茅焦回答说："我听说天上有二十八个星宿，现在已经死了二十七个人了，我来原本就是为了凑够那二十八位的数字的。我可不是怕死的人！"使者跑回去向嬴政报告了茅焦的话。与茅焦住在一起的同乡因害怕受牵连，都背负衣物四散逃亡了。嬴政闻听使者的回报后怒发冲冠，说："这个家伙，故意来冒犯我，快取大锅来把他煮杀了，看他还怎能为凑满二十八星宿而堆尸在宫阙下！"嬴政手按宝剑坐在那里，口中正唾沫星乱飞。使者召茅焦入见，茅焦缓缓走上前来，伏地一拜再拜后起身，声言道："我听说有生命的人不忌讳谈人死，有国家的人不忌讳谈国亡；忌讳死的人不能维持人的生命，忌讳亡的人也不能保证国家的生存。有关生死存亡的道理，是圣明的君主急于要了解的，陛下想听我说吗？"嬴政道："你要谈的是什么啊！"茅焦说："陛下有狂妄悖理的行为，自己没有意识到吗？车裂假父嫪毐，把两个弟弟装进囊袋中用刑具拷打致死，将母亲迁移到雍城，并残杀敢于进行规劝的臣子，即使是夏桀、商纣王的行为也不至于暴虐到这个地步了！现在如果天下的人听说了这些暴行，人心便全都涣散瓦解，再也不会有人向往秦国，我私下里替陛下感到危险！我的话已经说完了！"于是便解开衣服，伏身在刑具上，等待受刑。嬴政闻言顿悟，下殿，亲自用手接扶他说："先生起身穿好衣服，我现在愿意接受您的劝告！"随即授给他上卿的爵位。嬴政还亲自驾车，空出左边的尊位，往雍城迎接太后返回都城咸阳，母子关系重新和好如初。

【原文】

十年（甲子，前237年）

宗室大臣议曰："诸侯人来仕者，皆为其主游间耳，请一切逐之。"于是大索，逐客。客卿楚人李斯亦在逐中，行，且上书曰："昔穆公求士，西取由余于戎，东得百里于宛，迎蹇叔于宋，求丕豹、公孙支于晋，并国二十，遂霸西戎。孝公用商鞅之法，诸侯亲服，至今治强。惠王用张仪之计，散六国之从，使之事秦。昭王得范雎，强公室，杜私门。此四君者，皆以客之功。由此观之，客何负于秦哉！夫色、乐、珠、玉不产于秦而王服御者众；取人则不然，不问可否，不论曲直，非秦者去，为客者逐。是所重者在乎色、乐、珠、玉，而所轻者在乎人民也。臣闻泰山不让土壤，故能成其大；河海不择细流，故能就其深；王者不却众庶，故能明其德；此五帝、三王之所以无敌也。今乃弃黔首以资敌国，却宾客以业诸侯，所谓藉寇兵，赍盗粮者也。"王乃召李斯，复其官，除逐客之令。李斯至骊邑而还。王卒用李斯之谋，阴遣辩士赍金玉游说诸侯，诸侯名士可下以财者厚遗结之，不肯者利剑刺之，离其君臣之计，然后使良将随其后，数年之中，卒兼天下。

【译文】

十年（甲子，公元前237年）

秦国的王族大臣们建议说："各诸侯国到秦国来做官谋职的人，大都是为自己的君主来游说，以挑拨离间我们君臣上下之间的关系，因此，请大王将他们一律驱逐出境。"于是，秦王下令全国实行大搜索，驱逐外来人。客卿楚国人李斯也在被逐之列。他在临离开前还上书秦王说："从前穆公招纳贤才，由西部戎地选得由余，东方宛城物色到百里奚，在宋国迎取了蹇叔，晋国寻求到丕豹和公孙支。如此，秦国得以兼并二十多个封国，而称霸西戎。孝公任用商鞅实行变法，使各国都亲和服从，以至今日天下大治，国势强盛。惠王采纳张仪的策略，拆散六国的合纵联盟，使它们为秦国效力。昭王得到范雎的辅佐，加强了王室的权力，遏制了贵族家族的势力。这四位君王都是依靠客卿的作用而建功立业的。如此看来，客卿有什么地方辜负了秦国啊！美色、音乐、宝珠、美玉都不产在秦国，可大王搜集来使用、享受的却很多。但对人的取舍偏不是这样，不问可不可用，不论是非曲直，凡非秦国人就一概不用，凡是客卿就一律驱逐。似此便是只看重美色、音乐、宝珠、美玉等，而轻视人才了。我听说泰山不辞让细小的泥土，故能成就其巍峨；河海不择除细流，故能成就其深广；圣贤的君王不抛弃民众，故能明示他的恩德。这便是五帝三王所以能无敌于天下的原因。现在您抛弃那些非秦国籍的平民百姓，使他们去帮助敌国，辞退那些外来的宾客，令他们去为各诸侯效力，这就是所谓的把武器借给入侵者，把粮秣送给盗匪了。"嬴政看了李斯上的这封信，即召他入见，要恢复他的官职，并撤销逐客令。此时李斯已走到了骊邑，接秦王召令后即刻回返。嬴政最终采用了李斯的计策，暗中派遣能言善辩的人携带金珠宝玉去游说各国国君。对各国有名望、有势力的人，凡是可以用钱财贿赂的，便出重金收买，结交他们，凡是不肯受贿的，便持利剑刺杀他们。挑拨各国国君与臣民之间的关系，离间他们的感情，然后派良将率兵攻打各国。这样，几年之内，秦国终于兼并了天下。

【原文】

十一年（乙丑，前236年）

文信侯就国岁余，诸侯宾客使者相望于道，请之。王恐其为变，乃赐文信侯书曰："君何功于秦，封君河南，食十万户？何亲于秦，号称仲父？其与家属徙处蜀！"文信侯自知稍侵，恐诛。

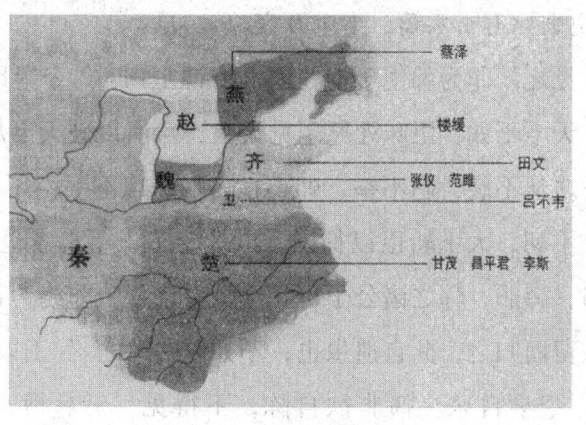

赴秦出任相国的各国国卿

秦国一向广纳天下贤才，为己所用，客卿中拜相者亦不乏其人，这就为秦统一天下奠定了基础。

【译文】

十一年（乙丑，公元前236年）

秦国文信侯吕不韦返回封国一年多了，在这期间，各诸侯国的宾客、使者纷纷前往邀请他，车马络绎不绝，在道上前后相望。嬴政为此担心吕不韦会生出什么变故，便写信给他说："您为秦国立下了什么功劳呢？秦国封您在河南，享用十万户封地的收入？您与秦国有什么亲近关系？而要称您为'仲父'？您还是携家属迁往蜀地居住吧！"吕不韦自知在渐渐地受到侵害逼迫，很惧怕被杀掉。

【原文】

十四年（戊辰，前233年）

韩王纳地效玺，请为藩臣，使韩非来聘。韩非者，韩之诸公子也，善刑名法术之学，见韩之削弱，数以书干韩王，王不能用。于是韩非疾治国不务求人任贤，反举浮淫之蠹而加之功实之上，宽则宠名誉之人，急则用介胄之士，所养非所用，所用非所养。悲廉直不容于邪枉之臣，观往者得失之变，作《孤愤》《五蠹》《内·外储》《说林》《说难》五十六篇，十余万言。

王闻其贤，欲见之。非为韩使于秦，因上书说王曰："今秦地方数千里，师名百万，号令赏罚，天下不如。臣昧死愿望见大王，言所以破天下从之计，大王诚听臣说，一举而天下之从不破，赵不举，韩不亡，荆、魏不臣，齐、燕不亲，霸王之名不成，四邻诸侯不朝，大王斩臣以徇国，以戒为王谋不忠者也。"王悦之，未任用。李斯嫉之，曰：韩非，韩之诸公子也。今欲并诸侯，非终为韩不为秦，此人情也。今王不用，久留而归之，此自遗患也；不如以法诛之。"王以为然，下吏治非。李斯使人遗非药，令早自杀。韩非欲自陈，不得见。王后悔，使人赦之，非已死矣。

【译文】

十四年（戊辰，公元前233年）

韩国国君韩安向秦国割让土地，并献出国君的大印，请求作为秦国的附庸，派遣韩非为使节往秦国拜谒问安。韩非是韩国的公子之一，精通刑名法术的学说。他看到韩国国力日益削弱，多次写信给韩王求取录用，但总得不到韩王的任用。于是，韩非深恶韩国治国不致力于访求人才，选任贤能，反而推崇虚浮、淫乱无能的蠹虫之辈，把他们安置在与实际功劳不相称的高位上；国势宽松时骄纵宠爱那些徒有虚名的学者，国势紧急时就征用那些披甲戴盔的武士；所培养的人不是所能任用的人，所能任用的人却又不是所培养的人。为廉洁正直的人遭受奸邪不正的权臣的排斥而悲伤。他考察了以往的得失变化，撰写了《孤愤》《五蠹》《内储》《外储》

《说林》《说难》等五十六篇文章，约十多万字。

韩非

《韩非子》书影

秦王嬴政听说韩非是个德才兼备的人，便想约见他。韩非正好作为韩国的使者来到秦国，就趁机写信呈给嬴政，劝说道："现今秦国的疆域方圆数千里，军队号称百万，号令森严，赏罚公平，天下没有一个国家能比得上。而我鲁莽地冒死渴求见您一面，是想说一说破坏各国合纵联盟的计略。您若真能听从我的主张，那么，您如果不能一举拆散天下的合纵联盟，占领赵国，灭亡韩国，使楚国、魏国臣服，齐国、燕国归顺，不能令秦国确立霸主的威名，使四周邻国的国君前来朝拜，就请您把我杀了在全国示众，以此告诫那些为君主出谋划策不忠诚的人。"嬴政读后，心中颇为喜悦，但一时还没有任用他。李斯很忌妒韩非，便对嬴政说："韩非是韩国的一个公子，如今您想吞并各国，韩非最终还是要为韩国利益着想，而不会为秦国尽心效力的，这也是人之常情。现在您不用他，而让他在秦国长期逗留后再放他回去，这不啻是自留后患啊。还不如依法将他除掉算了。"秦王政认为李斯说得有理，便把韩非交司法官吏治罪。李斯又派人送毒药给韩非，让他及早自杀。韩非试图亲自向秦王嬴政陈述冤情，但却无法见到秦王。不久，秦王政有些后悔，就派人去赦免韩非，可是韩非已经死了。

【原文】

十七年（辛未，前230年）

内史胜灭韩，虏韩王安，以其地置颍川郡。

【译文】

十七年（辛未，公元前230年）

秦国的内史腾率军灭掉了韩国，俘获韩国国君韩安。秦国在韩国的土地上设置了颍川郡。

【原文】

十九年（癸酉，前228年）

王翦击赵军，大破之，杀赵葱，颜聚亡，遂克邯郸，虏赵王迁。王如邯郸，故与母家有仇怨者皆杀之。还，从太原、上郡归。

【译文】

十九年（癸酉，公元前228年）

秦将王翦率军攻击赵军，大败赵兵，杀赵葱，颜聚逃亡。秦军于是攻陷邯郸，俘虏了赵国国君赵迁。秦王嬴政亲自驾临邯郸，将过去与他母亲家有仇怨的人全部杀了。然后回驾，经太原、上郡返归秦都咸阳。

秦纪二

【原文】

始皇帝下二十年（甲戌，前227年）

荆轲至咸阳，因王宠臣蒙嘉卑辞以求见；王大喜，朝服，设九宾而见之。荆轲奉图而进于王，图穷而匕首见，因把王袖而之；未至身，王惊起，袖绝。荆轲逐王，王环柱而走。群臣皆愕，卒起不意，尽失其度。而秦法，群臣侍殿上者不得操尺寸之兵，左右以手共搏之，且曰："王负剑！"负剑，王遂拔以击荆轲，断其左股。荆轲废，乃引匕首擿王，中铜柱。自知事不就，骂曰："事所以不成者，以欲生劫之，必得约契以报太子也！"遂体解荆轲以徇。

【译文】

秦始皇帝二十年（甲戌，公元前227年）

荆轲抵达秦国都城咸阳，通过秦王嬴政的宠臣蒙嘉，以谦卑的言辞求见秦王，秦王嬴政大喜过望，穿上君臣朝会时的礼服，安排朝会大典迎见荆轲。荆轲手捧地图进献给秦王，图卷全部展开，匕首出现，荆轲乘势抓住秦王的袍袖，举起匕首刺向他的胸膛。但是未等荆轲近身，秦王嬴政已惊恐地一跃而起，挣断了袍袖。荆轲随即追逐秦王，秦王绕着柱子奔跑。这时，殿上的群臣都吓呆了，事发仓促，大出意料，群臣全都失去了常态。秦国法律规定，在殿上侍从的群臣不得携带任何武器。因此大家只好徒手上前扑打荆轲，并喊道："大王，把剑推上背！"秦王嬴政将剑推到背上，便剑套倾斜，剑柄向前，即拔出剑来回击荆轲，砍断了他的左大腿。荆轲肢体残废无法再追，便把匕首向秦王投掷过去，但却击中了铜柱。荆轲知道行刺之事已无法完成，就大骂道："此事所以不能成功，只是想活捉你以后强迫你订立契约，归还所兼并的土地，以此回报燕太子啊！"由是，荆轲被分尸示众。

秦始皇

【原文】

二十一年（乙亥，前226年）

王问于将军李信曰："吾欲取荆，于将军度用几何人而足？"李信曰："不过用二十万。"王以问王翦，王翦曰："非六十万人不可。"王曰："王将军老矣，何怯也！"遂使李信、蒙恬将二十万人伐楚；王翦因谢病归频阳。

【译文】

二十一年（乙亥，公元前226年）

秦王嬴政询问将军李信说："我想要夺取楚国，根据你的推测，需要出动多少人的军队才够？"李信说："不过用二十万人。"秦王嬴政又询问王翦，王翦说："非六十万人的大军不可。"秦王说："王将军已经老了，怎么如此胆怯啊！"便派李信、蒙恬率领二十万人进攻楚国。王翦于是称病辞职，返回故乡频阳。

【原文】

二十二年（丙子，前225年）

王贲伐魏，引河沟以灌大梁。三月，城坏，魏王假降，杀之，遂灭魏。

李信攻平舆，蒙恬攻寝，大破楚军。信又攻鄢郢，破之。于是引兵而西，与蒙恬会城父。楚人因随之，三日三夜不顿舍，大败李信，入两壁，杀七都尉；李信奔还。

【译文】

二十二年（丙子，公元前225年）

秦将王贲率军征伐魏国，引汴河的水灌淹魏国都城大梁。三月，大梁城垣塌毁，魏王魏假投降，为秦军杀死。秦军于是灭掉魏国。

秦将李信进攻平舆，蒙恬攻击寝，大败楚军。李信再攻鄢郢，攻克了该城，于是率军西进，到城父与蒙恬的队伍会合。楚军趁机尾随在后，三天三夜不停宿休息，反击中大败李信的军队，攻入秦军的两个营地，斩杀了七个都尉。李信率残部逃奔回秦国。

彩绘铜车　秦

秦始皇平定天下后，下令"车同轨"，将车两轮之间的长度统一规定为六尺，使交通便利，促进了经济发展。这是辆立乘驷车，车前驾四马，头部配有金银络头。车舆上插高柄伞盖，伞下为驾驭者。车绘有云纹等彩图，车上装备弩、盾等兵器。

【原文】

二十三年（丁丑，前224年）

王翦取陈以南至平舆。楚人闻王翦益军而来，乃悉国中兵以御之；王翦坚壁不与战。楚人数挑战，终不出。王翦日休士洗沐，而善饮食，抚循之；亲与士卒同食。久之，王翦使人问"军中戏乎？"对曰："方投石、超距。"王翦曰："可用矣！"楚既不得战，乃引而东。王翦追之，令壮士击，大破楚师，至蕲南，杀其将军项燕，楚师遂败走。王翦因乘胜略定城邑。

【译文】

二十三年（丁丑，公元前224年）

秦将王翦率大军取道陈丘以南抵达平舆。楚国人闻讯王翦增兵而来，便出动国中的全部兵力抵抗秦军。王翦下令坚守营寨不与楚军交锋。楚人多次到营前挑战，秦军始终也不出战。王翦每天让士兵休息、洗沐，享用好的饮食，安抚慰问他们，并亲自与他们共同进餐。这样过了很长一段时间，王翦派人打听："军中进行什么嬉戏啊？"回答说："军士们正在玩投石、跳跃的游戏。"王翦便说："这样的军队可以用来作战了！"此时楚军既然无法与秦军交锋，就挥师向东而去。王翦即率军尾追，令壮士们发起突击，大败楚军，直至蕲县之南，斩杀楚国将军项燕，楚军于是溃败逃亡。王翦乘胜夺取并平定了楚国的一些城镇。

【原文】

二十四年（戊寅，223年）

王翦、蒙武虏楚王负刍，以其地置楚郡。

【译文】

二十四年（戊寅，公元前 223 年）

秦将王翦、蒙武俘获了楚国国君芈负刍，在楚地设置楚郡。

【原文】

二十五年（己卯，前 222 年）

大兴兵，使王贲攻辽东，虏燕王喜。

臣光曰："燕丹不胜一朝之忿以犯虎狼之秦，轻虑浅谋，挑怨速祸，使召公之庙不祀忽诸，罪孰大焉！而论者或谓之贤，岂不过哉！

夫为国家者，任官以才，立政以礼，怀民以仁，交邻以信；是以官得其人，政得其节，百姓怀其德，四邻亲其义。夫如是，则国家安如磐石，炽如焱火，触之者碎，犯之者焦，虽有强暴之国，尚何足畏哉！丹释此不为，顾以万乘之国，决匹夫之怒，逞盗贼之谋，功隳身戮，社稷为墟，不亦悲哉！

夫其膝行、蒲伏，非恭也；复言、重诺，非信也；糜金、散玉，非惠也；刎首、决腹，非勇也。要之，谋不远而动不义，其楚白公胜之流乎！

荆轲怀其豢养之私，不顾七族，欲以尺八匕首强燕而弱秦，不亦愚乎！故扬子论之，以要离为蛛蝥之靡，聂政为壮士之靡，荆轲为刺客之靡，皆不可谓之义。又曰："荆轲，君子盗诸。"善哉！

【译文】

二十五年（戊寅，公元前 223 年）

秦国大举兴兵，派王贲率兵进攻辽东，俘获了燕国国君姬喜。

臣司马光曰："燕太子丹不能忍受一时的激愤而去冒犯如狼似虎的秦国，虑事轻率，谋划浅薄，以致挑起怨恨，加速了灭亡之祸，使供奉燕国始祖召公的宗庙祭祀忽然中断，罪过没有比这个更大的了！而评论的人有的还把太子丹说成是德才兼备的人，这难道不是太过分了吗！"

对于治理国家的人来说，任命有才能的人为官，按照礼制确立政策法规，以仁爱之心安抚百姓，凭借信义结交邻邦。如此，官员由有才干的人担任，政事得到礼教的节制，百姓人心归向他的德行，四邻亲近友善他的恪守信义。这样，国家则会安如磐石，炽如火焰，触犯它的一定被撞得粉碎，挨着它的一定被烧得焦头烂额。似此，即便是有强暴的敌国存在，又有什么值得畏惧的呢！太子丹放弃这条路不走，反而用万辆战车的大国去排解个人的私愤，炫耀盗贼式的谋略，结果是功名被毁坏、身命遭杀戮，江山社稷化作废墟，不是很令人悲痛吗！

跪着前进，伏地而行，并不表示恭敬；言必行，重承诺，并不表示守信义；过度耗费金钱，散发玉器，并不表示施恩惠；自割颈部，自剖肚腹，并不表示勇敢。这种种问题的关键在于，只顾眼前利益不能深谋远虑而行动不合乎礼义，楚国为复仇而丧生的白公胜之流就是这样的吧！

荆轲心怀报答太子姬丹豢养的私情，不顾及全家七族之人会受牵连，想要用一把短小的匕首使燕国强大、秦国削弱，这难道不愚蠢吗！所以扬雄对此评论说，要离的死是蜘蛛、蜚虫一类的死，聂政的死是壮士一类的死，荆轲的死是刺客一类的死，这些都不能称作"义"。他又说："荆轲，是讲义气的盗贼。"此话说得好啊！

【原文】

二十六年（庚辰，前221年）

王贲自燕南攻齐，猝入临淄，民莫敢格者。秦使人诱齐王，约封以五百里之地。齐王遂降，秦迁之共，处之松柏之间，饿而死。齐人怨王建不早与诸侯合从，听奸人宾客以亡其国，歌之曰："松耶，柏耶！住建共者客耶！"疾建用客之不详也。

【译文】

二十六年（庚辰，公元前221年）

秦将王贲率军从燕国向南进攻齐国，突然攻入都城临淄，齐国国民中没有敢于抵抗的。秦国派人诱降齐王，约定封给他五百里的土地，齐王于是便投降了。但是秦国却将他迁移到共地，安置在松柏之间，最终被饿死。齐国人埋怨君王田建不早参与诸侯国的合纵联盟，而却听信奸佞、宾客的意见，以致使国家遭到灭亡，故为此编歌谣说："松树啊，柏树啊！使田建迁住共地饿死的，是宾客啊！"恨田建任用宾客不审慎考察。

【原文】

三十三年（丁亥，前214年）

发诸尝逋亡人、赘婿、贾人为兵，略取南越陆梁地，置桂林、南海、象郡；以谪徙民五十万人戍五岭，与越杂处。

蒙恬斥逐匈奴，收河南地为四十四县。筑长城，因地形，用制险塞；起临洮至辽东，延袤万余里。于是渡河，据阳山，逶迤而北。暴师于外十余年，蒙恬常居上郡统治之；威振匈奴。

【译文】

三十三年（丁亥，公元前214年）

秦朝廷征召那些曾经逃亡的人、因贫穷而入赘女家的男子、商贩等入伍当兵，攻掠夺取南越的陆梁地，设置了桂林、南海、象郡等郡；并将受贬谪的人五十万流放到五岭守边，与南越的本地人杂居一处。

秦将蒙恬率军驱逐斥退匈奴人，收复了黄河以南地区，设置四十四个县。接着就修筑长城，凭借地形而建，用以控制险关要塞，起自临洮，直至辽东，绵延一万多里。蒙恬于是又领兵渡过黄河，占据阳山，向北曲折前进。军队在野外扎营风餐露宿十余年，蒙恬则常驻上郡指挥军队，威震匈奴。

【原文】

三十四年（戊子，前213年）

丞相李斯上书曰："异时诸侯并争，厚招游学。今天下已定，法令出一，百姓当家则力农工，士则学习法令。今诸生不师今而学古，以非当世，惑乱黔首，相与非法教人；闻令下，则各以其学议之，入则心非，出则巷议，夸主以为名，异趣以为高，率群下以造谤。如此弗禁，则主势降乎上，党与成乎下。禁之便！臣请史官非秦记皆烧之；非博士官所职，天下有藏《诗》《书》、百家语者，皆诣守、尉杂烧之。有敢偶语《诗》《书》弃市；以古非今者族；吏见知不举，与同罪。令下三十日，不烧，黥为城旦。所不去者，医药、卜筮、种树之书。若有欲学法令者，以吏为师。"制曰："可。"

魏人陈馀谓孔鲋曰："秦将灭先王之籍，而子为书籍之主，其危哉！"子鱼曰："吾为无用之学，知吾者惟友。秦非吾友，吾何危哉！吾将藏之以待其求；求至，无患矣。"

秦始皇焚书坑儒图

这件清代的帛画以想象的方式向我们展现了秦始皇当年焚书坑儒的情形，图中在朝堂之上秦始皇巍然高坐，腐儒战战兢兢求命于下，朝堂之外已有许多儒士被缚，或被杀入坑中，或被押在坑边。

【译文】

三十四年（戊子，公元前213年）

丞相李斯上书说："过去诸侯国纷争，以高官厚禄招徕游说之士。现在天下已定，法令统一出自朝廷，百姓理家就要致力于耕田做工，读书人就要学习法令规章。但今日的儒生却不学习现代事务，只知一味地效法古代，并借此非议现实，蛊惑、扰乱民众，相互非难指责现行制度，并以此教导百姓；闻听命令颁下，就纷纷根据自己的学说、主张妄加评议，入朝时口是心非，出朝后便街谈巷议，夸饰君主以提高自己的声望，标新立异以显示自己的高明，煽动、引导一些人攻击诽谤国家法令。这种情况如不禁止,就势必造成君主的权势下降,臣下结党纳派活动蔓延民间。唯有禁止这些才有利于国家!因此我建议史官将除秦国史记之外的所有史书全部烧毁;除博士官按职责收藏书外,天下凡有私藏《诗》《书》、诸子百家著作的人,一律按期将所藏交到郡守、郡尉处,一并焚毁;有敢于相对私语谈论《诗》《书》的处死;借古非今的诛杀九族;官吏发现这种事情而不举报的与以上人同罪;此令颁布三十天后仍不将私藏书籍烧毁的,判处黥刑,并罚处修筑长城劳役的城旦刑。不予焚烧的,是医药、占卜、种植的书。如果想要学习法令,应以官吏为师。"始皇下制令说:"可以。"

故魏国人陈馀对孔子的八世孙孔鲋说:"秦朝廷将要毁灭掉前代君王的书籍,而您正是书籍的拥有人,这实在是太危险了!"孔鲋说:"我所治的是一些看来无用的学问,真正了解我的只有朋友。秦朝廷并不是我的朋友,我会遇到什么危险呀!我将把书籍收藏好,等待着有人征求,一旦来征求,我也就不会有什么灾难了。"

【原文】

三十五年(己丑,前212年)

始皇以为咸阳人多,先王之宫庭小,乃营作朝宫渭南上林苑中,先作前殿阿房,东西五百步,南北五十丈,上可以坐万人,下可以建五丈旗,周驰为阁道,自殿下直抵南山,表南山之巅以为阙。为复道,自阿房度渭,属之咸阳,以象天极、阁道,绝汉抵营室也。隐宫、徒刑者七十万人,乃分作阿房宫或作骊山。发北山石椁,写蜀、荆地材,皆至;关中计宫三百,关外四百馀。于是立石东海上朐界中,以为秦东门。因徙三万家骊邑,五万家云阳,皆复不事十岁。

【译文】

三十五年(己丑,公元前212年)

始皇认为都城咸阳的人口过多,而先代君王营造的宫廷又嫌小,便命人在渭南上林苑中建筑宫殿,先修前殿阿房宫,长宽东西五百步,南北五十丈,上面可坐一万人,下面则能竖立五丈高的旗帜,周围是车马驰行的天桥,从前殿下直达终南山，在终南山的顶峰建牌楼作为标志。又筑造天桥，从阿房渡过渭水，与咸阳城相接，由此象征天上的北极星、阁道星横越银河抵达营室宿。征发遭受宫刑和判处其他徒刑的囚犯七十万人，分别修筑阿房宫或建造骊山始皇帝陵墓。并凿掘用作套棺的北山的石料，采伐蜀、荆两地的木材，都先后运到。在关中兴建宫殿计有三百座，关外营造宫殿四百多座。于是在东海郡的朐县界内刻立巨石，作为秦王朝东部的大门。又将三万家迁移到骊邑，五万家迁移至云阳，均免除十年的赋税徭役。

【原文】

三十七年（辛卯，前210年）

冬，十月，癸丑，始皇出游；左丞相斯从，右丞相去疾守。始皇二十余子，少子胡亥最爱，请从；上许之。

十一月，行至云梦，望祀虞舜于九疑山。浮江下，观藉柯，渡海渚，过丹阳，至钱唐，临浙江。水波恶，乃西百二十里，从狭中渡。上会稽，祭大禹，望于南海；立石颂德。还，过吴，从江乘渡。并海上，北至琅邪、之罘。见巨鱼，射杀之。遂并海西，至平原津而病。

始皇恶言死，群臣莫敢言死事。病益甚，乃令中车府令行符玺事赵高为书赐扶苏曰："与丧，会咸阳而葬。"书已封，在赵高所，未付使者。秋，七月，丙寅，始皇崩于沙丘平台。丞相斯为上崩在外，恐诸公子及天下有变，乃秘之不发丧，棺载辒凉车中，故幸宦者骖乘。所至，上食、百官奏事如故，宦者辄从车中可其奏事。独胡亥、赵高及幸宦者五六人知之。

【译文】

三十七年（辛卯，公元前210年）

冬季，十月，癸丑（疑误），始皇帝出游，左丞相李斯陪同前往，右丞相冯去疾留守咸阳。始皇有二十多个儿子，小儿子胡亥最受宠爱，他要求随父皇出游，始皇准许。

十一月，始皇帝一行到达云梦，向着九嶷山遥祭葬在那里的舜帝。然后乘船顺长江而下，观览籍柯，渡经海渚，过丹阳，抵钱唐，到达浙江边。因钱塘江潮波涛汹涌，便向西行驶一百二十里，从富阳与分水之间的狭窄处渡江。随之始皇登上会稽山，祭祀禹帝，遥望南海，刻立巨石歌功颂德。然后起驾返回，归途中经过吴地，从江乘县渡过长江，沿海北上，抵达琅邪、之罘。始皇看见大鱼，即发箭将鱼射杀。接着又沿海西行，到了平原渡口后便病倒了。

始皇帝厌恶谈论"死"，因此群臣中没有人敢于提关于死的事。他病得越来越重时，才命中车府令、兼掌符玺事务的赵高写诏书

秦始皇兵马俑一号坑俑阵

给长子扶苏说："参加丧事处理，灵柩到咸阳后安葬。"诏书已封好，但却搁置在赵高处，没有交给使者送出。秋季，七月，丙寅（二十日），始皇在沙丘宫平台驾崩。丞相李斯因皇帝在都城外病逝，唯恐各位皇子及天下发生什么变故，于是就秘不发丧，将棺材停放在能调节冷暖的辒凉车中，由始皇生前最宠信的宦官在车的右边陪乘。所到各地，上呈餐饭、百官奏报事务与过去一样，宦官即从车中接受并批复奏事。只有胡亥、赵高及受宠幸的宦官五六个人知道内情。

【原文】

二世皇帝上元年（壬辰，前209年）

夏，四月，二世至咸阳，谓赵高曰："夫人生居世间也，譬犹骋六骥过决隙也。吾既已临天下矣，欲悉耳目之所好，穷心志之所乐，以终吾年寿，可乎？"高曰："此贤主之所能行而昏乱主之所禁也。虽然，有所未可，臣请言之：夫沙丘之谋，诸公子及大臣皆疑焉；而诸公子尽帝兄，大臣又先帝之所置也。今陛下初立，此其属意怏怏皆不服，恐为变；臣战战栗栗，唯恐不终，陛下安得为此乐乎！"二世曰："为之奈何？"赵高曰："陛下严法而刻刑，令有罪者相坐，诛灭大臣及宗室；然后

收举遗民，贫者富之，贱者贵之。尽除先帝之故臣，更置陛下之所亲信者，此则阴德归陛下，害除而奸谋塞，群臣莫不被润泽，蒙厚德，陛下则高枕肆志宠乐矣。计莫出于此！"二世然之。乃更为法律，务益刻深，大臣、诸公子有罪，辄下高鞫治之。于是公子十二人僇死咸阳市，十公主矺死于杜，财物入于县官，相连逮者不可胜数。

秋，七月，阳城人陈胜、阳夏人吴广起兵于蕲。是时，发闾左戍渔阳，九百人屯大泽乡，陈胜、吴广皆为屯长。会天大雨，道不通，度已失期；失期，法皆斩。陈胜、吴广因天下之愁怨，乃杀将尉，召令徒属曰："公等皆失期当斩；假令毋斩，而戍死者固什六七。且壮士不死则已，死则举大名耳！王、侯、将、相宁有种乎！"众皆从之。乃诈称公子扶苏、项燕，为坛而盟，称大楚；陈胜自立为将军，吴广为都尉。攻大泽乡，拔之；收而攻蕲，蕲下。乃令符离人葛婴将兵徇蕲以东；攻铚、酂、苦、柘、谯，皆下之。行收兵；比至陈，车六七百乘，骑千余，卒数万人。攻陈，陈守、尉皆不在，独守丞与战谯门中，不胜；守丞死，陈胜乃入据陈。

初，大梁人张耳、陈馀相与为刎颈交。秦灭魏，闻二人魏之名士，重赏购求之。张耳、陈馀乃变名姓，俱之陈，为里监门以自食。里吏尝以过笞陈馀，陈馀欲起，张耳蹑之，使受笞。吏去，张耳乃引陈馀之桑下，数之曰："始吾与公言何如？今见小辱而欲死一吏乎！"陈馀谢之。陈涉既入陈，张耳、陈馀诣门上谒。陈涉素闻其贤，大喜。陈中豪桀父老请立涉为楚王，涉以问张耳、陈馀。耳、馀对曰："秦为无道，灭人社稷，暴虐百姓；将军出万死之计，为天下除残也。今始至陈而王之，示天下私。愿将军毋王，急引兵而西；遣人立六国后，自为树党，为秦益敌；敌多则力分，与众则兵强。如此，则野无交兵，县无守城，诛暴秦，据咸阳，以令诸侯；诸侯亡而得立，以德服之，则帝业成矣！今独王陈，恐天下懈也。"陈涉不听，遂自立为王，号"张楚"。

【译文】

秦二世皇帝元年（壬辰，公元前209年）

夏季，四月，二世抵达咸阳，对赵高说："人生在世，就犹如驾着六匹骏马飞奔过缝隙一般的短促。我既已经统治天下，就想要尽享我的耳目所喜闻、乐见的全部东西，享尽我心意中所喜欢的任何事物，直到我的寿命终结，你认为这行吗？"赵高说："这是贤能的君主能做而昏庸暴乱的君王不能做的事情。虽然如此，还有不可做的地方，请让我来陈述一下：沙丘夺权之谋，诸位公子和大臣都有所怀疑。而各位公子都是您的哥哥，大臣又都是先帝所安置的。如今陛下刚刚即位，这些公子臣僚正怏怏不服，恐怕会发生事变。我尚且战战栗栗，生怕不得好死，陛下又怎么能够这样享乐呀！"二世道："那该怎么办呢？"赵高说："陛下应实行严厉的法律、残酷的刑罚，使有罪的人株连他人，这样可将大臣及皇族杀灭干净，然后收罗提拔遗民，使贫穷的富裕起来，卑贱的高贵起来，并把先帝过去任用的臣僚全都清除出去，改用陛下的亲信。这样一来，他们就会暗中感念您的恩德；祸害被除掉，奸谋遭堵塞，群臣没有不蒙受您的雨露润泽、大恩厚德的。如此，陛下就可以高枕无忧，纵情享乐了。再没有比这个更好的计策了！"二世认为赵高说得有理，于是便修订法律，务求更加严厉苛刻，凡大臣、各位公子犯了罪，总是交给赵高审讯惩处。就这样，有十二位皇子在咸阳街市上被斩首示众，十名公主在杜县被分裂肢体而死，他们的财产全部充公。受牵连被逮捕的人更是不可胜数。

秋季，七月，阳城人陈胜、阳夏人吴广在蕲县聚众起兵。当时，秦王朝征召闾左平民百姓往渔阳屯戍守边，九百人途中屯驻在大泽乡，陈胜、吴广均被指派为屯长。恰巧遇上天降大雨，道路不通，推测时间已无法按规定期限到达渔阳防地。而按秦法规定，延误戍期，一律处斩。于是陈胜、吴广便趁着天下百姓生计愁苦、对秦的怨恨，杀掉押送他们的将尉，召集戍卒号令说："你们都已经延误了戍期，当被杀头。即使不被斩首，因长久在外戍边而死去的本来也要占到十之六七。何况壮士不死则已，要死就图大事！王侯将相难道是天生的吗！"众人全都响应。陈胜、吴广使诈以已死的扶苏和故楚国的大将项燕为名，培土筑坛，登到上面宣布誓约，号称"大楚"。陈胜自立为将军，吴广为都尉。起义军随即攻陷大泽乡，接着招收义兵扩军，进攻蕲。蕲夺取后，即令符离人葛婴率军攻掠蕲以东地区，相继攻打铚、酂、苦、柘、谯等地，全都攻下了。义军沿路招收人马，等到抵达阵地时，已有战车六七百辆，骑兵千余，步兵数万人。当攻打陈城时，郡守和郡尉都不在，只有留守的郡丞在谯楼下的城门中抵抗义军，不能取胜，郡丞被打死。陈胜于是领兵入城，占据了阵地。

当初，大梁人张耳、陈馀结为同生死、共患难的朋友。秦国灭魏时，听说这两个人是魏国的名士，便悬重赏征求他们。张耳、陈馀于是改名换姓，一起逃到了阵地，充任里门看守来糊口。管理里巷的官吏曾经因陈馀出了小过失而鞭笞他，陈馀想要与那官吏抗争，张耳踩他的脚，让他接受鞭笞。待那小官离开后，张耳将陈馀拉到桑树下，数落他说："当初我是怎么对你说的？现在遇上一点小的侮辱，就想跟一个小官吏拼命啊！"陈馀为此道了歉。及至陈胜率义军已进入阵地，张耳、陈馀便前往陈胜的驻地通名求见。陈胜一向听说他俩很贤能，故而非常高兴。恰逢阵地中有声望的地方人士和乡官请求立陈胜为楚王，陈胜就拿这件事来询问张耳、陈馀的意见。二人回答说："秦王朝暴乱无道，兼灭别人的国家，残害百姓。而今您冒万死的危险起兵反抗的目的，就是要为天下百姓除害啊。现在您才到达阵地即要称王，是向天下人显露您的私心。因此希望您不要称王，而是火速率军向西，派人去扶立六国国君的后裔，替自己培植党羽，以此为秦王朝增树敌人。秦的敌人多了，兵力就势必分散，大楚联合的国家多了，兵力就必然强大。这样一来，在野外军队不必交锋，遇到县城没有兵为秦守城。铲除残暴的秦政权，占据咸阳，以号令各诸侯国。灭亡的诸侯国得到复兴，您施德政使它们服从，您的帝王大业就完成了！如今只在一个陈县就称王，恐怕会使天下人斗志松懈了。"陈胜不听从这一意见，即自立为楚王，号称"张楚"。

秦纪三

资治通鉴第八卷

【原文】

二世皇帝下二年（癸巳，前208年）

二世数诮让李斯："居三公位，如何令盗如此！"李斯恐惧，重爵禄，不知所出，乃阿二世意，以书对曰："夫贤主者，必能行督责之术者也。"故申子曰：'有天下而不恣睢，命之曰"以天下为桎梏"者，无他焉，不能督责，而顾以其身劳天天下之民，若尧、禹然，故谓之桎梏也。'夫不能修申、韩之明术，行督责之道，专以天下自适也；而徒务苦形劳神，以身徇百姓，则是黔首之役，非畜天下者也，何足贵哉！故明主能行督责之术以独断于上，则权不在臣下，然后能灭仁义之涂，绝谏说之辩，荦然行恣睢之心而莫之敢逆。如此，群臣、百姓救过不给，何变之敢图！二世说，于是行督责益严，税民深者为明吏，杀人众者为忠臣，刑者相半于道，而死人日成积于市；秦民益骇惧思乱。

腊月，陈王之汝阴，还，至下城父，其御庄贾杀陈王以降。初，陈涉既为王，其故人皆往依之。妻之父亦往焉，陈王以众宾待之，长揖不拜。妻之父怒曰："怙乱僭号，而傲长者，不能久矣！"不辞而去。陈王跪谢，遂不为顾。客出入愈益发舒，言陈王故情。或说陈王曰："客愚无知，颛妄言，轻威。"陈王斩之。诸故人皆自引去，由是无亲陈王者。陈王以朱防为中正，胡武为司过，主司群臣。诸将徇地至，令之不是，辄系而罪之。以苛察为忠；其所不善者，弗下吏，辄自治之。诸将以其故不亲附，此其所以败也。

【译文】

秦纪三 秦二世皇帝二年（癸巳，公元前208年）

二世多次谴责李斯："身居三公高位，如何使盗贼猖狂到这种地步！"李斯颇为恐惧，但他又很看重贪恋官爵利禄，不知怎么办才好，便迎合二世的心意，上书应答说："贤明的君主，必定是能对臣下施行考察罪过处以刑罚的统治术的人。"所以申不害说：'拥有天下却不肆情放纵，称之为"把天下当作桎梏"的原因，并不是别的，就在于不能对臣下明察罪过施行惩处，反而以自身之力为天下平民百姓操劳，即如唐尧、大禹那样，故此我之为'桎梏'。不能研习申不害、韩非的高明法术，实行察罪责罚的手段，一心将天下作为使自己快乐的资本，而只是致力于劳身苦心地去为百姓效命，似此就成为平民百姓的奴仆，不是统治天下的君王了，有什么值得崇尚的啊！所以贤明的君主能施行察罪责罚之术，在上独断专行，这样权力就不会旁落至

李斯

下属臣僚手中，然后才能阻断实施仁义的道路，杜绝规劝者的论辩，独自称心如意地为所欲为，谁也不敢抵触反抗。如此，群臣、百姓想补救自己的过失还来不及，哪里还敢去图谋什么变故！'二世十分高兴，便更加严厉地实行察罪惩处，以向百姓征收重税的人为有才干的官吏，以杀人多的官员为忠臣，结果使路上的行人有一半是受过刑罚的罪犯，死人的尸体一天天成堆地积陈在街市中，秦朝的百姓因此愈加惊骇恐惧，想发生动乱。

腊月，陈胜前往汝阴，返归时到达下城父，他的车夫庄贾将他刺杀，投降了秦军。当初，陈胜既已作了楚王，他过去的朋友们纷纷前往投靠。陈胜妻子的父亲也去了，但陈胜对他却以普通宾客相待，只是拱手高举行见面礼，并不下拜。陈胜的岳父因此生气地说："依仗着叛乱，超越本分自封帝王的称号，且对长辈傲慢无礼，不能长久！"即不辞而走。陈胜急忙跪下道歉，老人终究不予理会。陈胜的一位客

人进进出出愈益放纵，谈论陈胜的往事。于是有人就劝陈胜道："客人愚昧无知，专门胡说八道，有损您的威严。"陈胜便把这位客人杀了。如此，陈胜昔日的朋友都自动离去，从此再也没有亲近他的人了。陈胜又任命朱防为中正，胡武为司过，专管督察群臣的过失。众将领攻城掠地到达目的地，凡有不听从陈胜命令的，即被抓起来治罪。以苛刻纠察同僚的过失为忠诚之举，对于所不喜欢的人，不送交司法官员审理，即擅自进行处置。众将领因此都不再亲近依附于陈胜。这是陈胜所以失败的原因。

【原文】

三年（甲午，前207年）

宋义行至安阳，留四十六日不进。项羽曰："秦围赵急，宜疾引兵渡河；楚击其外，赵应其内，破秦军必矣！"宋义曰："不然。夫搏牛之虻，不可以破虮虱。今秦攻赵，战胜则兵疲，我承其敝；不胜，则我引兵鼓行而西，必举秦矣。故不如先斗秦、赵。夫被坚执锐，义不如公；坐运筹策，公不如义。"因下令军中曰："有猛如虎，狠如羊，贪如狼，强不可使者，皆斩之！"

乃遣其子宋襄相齐，身送之至无盐，饮酒高会。天寒，大雨，士卒冻饥。项羽曰："将戮力而攻秦，久留不行。今岁饥民贫，士卒食半菽，军无见粮，乃饮酒高会。不引兵渡河，因赵食，与赵并力攻秦，乃曰'承其敝'。夫以秦之强，攻新造之赵，其势必举。赵举秦强，何敝之承！且国兵新破，王坐不安席，扫境内而专属于将军，国家安危，在此一举，今不恤士卒而徇其私，非社稷之臣也！"

十一月，项羽晨朝上将军宋义，即其帐中斩宋义头。出令军中曰："宋义与齐谋反楚，楚王阴令籍诛之！"当是时，诸将皆慑服，莫敢枝梧，皆曰："首立楚者，将军家也；今将军诛乱。"乃相与共立羽为假上将军。使人追宋义子，及之齐，杀之。使桓楚报命于怀王。怀王因使羽为上将军。

项羽已杀卿子冠军，威震楚国，乃遣当阳君、蒲将军将卒二万渡河救钜鹿。战少利，绝章邯甬道，王离军乏食。陈馀复请兵。项羽乃悉引兵渡河，皆沈船，破釜、甑，烧庐舍，持三日粮，以示士卒必死，无一还心。于是至则围王离，与秦军遇，九战，大破之；章邯引兵却。诸侯兵乃敢进击秦军，遂杀苏角，虏王离；涉闲不降，自烧杀。当是时，楚兵冠诸侯；军救钜鹿者十余壁，莫敢纵兵。及楚击秦，诸侯将从壁上观。楚战士无不一当十，呼声动天地，诸侯军无不人人惴恐。于是已破秦军，项羽召见诸侯将；诸侯将入辕门，无不膝行而前，莫敢仰视。项羽由是始为诸侯上将军，诸侯皆属焉。

春，二月，沛公北击昌邑，遇彭越；彭越以其兵从沛公。越，昌邑人，常渔钜野泽中，为群盗。陈胜、项梁之起，泽间少年相聚百馀人，往从彭越曰："请仲为长。"越谢曰："臣不愿也。"少年强请，乃许；与期旦日日出会，后期者斩。旦日日出，十余人后，后者至日中。于是越谢曰："臣老，诸君强以为长。今期而多后，不可尽诛，诛最后者一人。"令校长斩之。皆笑曰："何至于是！请后不敢。"于是越引一人斩之，设坛祭，令徒属，皆大惊，莫敢仰视。乃略地，收诸侯散卒，得千余人，遂助沛公攻昌邑。

昌邑未下，沛公引兵西过高阳。高阳人郦食其，家贫落魄，为里监门。沛公麾下骑士适食其里中人，食其见，谓曰："诸侯将过高阳者数十人，吾问其将皆握龊，好苛礼，自用，不能听大度之言。吾闻沛公慢而易人，多大略，此真吾所愿从游，莫为我先。"若见沛公，谓曰：'臣里中有郦生，年六十余，长八尺，人皆谓之狂生。生自谓"我非狂生"。'"骑士曰："沛公不好儒，诸客冠儒冠来者，沛公辄解其冠，溲溺其中，与人言，常大骂；未可以儒生说也。"郦生曰："第言之。"骑士从容言，如郦生所诫者。

沛公至高阳传舍，使人召郦生。郦生至，入谒。沛公方倨床，使两女子洗足而见郦生。郦生入，则长揖不拜，曰："足下欲助秦攻诸侯乎，且欲率诸侯破秦也？"沛公骂曰："竖儒！天下同共苦秦久矣，故诸侯相率而攻秦，何谓助秦攻诸侯乎！"郦生曰："必聚徒、合义兵诛无道秦，不宜倨见长者！"于是沛公辍洗，起，摄衣，延郦生上坐，谢之。郦生因言六国从横时，沛公喜，赐郦生食，问曰："计将安出？"郦生曰："足下起纠合之众，收散乱之兵，不满万人；欲以径入强秦，此所谓探虎口者也。夫陈留，天下之冲，四通五达之郊也；今其城中又多积粟。臣善其令，请得使之令下足下；即不听，足下引兵攻之，臣为内应。"于是遣郦生行，沛公引兵随之，遂下陈留；号郦食其为广野君。郦生言其弟商。时商聚少年得四千人，来属沛公，沛公以为将，将陈留兵以从。郦生常为说客，使诸侯。

王离军既没，章邯军棘原，项羽军漳南，相持未战。秦军数却，二世使人让章邯。章邯恐，使长史欣请事；至咸阳，留司马门三日，赵高不见，有不信之心。长史欣恐，还走其军，不敢出故道。赵高果使人追之，不及，欣至军，报曰："赵高用事于中，下无可为者。今战能胜，高必嫉妒吾功；不能胜，不免于死。愿将军孰计之！"

章邯狐疑，阴使候始成使项羽，欲约。约未成，项羽使蒲将军日夜引兵渡三户，军漳南，与秦军战，再破之。项羽悉引兵击秦军汙水上，大破之。章邯使人见项羽，欲约。项羽召军吏谋曰："粮少，欲听其约。"军吏皆曰："善！"项羽乃与期洹水南殷虚上。已盟，章邯见项羽而流涕，为言赵高。项羽乃立章邯为雍王，置楚军中；使长史欣为上将军，将秦军为前行。

初，中丞相赵高，欲专秦权，恐群臣不听，乃先设验，持鹿献于二世曰："马也。"二世笑曰："丞相误邪，谓鹿为马？"问左右，或默，或言马以阿顺赵高，或言鹿者。高因阴中诸言鹿者以法。后群臣皆畏高，莫敢言其过。

高前数言"关东盗无能为也"；及项羽虏王离等，而章邯等军数败，上书请益助。自关以东，大抵尽畔秦吏，应诸侯；诸侯咸率其众西乡。八月，沛公将数万攻武关，屠之。高恐二世怒，诛及其身，乃谢病，不朝见。

二世梦白虎啮其左骖马，杀之，心不乐，怪问占梦。卜曰："泾水为祟。"二世乃斋于望夷宫，欲祠泾水，沈四白马。使使责让高以盗贼事。高惧，乃阴与其婿咸阳令阎乐及弟赵成谋曰："上不听谏；今事急，欲归祸于吾。欲易置上，更立子婴。子婴仁俭，百姓皆载其言。"乃使郎中令为内应，诈为有大贼，令乐召吏发卒追，劫乐母置高舍。遣乐将吏卒千馀人至望夷宫殿门，缚卫令仆射，曰："贼入此，何不止？"卫令曰："周庐设卒甚谨，安得贼，敢入宫！"乐遂斩卫令，直将吏入，行射郎、宦者。郎、宦者大惊，或走，或格；格者辄死，死者数十人。郎中令与乐俱入，射上幄坐帏。二世怒，召左右；左右皆惶扰不斗。旁有宦者一人侍，不敢去。二世入内，谓曰："公何不早告我，乃至于此！"宦者曰："臣不敢言，故得全；使臣早言，皆已诛，安得至今！"阎乐前即二世，数曰："足下骄恣，诛杀无道，天下共畔足下；足下其自为计！"二世曰："丞相可得见否？"乐曰："不可！"二世曰：

"吾愿得一郡为王。"弗许。又曰:"愿为万户侯。"弗许。曰:"愿与妻子为黔首,比诸公子。"阎乐曰:"臣受命于丞相,为天下诛足下;足下虽多言,臣不敢报!"麾其兵进。二世自杀。阎乐归报赵高。赵高乃悉召诸大臣、公子,告以诛二世之状,曰:"秦故王国;始皇君天下,故称帝。今六国复自立,秦地益小,乃以空名为帝,不可;宜如故,便。"乃立子婴为秦王。以黔首葬二世杜南宜春苑中。

九月,赵高令子婴斋戒,当庙见,受玉玺;斋五日。子婴与其子二人谋曰:"丞相高杀二世望夷宫,恐群臣诛之,乃诈以义立我。我闻赵高乃与楚约,灭秦宗室而分王关中。今使我斋、见庙,此欲因庙中杀我。我称病不行,丞相必自来;来则杀之。"高使人请子婴数辈,子婴不行。高果自往,曰:"宗庙重事,王奈何不行?"子婴遂刺杀高于斋宫,三族高家以徇。

赵高

【译文】

三年(甲午,公元前207年)

宋义带领军队到达安阳,停留了四十六天不进兵。项羽说:"秦军围困赵军形势紧急,应火速领兵渡黄河,如此由楚军在外攻击,赵军在内接应,打败秦军就是一定的了!"宋义道:"不对。要拍打叮咬牛身的大虻虫,而不可以消灭牛毛中的小虮虱。现在秦军攻赵,打胜了,军队就会疲惫,我们即可乘秦军疲惫之机发起进攻;打不胜,我们就率军擂鼓西进,这样便必定能够攻克秦了。所以不如先让秦、赵两军相斗。身披铠甲、手持锐利的武器冲锋陷阵,我不如您;但运筹帷幄、制定策略,您却不如我。"因此在军中下达命令说:"凡是猛如虎,狠如羊,贪如狼,倔强不能服从指挥的人,全部处斩!"

宋义随后派他的儿子宋襄去齐为相,并亲自把他送到无盐县,大摆宴席招待宾客。当时天气寒冷，大雨不停，士兵饥寒交迫。项羽便道："本当合力攻秦，却长久地滞留不前。而今年荒歉，百姓贫困，士兵吃的是蔬菜拌杂豆子，军中没有存粮，竟还要设酒宴盛会宾客，不领兵渡黄河，取用赵地的粮食作军粮，与赵军合力击秦，却说什么'乘秦军疲惫之机发动进攻'。以秦的强盛攻打新建立的赵，势必战胜。赵被攻占，秦军便将更加强大，哪里还会有疲惫的机会可乘！况且我军新近刚刚吃了败仗，楚王坐立不安，集中起全国的兵力交付给将军，国家安危，在此一举。现在不体恤士兵，而去屈从于一己私利，不是以国家为重的忠臣啊！"

十一月，项羽早晨去觐见上将军宋义时，就在营帐中斩了宋义的头。出账后即向军中发布号令说："宋义与齐合谋反楚，楚王密令我杀了他！"这时，众将领都因畏惧而屈服，无人敢于抗拒，一致说："首先拥立楚王的是将军您家中的人，如今又是您诛除了乱臣贼子。"于是就共同推立项羽为代理上将军。项羽即派人去追赶宋义的儿子宋襄，追至齐将他杀了。并遣桓楚向怀王报告情况，怀王便让项羽担任了上将军。

项羽已经杀了"卿子冠军"宋义，威震楚国，就派当阳君黥布和蒲将军领兵两万渡黄河援救钜鹿。战事稍稍有利，即截断章邯所修的甬道，使王离的军队粮食短缺。陈馀于是又请求增援兵力。项羽便率全军渡过黄河，都凿沉船只，砸毁锅、甑，烧掉营舍，携带三天的口粮，以此表示军队将决一死战，毫无退还之意。因此楚军一到钜鹿就包围了王离，与秦军接战，经九次交锋，大败秦军。章邯领兵退却。各国的援兵这时才敢出击秦军，即杀了苏角，俘获了王离。涉瞒不肯投降，自焚而死。此时，楚军的雄威压倒了诸侯军；援救钜鹿的诸侯国的军队有营垒十多座，却都不敢发兵出击。待到楚军攻打秦军的时候，诸侯军的将领都在营垒上观战。见楚军士兵无不以一当十，喊杀声惊天动地，诸侯军人人都惊恐不已。这样打败了秦军后，项羽便召见诸侯军将领。这些将领们进入辕门时，没有一个不是跪着前行的，谁也不敢仰视。项羽从此始成为诸侯军的上将军，各路诸侯都归他统帅了。

春季，二月，刘邦向北攻打昌邑，遇到彭越，彭越即带领他的部队跟随了刘邦。彭越是昌邑人，经常在巨野湖沼中捕鱼，与人结伙为强盗。陈胜、项梁起事抗秦时，水泽中的青年一百多人聚合起来，前去追随彭越，说道："请您出任首领。"

彭越推辞说："我不愿意啊。"青年们竭力请求，彭越才答应了，并与他们约定次日清晨太阳出来时集合，迟到的即斩首。第二天日出后，有十多个人晚到，最迟的直至中午才来。彭越于是抱歉地说："我已经老了，你们执意要推举我为头领。如今到了约定时间而许多人迟到，不能够都杀掉，那么就将最后到达的一个人斩首吧。"即命校长杀那个人。大家都笑道："哪至于这样啊！以后再不敢如此就是了。"彭越这时拉出那人杀了，设立土坛以人头祭祀，号令所属部下。部属们都惊恐万状，无人敢抬头望他。彭越随后便领兵攻夺土地，收集诸侯军中的散兵游勇，得到一千余人，即协助刘邦攻打昌邑。

昌邑城没有攻下，刘邦率军西进经过高阳。高阳人郦食其，家境贫寒，落魄飘零，做了个看管里门的小吏。刘邦部下中一名骑兵正好是郦食其的同乡，郦食其见到他时，对他说："诸侯军将领路过高阳的有几十人，我打听得这些将领都器量狭小，好拘泥于繁文缛礼，自以为是，听不进气度豁达、抱负恢宏的言论。我还听说刘邦为人傲慢而看不起人，富于远见卓识，这真是我所愿意结交的人啊，可惜没有人为我引荐。你如果见到刘邦，就告诉他说：'我的乡里中有个郦生，六十多岁了，身高八尺，人们都称他为狂生。但他自己却说：我不是狂生。'"这名骑兵道："沛公不喜欢儒生，每当宾客中有戴着儒生帽子来的，沛公总是脱下他的帽子，在里面撒尿。与人谈话的时候，也常常破口大骂。所以你不可以儒生的身份前去游说他。"郦食其说："你只管把这些话告诉他吧。"骑兵便将郦食其所嘱托的话从容地转达给了刘邦。

刘邦到了高阳的旅舍，派人召郦食其来见。郦食其一到，即进见。这时刘邦正叉开两腿坐在床上，让两个女子给他洗脚，如此便接见郦食其。郦食其进来，只是拱手高举行相见礼而不跪拜，说道："您是想要协助秦朝攻打诸侯国呢，还是想要率领各路诸侯击败秦朝呢？"刘邦骂道："没见识的儒生！天下的人共同受秦朝暴政苦累已经很久了，所以各国相继起兵攻秦，怎么说是帮助秦朝攻打诸侯呀！"郦食其说："您若确是要聚集群众、会合正义的军队去讨伐暴虐无道的秦王朝，就不该如此傲慢无礼地接见年长的人！"刘邦于是停止洗脚，起身整理好衣服，请郦食其在尊客席上就座，向他道歉。郦食其便谈起了六国合纵连横的史事。刘邦很高兴，赏饭给郦食其吃，并问道："计策将如何制定啊？"郦食其说："您从一群乌合之众中起事，收拢了一些散兵游勇，部众还不足一万人，就想靠此径直去攻打强大的秦朝，这即叫作用手去掏虎口哇！陈留是天下的要冲，四通八达的枢纽地区，现在该城中又贮存有许多粮食，而我恰与陈留县令交情不错，请您让我出使陈留，劝他向您投降；假如他不听从劝告，您就领兵攻城，我做内应。"刘邦于是派郦食其出发，自己率军跟随，随即降服了陈留，便号封郦食其为广野君。郦食其对他的弟弟郦商说了这些事。当时郦商就召集青年，得四千人，前来归属刘邦，刘邦任用郦商为将军，命他率领陈留的部队相随。郦食其则常常作为说客，出使各诸侯国。

王离的军队已经覆没，章邯的军队驻扎在棘原，项羽的军队则屯驻漳水的南面，两军对垒相待，尚未交战。秦军几次后撤，二世为此派人去责问章邯。章邯颇为恐惧，遣长史司马欣前去请示事务。司马欣抵达咸阳后，在皇宫的外门司马门逗留了三天，赵高也不予接见，表示出不信任的意思。长史司马欣惊恐，奔回他的军中，不敢再走原路。赵高果然派人来追赶他，但是没追上。司马欣回到章邯军中，报告说："赵高在朝中专权，下面的人没有能有所作为的。现在作战如果能够获胜，赵高必定会嫉妒我们的功劳；不能取胜，便免不了一死。希望您对此仔细斟酌！"

章邯狐疑不决，暗地里派遣名叫始成的侦察官出使项羽军中，想要签订和约。和约未达成，项羽派蒲将军领兵昼夜兼行地渡过漳水三户渡口，驻扎在漳水南面，与秦军交锋，再次打败了他们。项羽随后又统领全军在污水边进攻秦军，大败敌兵。章邯于是派人求见项羽，想订立和约。项羽即召集军官们商议说："现在军中粮食短缺，我想就答应他们议和的要求。"军官们都说："可以。"项羽便与章邯约定在洹水南面的殷墟上会晤。订立盟约后，章邯进见项羽，流着泪向他诉说赵高的所作所为。项羽就立章邯为雍王，将他安顿在楚军中，并命长史司马欣任上将军，率领秦军为先头部队。

当初，中丞相赵高想独操秦朝大权，但又担心群臣不服，于是便先进行试验，牵来一只鹿献给二世说："这是马啊。"二世笑道："你错了吧？怎么把鹿叫作马？"即询问侍立左右的大臣们，群臣有的沉默不语，有的说是马以迎合赵高，有的则说是鹿。于是，赵高暗中借秦法陷害了那些明说是鹿的人。此后群臣都畏惧赵高，没有人敢谈他的过错。

赵高以前曾多次说："关东的盗贼成不了大事"，待到项羽俘获王离等人，而章邯等人的军队也多次被打败，赵高才上书请求增兵援助。这时自函谷关以东，大体上全都背叛秦朝官吏，响应诸侯；诸侯也都各自统率部众向西进攻。八月，刘邦率几万人攻打武关，屠灭了全城。赵高恐怕二世为此发怒，招致杀身之祸，就托病不出，不再朝见二世。

二世梦见一只白虎咬了的左骖马，并把马咬死，但因此心中闷闷不乐，颇觉奇怪，便询问占梦的人。占梦人卜测说："是泾水神在作祟。"二世于是就在望夷宫实行斋戒，想祭祀泾水神，将四匹白马沉入河中。并为盗贼的事派人去责问赵高。赵高愈加害怕，即暗中与他的女婿咸阳县令阎乐、他的弟弟赵成商议说："皇上不听规劝，而今情势紧急，便想嫁祸于我。我打算更换天子，改立二世哥哥的儿子子婴为皇帝。子婴为人仁爱俭朴，百姓们都尊重他说的话。"随即命郎中令作为内应，诈称有大盗，令阎乐调兵遣将去追捕，同时劫持阎乐的母亲安置到赵高府中。又派阎乐率领官兵一千多人来到望夷宫殿门前，将卫令仆射捆绑起来，说："大盗进里面去了，为什么不进行阻拦？"卫令道："宫墙周围设置卫兵，防守非常严密，怎么会有盗贼敢溜入宫中啊！"阎乐就斩杀了卫令，带兵径直闯进宫去，边走边射杀郎官和宦官。郎官、宦官惊恐万状，有的逃跑，有的抵抗，而反抗者即被杀死，这样死了几十人。郎中令和阎乐于是一同入内，箭射二世的篷帐、帷帐。二世怒不可遏，召唤侍候左右的卫士，但近侍卫士都慌乱不堪，不上前格斗。二世身旁只有一名宦官服侍着，不敢离去。二世入内对这个宦官说："你为什么不早告诉我呀，竟至于到了这个地步！"宦官道："我不敢说，所以才能保全性命；倘若我早说了，已经被杀掉了，哪里还能活到今日！"阎乐这时走到二世面前，数落他说："您骄横放纵，滥杀无辜，天下人都背叛了您，您还是自己打算一下吧！"二世说："我可以见到丞相吗？"阎乐道："不行！"二世说："我希望得到一个郡来称王。"阎乐不准许。二世又道："我愿意做万户侯。"阎乐仍不答应。二世于是说："那么我甘愿与妻子儿女去做平民百姓，像各位公子的结局那样。"阎乐道："我奉丞相的命令，为天下百姓诛杀您，您再多说，我也不敢禀告！"随即指挥他的兵士上前。二世就自杀了。阎乐回报赵高，赵高便召集全体大臣、公子，告诉他们诛杀二世的经过情形，并说道："秦从前本是个王国，始皇帝统治了天下，因此称帝。现在六国重又各自独立，秦朝的地盘越来越小，仍然以一个空名称帝，不可如此。应还像过去那样称王才合适。"便立子婴为秦王,并用平民百姓的礼仪把二世葬在了杜县南面的宜春苑中。

九月,赵高让子婴斋戒,到宗庙参拜祖先,接受国君的印玺。斋戒五天后,子婴与他的两个儿子商量说:"丞相赵高在望夷宫杀了二世皇帝,害怕群臣将他杀掉,才假装依据礼义拥立我为王。我听说赵高曾经与楚军约定,消灭秦朝的宗室之后,在关中分别称王。如今他让我斋戒,赴宗庙参拜,这是想乘朝见宗庙之机杀了我啊。我若托病不去,丞相必定会亲自前来请我,他来了就杀掉他。"赵高派了几批人去请子婴,子婴就是不动身。赵高果然亲自前往,说道:"参拜宗庙是重大的事情,大王您为何不去啊?"子婴在斋宫刺杀了赵高,并诛杀赵高家三族的人以示众。

秦二世陵

位于西安市曲江池、大雁塔东南,陵呈半圆形,封土卑低,与其东侧汉宣帝杜陵高耸的封土相比,备感凄凉。

资治通鉴第九卷

汉纪一

【原文】

太祖高皇帝上之元年（乙未，前206年）

冬，十月，沛公至霸上；秦王子婴素车、白马，系颈以组，封皇帝玺、符、节，降轵道旁。诸将或言诛秦王。沛公曰："始怀王遣我，固以能宽容。且人已降，杀之不祥。"乃以属吏。

沛公西入咸阳，诸将皆争走金帛财物之府分之；萧何独先入收秦丞相府图籍藏之，以此沛公得具知天下厄塞、户口多少、强弱之处。沛公见秦宫室、帷帐、狗马、重宝、妇女以千数，意欲留居之。樊哙谏曰："沛公欲有天下耶，将为富家翁耶？凡此奢丽之物，皆秦所以亡也，沛公何用焉！愿急还霸上，无留宫中！"沛公不听。张良曰："秦为无道，故沛公得至此。夫为天下除残贼，宜缟素为资。今始入秦，即安其乐，此所谓'助桀所虐'。且忠言逆耳利于行，毒药苦口利于病，愿沛公听樊哙言！"沛公乃还军霸上。

汉高祖刘邦

十一月，沛公悉召诸县父老、豪杰，谓曰："父老苦秦苛法久矣！吾与诸侯约，先入关者王之；吾当王关中。与父老约，法三章耳：杀人者死，伤人及盗抵罪。余悉除去秦法，诸吏民皆案堵如故。凡吾所以来，为父老除害，非有所侵暴；无恐！且吾所以还军霸上，待诸侯至而定约束耳。"乃使人与秦吏行县、乡、邑，告谕之。秦民大喜，争持牛、羊、酒食献飨军士。沛公又让不受，曰："仓粟多，非乏，不欲费民。"民又益喜，唯恐沛公不为秦王。

或说沛公曰："秦富十倍天下，地形强。闻项羽号章邯为雍王，王关中，今则来，沛公恐不得有此。可急使兵守函谷关，无内诸侯军；稍征关中兵以自益，距之。"沛公然其计，从之。

已而项羽至关，关门闭；闻沛公已定关中，大怒，使黥布等攻破函谷关。十二月，项羽进至戏。沛公左司马曹无伤使人

项羽

言项羽曰："沛公欲王关中，令子婴为相，珍宝尽有之。"欲以求封。项羽大怒，飨士卒，期旦日击沛公军。当是时，项羽兵四十万，号百万，在新丰鸿门；沛公兵十万，号二十万，在霸上。

范增说项羽曰："沛公居山东时，贪财，好色；今入关，财物无所取，妇女无所幸，此其志不在小。吾令人望其气，皆为龙虎，成五采，此天子气也。急击勿失！"

楚左尹项伯者，项羽季父也，素善张良，乃夜驰之沛公军，私见张良，具告以事，欲呼与俱去，曰："毋俱死也！"张良曰："臣为韩王送沛公；沛公今有急，亡去，不义，不可不语。"良乃人，具告沛公。沛公大惊。良曰："料公士卒足以当项羽乎？"沛公默然曰："固不如也。且为之奈何？"张良曰："请往谓项伯，言沛公之不敢叛也。"沛公曰："君安与项伯有故？"张良曰："秦时与臣游，尝杀人，臣活之。今事有急，故幸来告良。"沛公曰："孰与君少长？"良曰："长于臣。"沛公曰："君为我呼人，吾得兄事之。"张良出，固要项伯；项伯即入见沛公。沛公奉卮酒为寿，约为婚姻，曰："吾入关，秋毫不敢有所近，籍吏民，封府库而待将军。

所以遣将守关者，备他盗之出入与非常也。日夜望将军至，岂敢反乎！愿伯具言臣之不敢倍德也。"项伯许诺，谓沛公曰："旦日不可不蚤自来谢。"沛公曰："诺。"于是项伯复夜去，至军中，具以沛公言报项羽；因言曰："沛公不先破关中，公岂敢入乎！今人有大功而击之，不义也；不如因善遇之。"项羽许诺。

沛公旦日从百余骑来见项羽鸿门，谢曰："臣与将军戮力而攻秦，将军战河北，臣战河南；不自意能先入关破秦，得复见将军于此。今者有小人之言，令将军与臣有隙。"项羽曰："此沛公左司马曹无伤言之；不然，籍何以至此！"项羽因留沛公与饮。范增数目项羽，举所佩玉玦以示之者三；项羽默然不应。范增起，出，召项庄，谓曰："君王为人不忍。若入前为寿，寿毕，请以剑舞，因击沛公于坐，杀之。不者，若属皆且为所虏！"庄则入为寿，寿毕，曰："军中无以为乐，请以剑舞。"项羽曰："诺。"项庄拔剑起舞。项伯亦拔剑起舞，常以身翼蔽沛公，庄不得击。

于是张良至军门见樊哙。哙曰："今日之事何如？"良曰："今项庄拔剑舞，其意常在沛公也。"哙曰："此迫矣，臣请入，与之同命！"哙即带剑拥盾入。军门卫士欲止不内，樊哙侧其盾以撞，卫士仆地。遂入，披帷立，瞋目视项羽，头发上指，目眦尽裂。项羽按剑而跽曰："客何为者？"张良曰："沛公之参乘樊哙也。"项羽曰："壮士！赐之卮酒！"则与斗卮酒。哙拜谢，起，立而饮之。项羽曰："赐之彘肩！"则与一生彘肩。樊哙覆其盾于地，加彘肩其上，拔剑切而啖之。项羽曰："壮士复能饮乎？"樊哙曰："臣死且不避，卮酒安足辞！夫秦有虎狼之心，杀人如不能举，刑人如恐不胜；天下皆叛之。怀王与诸将约曰：'先破秦入咸阳者，王之。'今沛公先破秦，入咸阳，毫毛不敢有所近，还军霸上以待将军。劳苦而功高如此，未有封爵之赏，而听细人之说，欲诛有功之人，此亡秦之续耳，窃为将军不取也！"项羽未有以应，曰："坐！"樊哙从良坐。

坐须臾，沛公起如厕，因招樊哙出。沛公曰："今者出，未辞也，为之奈何？"樊哙曰："如今人方为刀俎，我方为鱼肉，何辞为！"于是遂去。鸿门去霸上四十里，沛公则置车骑，脱身独骑；樊哙、夏侯婴、靳强、纪信等四人持剑、盾步走，从骊山下道芷阳，间行趣霸上。留张良使谢项羽，以白璧献羽，玉斗与亚父。沛公谓良曰："从此道至吾军，不过二十里耳。度我至军中，公乃入。"沛公已去，间至军中，张良入谢曰："沛公不胜杯杓，不能辞，谨使臣良奉白璧一双，再拜献将军足下；玉斗一双，再拜奉亚父足下。"项羽曰："沛公安在？"良曰："闻将军有意督过之，脱身独去，已至军矣。"项羽则受璧，置之坐上。亚父受玉斗，置之地，拔剑撞而破之，曰："唉，竖子不足与谋！夺将军天下者，必沛公也；吾属今为之虏矣！"沛公至军，立诛杀曹无伤。

居数日，项羽引兵西，屠咸阳，杀秦降王子婴，烧秦宫室，火三月不灭；收其货宝、妇女而东。秦民大失望。

韩生说项羽曰："关中阻山带河，四塞之地，地肥饶，可都以霸。"项羽见秦宫室皆已烧残破，又心思东归，曰："富贵不归故乡，如衣绣夜行，谁知之者！"韩生退曰："人言楚人沐猴而冠耳，果然！"项羽闻之，烹韩生。

项羽使人致命怀王；怀王曰："如约。"项羽怒曰："怀王者，吾家所立耳，非有功伐，何以得专主约！天下初发难时，假立诸侯后以伐秦。然身被坚执锐首事，暴露于野三年，灭秦定天下者，皆将相诸君与籍之力也。怀王虽无功，固当分其地而王之。"诸将皆曰："善！"春，正月，羽阳尊怀王为义帝，曰："古之帝者，地方千里，必居上游。"乃徙义帝于江南，都郴。

二月，羽分天下王诸将。羽自立为西楚霸王，王梁、楚地九郡，都彭城。羽与范增疑沛公，而业已讲解，又恶负约，乃阴谋曰："巴、蜀道险，秦之迁人皆居之。"乃曰："巴、蜀亦关中地也。"故立沛公为汉王，王巴、蜀、汉中，都南郑。

汉王怒，欲攻项羽；周勃、灌婴、樊哙皆劝之，萧何谏曰："虽王汉中之恶，不犹愈于死乎？"汉王曰："何为乃死也？"何曰："今众弗如，百战百败，不死何为！夫能诎于一人之下

韩信

而信于万乘之上者，汤、武是也。臣愿大王王汉中，养其民以致贤人，收用巴、蜀，还定三秦，天下可图也。"汉王曰："善！"乃遂就国；以何为丞相。

夏，四月，诸侯罢戏下兵，各就国，项王使卒三万人从汉王之国。楚与诸侯之慕从者数万人，从杜南入蚀中。张良送至褒中，汉王遣良归韩；良因说汉王烧绝所

过栈道,以备诸侯盗兵,且示项羽无东意。

【译文】

汉纪一 汉高帝元年（乙未,公元前206年）

冬季,十月,沛公刘邦率军抵达霸上。秦王子婴乘素车、驾白马,颈上系着绳子以示自己该服罪自杀,手捧封好的皇帝玉玺和符节,伏在轵道亭旁向刘邦投降。众将领中有人主张杀掉秦王。刘邦说:"当初怀王之所以派我前来,原本就是因为认定我能宽容人。何况人家已经降服了,还要杀人家,如此做是不吉利的。"于是将秦王子婴交给了主管官员处置。

刘邦领兵向西进入咸阳,众将领都争先恐后地奔往秦朝贮藏金帛财物的府库瓜分财宝,唯独萧何率先入宫取秦朝丞相府的地理图册、文书、户籍簿等档案收藏起来,刘邦借此全面了解了天下的山川要塞、户口的多少及财力物力强弱的分布。刘邦看到秦王朝的宫室、帷帐、名种狗马、贵重宝器和宫女数以千计,便想留下来在皇宫中居住。樊哙劝谏说:"您是想拥有天下,还是只想做一个富翁啊?这些奢侈华丽之物,都是招致秦朝覆灭的东西,您要它们有什么用呀!望您尽快返回霸上,不要滞留在宫里!"刘邦不听。张良说:"秦朝因为不施行仁政,所以您才能够来到这里。而为天下人铲除残民之贼,应如同丧服在身,把抚慰人民作为根本。现在刚刚进入秦的都城,就要安享其乐,这即是人们所说的'助桀为虐'了。况且忠言逆耳利于行,良药苦口利于病,望您能听取樊哙的劝告!"刘邦于是率军返回霸上。

十一月,刘邦将各县的父老和有声望的人全都召集起来,对他们说:"父老们遭受秦朝严刑苛法的苦累已经很久了!我与各路诸侯约定,先入关中的人为王。据此我就应该在关中称王了。如今与父老们约法三章:杀人者处死,伤人者和抢劫者抵罪。除此之外,秦朝的法律统统废除,众官吏和百姓都照旧安定不动。我之所以到这里来,是为了替父老们除害,而不是来欺凌你们的,请你们不必害怕!况且我所以领兵回驻霸上,不过是为了等各路诸侯到来后订立一个约束大家行为的规章罢了。"随即派人和秦朝的官吏一起巡行各县、乡、城镇,向人们讲明道理。秦地的百姓都欢喜异常,争相拿着牛、羊、酒食来慰问款待刘邦的官兵。刘邦又辞让不肯接受，说道："仓库中的粮食还很多，并不缺乏，不想让百姓们破费。"百姓们于是更加高兴，唯恐刘邦不在秦地称王。

有人劝说刘邦道："关中地区比天下其他地方要富足十倍，而且地势险要。听说项羽封章邯为雍王，让他在关中称王。现在如果他来了，您恐怕就不能占据这个地方了。可以火速派兵把守函谷关，不让诸侯军进来，并逐步征召关中兵，以此增加自己的实力，抵御他们。"刘邦认为此计可行，就照着办了。

不久，项羽到达函谷关，但是关门紧闭。项羽听说刘邦已经平定了关中，勃然大怒，派黥布等人攻破了函谷关。十二月，项羽进军至戏。刘邦的左司马曹无伤派人告诉项羽说："沛公想要在关中称王，任秦王子婴为相，奇珍异宝全都占有了。"企图借此求得项羽的封赏。项羽闻言怒不可遏，就让士兵们饱餐一顿，打算次日攻打刘邦的军队。这时，项羽拥兵四十万，号称百万大军，驻扎在新丰县的鸿门；刘邦拥兵十万，号称二十万，驻军霸上。

范增劝项羽说："刘邦住在崤山之东时，贪财而又好色。现今入关，却不搜取财物，不宠幸女色，这表明他的志向不小。我曾命人观望他那边的云气，都显示出龙虎的形状，出现五彩，这是天子之气啊！赶快进攻他，不要错过了时机！"

楚国的左尹项伯是项羽的叔父，向来与张良要好，便连夜驰马到刘邦军中，私下里会见张良，将这些事情一五一十地对他说了，想要叫张良同他一起离开，说道："可别跟刘邦一块儿死啊！"张良说："我为韩王伴送沛公，而今沛公遇有急难，我却逃走了，这是不义的行为，我不能不告诉他。"于是张良进去将项伯的话全都讲述给了刘邦。刘邦大吃一惊。张良说："您估计一下您的兵力足够抵挡项羽吗？"刘邦沉默了一会儿道："的确是不如他呀。这可该怎么办呢？"张良说："请让我去告诉项伯，说沛公是不敢背叛项羽的。"刘邦道："您是怎么与项伯成为故交的啊？"张良说："在秦的时候，项伯与我有交往，他曾经杀过人，我救了他。现在事情紧急，所以还幸亏他前来告我。"刘邦说："你与他谁大谁小？"张良道："他比我大。"刘邦说："您替我唤他进来，我将把他当作兄长来对待。"张良于是出去，坚持邀项伯入内，项伯便进去与刘邦相见。刘邦手捧酒杯向项伯敬酒祝福，并与他约定结为亲家，说："我进入关中，连毫毛般微小的利益都不敢接近，只是登记官民，封存府库，等待着项羽将军的到来。所以派将领把守函谷关，是为了防备有其他盗贼出入和有非常情况发生。我日日夜夜盼望着将军驾临，哪里敢谋反啊！望您能把我不敢忘恩负义的情况详尽地说给项将军。"项伯答应了，对刘邦说："你明日不可不早些来亲自向项王道歉。"刘邦说："好吧。"于是项伯又当就赶了回去，到达军营后，将刘邦的话一五一十地报告给项羽，并趁机道："要不是刘邦先攻下关中，您又怎么敢进来呀?！如今人家建立了大功却还要去攻打人家，是不义的。不如就此好好地对待他。"项羽同意了。

　　刘邦第二天带领一百多骑随从人员到鸿门来见项羽，道歉说："我与将军您合力攻秦，您在黄河以北作战，我在黄河以南战斗，自己没料到能先进入关中破秦，得以在这里与您重又相见。如今有小人之言搬弄是非，使您和我之间产生的隔阂。"项羽道："这是您的左司马曹无伤散布的流言，不然的话，我何至于如此！"项羽于是就留刘邦与他一起喝酒。范增频频向项羽递眼色，并三次举起他所佩带的玉玦暗示项羽杀刘邦，项羽却只是默然不语，没有反应。范增起身出去，召来项庄，对他说："项王为人心慈手软。你进去上前给刘邦敬酒，敬完酒，您就请求表演舞剑，乘势在座席上袭击刘邦，杀了他。不然的话，你们这些人都将成为他的阶下囚！"项庄就入内为刘邦祝酒，敬完酒后，项庄道："军营中没有什么可用来取乐的，请让我来舞剑助兴。"项羽说："好。"项庄于是拔剑起舞。项伯见状也拔剑起舞，并时时用身子遮护刘邦，使得项庄无法行刺。

　　这时张良来到军门见樊哙。樊哙说："今天的事情怎么样？"张良说："现在项庄拔剑起舞，他的用意常在沛公身上啊。"樊哙道："这事情紧迫了，我请求进去，与他拼命！"樊哙随即带剑持盾闯入军门。军门的卫士想要阻止，不让他进去，樊哙就侧过盾牌一撞，卫士扑倒在地。樊哙于是入内，掀开帷帐站立在那里，怒目瞪着项羽，头发直竖，两边的眼角都睁裂开了。项羽手按剑，跪起身，说道："来客是干什么的？"张良说："是沛公的陪乘卫士樊哙。"项羽道："真是壮士！赐给他一杯酒！"左右的侍从即给了他一大杯酒。樊哙拜谢，起身，站着饮酒。项羽说："赐给他猪腿吃！"侍从们便又拿给他一条生猪腿。樊哙将他的盾牌倒扣在地上，把猪腿放在上面，拔出剑来切着吃了。项羽说："壮士还能再喝酒吗？"樊哙道："我连死都不逃避，一杯酒难道还值得我推辞吗！秦王的心肠狠如虎狼，杀人就像唯恐杀不完，用刑惩罚人就像唯恐用不够，天下的人都反叛他。怀王曾与各路将领约定说：'先打败秦军进入咸阳城的人，在关中为王。'现在沛公最先击溃秦军，进入咸阳，毫丝般微小的利益都不敢有所接近，就率军返回霸上以等待您的到来。这样劳苦功高，但没有封地、爵位的奖赏，您却听信小人的谗言，要杀有功之人。这是在重蹈秦朝灭亡的覆辙呀，我私下认为您的这种做法是不可取的！"项羽无话可答，就说："坐吧。"樊哙于是在张良的身边坐下了。

坐了一会儿，刘邦起身去上厕所，趁机招呼樊哙出来。刘邦说："我现在出来，没有辞行，怎么办？"樊哙道："现在人家正好比是屠刀和砧板，我们正是鱼肉，怎么辞行呢！"于是就走了。鸿门与霸上相距四十里，刘邦便撇下车马，抽身独自骑马而行，樊哙、夏侯婴、靳强、纪信等四人手拿剑和盾牌，快步相随，经骊山下，取道芷阳，抄小路奔向霸上。留下张良，让他向项羽辞谢，将白璧敬献给项羽，大玉杯给亚父范增。刘邦临行前对张良说："从这条路到我们的军营，只不过二十里罢了。估计我抵达军中，您再进去。"刘邦已走，抄小道回到军营，张良方才进去告罪说："沛公禁不起酒力，无法来告辞，谨派臣张良捧上白璧一双，以连拜两次的隆重礼节敬献给将军您；大玉杯一双，敬呈给亚父您。"项羽说："沛公在哪里？"张良道："他听说您有责备他的意思，便抽身独自离去，已经回到军中了。"项羽就接受了白璧，放到座位上。亚父范增接受玉杯，搁在地上，拔剑击碎了它们，说："唉，这小子不值得与他共谋大业！夺取项将军天下的人，必定是刘邦。我们这些人眼看着就要做他的俘虏了！"刘邦到达军中，立即杀掉了曹无伤。

过了几天，项羽领兵西进，洗劫屠戮咸阳城，杀了已投降的秦王子婴，放火焚烧秦朝宫室，大火燃烧三个月不熄。随即搜取秦朝的金银财宝和妇女向东而去。秦地的百姓为此大失所望。

韩生劝说项羽道："关中依恃山川河流为屏障，是四面都有险要可守的地方，土地肥沃，可以在此建都称霸。"项羽却一方面看到秦王朝的宫室都已焚烧得残破不堪，一方面又惦记着返回东方的家乡，便说："富贵了而不归故乡，就如同身穿绵绣衣服在夜间行走，谁能看得到啊！"韩生退下去后说道："人家说楚人像是猕猴戴上人的帽子罢了，果然如此！"项羽听到这话后，将韩生煮死。

项羽派人去汇报请示楚怀王，怀王说："照先前约定的办。"项羽暴跳如雷，说："怀王这个人是我们家扶立起来的，并非因为他建有什么功绩，怎么能够一个人做主定约呢！全国起兵反秦伊始，暂时拥立过去各诸侯国国君的后裔为王，以利讨伐秦王朝。但是，身披坚固的铠甲、手持锐利的兵器首先起事，风餐露宿三年之久，终于灭亡秦朝平定天下，都是各位将相和我的力量啊！不过怀王虽然没什么功劳，却原本应当分给他土地，尊他为王。"众将领都说："是啊！"春季，正月，项羽便假意尊推怀王为义帝，说道："古代的帝王辖地千里，却必定要居住在江河的上游地带。"于是就把义帝迁移到长江以南，定都在长沙郡的郴县。

二月，项羽划分天下土地，封各位将领作侯王，自立为西楚霸王，管辖原魏国和楚国的九个郡，建都彭城。项羽与范增怀疑刘邦有夺取天下的野心，但双方已经讲和了，且又不愿背上违约的罪名，于是就暗地里策划道："巴、蜀两地道路艰险，秦朝所流放的人都居住在那里。"随即扬言："巴郡、蜀郡也是关中的土地。"由此立刘邦为汉王，统辖巴、蜀两地和汉中郡，建都南郑。

汉王刘邦大怒，想要攻打项羽。周勃、灌婴、樊哙也都鼓动他打。萧何规劝他说："在汉中当王虽然不好，但不是比死还强些吗？"汉王道："为什么就死呀？"萧何说："如今您兵众不如项羽，百战百败，不死能怎么样呢！能够屈居于一人之下而伸展于万乘大国之上的，是商汤王和周武王。我希望大王您立足汉中，抚养百姓，招引贤才，收用巴、蜀二郡的资财，然后回师东进，平定雍、翟、塞三秦之地，天下就可以夺取了。"汉王说："好吧！"于是就去到他的封地，任用萧何为丞相。

夏季，四月，各路诸侯都离开主帅项羽，回各自的封国去。项羽即派三万士兵随从汉王刘邦前往他的封国。楚军与其他诸侯军中因仰慕而追随汉王的有好几万人，他们从杜县南面进入蚀中通道。张良送行到褒中，汉王遣张良回韩王那里去。张良于是就劝说汉王烧断他们所经过的栈道，以防备诸侯的军队来犯，而且向项羽表示没有东还的意图。

【原文】

二年（丙申，前205年）

冬，十月，项王密使九江、衡山、临江王击义帝，杀之江中。

拜将台　秦

在陕西省汉中市城南，相传为汉王刘邦拜韩信为大将军举行拜将仪式的坛。

初，阳武人陈平，家贫，好读书。里中社，平为宰，分肉甚均。父老曰："善，陈孺子之为宰！"平曰："嗟乎，使平得宰天下，亦如是肉矣！"及诸侯叛秦，平事魏王咎于临济，为太仆，说魏王，不听。人或谗之，平亡去。后事项羽，赐爵为卿。殷王反，项羽使平击降之；还，拜为都尉，赐金二十镒。

居无何，汉王攻下殷。项王怒，将诛定殷将吏。平惧，乃封其金与印，使使归项王；而挺身间行，杖剑亡，渡河，归汉王于脩武，因魏无知求见汉王。汉王召入，赐食，遣罢就舍。平曰："臣为事来，所言不可以过今日。"于是汉王与语而说之，问曰："子之居楚何官？"曰："为都尉。"是日，即拜平为都尉，使为参乘，典护军。诸将尽欢曰："大王一日得楚之亡卒，未知其高下，而即与同载，反使监护长者！"汉王闻之，愈益幸平。

汉王南渡平阴津，至洛阳新城。三老董公遮说王曰："臣闻'顺德者昌，逆德者亡'；'兵出无名，事故不成'。故曰：'明其为贼，敌乃可服。'项羽为无道，放杀其主，天下之贼也。夫仁不以勇，义不以力，大王宜率三军之众为之素服，以告诸侯而伐之，则四海之内莫不仰德，此三王之举也。"于是汉王为义帝发丧，袒而大哭，哀临三日，发使告诸侯曰："天下共立义帝，北面事之。今项羽放杀义帝江

南,大逆无道!寡人悉发关中兵,收三河士,南浮江、汉以下,愿从诸侯王击楚之杀义帝者!"

【译文】

二年(丙申,公元前205年)

冬季,十月,项羽秘密派遣九江王、衡山王、临江王去攻打义帝,在长江上杀死了他。

起初,阳武人陈平,家境贫寒,喜好读书。乡里中祭祀土地神,陈平担当主持分配祭肉的人,将祭肉分得非常均匀。里中的父老们于是便说:"好哇,陈家的小子做主分祭肉的人了!"陈平却道:"唉呀,如果我能够主持天下,也会像分配这祭肉一样公平合理的!"到诸侯国反叛秦朝时,陈平在临济事奉魏王魏咎,任太仆。他曾向魏王献策,但是魏王不听。有的人就在魏王面前恶语中伤他,陈平于是逃离魏王而去。后来陈平又为项羽做事,项羽赐封给他卿一级的爵位。殷王司马印反楚时,项羽即派陈平去攻打并降服了殷王。陈平领兵返回,项羽就授任他都尉之职,赏赐给他黄金二十镒。

过了不久,汉王攻占了殷地。项羽为此怒不可遏,准备杀掉那些参与平定殷地的将领和官吏。陈平很害怕,便把他所得的黄金和官印封裹好,派人送还给项羽;随即毅然持剑抄小路逃亡,渡过黄河,到脩武去投奔汉王,通过魏无知求见汉王。汉王于是召陈平进见,赐给他酒饭,然后就打发他到客舍中去歇息。陈平说:"我是为要事来求见您的,所要说的不能够延迟过今日。"汉王即与他交谈,喜欢他的议论,便问道:"你在楚军中任的是什么官职呀?"陈平说:"任都尉。"刘邦当天就授陈平都尉之职,让他做自己的陪乘官,负责监督各部将领。将领们因不服气都喧哗鼓噪起来,说:"大王您得到一名楚军的逃兵才一天,还不了解他本领的高低,就与他同乘一辆车子,且还反倒让他来监护我们这些有资历的老将!"汉王听到这种种非议后,却更加宠爱陈平了。

汉王率军南下渡过平阴津,抵达洛阳新城。新城县的三老董公拦住汉王劝说道:"我听说'顺德者昌,逆德者亡';'师出无名,事情就不能成功'。所以说:

'点明要讨伐的人是乱臣贼子，敌人才可以被征服。'项羽行事大逆不道，放逐并杀害了他的君主义帝，实是令天下人痛恨的逆贼啊。仁德之士不逞一时之勇，正义之军不拼一己之力。大王您应当率领三军将士为义帝穿上丧服，以此通告诸侯，共同讨伐项羽。这样一来，四海之内没有人不仰慕您的德行的，这可是像夏、殷、周三王那样的行为啊！"汉王于是便为义帝发丧，裸露着左臂大哭，亲临祭悼志哀三天，并派使者向各路诸侯通报说："天下共同拥立义帝，对他脸朝着北面称臣。现在项羽却把义帝杀害在江南，这是大逆不道！我出动关中的全部兵马，征收河南、河东、河内地区的士兵，乘船沿长江、汉水南下，愿意追随诸侯王去攻打楚国这个杀害义帝的人！"

汉纪二

【原文】

太祖高皇帝上之下三年（丁酉，前204年）

冬十月，韩信、张耳以兵数万东击赵。赵王及成安君陈馀闻之，聚兵井陉口，号二十万。

广武君李左车说成安君曰："韩信、张耳乘胜而去国远斗，其锋不可当。臣闻'千里馈粮，士有饥色；樵苏后爨，师不宿饱。'今井陉之道，车不得方轨，骑不得成列；行数百里，其势粮食必在其后。愿足下假臣奇兵三万人，从间路绝其辎重；足下深沟高垒勿与战。彼前不得斗，退不得还，野无所掠，不至十日，而两将之头可致于麾下；否则必为二子所禽矣。"成安君尝自称义兵，不用诈谋奇计，曰："韩信兵少而疲，如此避而不击，则诸侯谓吾怯而轻来伐我矣。"

韩信使人间视，知其不用广武君策，则大喜，乃敢引兵遂下。未至井陉口三十里，止舍。夜半，传发，选轻骑二千人，人持一赤帜，从间道萆山而望赵军。诫曰："赵见我走，必空壁逐我；若疾入赵壁，拔赵帜，立汉赤帜。"令其裨将传餐，曰："今日破赵会食！"诸将皆莫信，佯应曰"诺。"信曰："赵已先据便地为壁；且彼未见吾大将旗鼓，未肯击前行，恐吾至阻险而还也。"乃使万人先行，出，背水陈；赵军望见而大笑。

平旦，信建大将旗鼓，鼓行出井陉口；赵开壁击之，大战良久。于是信与张耳佯弃鼓旗，走水上军；水上军开入之，复疾战。赵果空壁争汉旗鼓，逐信、耳。信、耳已入水上军，军皆殊死战，不可败。信所出奇兵二千骑共候赵空壁逐利，则驰入赵壁，皆拔赵旗，立汉赤帜二千。赵军已不能得信等，欲还归壁；壁皆汉赤帜，见而大惊，以为汉皆已得赵王将矣，兵遂乱，遁走，赵将虽斩之，不能禁也。于是汉兵夹击，大破赵军，斩成安君泜水上，禽赵王歇。

诸将效首虏，毕贺，因问信曰："兵法：'右倍山陵，前左水泽。'今者将军令臣等反背水陈，曰'破赵会食'，臣等不服，然竟以胜。此何术也？"信曰："此在兵法，顾诸君不察耳！兵法不曰：'陷之死地而后生，置之亡地而后存'？且信非得素拊循士大夫也，此所谓'驱市人而战之'，其势非置之死地，使人人自为战；今予之生地，皆走，宁尚可得而用之乎！"诸将皆服，曰："善！非臣所及也。"

随何至九江，九江太宰主之，三日不得见。随何说太宰曰："王之不见何，必以楚为强，汉为弱也。此臣之所以为使。使何得见，言之而是，大王所欲闻也；言之而非，使何等二十人伏斧质九江市，足以明王倍汉而与楚也。"太宰乃言之王。

王见之。随何曰："汉王使臣敬进书大王御者，窃怪大王与楚何亲也？"九江王曰："寡人北乡而臣事之。"随何曰："大王与项王俱列为诸侯，北乡而臣事之者，必以楚为强，可以托国也。项王伐齐，身负版筑，为士卒先。大王宜悉九江之众，身自将之，为楚前锋；今乃发四千人以助楚。夫北面而臣事人者，固若是乎？汉王入彭城，项王未出齐也。大王宜悉九江之兵渡淮，日夜会战彭城下；大王乃抚万人之众，无一人渡淮者，垂拱而观其孰胜。夫托国于人者，固若是乎？大王提空名以乡楚而欲厚自托，臣窃为大王不取也！然而大王不背楚者，以汉为弱也。夫楚兵虽强，天下负之以不义之名，以其背盟约而杀义帝也。汉王收诸侯，还守成皋、荥阳，下蜀、汉之粟，深沟壁垒，分卒守徼乘塞。楚人深入敌国八九百里，老弱转粮千里之外。汉坚守而不动，楚进则不得攻，退则不能解，故曰楚兵不足恃也。使楚胜汉，则诸侯自危惧而相救；夫楚之强，适足以致天下之兵耳。故楚不如汉，其势易见也。今大王不与万全之汉而自托于危亡之楚，臣窃为大王惑之！臣非以九江之兵足以亡楚也；大王发兵而倍楚，项王必留；留数月，汉之取天下可以万全。臣请与大王提剑而归汉，汉王必裂地而封大王；又况九江必大王有也。"九江王曰："请奉命。"阴许畔楚与汉，未敢泄也。

彩绘骑马俑　西汉

【译文】

汉纪二　汉高帝三年（丁酉，公元前204年）

冬季，十月，韩信和张耳率领几万名士兵向东攻打赵。赵王赵歇和成安君陈馀闻讯，即在井陉口集结部队，号称二十万大军。

广武君李左车劝说成安君道："韩信、张耳乘胜势离开本国远征，锋芒锐不可当。我听说：'从千里之外供给军粮，士兵当会面有饥色；临时拾柴割草来做饭，军队当会常常食不果腹。'而今井陉这条路，车辆不能并行，骑兵不能成列，行军队伍前后拉开几百里，依此形势，随军的粮草必定落在大部队的后面。望您暂时拨给我三万人作为突击队，抄小路去截断对方的辎重粮草，而您则深挖壕沟、高恐营垒，坚守不出战。这样一来，他们向前无仗可打，退后无路可回，野外又无什么东西可抢，如此不到十天，韩信、张耳这两个将领的头颅就可以献到您的账前了；否则便肯定要被他们二人所俘获。"但陈馀曾经自称是义兵，不屑于使用诈谋奇计，故说："韩信兵力单薄且又疲惫不堪，对这样的军队还避而不击，各诸侯便会认为我胆怯而随便来攻打我了。"

韩信派人暗中打探消息，得知陈馀不采纳广武君的计策，高兴异常，因此便敢率军径直前进，在距离井陉口三十里的地方停下来宿营。到半夜时分，韩信传令部队出发，挑选两千名轻骑兵，每人手拿一面红旗，从小道上山隐蔽起来，观察赵军的动向；并告诫他们说："交战时赵军看到我军退逃，必会倾巢出动来追赶我们，你们即趁机迅速冲入赵军营垒，拔掉赵军的旗帜，遍插汉军的红旗。"又命他的副将传送一些食品给将士，说道："待今天打败赵军后再会餐！"众将领们都不相信，只是假意应承道："好吧。"韩信说："赵军已经抢先占据了有利地形安营扎寨，而且他们没有看见我军大将的旗鼓，是不肯出兵攻打我们的先头部队的，这是因为他们怕我军到了险要的地方，遇阻后就会撤回去。"韩信随即派遣一万人打先锋，开出营寨，背靠河水摆开阵势。赵军望见后都哗然大笑。

天刚蒙蒙亮的时候，韩信打出了大将的旗鼓，鼓乐喧天地开出了井陉口。赵军洞开营门迎合，双方激战了很久。这时，韩信和张耳便假装丢旗弃鼓，逃回河边的阵营。河边部队大开营门放他们进去，然后又和赵军鏖战。赵军果然倾巢出动，争抢汉军抛下的旗鼓，追逐韩信和张耳。韩信、张耳进入河边的阵地后，全军即都拼死奋战，赵军无法打败他们。韩信派出的二千名骑兵突击队一起等到赵军将士全体出动去追逐争夺战利品时，立刻奔驰进入赵军营地，拔掉所有赵军旗帜，插上两千面汉军红旗。赵军已经无法抓获韩信等人，便想退回营地，但却见自己的营垒中遍是汉军的红旗，都惊慌失措，以为汉军已将赵王的将领全部擒获了，于是士兵们大乱，纷纷逃跑，赵将尽管不停地斩杀逃兵，也无法禁止溃败之势。汉军随即又前后夹击，大败赵军，在泜水边杀了陈馀，活捉了赵王赵歇。

将领们献上敌人的首级和俘虏，都向韩信祝贺，并趁势问韩信说："兵法上提出：'布军列阵要右边和背面靠山，前面和左边临水。'而这次您却反而让我们背水布阵，还说什么'待打败赵军后再会餐'，我们当时都颇不信服，但是竟然取胜了，这是什么战术呀？"韩信说："这战术也是兵法上有的，只不过你们没有留意罢了！兵法上不是说'陷之死地而后生，置之亡地而后存'吗？况且我所率领的并不是平时训练有素的将士，这即是所谓的'驱赶着街市上的平民百姓去作战'，势必非把他们置于死地,使他们人人为各自的生存而战不可;倘若给他们留下活路,他们就会逃走了,那样一来,难道还能够用他们去冲锋陷阵吗!"将领们于是都心悦诚服地说:"对!您的谋略不是我们所能赶得上的。"

【原文】

四年（戊戌，前203年）

楚大司马咎守成皋，汉数挑战，楚军不出。使人辱之，数日，咎怒，渡兵汜水。士卒半渡，汉击之，大破楚军，尽得楚国金玉、货赂，咎及司马欣皆自刭汜水上。汉王引兵渡河，复取成皋，军广武，就敖仓食。

项羽下梁地十余城，闻成皋破，乃引兵还。汉军方围钟离昧于荥阳东，闻羽至，尽走险阻。羽亦军广武，与汉相守。数月，楚军食少。项王患之，乃为俎，置太公其上，告汉王曰："今不急下，吾烹太公!"汉王曰："吾与羽俱北面受命怀王，约为兄弟，吾翁即若翁；必欲烹而翁，幸分我一杯羹!"项王怒，欲杀之。项伯曰："天下事未可知；且为天下者不顾家，虽杀之无益，祗益祸耳!"项王从之。

项王谓汉王曰："天下匈匈数岁者，徒以吾两人耳。愿与汉王挑战，决雌雄，毋徒苦天下之民父子为也!"汉王笑谢曰："吾宁斗智，不能斗力。"项王三令壮士出挑战，汉有善骑射者楼烦辄射杀之。项王大怒，乃自被甲持戟挑战。楼烦欲射之，项王瞋目叱之，楼烦目不敢视，手不敢发，遂走还入壁，不敢复出。汉王使人间问之，乃项王也，汉王大惊。

于是项王乃即汉王，相与临广武间而语。羽欲与汉王独身挑战。汉王数羽曰："羽负约，王我于蜀、汉，罪一；矫杀卿子冠军。罪二；救赵不还报，而擅劫诸侯兵入关，罪三；烧秦宫室，掘始皇帝冢，收私其财，罪四；杀秦降王子婴，罪五；诈坑秦子弟新安二十万，罪六；王诸将善地而徙逐故王，罪七；出逐义帝彭城，自都之，夺韩王地，并王梁、楚，多自与，罪八；使人阴杀义帝江南，罪九；为政不平，主约不信，天下所不容，大逆无道，罪十也。吾以义兵从诸侯诛残贼，使刑徐罪人击公，何苦乃与公挑战!"羽大怒，伏弩射中汉王。汉王伤胸，乃扪足曰："虏中吾指。"汉王病创卧，张良强请汉王起行劳军，以安士卒，毋令楚乘胜。汉王出行军，疾甚，因驰入成皋。

【译文】

四年（戊戌，公元前203年）

楚国大司马曹咎驻守成皋，汉军屡次挑战，楚军只是坚守不出。汉军于是派人到阵前百般辱骂曹咎，一连几天，激得曹咎暴怒，即领兵横渡汜水。楚国的士兵刚渡过一半，汉军就对它发起攻击，大败楚军，缴获了楚国的全部金银玉器和财物。曹咎和长史司马欣都在汜水之畔自杀身亡。汉王随即领兵渡过黄河，再次收复成皋，驻扎到广武，取用敖仓的粮食作军粮。

项羽攻下了梁地十多个城邑后，听说成皋被攻破，就率军返回。这时汉军正在荥阳东面围攻钟离昧，听说项羽大军到了，就全部撤往险要的地方。项羽也在广武驻扎下来，与汉军对峙。这样过了几个月，楚军粮食短缺，项羽很是担忧，便架设肉案，把刘邦的父亲放到上面，通告汉王说："今日你如不赶快投降，我就煮杀了太公！"汉王道："我曾与你一起面向北作为臣子接受楚怀王的命令，盟誓结为兄弟，因此我的父亲就犹如你的父亲。倘若你一定要煮杀你的父亲，那么望你也分给我一杯肉羹！"项羽怒不可遏，想要杀掉太公。项伯说："天下的事情不可预料。况且有志争夺天下的人是不顾及自己家人的，即使杀了太公也没什么好处，不过徒增祸患罢了！"项羽依从了他的话。

汉纪三

【原文】

太祖高皇帝中五年（乙亥，前202年）

冬，十月，汉王追项羽至固陵，与齐王信、魏相国越期会击楚；信、越不至，楚击汉军，大破之。汉王复坚壁自守，谓张良曰："诸侯不从，奈何？"对曰："楚兵且破，二人未有分地，其不至固宜；君王能与共天下，可立致也。齐王信之立，非君王意，信亦不自坚；彭越本定梁地，始，君王以魏豹故拜越为相国；今豹死，越亦望王，而君王不早定。今能取睢阳以北至穀城皆以王彭越，从陈以东傅海与韩王信。信家在楚，其意欲复得故邑。能出捐此地以许两人，使各自为战，则楚易破也。"汉王从之。于是韩信、彭越皆引兵来。

十二月，项王至垓下，兵少，食尽，与汉战不胜，入壁；汉军及诸侯兵围之数重。项王夜闻汉军四面皆楚歌，乃大惊曰："汉皆已得楚乎？是何楚人之多也！"则夜起，饮帐中，悲歌慷慨，泣数行下；左右皆泣，莫能仰视。于是项王乘其骏马名骓，麾下壮士骑从者八百余人，直夜，溃围南出驰走。平明，汉军乃觉之，令骑将灌婴以五千骑追之。项王渡淮，骑能属者才百余人。至阴陵，迷失道，问一田父，田父绐曰"左"。左，乃陷大泽中，以故汉追及之。

项王乃复引兵而东，至东城，乃有二十八骑；汉骑追者数千人。项王自度不得脱，谓其骑曰："吾起兵至今，八岁矣；身七十余战，未尝败北，遂霸有天下。然今卒困于此，此天之亡我，非战之罪也！今日固决死，愿为诸君快战，必溃围，斩将，刈旗，三胜之，令诸君知天亡我，非战之罪也。"乃分其骑以为四队，四乡。

汉军围之数重。项王谓其骑曰："吾为公取彼一将。"令四面骑驰下，期山东为三处。于是项王大呼驰下，汉军皆披靡，遂斩汉一将。是时，郎中骑杨喜追项王，项王瞋目而叱之，喜人马俱惊，辟易数里。项王与其骑会为三处，汉军不知项王所在，乃分军为三，复围之。项王乃驰，复斩汉一都尉，杀数十百人；复聚其骑，亡其两骑耳。乃谓其骑曰："何如？"骑皆伏曰："如大王言！"

于是项王欲东渡乌江，乌江亭长檥船待，谓项王曰："江东虽小，地方千里，众数十万人，亦足王也。愿大王急渡！今独臣有船，汉军至，无以渡。"项王笑曰："天之亡我，我何渡为！且籍与江东子弟八千人渡江而西，今无一人还；纵江东父兄怜而王我，我何面目见之！纵彼不言，籍独不愧于心乎！"乃以所乘骓马赐亭长，令骑皆下马步行，持短兵接战。独籍所杀汉军数百人，身亦被十馀创。顾见汉骑司马吕马童，曰："若非吾故人乎？"马童面之，指示中郎骑王翳曰："此项王也。"项王乃曰："吾闻汉购我头千金，邑万户；吾为若德。"乃自刎而死。王翳取其头；余骑相蹂践争项王，相杀者数十人；最其后，杨喜、吕马童及郎中吕胜、杨武各得其一体；五人共会其体，皆是，故分其户，封五人皆为列侯。

诸侯王皆上疏请尊汉王为皇帝。二月甲午，王即皇帝位于汜水之阳。更王后曰皇后，太子曰皇太子；追尊先媪曰昭灵夫人。

帝置酒洛阳南宫，上曰："彻侯、诸将毋敢隐朕，皆言其情：吾所以有天下者何？项氏之所以失天下者何？"高起、王陵对曰："陛下使人攻城略地，因以与之，与天下同其利；项羽不然，有功者害之，贤者疑之，此其所以失天下也。"上曰："公知其一，未知其二。夫运筹帷幄之中，决胜千里之外，吾不如子房；填国家，抚百姓，给饷馈，不绝粮道，吾不如萧何；连百万之众，战必胜，攻必取，吾不如韩信。三者皆人杰，吾能用之，此吾所以取天下者也。项羽有一范增而不能用，此所以为我禽也。"群臣说服。

韩信至楚，召漂母，赐千金。召辱己少年令出跨下者，以为中尉；告诸将相曰："此壮士也。方辱我时，我宁不能杀之邪？杀之无名，故忍而就此。"

彭越既受汉封，田横惧诛，与其徒属五百余人入海，居岛中。帝以田横兄弟本定齐地，齐贤者多附焉；今在海中，不取，后恐为乱。乃使使赦横罪，召之。横谢曰："臣烹陛下之使郦生，今闻其弟商为汉将；臣恐惧，不敢奉诏，请为庶人，守海岛中。"使还报，帝乃诏卫尉郦商曰："齐王田横即至，人马从者敢动摇者，致族夷！"乃复使使持节具告以诏商状，曰："田横来，大者王，小者乃侯耳；不来，且举兵加诛焉。"

横乃与其客二人乘传诣洛阳。未至三十里，至尸乡厩置。横谢使者曰："人臣见天子，当洗沐。"因止留，谓其客曰："横始与汉王俱南面称孤；今汉王为天子，而横乃为亡虏，北面事之，其耻固已甚矣。且吾烹人之兄，与其弟并肩而事主；纵彼畏天子之诏不敢动，我独不愧于心乎！且陛下所以欲见我者，不过欲一见吾面貌耳；今斩吾头，驰三十里间，形容尚未能败，犹可观也。"遂自刭，令客奉其头，从使者驰奏之。帝曰："嗟乎！起自布衣，兄弟三人更王，岂不贤哉！"为之流涕，而拜其二客为都尉；发卒二千人，以王者礼葬之。既葬，二客穿其冢傍孔，皆自刭，下从之。帝闻之，大惊。以横客皆贤，余五百人尚在海中，使使召之；至，则闻田横死，亦皆自杀。

初，楚人季布为项籍将，数窘辱帝。项籍灭，帝购求布千金；敢有舍匿，罪三族。布乃髡钳为奴，自卖于鲁朱家。朱家心知其季布也，买置田舍；身之洛阳见滕公，说曰："季布何罪！臣各为其主用，职耳；项氏臣岂可尽诛邪？今上始得天下，而以私怨求一人，何示不广也！且以季布之贤，汉求之急，此不北走胡，南走越耳。夫忌壮士以资敌国，此伍子胥所以鞭荆平之墓也。君何不从容为上言之！"滕公待间，言于上，如朱家指。上乃赦布，召拜郎中，朱家遂不复见之。

布母弟丁公，亦为项羽将，逐窘帝彭城西。短兵接，帝急，顾谓丁公曰："两贤岂相厄哉！"丁公引兵而还。及项王灭，丁公谒见。帝以丁公徇军中，曰："丁公为项王臣不忠，使项王失天下者也。"遂斩之，曰："使后为人臣无效丁公也！"

臣光曰：高祖起丰、沛以来，罔罗豪桀，招亡纳叛，亦已多矣。及即帝位，而丁公独以不忠受戮，何哉？夫进取之与守成，其势不同。当群雄角逐之际，民无定主；来者受之，固其宜也。及贵为天子，四海之内，无不为臣；苟不明礼义以示之，使为臣者，人怀贰心以徼大利，则国家其能久安乎！是故断以大义，使天下晓然皆知为臣不忠者无所自容；而怀私结恩者，虽至于活己，犹以义不与也。戮一人而千万人惧，其虑事岂不深且远哉！子孙享有天禄四百馀年，宜矣！

张良素多病，从上入关，即道引，不食谷，杜门不出，曰："家世相韩；及韩灭，不爱万金之资，为韩报雠强秦，天下振动。今以三寸舌为帝者师，封万户侯，此布衣之极，于良足矣。愿弃人间事，欲从赤松子游耳。"

张良吹箫破楚兵　年画

图绘汉军围困楚兵于垓下，张良吹箫，汉军齐唱楚歌，楚军营内人心惶惶的情景。

臣光曰：夫生之有死，譬犹夜旦之必然；自古及今，固未有超然而独存者也。以子房之明辨达理，足以知神仙之为虚诡矣；然其欲从赤松子游者，其智可知也。夫功名之际，人臣之所难处。如高帝所称者，三杰而已；淮阴诛夷，萧何系狱，非以履盛满而不止耶！故子房托于神仙，遗弃人间，等功名于外物，置荣利而不顾，所谓"明哲保身"者，子房有焉。

【译文】

汉高帝五年（己亥，公元前202年）

冬季，十月，汉王刘邦追击项羽到达固陵，与齐王韩信、魏国的祖国彭越约定日期合击楚军。但是韩信、彭越的军队没有来，楚军攻打汉军，大败了汉军。汉王于是重又坚固营垒加强防守，并对张良说："诸侯不遵守信约，怎么办啊？"张良答道："楚军即将被打败，而韩信、彭越二人没有分得确定的领地，因此他们不应约前来会合，原本是应当的。君王您如果能与他们一起共分天下，就可以立即把他们召来。齐王韩信的封立，并不是您的本意，韩信自己也不放心。彭越本来平定了梁地，当初您为了魏豹的缘故，封彭越为魏国相国。而今魏豹已死，彭越也想自己称王，但您却不早做决定。现在，您可以把从睢阳以北到穀城的地区都封给彭越，把从陈县以东到沿海地区的区域划给韩信。韩信的家乡在楚地，他的意思也是想要重新得到自己故乡的土地。您如果能拿出以上地区许给他们两人，让他们各自为自己的利益而战，那么楚国就很容易攻破了。"汉王听从了这一建议。于是韩信、彭越都率军前来。

　　十二月，项羽到了垓下，兵少粮尽，与汉军交战未能取胜，便退入营垒固守。这时汉军和诸侯的军队将项羽的军营重重包围了起来。项羽在晚上听到汉军四面都唱起楚歌，就大惊道："汉军已经全部得到楚国的土地了吗？是什么原因楚人这么多呀！"便连夜起身，在帐中饮酒，慷慨悲歌，泪下数行，侍从人员见状也都纷纷哭泣，全不忍心抬头观看。项羽于是骑上他的名叫骓的骏马，部下的壮士骑马相随的有八百多人，当夜即突围往南奔驰。天大亮时，汉军才发觉，便命令骑将灌婴率五千名骑士追赶。项羽渡过淮河，相随的骑兵能跟得上他的才一百多人。到达阴陵后，项羽一行人迷了路，就向一个农夫问路，农夫骗他说"往左"。但是项羽等往左走，却陷进了大沼泽地中。汉军因此便追上了他们。

　　项羽于是又领兵向东奔走，到达东城，相随的只有二十八个骑兵了。而这时汉军骑兵追逐前来的有好几千人。项羽自己料想是不能脱身了，便对他的骑兵们说："我从起兵到现在，已经八年了，身经七十多次战斗，不曾失败过，这才霸有了天下。但是今天终于被困在这里，这是上天要灭亡我啊，并不是我用兵有什么过错！今天定要一决生死，愿为你们痛快地打一仗，一定突破重围，斩杀敌将、砍倒汉旗，接连三次取胜，让你们知道是天要亡我，而不是我用兵的过错。"随即把他的人马分为四队，向四个方向冲杀。但汉军已将他们重重包围。项羽便对他的骑兵们说："看我为你们斩杀他一员将领！"就命令骑士们从四面奔驰而下，约定在山的东边分三处会合。接着项羽便大声呼喝着策马飞奔而下，汉军随即都溃败散乱，项羽就斩杀了一员汉将。这时，郎中骑杨喜追击项羽，项羽瞪着双眼厉声呵斥他，杨喜人马都受到惊吓，退避了好几里地。项羽便与他的骑兵们分三处相会合，汉军不知道项羽究竟在哪里，于是分兵三路，重又把他们包围了起来。项羽随即奔驰冲杀，又斩杀了汉军的一名都尉，杀掉了汉军百十来人，重新聚拢了他的骑兵，至此不过仅损失了两名骑士罢了。项羽就对他的骑兵们说："怎么样？"骑兵们都伏下身说："正如大王您所说！"

这时项羽想东渡乌江，乌江亭长把船停泊在岸边等着他，对项羽说："江东虽然狭小，土地方圆千里，民众几十万人，也足够用以称王的了。望大王您火速渡江！现在只有我有船，汉军到来，无船渡江。"项羽笑着说："上天要灭亡我，我渡江做什么呀！况且我与江东子弟八千人渡江西征，如今没有一个人归还，纵使江东父老怜爱我，以我为王，我又有什么脸面去见他们！即便他们不说什么，我难道不感到心中有愧吗！"于是就把自己所骑的骏马骓送给了亭长，命令他的骑兵都下马步行，手持短兵器与汉军交战。仅项羽一人就杀死了汉军几百人，项羽自己也身受十多处伤。这时项羽回头看见了汉军骑司马吕马童，就说："你不是我的老朋友吗？"吕马童背过脸，指给中郎骑王翳说："这就是项王！"项羽便说道："我听说汉王悬赏千金买我的头颅，分给万户的封地，我就给你一些恩德吧！"便自刎而死。王翳取下项羽的头颅，其余的骑兵便相互践踏着争抢项羽的躯体，互为残杀的有几十个人。到了最后，杨喜、吕马童和郎中吕胜、杨武各夺得项羽的一部分肢体。五个人把项羽的肢体会合拼凑到一起，都对得上，因此便分割原来悬赏的万户封地，将五人都封为列侯。

诸侯王一致上疏，请求推尊汉王为皇帝。二月甲午（初三），汉王便在汜水北面登上帝位。改称王后为皇后，王太子为皇太子；追尊先母为昭灵夫人。

高帝刘邦在洛阳南宫举行酒宴，高帝说道："各位列侯、各位将军，不要对朕隐瞒，都来说说这个道理：我之所以能取得天下的原因是什么？项羽之所以失掉天下的原因又是什么呀？"高起、王陵回答说："陛下派人攻城略地，攻取了城邑、土地就分封给他，与大家同享利益；项羽却不是这样，他对有功的人嫉恨，对贤能的人猜疑，这就是他失去天下的原因。"高帝说："你们是只知其一，不知其二啊。谈到运筹帷幄之中，决胜千里之外，我不如张良；镇守国家，安抚百姓，供给粮饷，保持运粮道路畅通无阻，我不如萧何；统率百万大军，战必胜，攻必克，我不如韩信。这三位都是人中英杰，而我能够任用他们，这就是我所以能取得天下的原因。项羽虽然有一个范增，却不能信任使用他，这便是项羽所以被我捕捉打败的原因了。"群臣都心悦诚服。

韩信到了楚地,召见曾经给自己饭吃的那位漂洗丝绵的老妇,赐给她一千金。又召见曾经羞辱自己、叫自己从胯下爬过去的那个人,任命他为楚国的中尉;并告诉将相们说:"这是位壮士啊。当他侮辱我时,我难道就不能杀了他吗?只是杀他没有名义,所以忍了下来,才达到了今天这样的成就。"

彭越已受汉封梁王,田横怕被杀掉,与他的部下五百多人进入大海,居住在岛上。高帝刘邦认为田横兄弟几人本来曾平定了齐地,齐地贤能的人大都归附了他,今流亡在海岛中,如不加以招抚,以后恐怕会作乱。于是就派使者去赦免田横的罪过,召他前来。田横推辞说:"我曾煮杀了陛下的使臣郦食其,现在听说他的弟弟郦商是汉的将领,我很害怕,不敢奉诏前往,只请求做个平民百姓,留守在海岛中。"使者回报,高帝便诏令卫尉郦商说:"齐王田横即将到来,有敢动一动他的随从人马的人,即诛灭家族!"随即再派使者拿着符节把高帝诏令郦商的情况对田横一一讲明,并说道:"田横若能前来,高可以封王,低便是个侯哇。如果不来,将要发兵加以诛除了。"

田横便和他的两个宾客乘坐驿站的传车去到洛阳。离洛阳还有三十里,到达尸乡释站。田横向使者道歉说:"为人臣子的人觐见天子时,应当沐浴。"随即住下来,对他的宾客说:"我起初与汉王一道面朝南称王,而今汉王做了天子,我却是作为败亡的臣虏,面北称臣伺候他,这耻辱本来已非常大了。何况我还煮死了人家的兄长,又同被煮人的弟弟并肩侍奉他们的君主呢。即便这位弟弟畏惧天子的诏令不敢动我,我难道内心就不感到惭愧吗?!况且陛下想要见我的原因,不过是想看一看我的容貌罢了。现在斩下我的头颅,奔驰三十里地送去,神态容貌还不会变坏,仍然可以看的。"于是就用刀割自己的脖子,并让宾客捧着他的头颅,随同使者疾驰洛阳奏报。高帝说:"唉呀!从平民百姓起家,兄弟三人相继为王,这难道不是很贤能的吗!"为田横流下了眼泪。接着授给田横的两个宾客都尉的官职,调拨士兵二千人,按葬侯王的礼仪安葬了田横。下葬以后,那两位宾客在田横的坟墓旁挖了个坑,都自刎而死,倒进坑里陪葬田横。高帝听说了这件事,大为震惊,认为田横的宾客都很贤能,余下的五百人还在海岛上,便派使者去招抚他们。使者抵达海岛,这五百人听说田横已死,也都自杀了。

当初，楚地人季布是项羽手下的将领，曾多次窘困羞辱汉王。项羽灭亡后，高帝刘邦悬赏千金捉拿季布，下令说有敢收留窝藏季布的，罪连三族。季布于是剃去头发，用铁箍卡住脖子当奴隶，把自己卖给鲁地的大侠朱家。朱家心里明白这个人是季布，就将他买下安置在田庄中。朱家随即到洛阳去觐见滕公夏侯婴，劝他道："季布有什么罪啊！臣僚各为他的君主效力，这是常理。项羽的臣下难道可以全都杀掉吗？如今皇上刚刚取得天下，便借私人的怨恨去寻捕一个人，怎么这样来显露自己胸襟的狭窄呀！况且根据季布的贤能，朝廷悬赏寻捕他如此急迫，这是逼他不向北投奔胡人，便往南投靠百越部族啊！嫉恨壮士而以此资助敌国，这是伍子胥所以要掘墓鞭打楚平王尸体的缘由呀。您为什么不从容地向皇上说说这些道理呢？"滕公于是就待有机会时，按照朱家的意思向高帝进言，高帝便赦免了季布，并召见他，授任他为郎中。朱家便不再见季布。

季布的舅父丁公，也是项羽手下的将领，曾经在彭城西面追困过高帝刘邦。短兵相接，高帝感觉事态危急，便回头对丁公说："两个好汉难道要相互为难困斗吗！"丁公于是领兵撤还。等到项羽灭亡，丁公来谒见高帝。高帝随即把丁公拉到军营中示众，说道："丁公身为项王的臣子却不忠诚，是使项王失掉天下的人啊！"就把他杀了，并说："让后世为人臣子的人不要效法丁公！"

臣司马光曰：汉高祖刘邦从丰、沛起事以来，网罗强横有势力的人，招纳逃亡反叛的人，也已经是相当多的了。待到登上帝位，唯独丁公因为不忠诚而遭受杀戮，这是为什么啊？是由于进取与守成，形势不同的缘故。当群雄并起争相取胜的时候，百姓没有确定的君主，谁来投奔就接受谁，本来就该如此。待到贵为天子，四海之内无不臣服时，如果不明确礼义以显示给人，致使身为臣子的人，人人怀有二心以图求取厚利，那么国家还能长治久安吗！因此汉高祖据大义做出决断，使天下的人都清楚地知道，身为臣子却不忠诚的人没有自己可以容身的地方，怀揣个人目的布施恩惠给人的人，尽管他甚至于救过自己的命，依照礼义仍不予宽容。杀一人而使千万人畏惧，这样考虑事情难道不是既深又远吗！汉高帝的子孙享有上天赐予的禄位四百多年，应当的啊！

张良向来多病，随从高帝进入函谷关，就静居行气，不吃粮食，闭门不出，说道："我家的人世代做韩国的宰相，及至韩国灭亡，我不吝惜万金资财，为韩国向强大的秦王朝报仇，使天下震动。如今凭借三寸之舌成为皇帝的军师，被封为万户侯，这是一个平民所能享有的最高待遇了，对我来说足够啦。我希望抛开人间俗事，只想追随仙人赤松子去云游罢了。"

臣司马光曰：有生就有死，犹如黑夜过后是白天一样的必然。自古至今，原本就没有超越自然而独立存在的事物。按张良的明辨是非通晓事理而论，他是完全知道神仙不过是些虚幻奇异的东西罢了。但他却要随同赤松子远游，他的聪明智慧是可以知道的了。功勋和名位之间，正是为人臣子的人所难于长久立足之处。即如高帝刘邦所称道的，不过只三个才能出众的人罢了。但是淮阴侯韩信被诛除，相国萧何被拘禁到狱中，这不就是由于功名已达到巅峰却还不止步的缘故吗！所以张良借与神仙交游相推脱，遗弃人间凡事，视功名如同身外之物，把荣誉利禄抛在脑后，所谓"明哲保身"者，张良是个榜样。

【原文】

六年（庚子，前201年）

冬，十月，人有上书告楚王信反者。帝以问诸将，皆曰："亟发兵，坑竖子耳！"帝默然。又问陈平，陈平曰："人上书言信反，信知之乎？"曰："不知。"陈平曰："陛下精兵孰与楚？"上曰："不能过。"平曰："陛下诸将，用兵有能过韩信者乎？"上曰："莫及也。"平曰："今兵不如楚精而将不能及，举兵攻之，是趣之战也，窃为陛下危之！"上曰："为之奈何？"平曰："古者天子有巡狩，会诸侯。陛下第出，伪游云梦，会诸侯于陈。陈，楚之西界；信闻天子以好出游，其势必无事而郊迎谒；谒而陛下因禽之，此特一力士之事耳。"帝以为然；乃发使告诸侯会陈，"吾将南游云梦。"上因随以行。

楚王信闻之，自疑惧，不知所为。或说信曰："斩钟离眜以谒上，上必喜，无患。"信从之。十二月，上会诸侯于陈，信持眜首谒上；上令武士缚信，载后车。信曰："果若人言：'狡兔死，走狗烹；高鸟尽，良弓藏；敌国破，谋臣亡。'天下已定，我固当烹！"上曰："人告公反。"遂械系信以归。

上还，至洛阳，赦韩信，封为淮阴侯。信知汉王畏恶其能，多称病，不朝从；

居常鞅鞅，羞与绛、灌等列。尝过樊将军哙。哙跪拜送迎，言称臣，曰："大王乃肯临臣！"信出门，笑曰："生乃与哙等为伍！"

上尝从容与信言诸将能将兵多少。上问曰："如我能将几何？"信曰："陛下不过能将十万。"上曰："于君何如？"曰："臣多多而益善耳。"上笑曰："多多益善，何为为我禽？"信曰："陛下不能将兵而善于将，此乃信之所以为陛下禽也。且陛下，所谓'天授，非人力'也。"

甲申，始剖符封诸功臣为彻侯。萧何封酂侯，所食邑独多。功臣皆曰："臣等身被坚执锐，多者百馀战，小者数十合。今萧何未尝有汗马之劳，徒持文墨议论，顾反居臣等上，何也？"帝曰："诸君知猎乎？夫猎，追杀兽兔者，狗也；而发纵指示兽处者，人也。今诸君徒能得走兽耳，功狗也；至如萧何，发纵指示，功人也。"群臣皆不敢言。张良为谋臣，亦无战斗功；帝使自择齐三万户。良曰："始，臣起下邳，与上会留，此天以臣授陛下；陛下用臣计，幸而时中。臣愿封留足矣，不敢当三万户。"乃封张良为留侯。封陈平为户牖侯，平辞曰："此非臣之功也。"上曰："吾用先生谋，战胜克敌，非功而何？"平曰："非魏无知，臣安得进？"上曰："若子，可谓不背本矣！"乃复赏魏无知。

韩信

上已封大功臣二十余人，其余日夜争功不决，未得行封。上在洛阳南宫，从复道望见诸将，往往相与坐沙中语。上曰："此何语？"留侯曰："陛下不知乎？此谋反耳！"上曰："天下属安定，何故反乎？"留侯曰："陛下起布衣，以此属取天下；今陛下为天子，而所封皆故人所亲爱，所诛皆生平所仇怨。今军吏计功，以天下不足遍封；此属畏陛下不能尽封。恐又见疑平生过失及诛，故即相聚谋反耳。"上乃忧曰："为之奈何？"留侯曰："上平生所憎、群臣所共知，谁最甚者？"上曰："雍齿与我有故怨，数尝窘辱我；我欲杀之，为其功多，故不忍。"留侯曰："今急先封雍齿，则群臣人人自坚矣。"于是上乃置酒，封雍齿为什方侯；而急趋丞相、御史定功行封。群臣罢酒，皆喜，曰："雍齿尚为侯，我属无患矣！"

【译文】

六年（庚子，公元前201年）

冬季，十月，有人上书告发楚王韩信谋反。高帝便征求将领们的意见，大家都说："赶快发兵，把这小子活埋罢了！"高帝默然不语。接着又询问陈平，陈平道："有人上书告韩信谋反，这事情韩信知道吗？"高帝说："不知道。"陈平说："陛下的精锐部队与楚王的相比谁更厉害呢？"高帝道："超不过他的。"陈平说："陛下的将领们，用兵之才有能比过韩信的吗？"高帝道："没有赶得上他的。"陈平说："现在军队不如楚国的精锐，将领又比不上韩信，却要举兵攻打他，这是促使他起兵反抗呀。我私下里为陛下感到危险！"高帝说："那该怎么办呢？"陈平说："古时候天子有时巡视诸侯镇守的地方，会见诸侯。陛下只管出来视察，假装巡游云梦，在陈地会见诸侯。而陈地在楚国的西部边界，韩信听说天子怀着友好会见诸侯的心意出游，必定是全国安稳无事，便会到郊外迎接谒见陛下。拜见时陛下就趁机捉住他，这不过是一个力士即能办到的事罢了。"高帝认为说得不错，便派出使者去通告诸侯到陈地聚会，说"我将南游云梦"。高帝随即起程南行。

楚王韩信闻听这个消息后，自己颇为疑心害怕，不知怎么办才好。这时有人劝韩信说："杀了钟离昧去谒见皇上，皇上必定欢喜，如此就不会有什么祸患了。"韩信听从了他的建议。十二月，高帝在陈地会见诸侯，韩信提着钟离昧的头颅拜见高帝。高帝即命武士将韩信捆绑起来，装载到随皇帝车驾出行的副车上。韩信说："果然如同人们所说：'狡猾的兔子死了，奔跑的猎狗就遭煮杀；高飞的鸟儿没了，优良的弓箭就被收藏；敌对的国家攻破了，谋臣就要灭亡。'如今天下已经平定，我本来就应当被煮杀了！"高帝说："有人告发你谋反。"随即用镣铐枷锁锁住韩信而归。

高帝归还，到了洛阳，赦免了韩信，封他为淮阴侯。韩信知道汉王刘邦害怕并厌恶他的才能，于是就多次声称有病，不参加朝见和随侍出行。平日在家总是闷闷不乐，为与绛侯周勃、将军灌婴这样的人处于同等地位感到羞耻。韩信曾去拜访将军樊哙。樊哙用跪拜的礼节送迎，口称臣子，说道："大王竟肯光临我这里！"韩信出门后，讪笑着说："我活着竟然要和樊哙等人为伍了！"

高帝曾与韩信闲谈，议论将领们能带多少兵。高帝问道："像我这个样能率领多少兵呀？"韩信说："陛下不过能带十万兵。"高帝说："对您来说怎样呢？"韩信说："我是越多越好啊。"高帝笑着说："越多越好，为什么却被我捉住了呀？"韩信说："陛下虽不能带兵却善于驾驭将领，这就是我所以被陛下逮住的原因了。何况陛下的才能，是人们所说的'上天赐予，不是人力所能'啊。"

甲申（十二月初九），高帝开始用把表示凭证的符信剖分成两半，朝廷与功臣各执一半为证的办法来分封各功臣为彻侯。萧何封为酂侯，所享用的食邑户数最多。功臣们都说："我们身披坚硬铠甲手持锐利兵器，多的身经百余战，少的也交锋了几十回合。如今萧何不曾有过汗马功劳，只是操持文墨发发议论，封赏却倒在我们之上，这是为什么啊？"高帝说："你们知道打猎是怎么回事吗？打猎，追杀野兽兔子的是猎狗，而放开系狗绳指示野兽所在地方的是人。现在你们只不过是能捕捉到奔逃的野兽罢了，功劳就如猎狗一样；至于萧何，却是放开系狗绳指示猎取的目标，功劳和猎人相同啊。"群臣于是都不敢说三道四的了。张良身为谋臣，也没有什么战功，高帝让他自己选择齐地三万户作为封地。张良说："当初，我在下邳起兵，与陛下在留地相会，这是上天把我授给陛下。此后陛下采用我的计策，幸好有时能获得成功。我希望封得留地就足够了，不敢承受三万户的封地。"高帝于是便封张良为留侯。封陈平为户牖侯。陈平推辞说："我没有那么多功劳哇。"高帝道："我采纳您的计谋，克敌制胜，这不是功劳又是什么呀？"陈平说："如果没有魏无知的举荐，我哪里能够进见啊？"高帝道："像您这样，可以说是不忘本了！"随即又赏赐了魏无知。

高帝已经封赏了大功臣二十多人，其余的人日夜争功，一时决定不下来，便没能给予封赏。高帝在洛阳南宫，从天桥上望见将领们往往三人一群两人一伙地同坐在沙地中谈论着什么。高帝说："这是在说些什么呀？"留侯张良道："陛下不知道吗？这是在图谋造反啊！"高帝说："天下新近刚刚安定下来，为了什么缘故又要谋反呢？"留侯说："陛下由平民百姓起家，依靠这班人夺取了天下。如今陛下做了天子，所封赏的都是自己亲近喜爱的老友，所诛杀的都是自己生平仇视怨恨的人。现在军吏们计算功劳，认为即使把天下的土地都划作封国也不够全部封赏的了，于是这帮人就害怕陛下对他们不能全部封赏，又恐怕因往常的过失而被猜疑以至于遭到诛杀，所以就相互聚集到一起图谋造反了。"高帝于是担忧地说："这该怎么办？"留侯道："皇上平素最憎恶、群臣又都知道的人，是谁啊？"高帝说："雍齿与我有旧怨，他曾经多次困辱我。我想杀掉他，但由于他功劳很多，所以不忍心下手。"留侯说："那么现在就赶快先封赏雍齿，这样一来，群臣也就人人都对自己的能受封赏坚信不疑了。"高帝这时便置备酒宴，封雍齿为什邡侯，并急速催促丞相、御史论定功劳进行封赏。群臣结束饮宴后，都欢喜异常，说道："雍齿尚且封为侯，我们这些人没有什么可担忧的了！"

【原文】

七年（辛丑，前200年）

冬，十月，长乐宫成，诸侯群臣皆朝贺。先平明，谒者治礼，以次引入殿门，陈东、西乡。卫官侠陛及罗立廷中，皆执兵，张旗帜。于是皇帝传警，辇出房；引诸侯王以下至吏六百石以次奉贺，莫不振恐肃敬。至礼毕，复置法酒。诸侍坐殿上，皆伏，抑首；以尊卑次起上寿。觞九行，谒者言"罢酒"，御史执法举不如仪者，辄引去。竟朝置酒，无敢欢哗失礼者。于是帝曰："吾乃今日知为皇帝之贵也！"乃拜叔孙通为太常，赐金五百斤。

初，秦有天下，悉内六国礼仪，采择其尊君、抑臣者存之。及通制礼，颇有所增损，大抵皆袭秦故，自天子称号下至佐僚及宫室、官名，少所变改。其书，后与律、令同录，藏于理官；法家又复不传，民臣莫有言者焉。

臣光曰：礼之为物大矣！用之于身，则动静有法而百行备焉；用之于家，则内外有别而九族睦焉；用之于乡，则长幼有伦而俗化美焉；用之于国，则君臣有叙而政治成焉；用之于天下，则诸侯顺服而纪纲正焉；岂直几席之上、户庭之间得之而不乱哉！夫以高祖之明达，闻陆贾之言而称善，睹叔孙之仪而叹息；然所以不能肩于三代之王者，病于不学而已。当是之时，得大儒而佐之，与之以礼为天下，其功烈岂若是而止哉！惜夫，叔孙生之器小也！徒窃礼之糠秕，以依世、谐俗、取宠而已，遂使先王之礼沦没而不振，以迄于今，岂不痛甚矣哉！是以扬子讥之曰："昔者鲁有大臣，史失其名。曰：'何如其大也！'曰：'叔孙通欲制君臣之仪，召先生于鲁，所不能致者二人。'曰：'若是，则仲尼之开迹诸侯也非邪？'曰：'仲尼开迹，将以自用也。如委己而从人，虽有规矩、准绳，焉得而用之！'"善乎扬子之言也！夫大儒者，恶肯毁其规矩、准绳以趋一时之功哉！上居晋阳，闻冒顿居代谷，欲击之。使人觇匈奴，冒顿匿其壮士、肥牛马，但见老弱及羸畜。使者十辈来，皆言匈奴可击。上复使刘敬往使匈奴，未还；汉悉兵三十二万北逐之，逾句注。刘敬还，报曰："两国相击，此宜夸矜，见所长；今臣往，徒见羸瘠、老弱，此必欲见短，伏奇兵以争利。愚以为匈奴不可击也。"是时，汉兵已业行，上怒，骂刘敬曰："齐虏以口舌得官，今乃妄言沮吾军！"械系敬广武。

【译文】

七年（辛丑，公元前200年）

冬季，十月，长乐宫落成，诸侯、群臣都前来参加朝贺典礼。仪式是在天亮之前举行，谒者主持典礼，按次序将所有人员引导入大殿门，排列在东、西两方，侍卫官员有的在殿下台阶两旁站立，有的排列在廷中，都持握兵器，竖立旗帜。这时皇帝乘坐辇车出房，众官员举旗传呼警戒，引导诸侯王以下至六百石级的官员依次序朝拜皇帝，无不震恐肃敬。到典礼仪式完毕，又置备正式酒宴。众侍臣官员陪坐在殿上的，都俯伏垂首，按官位的高低次序起身给皇上敬酒祝福。斟酒连敬九次，谒者宣告"结束宴饮"。御史执行礼仪规则，凡遇不遵照仪式规则举手投足的人就将他领出去。由此从朝贺典礼和酒宴开始直到结束，没有出现敢大声喧哗、不合礼节的人。这时高帝便说："我今天才知道身为皇帝的尊贵啊！"便授任叔孙通为太常，赏赐黄金五百斤。

当初，秦王朝统一了天下，收集六国的全部礼仪，选择出其中尊崇君主、卑抑臣下的规则保留下来。待到叔孙通制定礼仪规则，稍微作了一些增减，大体上都是沿袭秦朝的旧制，从天子称号以下到大小官吏及宫室、官名，更改变动不多。记载此礼仪规章的文本，后来和律、令收录在一起，收藏在司法机关。由于法家对此又不再传授，所以百姓臣僚也就没有谈论它的了。

臣司马光曰：礼的功能太大了！用到个人身上，动与静就有了规范，所有的行为就会完备无缺；把它用到家事上，内与外就井然有别，九族之间就会和睦融洽；把它用到乡里，长幼之间就有了伦理，风俗教化就会美好清明；把它用到封国，君主与臣子就尊卑有序，政令统治就会成功稳定；把它用到天下，诸侯就归顺服从，法制纪律就会整肃严正；岂止是宴会仪式之上、门户庭院之间得以用到它而秩序不乱吗！以高祖刘邦的明智通达说来，他聆听陆贾关于以文治巩固政权的进言而称赞极好，目睹叔孙通所定尊崇君主的礼仪而发声慨叹，然而他所以终究不能与夏、商、周三代圣明君王并列，就错在他不肯学习而已。在那个时候，如果能得到大儒来辅佐他，与大儒一道用礼制来治理天下，他的功勋业绩又怎么会在这一步便止住了呢！可惜啊，叔孙通的气度太小了！他只不过是窃取礼制中糠秕般微末无用的东西，借以依附时世、迎合风俗、求取宠幸罢了，这样便使先代君王所建立的礼制沦没而不振兴，以至于到了今天这个地步，难道不是太令人痛心了吗！因此杨雄对此指责说："从前鲁地有大儒，史书中没有记载他们的名字。有人问：'为什么说他们是大儒呀？'回答道：'叔孙通打算制定君臣的礼仪，在鲁地去征召儒生，请不来的有两个，堪称大儒。'有人问道：'如果这样，那么孔子应聘的足迹遍及诸侯国是不对的了？'回答道：'孔子周游列国，是为了要能按照自己的意图行事。倘若放弃自己的立场来顺从迁就他人，即便是有了规矩、准绳，又怎么能够拿来应用呀！'"精彩啊，杨雄的评论！大儒，怎么肯破坏自己的规矩、准绳去追求一时的功利呢！

　　高帝驻居晋阳，听说冒顿单于驻居在代谷，便想要去攻打他，就派人去侦察匈奴。这时冒顿把他的精壮士兵、肥壮牛马都藏了起来，只让人看见老弱残兵和瘦小的牲畜。汉军派去的使者相继回来的有十批，都报告说匈奴可以攻打。高帝于是又派刘敬出使匈奴，尚未返回，汉军就全部出动兵力三十二万向北追击匈奴，越过了句注山。刘敬回来后报告说："两国相攻，这本该炫耀显示自己的优势。但现在我到匈奴方面去，只看见瘦弱的牲畜和老弱的士兵，这必定是想要显露自己虚弱不堪，而埋伏奇兵以争取胜利。我认为匈奴不能攻打。"这时候，汉军业已出动，高帝大为恼火，骂刘敬说："你这个齐国的混蛋家伙，不过是靠着耍嘴皮子得到了一官半职，现在竟又来胡言乱语阻挠我的军队前进！"用刑具把刘敬拘禁到广武。

资治通鉴第十二卷

汉纪四

【原文】

太祖高皇帝下八年（壬寅，前199年）

冬，上击韩王信余寇于东垣，过柏人。贯高等壁人于厕中，欲以要上。上欲宿，心动，问曰："县名为何？"曰："柏人。"上曰："柏人者，迫于人也。"遂不宿而去。

【译文】

汉高帝八年（壬寅，公元前199年）

冬季，汉高帝刘邦在东垣攻打韩王信的余党，经过赵国的柏人城。赵相贯高派人藏在厕所的夹墙中，准备行刺高帝。高帝正想留宿城中，忽然心动不安，问："这个县叫什么？"回答说："柏人。"高帝说："柏人，就是受迫于人呀！"于是不住宿而离开。

【原文】

九年（癸卯，前198年）

贯高怨家知其谋，上变告之。于是上逮捕赵王及诸反者。赵午等十余人皆争自到；贯高独怒骂曰："谁令公为之？今王实无谋，而并捕王。公等皆死，谁白王不

反者？"乃穟车胶致，与王诣长安。高对狱曰："独吾属为之，王实不知。"吏治，榜笞数千，刺剟，身无可击者；终不复言。吕后数言："张王以公主故，不宜有此。"上怒曰："使张敖据天下，岂少而女乎！"不听。

廷尉以贯高事辞闻。上曰："壮士！谁知者？以私问之。"中大夫泄公曰："臣之邑子，素知之，此固赵国立义不侵、为然诺者也。"上使泄公持节往问之箯舆前。泄公与相劳苦，如生平欢，因问："张王果有计谋不？"高曰："人情宁不各爱其父母、妻子乎？今吾三族皆以论死，岂爱王过于吾亲哉？顾为王实不反，独吾等为之。"具道本指所以为者、王不知状。于是泄公人，具以报上。春，正月，上赦赵王敖，废为宣平侯，徙代王如意为赵王。

上贤贯高为人，使泄公具告之曰："张王已出。"因赦贯高。贯高喜曰："吾王审出乎？"泄公曰："然。"泄公曰："上多足下，故赦足下。"贯高曰："所以不死、一身无馀者，白张王不反也。今王已出，吾责已塞，死不恨矣。且人臣有篡弑之名，何面目复事上哉！纵上不杀我，我不愧于心乎！"乃仰绝亢，遂死。

【译文】

九年（癸卯，公元前198年）

赵国相国贯高的阴谋被他的仇家探知，向高帝举报这桩不寻常的大事。高帝下令逮捕赵王及各谋反者。赵王属下赵午等十几人都争相表示要自杀，只有贯高怒骂道："谁让你们这样做的？如今赵王确实没有参与谋反，而被一并逮捕。你们都死了，谁来申明赵王不曾谋反的真情？"于是被关进胶封的木栏囚车，与赵王一起押往长安。贯高对审讯官员说："只是我们自己干的，赵王的确不知道。"狱吏动刑，拷打鞭笞几千下，又用刀刺，直至体无完肤，贯高终不再说别的话。吕后几次说："赵王张敖娶了公主，不会有此事。"高帝怒气冲冲地斥骂她："要是张敖夺了天下，难道还缺少你的女儿不成！"不予理睬。

廷尉把审讯情况和贯高的话报告高帝，高帝感慨地说："真是个壮士，谁平时和他要好，用私情去探听一下。"中大夫泄公说："我和他同邑，平常很了解他，他在赵国原本就是个以义自立、不受侵辱、信守诺言的人。"高帝便派泄公持节去贯高的竹床前探问。泄公慰问他的伤情,见仍像平日一样欢洽,便套问:"赵王张敖真的有谋反计划吗?"贯高回答说:"以人之常情,难道不各爱自己的父母、妻子儿女吗?现在我的三族都被定成死罪,难道我爱赵王胜过我的亲人吗?因为实在是赵王不曾谋反,只是我们自己这样干的。"又详细述说当初的谋反原因及赵王不曾知道的情况。于是泄公入朝一一报告了高帝。春季,正月,高帝下令赦免赵王张敖,废黜为宣平侯,另调代王刘如意为赵王。

高帝称许贯高的为人,便派泄公去告诉他:"张敖已经放出去了。"同时赦免贯高。贯高高兴地问:"我的大王真的放出去了?"泄公说:"是的。"又告诉他:"皇上看重你,所以赦免了你。"贯高却说:"我之所以不死、被打得遍体鳞伤,就是为了表明赵王张敖没有谋反。现在赵王已经出去,我的责任也尽到了,可以死而无憾。况且,我作为臣子有谋害皇帝的罪名,又有什么脸再去侍奉皇上呢!即使皇上不杀我,我就不心中有愧吗!"于是掐断自己的颈脉,自杀了。

【原文】

十年(甲辰,前197年)

定陶戚姬有宠于上,生赵王如意。上以太子仁弱,谓如意类己;虽封为赵王,常留之长安。上之关东,戚姬常从,日夜啼泣,欲立其子。吕后年长,常留守,益疏。上欲废太子而立赵王,大臣争之,皆莫能得。御史大夫周昌廷争之强,上问其说。昌为人吃,又盛怒,曰:"臣口不能言,然臣期期知其不可!陛下欲废太子,臣期期不奉诏!"上欣然而笑。吕后侧耳于东厢听,既罢,见昌,为跪谢,曰:"微君,太子几废。"

时赵王年十岁,上忧万岁之后不全也;符玺御史赵尧请为赵王置贵强相,及吕后、太子、群臣素所敬惮者。上曰:"谁可者?"尧曰:"御史大夫昌,其人也。"上乃以昌相赵,而以尧代昌为御史大夫。

初,上以阳夏侯陈豨为相国,监赵、代边兵;豨过辞淮阴侯。淮阴侯挈其手,辟左右,与之步于庭,仰天叹曰:"子可与言乎?"豨曰:"唯将军令之!"淮阴侯曰:"公之所居,天下精兵处也;而公,陛下之信幸臣也。人言公之畔,陛下必不信；再至，陛下乃疑矣；三至，必怒而自将。吾为公从中起，天下可图也。"陈豨素知其能也，信之，曰："谨奉教！"

【译文】

十年（甲辰，公元前 197 年）

定陶女子戚夫人受高帝宠爱，生下赵王刘如意。高帝因为太子为人仁慈懦弱，认为刘如意像自己，虽然封他为赵王，却把他长年留在长安。高帝出巡关东，戚夫人也常常随行，日夜在高帝面前哭泣，想要立如意为太子。而吕后因年老，常留守长安，与高帝愈发疏远。高帝便想废掉太子而立赵王为继承人，大臣们表示反对，都未能说服他。御史大夫周昌在朝廷上强硬地争执，高帝问他理由何在。周昌为人说话口吃，又在盛怒之下，急得只是说："臣口不能言，但臣期期知道不能这样做，陛下要废太子，臣期期不奉命！"高帝欣然而笑。吕后在东厢房侧耳聆听，事过后，她召见周昌，向他跪谢说："要不是您，太子几乎被废。"

当时赵王刚十岁，高帝担心自己死后他难以保全；符玺御史赵尧于是建议为赵王配备一个地位高而又强有力，平时能让吕后、太子及群臣敬惮的相。高帝问："谁合适呢？"赵尧说："御史大夫周昌正是这样的人。"高帝便任命周昌为赵国的相，而令赵尧代替周昌为御史大夫。

起初，高帝任命阳夏侯陈豨为相国，监管赵国、代国边境部队。陈豨拜访淮阴侯韩信并向他辞行。淮阴侯握着他的手，屏退左右随从，与他在庭院中散步，忽然仰天叹息道："有几句话，能和你说吗？"陈豨说："只要是将军您的指示，我都听从。"韩信说："你所处的地位，集中了天下精兵；而你，又是陛下任的大臣。如果有人说你反叛，陛下肯定不信；然而再有人说，陛下就会起疑心；说第三次，陛下必定会愤怒地亲自率领大兵来攻打你。请让我为你做个内应，那么天下就可以谋取了。"陈豨平常便知道韩信的能力，相信他，于是说："遵奉你的指教！"

【原文】

十一年（乙巳，前196年）

冬，上在邯郸。陈豨将侯敞将万余人游行，王黄将骑千余军曲逆，张春将卒万余人渡河攻聊城；汉将军郭蒙与齐将击，大破之。太尉周勃道太原入定代地，至马邑，不下，攻残之。赵利守东垣，帝攻拔之，更命曰真定。帝购王黄、曼丘臣以千金，其麾下皆生致之。于是陈豨军遂败。

淮阴侯信称病，不从击豨，阴使人至豨所，与通谋。信谋与家臣夜诈诏赦诸官徒、奴，欲发以袭吕后、太子；部署已定，待豨报。其舍人得罪于信，信囚，欲杀之。春，正月，舍人弟上变，告信欲反状于吕后。吕后欲召，恐其傥不就；乃与萧相国谋，诈令人从上所来，言豨已得，死，列侯、群臣皆贺。相国绐信曰："虽疾，强入贺。"信入，吕后使武士缚信，斩之长乐钟室。信方斩，曰："吾悔不用蒯彻之计，乃为儿女子所诈，岂非天哉！"遂夷信三族。

臣光曰：世或以韩信首建大策，与高祖起汉中，定三秦，遂分兵以北，禽魏，取代，仆赵，胁燕，东击齐而有之，南灭楚垓下，汉之所以得天下者，大抵皆信之功也。观其距蒯彻之说，迎高祖于陈，岂有反心哉！良由失职怏怏，遂陷悖逆。夫以卢绾里闬旧恩，犹南面王燕，信乃以列侯奉朝请；岂非高祖亦有负于信哉？臣以为高祖用诈谋禽信于陈，言负则有之；虽然，信亦有以取之也。始，汉与楚相距荥阳，信灭齐，不还报而自王；其后汉追楚至固陵，与信期共攻楚而信不至；当是之时，高祖固有取信之心矣，顾力不能耳，及天下已定，信复何恃哉！夫乘时以徼利者，市井之志也；酬功而报德者，士君子之心也。信以市井之志利其身，而以士君子之心望于人，不亦难哉！是故太史公论之曰："假令韩信学道谦让，不伐己功，不矜其能，则庶几哉！于汉家勋，可以比周、召、太公之徒，后世血食矣！不务出此，而天下已集，乃谋畔逆；夷灭宗族，不亦宜乎！"上之击陈豨也，征兵于梁；梁王称病，使将将兵诣邯郸。上怒，使人让之。梁王恐，欲自往谢。其将扈辄曰："王始不往，见让而往，往则为禽矣；不如遂发兵反。"梁王不听。梁太仆得罪，亡走汉，"告梁王与扈辄谋反。于是上使使掩梁王，梁王不觉，遂囚之洛阳。"有司治:"反形已具,请论如法。"上赦以为庶人。传处蜀青衣。西至郑,逢吕后从长安来。彭王为吕后泣涕,自言无罪,愿处故昌邑。吕后许诺,与俱东。至洛阳,吕后白上曰:"彭王壮士,今徙之蜀,此自遗患;不如遂诛之。妾谨与俱来。"于是吕后乃令其舍人告彭越复谋反。廷尉王恬开奏请族之,上可其奏。三月,夷越三族。枭越首洛阳,下诏:"有收视者,辄捕之。"

梁大夫栾布使于齐,还,奏事越头下,祠而哭之。吏捕以闻。上召布,骂,欲烹之。方提趋汤,布顾曰:"愿一言而死。"上曰:"何言?"布曰:"方上之困于彭城,败荥阳、成皋间,项王所以遂不能西者,徒以彭王居梁地,与汉合从苦楚也。当是之时,王一顾,与楚则汉破,与汉则楚破。且垓下之会,微彭王,项氏不亡。天下已定,彭王剖符受封,亦欲传之万世。今陛下一征兵于梁,彭王病不行,而陛下疑以为反;反形未具,以苛小案诛灭之。臣恐功臣人人自危也。今彭王已死,臣生不如死,请就烹!"于是上乃释布罪,拜为都尉。

【译文】

十一年(乙巳,公元前196年)

冬季,高帝在邯郸城。陈豨的部将侯敞率一万余人游动袭击,王黄率骑兵一千余人屯军曲逆,张春率一万余士卒渡过黄河进攻聊城;汉朝将军郭蒙与齐国将军迎击,大破陈军。太尉周勃取道太原去平定代地,兵抵马邑,久攻不下,攻下后便大行杀戮。赵利守东垣城,高帝亲自率军攻克,将地名改为真定。高帝又悬赏千金捉拿王黄、曼丘臣,结果其部下都将他们活捉送来,于是陈豨军队溃败。

淮阴侯韩信假称有病,不随从高帝去攻击陈豨,暗中却派人到陈豨那里,与他勾结谋划。韩信想在夜间与家臣用伪诏书赦免官府的有罪工匠及奴隶,打算发动他们去袭击吕后、太子。已经部署完毕,只等陈豨的消息。韩信有个门下舍人曾因得罪韩信,被囚禁起来,准备处死。春季,正月,舍人的弟弟上书举报事变,将韩信打算谋反的情况告诉吕后。吕后想把韩信召来,又担心他可能不服从,便与相国萧何商议,假装让人从高帝处来,说陈豨已经被擒,处死。列侯及群臣闻讯都到朝中祝贺。萧何又欺骗韩信说:"你虽然病了,也应当强挺着来道贺。"韩信来到朝廷,吕后便派武士将他捆绑起来，在长乐宫钟室里斩首。韩信在斩首之前，叹息说："我真后悔没用蒯彻的计策，竟上了小孩子、妇人的当，这难道不是天意吗！"吕后随即下令将韩信三族都连坐杀死。

臣司马光曰：世人有的认为，韩信为汉高祖首先奠定开业大计，与他一同在汉中起事，平定三秦，又分兵向北，擒获魏国，夺取代国，扑灭赵国，胁迫燕国，向东攻击占领齐国，向南在垓下消灭楚国，汉朝之所以能得到天下，大致都归功于韩信。看他拒绝蒯彻的建议，在阵地迎接高祖，哪里有反叛之心呢！实在是因为失去诸侯王的权位后怏怏不快，才陷于大逆不道。以卢绾有高祖里巷旧邻的交情，还封为燕王，而韩信却以侯爵身份奉朝请；高祖难道不也有亏待韩信的地方吗？我认为：汉高祖用诈骗手段在阵地抓获韩信，说他亏待是有的；尽管如此，韩信也有咎由自取之处。当初，汉王与楚王在荥阳相持，韩信灭了齐国，不来奏报汉王却自立为王；其后，汉王追击楚王到固陵，与韩信约定共同进攻楚王，而韩信按兵不动；当时，高祖本已有诛杀韩信的念头了，只是力量还做不到罢了。待到天下已经平定，韩信还有什么可倚仗的呢！抓住机会去谋取利益，是市井小人的志向；建立大功以报答恩德，是有志操学问的君子的胸怀。韩信用市井小人的志向为自己谋取利益，而要求他人用君子的胸怀，不是太难了吗！所以，太史公司马迁评论说："假如让韩信学习君臣之道，谦虚礼让，不夸耀自己的功劳，不骄矜自己的才能，情况大概就不同了！他对汉家的功勋，可以与周公、召公、太公吕尚等人相比，享有后世的祭祀了！他不去这样做，而天下已定，却图谋叛逆，

他被斩灭宗族，不是理所当然的吗！"

高帝进攻陈豨时，向梁王彭越征兵，彭越称病，只派将军率兵赴邯郸。高帝大怒，令人前去斥责。彭越恐惧，想亲身入朝谢罪。部将扈辄说："您当初不去，受到斥责才去，去就会被擒，不如就势发兵反了吧。"彭越不听劝告。他的太仆因获罪逃往长安，控告梁王彭越与扈辄谋反。于是高帝派人突袭彭越，彭越事先没有发觉，便被俘囚禁到洛阳。有关部门审讯结果是："已有谋反迹象，应按法律处死。"高帝赦免他为平民，押送到蜀郡青衣居住。彭越向西到了郑地，遇到吕后从长安来。彭越向吕后哭泣，说自己无罪，希望能到故地昌邑居住。吕后口中应允，与他一起东行。到了洛阳，吕后对高帝说："彭越是个壮士，如今把他流放到蜀郡，这

是自留后患，不如就此杀了他。我已与他同来。"吕后又指使彭越门下舍人控告彭越再行谋反。廷尉王恬开奏请将彭越灭三族，高帝予以批准。三月，彭越三族都被斩首。还割下鼓越的首级在洛阳示众，并颁布诏令："有来收敛尸体的，就将他逮捕。"

梁王彭越的大夫栾布出使齐国，回来后，在彭越的头颅下奏报，祭祀后大哭一场。官吏将他逮捕，报告高帝。高帝召来栾布，痛骂一番，想煮死他。两旁的人正提起他要投入滚水中，栾布回头说："请让我说句话再死。"高帝便问："还有什么话？"栾布说："当年皇上受困于彭城，战败于荥阳、成皋之间，而项羽却不能西进，只是因为彭越守住梁地，与汉联合而使楚为难。当时，只要彭越一有倾向，与项羽联合则汉失败，与汉联合则楚失败。而且垓下会战，没有彭越，项羽就不会灭亡。如今天下已经平定，彭越接受符节，被封为王，也想传给子孙后代。而如今陛下向梁国征一次兵，彭越因病不能前来，陛下就疑心以为造反；未见到反叛迹象，便以苛细小事诛杀了他。我担心功臣会人人自危。现在彭越已经死了，我活着也不如死，请煮死我吧！"高帝认为有理，便赦免了栾布的罪，封他为都尉。

【原文】

十二年（丙午，前195年）

冬，十月，上与布军遇于蕲西，布兵精甚。上壁庸城，望布军置陈如项籍军，上恶之。与布相望见，遥谓布曰："何苦而反？"布曰："欲为帝耳！"上怒骂之，遂大战。布军败走，渡淮，数止战，不利，与百余人走江南，上令别将追之。

上还，过沛，留，置酒沛宫，悉召故人、父老、诸母、子弟佐酒，道旧故为笑乐。酒酣，上自为歌，起舞，慷慨伤怀，泣数行下，谓沛父兄曰："游子悲故乡。朕自沛公以诛暴逆，遂有天下；其以沛为朕汤沐邑，复其民，世世无有所与。"乐饮十余日，乃去。

相国何以长安地狭，上林中多空地，弃；愿令民得入田，毋收稿，为禽兽食。上大怒曰："相国多受贾人财物，乃为请吾苑！"下相国廷尉，械系之。数日，王卫尉侍，前问曰："相国何大罪，陛下系之暴也？"上曰："吾闻李斯相秦皇帝，有善

归主，有恶自与。今相国多受贾竖金，而为之请吾苑以自媚于民，故系治之。"王卫尉曰："夫职事苟有便于民而请之，真宰相事；陛下奈何乃疑相国受贾人钱乎？且陛下距楚数岁，陈豨、黥布反，陛下自将而往；当是时，相国守关中，关中摇足，则关以西非陛下有也！相国不以此时为利，今利贾人之金乎？且秦以不闻其过亡天下；李斯之分过，又何足法哉！陛下何疑宰相之浅也！"帝不怿。是日，使使持节赦出相国。相国年老，素恭谨，入，徒跣谢。帝曰："相国休矣！相国为民请苑，吾不许；我不过为桀、纣主，而相国为贤相。吾故系相国，欲令百姓闻吾过也。"

上击布时，为流矢所中，行道，疾甚。吕后迎良医。医入见，曰："疾可治。"上嫚骂之曰："吾以布衣提三尺取天下，此非天命乎！命乃在天，虽扁鹊何益！"遂不使治疾，赐黄金五十斤，罢之。吕后问曰："陛下百岁后，萧相国既死，谁令代之？"上曰："曹参可。"问其次，曰："王陵可；然少戆，陈平可以助之。陈平知有余，然难独任。周勃重厚少文，然安刘氏者必勃也，可令为太尉。"吕后复问其次，上曰："此后亦非乃所知也。"夏，四月，甲辰，帝崩于长乐宫。丁未，发丧，大赦天下。

五月，丙寅，葬高帝于长陵。

刘邦祭孔图

公元前195年，刘邦经过鲁地拜祭孔子，从而首开皇帝祭孔的先河。

【译文】

十二年（丙午，公元前195年）

冬季，十月，高帝刘邦与黥布军队在蕲西对阵。黥布军队十分精锐，高帝便在庸城坚壁固守。远远望去，黥布军队的布阵如同当年的项籍军队，高帝心中厌恶。他与黥布互相望见，远远地质问黥布："你何苦要造反？"黥布回答说："想当皇帝而已！"高帝怒声斥骂他，于是双方大战。黥布军队败退而逃，渡过淮河，虽然几次停住阵脚再战，仍不能取胜。他只好与一百余人逃到长江南岸，高帝便另派一员将军继续追击。

高帝凯旋，路过沛县，留下来，在沛宫举行酒宴。把旧友、父老、女长辈、家族子弟全部召来陪同饮酒，共叙旧情，欢笑作乐。酒喝到畅快时，高帝自己做歌，欣然起舞，唱到慷慨伤怀之时，洒下了几行热泪。高帝对沛县父老兄弟说："游子悲故乡。我以沛公名义起事诛灭秦朝暴逆，才夺取了天下。现在把沛县当作我的汤沐邑，免除县中百姓的赋役，世世代代不予征收。"高帝在沛县饮酒欢乐十余天后，才离去。

相国萧何因为长安地方狭窄，而皇家上林苑中有很多空地，且荒弃不用，希望能让百姓入内耕种，留下禾秆不割，作为苑中鸟兽的饲料。高帝大怒说："相国你一定收下了商人的大批财物，才替他们申请我的上林苑！"将萧何交付廷尉，用刑具锁铐。过了几天，一个姓王的卫尉侍奉高帝，上前探问："相国犯了什么大罪，陛下突然把他拘禁起来？"高帝说："我听说李斯做秦始皇的丞相时，有善行就归功于君主，有过失就自己承担。现在萧何接受了商人的大批财物，为他们要我的上林苑，以讨好下民，所以拘禁起来治罪。"王卫尉便劝说："分内的事只要对百姓有利就向皇帝建议，这是真正的宰相行为，陛下为什么竟疑心相国受了商人钱财呢？况且，陛下与楚霸王作战几年，陈豨、黥布造反，您亲自率军出征。当时，相国独守关中，只要关中一有动摇，函谷关以西就不再是陛下所有了！相国不在那时为自己谋利，反而在现在贪图商人的金钱吗？再说，秦朝就是因为不知道自己的过失才丧失了天下，李斯为秦始皇分担过失的作为，又有什么值得效法的呢？陛下为什么如此轻易地怀疑相国呢！"高帝听完很不高兴。当天，派人持符节赦免释放了萧何。萧何年纪已老，平时对高帝很恭谨，进宫后光着脚前去谢恩。高帝说："相国不要这样了！相国为人民讨要上林苑，我不准许，我不过是夏桀、商纣那样的昏君，而相国您是贤相。我故意抓起相国，就是想让百姓听到我的过失啊！"

高帝刘邦进攻黥布时，曾被流箭射中，行军路上，病势沉重。吕后请来一位良医，医生入内诊视后说："病可以治。"高帝却破口大骂："我以一个老百姓手提三尺剑夺取了天下，这不是天命吗！我的命由天决定，即使扁鹊复生又有什么用！"于是不让医生治病，而赏给医生黄金五十斤，让他回去。吕后问高帝："陛下百年之后，萧何相国死了，让谁代替他呢？"高帝说："曹参可以。"吕后再问曹参之后，高帝说："王陵可以，但他有点憨，陈平可以帮助他。陈平智谋有余，但难以独自承担重任。周勃为人厚道不善言辞，但将来安定刘家天下的必定是他，可任用为太尉。"吕后再追问其后，高帝只说："这以后的事也不是你能知道的了。"夏季，四月，甲辰（二十五日），高帝刘邦驾崩于长乐宫。丁未（二十八日），朝廷发布丧事消息，宣布大赦天下。

五月，丙寅（十七日），将高帝刘邦安葬在长陵。

【原文】

孝惠皇帝元年（丁未，前194年）

冬，十二月，帝晨出射。赵王年少，不能蚤起；太后使人持鸩饮之。黎明，帝还，赵王已死。太后遂断戚夫人手足，去眼，煇耳，饮喑药，使居厕中，命曰"人彘"。居数日，乃召帝观人彘。帝见，问知其戚夫人，乃大哭，因病，岁馀不能起。使人请太后曰："此非人所为。臣为太后子，终不能治天下。"帝以此日饮为淫乐，不听政。

臣光曰：为人子者，父母有过则谏；谏而不听，则号泣而随之。安有守高祖之业，为天下之主，不忍母之残酷，遂弃国家而不恤，纵酒色以伤生！若孝惠者，可谓笃于小仁而未知大谊也。

【译文】

汉惠帝元年（丁未，公元前194年）

冬季，十二月，惠帝凌晨便出去打猎，赵王因为年纪小，不能早起同去，吕太后便派人拿着毒酒让赵王喝。黎明，惠帝回宫时，赵王已经死了。吕太后又下令砍断戚夫人的手、脚，挖去眼珠，熏聋耳朵，喝哑药，让她呆在厕所里，称她为"人彘"。过了几天，吕太后便召惠帝来看"人彘"。惠帝见后，问知那是戚夫人，便大哭起来，从此患病，一年多不能起身。他派人向吕太后请求说："这种事不是人做的。我虽然是太后您的儿子，到底不能治理天下。"惠帝因此每天饮酒淫乐，不理政事。

臣司马光曰：做儿子的，见父母有过失就应该劝谏；劝谏不听，就应该跟着痛哭。哪有继承汉高祖的伟业，当天下的君主，因为不忍心于母亲的残酷，便抛弃国家不顾念，纵情酒色自伤身体的道理！像汉惠帝这样，可以说只是固执于小的仁爱而不知道大义。

【原文】

二年（戊申，前193年）

酂文终侯萧何病，上亲自临视，因问曰："君即百岁后，谁可代君者？"对曰："知臣莫如主。"帝曰："曹参何如？"何顿首曰："帝得之矣，臣死不恨！"

秋，七月，辛未，何薨。何置田宅，必居穷僻处，为家，不治垣屋。曰："后世贤，师吾俭；不贤，毋为势家所夺。"

癸巳，以曹参为相国。参闻何薨，告舍人："趣治行！吾将入相。"居无何，使者果召参。始，参微时，与萧何善；及为将相，有隙；至何且死，所推贤惟参。参代何为相，举事无所变更，一遵何约束。择郡国吏木讷于文辞、重厚长者，即召除为丞相史；吏之言文刻深、欲务声名者，辄斥去之。日夜饮醇酒；卿、大夫以下吏及宾客见参不事事，来者皆欲有言，参辄饮以醇酒；间欲有所言，复饮之，醉而后去，终莫得开说，以为常。见人有细过，专掩匿覆盖之；府中无事。

参子窋为中大夫,帝怪相国不治事,以为"岂少朕与?"使窋归,以其私问参。参怒,笞窋二百,曰:"趣入侍!天下事非若所当言也!"至朝时,帝让参曰:"乃者我使谏君也。"参免冠谢曰:"陛下自察圣武孰与高帝?"上曰:"朕乃安敢望先帝!"又曰:"陛下观臣能孰与萧何贤?"上曰:"君似不及也。"参曰:"陛下言之是也。高帝与萧何定天下,法令既明。今陛下垂拱,参等守职,遵而勿失,不亦可乎!"帝曰:"善!"

参为相国,出入三年,百姓歌之曰:"萧何为法,较若画一。曹参代之,守而勿失;载其清净,民以宁壹。"

【译文】

二年(戊申,公元前193年)

郿文终侯萧何病重,惠帝亲自前去探视,问他:"您百年之后,谁可以替接您?"萧何说:"最了解臣下的还是皇上。"惠帝又问:"曹参怎么样?"萧何立即叩头说:"皇上已找到人选,我死也没有什么遗憾!"

秋季,七月,辛未(初五),萧何去世。他生前购置田地房宅,必定选位于穷困偏僻的地方;他主持家政,不修治墙垣房舍。他说:"如果我的后代贤德,就学我的俭朴;如果后代不贤,这些劣房差地也不会被权势之家抢夺。"

癸巳(二十七日),朝廷任命曹参为相国。曹参刚听说萧何去世时,就对门下舍人说:"快准备行装!我要进京去做相国了。"过了不久,使者果然前来召曹参入朝。起初,曹参当平民时,和萧何相交甚好;及至做了将相,两人有些隔阂。到萧何快死时,所推举接替自己的贤能之人唯独曹参。曹参接替做了相国后,所有的条令都不做变更,一律遵照萧何当年的规定。他挑选各郡各封国中为人质朴、拘谨不善言辞、敦厚的长者,召来任命为丞相的属官。对那些言谈行文苛刻、专门追逐名声的官员,都予以斥退。然后曹参日夜只顾饮香醇老酒。卿、大夫以下的官员及宾客见他不管政事,来看望时都想劝说,曹参却总是劝他们喝酒;喝酒间隙中再想说话,曹参又劝他们再喝,直到喝醉了回去,始终没机会开口说话。这样的情况成为常事。曹参见到别人犯有小错误,也一味包庇掩饰,相国府中终日无事。

曹参的儿子曹窋任中大夫之职，惠帝向他埋怨曹参不理政事，认为"难道是因为我年纪轻吗"？让曹窋回家时，以私亲身分探问曹参。曹参大怒，鞭笞曹窋二百下，呵斥："快回宫去侍候，国家大事不是你该说的！"到上朝时，惠帝责备曹参说："那天是我让曹窋劝你的。"曹参立即脱下帽子谢罪，说："陛下自己体察圣明威武比高帝如何？"惠帝说："朕哪里敢比高帝！"曹参又问："陛下再看我的才能比萧何谁强？"惠帝说："你好像不如他。"曹参便说："陛下说的话太对了。高帝与萧何平定天下，法令已经明确。如今陛下垂手治国，我们臣下恭谨守职，大家认真遵守不去违反旧时法令，不就够了吗！"惠帝说："对。"

曹参做相国，前后三年，百姓唱歌称颂他说："萧何制法，整齐划一；曹参接替，守而不失；做事清净，百姓安心。"

【原文】

七年（癸丑，前188年）

秋，八月，戊寅，帝崩于未央宫。大赦天下。九月，辛丑，葬安陵。

初，吕太后命张皇后取他人子养之，而杀其母，以为太子。既葬，太子即皇帝位，年幼；太后临朝称制。

【译文】

七年（癸丑，公元前188年）

秋季，八月，戊寅（十二日），汉惠帝刘盈在未央宫驾崩。大赦天下。九月，辛丑（初五），惠帝下葬在安陵。

当初，吕太后让张皇后找个别人的孩子来抚养，杀死他的母亲，以他为太子。惠帝下葬后，太子登上皇帝之位，因为年幼，便由吕太后在朝廷上行使天子权力。

汉纪五

资治通鉴第十三卷

【原文】

高皇后元年（甲寅，前187年）

冬，太后议欲立诸吕为王，问右丞相陵，陵曰："高帝刑白马盟曰：'非刘氏而王，天下共击之。'今王吕氏，非约也。"太后不说，问左丞相平、太尉勃，对曰："高帝定天下，王子弟；今太后称制，王诸吕，无所不可。"太后喜。罢朝。王陵让陈平、绛侯曰："始与高帝喋血盟，诸君不在邪！今高帝崩，太后女主，欲王吕氏；诸君纵欲阿意背约，何面目见高帝于地下乎？"陈平、绛侯曰："于今，面折廷争，臣不如君；全社稷，定刘氏之后，君亦不如臣。"陵无以应之。十一月，甲子，太后以王陵为帝太傅，实夺之相权；陵遂病免归。

乃以左丞相平为右丞相；以辟阳候审食其为左丞相，不治事，令监宫中，如郎中令。食其故得幸于太后，公卿皆因而决事。

【译文】

汉高后元年（甲寅，公元前187年）

冬季，高太后吕雉在朝议时，提出准备册封几位吕氏外戚为诸侯王，征询右丞相王陵的意见，王陵回答说："高帝曾与群臣杀白马饮血盟誓：'假若有不是刘姓的人称王，天下臣民共同消灭他。'现在分封吕氏为王，不符合白马之盟所约。"太后很不高兴，又问左丞相陈平、太尉周勃，二人回答说："高帝统一天下，分封刘氏

子弟为王;现在太后临朝管理国家,分封几位吕氏为王,没有什么不可以的。"太后听了很高兴。朝议结束后,王陵责备陈平、周勃说:"当初与高皇帝饮血盟誓时,你们二位不在场吗?现在高帝驾崩了,太后以女主当政,要封吕氏为王,你们即使是要逢迎太后意旨而背弃盟约,可又有何脸面去见高帝于地下呢?"陈平、周勃对王陵说:"现在,在朝廷之上当面谏阻太后,我二人确实不如您;可将来安定国家,确保高祖子孙的刘氏天下,您却不如我二人。"王陵无言答对。十一月,甲子(疑误),太后明升王陵为皇帝的太傅,实际上剥夺了他原任右丞相的实权;王陵于是称病,被免职归家。

太后升左丞相陈平为右丞相;任命辟阳侯审食其为左丞相,但不执行左丞相的职权,只负责管理宫廷事务,同郎中令一样。但审食其早就得太后宠幸,公卿大臣都要通过审食其裁决政事。

【原文】

四年(丁巳,前184年)

少帝浸长,自知非皇后子,乃出言曰:"后安能杀吾母而名我!我壮,即为变!"太后闻之,幽之永巷中,言帝病。左右莫得见。太后语群臣曰:"今皇帝病久不已,失惑昏乱,不能继嗣治天下;其代之。"群臣皆顿首言:"皇太后为天下齐民计,所以安宗庙、社稷甚深;群臣顿首奉诏。"遂废帝,幽杀之。五月,丙辰,立恒山王义为帝,更名曰弘;不称元年,以太后制天下事故也。

【译文】

四年(丁巳,公元前184年)

少帝渐渐长大,自知并非惠帝张皇后的儿子,就发牢骚说:"皇后怎么能杀了我的生身之母而冒充我的母亲!我成人之后,就要复仇!"太后得知,就把少帝幽禁于后宫的永巷中,宣称少帝患病。任何人不得与少帝相见。太后告诉群臣说:"如今皇帝长期患病不愈,精神失常,不能继承皇统治理天下了;应该另立皇帝。"群臣都顿首回答:"皇太后的旨意,是为天下百姓着想,对于安宗庙、保国家必定产生深远影响；群臣顿首奉诏。"于是就废掉少帝，并暗中杀死。五月，丙辰（十一日），太后立恒山王刘义为皇帝，改名为刘弘。由于太后称制治理天下，所以新皇帝即位不称元年。

【原文】

七年（庚申，前181年）

是时，诸吕擅权用事；朱虚侯章，年二十，有气力，忿刘氏不得职。尝入侍太后燕饮，太后令章为酒吏。章自请曰："臣将种也，请得以军法行酒。"太后曰："可。"酒酣，章请为《耕田歌》；太后许之。章曰："深耕穊种，立苗欲疏，非其种者，锄而去之！"太后默然。顷之，诸吕有一人醉，亡酒，章追，拔剑斩之而还，报曰："有亡酒一人，臣谨行法斩之！"太后左右皆大惊，业已许其军法，无以罪也；因罢。自是之后，诸吕惮朱虚侯，虽大臣皆依朱虚侯，刘氏为益强。

【译文】

七年（庚申，公元前181年）

这一时期，诸吕把持朝政；朱虚侯刘章，年方二十，身强力壮，对刘氏宗室不能执掌政权心怀不满。他曾经在后宫侍奉太后参加酒宴，太后令刘章为监酒官。刘章自己请求说："我本是将门之后，请太后允许我按军法监酒。"太后回答："可以。"酒酣之时，刘章请求吟唱一首《耕田歌》；太后准许。刘章吟唱道："深耕播种，株距要疏；不是同种，挥锄铲除！"太后知其歌中所指，默然无语。一会儿，参加宴席的诸吕中有一人醉酒，避席离去，刘章追上来，拔剑斩了此人，还报太后说："有一人逃酒而走，我以军法将他处斩！"太后及左右人等都大吃一惊，但因业已同意他以军法监酒，也就无法将他治罪；于是散席。从此之后，诸吕都很惧怕朱虚侯刘章，即便是朝廷大臣也都要倚重他，刘氏宗室的势力由此而增强。

【原文】

八年（辛酉，前180年）

秋，七月，太后病甚，乃令赵王禄为上将军，居北军；吕王产居南军。太后诫产、禄曰："吕氏之王，大臣弗平。我即崩，帝年少，大臣恐为变。必据兵卫宫，慎毋送丧，为人所制！"辛巳，太后崩，遗诏：大赦天下，以吕王产为相国，以吕禄女为帝后。高后已葬，以左丞相审食其为帝太傅。

诸吕欲为乱，畏大臣绛、灌等，未敢发。朱虚侯以吕禄女为妇，故知其谋，乃阴令人告其兄齐王，欲令发兵西，朱虚侯、东牟侯为内应，以诛诸吕，立齐王为帝。齐王乃与其舅驷钧、郎中令祝午、中尉魏勃阴谋发兵。齐相召平弗听。八月，丙午，齐王欲使人诛相；相闻之，乃发卒卫王宫。魏勃绐召平曰："王欲发兵，非有汉虎符验也。而相君围王固善，勃请为君将兵卫王。"召平信之。勃既将兵，遂围相府，召平自杀。于是齐王以驷钧为相，魏勃为将军，祝午为内史，悉发国中兵。

相国吕产等闻之，乃遣颍阴侯灌婴将兵击之。灌婴至荥阳，谋曰："诸吕拥兵关中，欲危刘氏而自立。今我破齐还报，此益吕氏之资也。"乃留屯荥阳，使使谕齐王及诸侯与连和，以待吕氏变，共诛之。齐王闻之，乃还兵西界待约。

吕禄、吕产欲作乱，内惮绛侯、朱虚等，外畏齐、楚兵；又恐灌婴畔之，欲待灌婴兵与齐合而发，犹豫未决。

当是时，济川王太、淮阳王武、常山王朝及鲁王张偃皆年少，未之国，居长安；赵王禄、梁王产各将兵居南、北军；皆吕氏之人也。列侯群臣莫自坚其命。

太尉绛侯勃不得主兵。曲周侯郦商老病，其子寄与吕禄善。绛侯乃与丞相陈平谋，使人劫郦商，令其子寄往绐说吕禄曰："高帝与吕后共定天下，刘氏所立九王。吕氏所立三王，皆大臣之议，事已布告诸侯，皆以为宜。今太后崩，帝少，而足下佩赵王印，不急之国守藩，乃为上将，将兵留此，为大臣诸侯所疑。足下何不归将印，以兵属太尉，请梁王归相国印，与大臣盟而之国。齐兵必罢，大臣得安，足下高枕而王千里，此万世之利也。"吕禄信然其计，欲以兵属太尉；使人报吕产及诸吕老人，或以为便，或曰不便，计犹豫未有所决。

吕禄信郦寄，时与出游猎，过其姑吕媭。媭大怒曰："若为将而弃军，吕氏今无处矣！"乃悉出珠玉、宝器散堂下，曰："毋为他人守也！"

【译文】

八年（辛酉，公元前180年）

秋季，七月，太后病重，于是下令任命赵王吕禄为上将军，统领北军；吕王吕产统领南军。太后告诫吕产、吕禄说："封立吕氏为王，大臣心中多不服。我就要去世，皇帝年幼，恐怕大臣们乘机向吕氏发难。你们务必要统率禁军，严守宫廷，千万不要为送丧而轻离重地，以免被人所制！"辛巳（三十日），太后去世，留下遗诏：大赦天下，命吕王吕产为相国，以吕禄之女为皇后。高后丧事处理完毕，朝廷改任左丞相审食其为皇帝太傅。

诸吕打算作乱，因惧怕大臣周勃、灌婴等人，未敢贸然行事。朱虚侯刘章娶吕禄之女为妻，所以得知吕氏的阴谋，就暗中派人告知其兄齐王刘襄，让齐王统兵西征，朱虚侯、东牟侯为他做内应，图谋诛除吕氏，立齐王为皇帝。齐王就与他舅父驷钧、郎中令祝午、中尉魏勃暗中密谋发兵。齐相召平反对举兵。八月，丙午（二十六日），齐王准备派人杀国相召平；召平得知，就发兵包围了王宫。魏勃欺骗召平说："齐王没有汉朝廷的发兵虎符，就要发兵，这是违法的。您发兵包围了齐王本是对的，我请求为您带兵入宫软禁齐王。"召平信以为真，让魏勃指挥军队。魏勃掌握统兵权之后，就命令包围相府；召平自杀。于是，齐王命驷钧为相，魏勃为将军，祝午为内史，征发齐国的全部兵员。

相国吕产等人闻讯齐王举兵，就派颍阴侯灌婴统兵征伐。灌婴率军行至荥阳，与其部下计议说："吕氏在关中手握重兵，图谋篡夺刘氏天下，自立为帝。如果我们现在打败齐军，回报朝廷，这就增强了吕氏的力量。"于是，灌婴就在荥阳屯兵据守，并派人告知齐王和诸侯，约定互相联合，静待吕氏发起变乱，即一同诛灭吕氏。齐王得知此意，就退兵到齐国的西部边界，待机而动。

吕禄、吕产想发起变乱，但内惧朝中绛侯周勃、朱虚侯刘章等人，外怕齐国和楚国等宗室诸王的重兵，又恐手握军权的灌婴背叛吕氏，打算等灌婴所率汉兵与齐军交战之后再动手，所以犹豫未决。

此时，济川王刘太、淮阳王刘武、常山王刘朝及鲁王张偃，都年幼，没有就职于封地，居住于长安；赵王吕禄、梁王吕产分别统率南军和北军，都是吕氏一党。列侯群臣没有人能自保安全。

太尉绛侯周勃手中没有军权。曲周候郦商年老有病，其子郦寄与吕禄交好。绛侯就与丞相陈平商定一个计策，派人劫持了郦商，让他儿子郦寄去欺骗吕禄说："高帝与吕后共同安定天下，立刘氏九人为诸侯王，立吕氏三人为诸侯王，都是经过朝廷大臣议定的，并已向天下诸侯公开宣布，诸侯都认为理应如此。现在太后驾崩，皇帝年幼，您身佩赵王大印，不立即返回封国镇守，却出任上将，率兵留在京师，必然会受到大臣和诸侯王的猜忌。您为何不交出将印，把军权还给太尉，请梁王归还相国大印给朝廷，您二人与朝廷大臣盟誓后各归封国？这样，齐兵必会撤走，大臣也得以心安，您高枕无忧地去做方圆千里的一国之王，这是造福于子孙万代的事。"吕禄相信了郦寄的计谋，想把军队交给太尉统率；派人把这个打算告知吕产及吕氏长辈，有人同意，有人反对，计策犹豫未决。

吕禄信任郦寄，经常结伴外出游猎，途中曾前往拜见其姑母吕嬃。吕嬃大怒说："你身为上将而轻易地离军游猎，吕氏如今将无处容身了！"吕嬃把家中的珠玉、宝器全拿出来，抛散到堂下，说："不要为别人守着这些东西了！"

【原文】

太宗孝文皇帝上元年（壬戌，前179年）

陈平谢病；上问之，平曰："高祖时，勃功不如臣，及诛诸吕，臣功亦不如勃；愿以右丞相让勃。"十一月，辛巳，上徙平为左丞相，太尉勃为右丞相，大将军灌婴为太尉。诸吕所夺齐、楚故地，皆复与之。

论诛诸吕功，右丞相勃以下益户、赐金各有差。绛侯朝罢趋出，意得甚；上礼之恭，常目送之。郎中安陵袁盎谏曰："诸吕悖逆，大臣相与共诛之。是时丞相为太尉，本兵柄，适会其成功。今丞相如有骄主色，陛下谦让；臣主失礼，窃为陛下弗取也！"后朝，上益庄，丞相益畏。

十二月，诏曰："法者，治之正也。今犯法已论，而使无罪之父母、妻子、同产坐之，及为收帑，朕甚不取！其除收帑诸相坐律令！"

三月，立太子母窦氏为皇后。皇后，清河观津人。有弟广国，字少君，幼为人所略卖，传十余家，闻窦后立，乃上书自陈。召见，验问，得实，乃厚赐田宅、金钱，与兄长君家于长安。绛侯、灌将军等曰："吾属不死，命乃且县此两人，两人所出微，不可不为择师傅、宾客；又复效吕氏，大事也！"于是乃选士之有节行者与居。窦长君、少君由此为退让君子，不敢以尊贵骄人。

汉文帝刘恒

【译文】

汉文帝前元年（壬戌，公元前179年）

丞相陈平因病请求辞职，汉文帝询问原因，陈平说："高祖开国时，周勃的功劳不如我大，在诛除诸吕的事件中，我的功劳不如周勃；我请求将右丞相的职务让给周勃担任。"十一月，辛巳（初八），文帝将陈平调任为左丞相，任命太尉周勃为右丞相，大将军灌婴为太尉。文帝还下令，把吕后当政时割夺齐、楚两国封立诸吕的封地，全部归还给齐国和楚国。

朝廷对诛灭诸吕的人论功行赏，右丞相周勃以下，都被增加封户和赐金，数量各有差别。绛侯周勃散朝时小步疾行退出，十分得意；文帝对绛侯以礼相待，很为恭敬，经常目送他退朝。担任郎中的安陵人袁盎谏阻文帝说："诸吕骄横谋反，大臣们合作将吕氏诛灭。那时，丞相身为太尉，掌握兵权，才凑巧建立了功劳。现在，丞相好像有对人主骄矜的神色，陛下却对他谦让；臣子和君主都有失礼节，我私下认为陛下不该如此！"以后朝会时，文帝越来越庄重威严，丞相周勃越来越敬畏。

十二月，文帝下诏说："法律，是治理天下的依据。现在的法律对违法者本人做了处罚之后，还要株连到他本来没有犯罪的父母、妻子、兄弟，以至将他们收为官奴婢，朕认为这样的法律十分不可取！自今以后废除各种收罪犯家属为奴婢及各种相连坐的律令！"

三月，立太子生母窦氏为皇后。窦皇后是清河郡观津县人。她有位弟弟窦广国，字少君，幼年时被人拐卖，先后转换了十多家，听说窦氏被立为皇后，便上书自言身世。窦皇后召见他，核验询问，证实无误，就赐给他大量的田宅和金钱，与其兄长君在长安安家居住。绛侯、灌将军等人议论说："我等不死，命运就将取决于这两个人。他们两人出身微贱，不可不为他们慎选师傅和宾客；否则，又有人重新效法吕氏，这是大事啊！"于是，大臣们从士人中精选有节行的人与二人同住。窦长君、窦少君由此成为退让君子，不敢以皇后至亲的尊贵地位对人骄矜。

【原文】

二年（癸亥，前178年）

上每朝，郎、从官上书疏，未尝不止辇受其言。言不可用置之，言可用采之，未尝不称善。

帝从霸陵上欲西驰下峻阪。中郎将袁盎骑，并车揽辔。上曰："将军怯邪？"盎曰："臣闻'千金之子，坐不垂堂'。圣主不乘危，不徼幸。今陛下骋六飞驰下峻山，有如马惊车败，陛下纵自轻，奈高庙、太后何！"上乃止。

上所幸慎夫人，在禁中常与皇后同席坐。及坐郎署，袁盎引却慎夫人坐。慎夫人怒，不肯坐；上亦怒，起，入禁中。盎因前说曰："臣闻'尊卑有序，则上下和'。今陛下既已立后，慎夫人乃妾；妾、主岂可与同坐哉！且陛下幸之，即厚赐之；陛下所以为慎夫人，适所以祸之也。陛下独不见'人彘'乎！"于是上乃说，召语慎夫人，慎夫人赐盎金五十斤。

贾谊说上曰："《管子》曰：'仓廪实而知礼节，衣食足而知荣辱。'民不足而可治者，自古及今，未之尝闻。古之人曰：'一夫不耕，或受之饥；一女不织，或受之寒。'生之有时而用之无度，则物力必屈。古之治天下，至纤，至悉，故其蓄积足恃。今背本而趋末者甚众，是天下之大残也；淫侈之俗，日日以长，是天下之大贼也。残、贼公行，莫之或止；大命将泛，莫之振救。生之者甚少而靡之者甚多，天下财产何得不蹶！

汉之为汉，几四十年矣，公私之积，犹可哀痛。失时不雨，民且狼顾；岁恶不入，请卖爵子；既闻耳矣。安有为天下阽危者若是而上不惊者！

【译文】

前二年（癸亥，公元前178年）

文帝每次上朝，郎官和从官进呈奏疏，他从来都是停下辇车接受。奏疏所说的，如不可采用就放过一边，如可用就加以采用，未尝不深加赞赏。

汉文帝从霸陵上山，想要向西纵马奔驰下山。中郎将袁盎骑马上前，与文帝车驾并行伸手挽住马缰绳。文帝说："将军胆怯了吗？"袁盎回答："我听说'家有千金资财的人，不能坐在堂屋的边缘'。圣明的君主不能冒险，不求侥幸。现在陛下要想放纵驾车的六匹骏马，奔驰下险峻的高山，如果马匹受惊，车辆被撞毁，陛下纵然是看轻自身安危，又怎么对得起高祖的基业和太后的抚育之恩呢！"文帝这才停止。

文帝所宠幸的慎夫人，在宫中经常与皇后同席而坐。等到她们一起到郎官府衙就座时，袁盎把慎夫人的座席排在下位。慎夫人恼怒，不肯入座；文帝也大怒，站起身来，返回宫中。袁盎借此机会上前规劝文帝说："我听说'尊卑次序严明，就能上下和睦'。现在，陛下既然已册立了皇后，慎夫人只是妾，妾怎么能与主人同席而坐呢！况且如果陛下真的宠爱慎夫人，就给她丰厚的赏赐；而陛下现在宠爱慎夫人的做法，恰恰会给慎夫人带来祸害。陛下难道不见'人彘'的悲剧吗！"文帝这才醒悟，转怒为喜，召来慎夫人，把袁盎的话告诉了她。慎夫人赐给袁盎黄金五十斤。

贾谊对文帝说："《管子》书中说：'仓库充实人们才会讲究礼节，衣服粮食充足人们才有荣辱观念。'假若百姓的温饱问题没有解决，却乐意听命于君主的统治，这种事情，从古到今，我都没有听说过。古代有人说：'一个农夫不耕作，就有人要挨饿；一个女子不织布，就有人要挨冻。'无论什么产品，生产它都有一定的季节时令，用起来如果毫无限制，物资就必会缺乏。古人治理天下，安排得很细微，很周到，所以国家的积贮足以仗恃。现在，脱离农桑本业而从事工商业的人太多了。这是危害天下的一大流弊；追求奢侈的风俗，日益增长，这是危害天下的一大公害。这两种流弊和公害盛行，没有谁给以制止；政权面临毁坏，没有谁能挽救。天下财富，生产的人很少而挥霍的人却很多，怎能不枯竭！

　　大汉建国以来，已近四十年了，国库和私人积贮数量之少，仍然令人悲哀痛惜。一旦老天不按时降雨，百姓就惶恐不安；年景不好，没有收成，百姓或者出卖爵位，或者自卖儿女，换粮度日；此类事情，陛下已经听到了。哪有天下如此危险而主上不惊惧的！

汉纪六

【原文】

太宗孝文皇帝中前三年（甲子，前177年）

初，赵王敖献美人于高祖，得幸，有娠。及贯高事发，美人亦坐系河内。美人母弟赵兼因辟阳侯审食其言吕后；吕后妒，弗肯白。美人已生子，恚，即自杀。吏奉其子诣上，上悔，名之曰长，令吕后母之，而葬其母真定。后封长为淮南王。

淮南王早失母，常附吕后，故孝惠、吕后时得无患；而常心怨辟阳侯，以为不强争之于吕后，使其母恨而死也。及帝即位，淮南王自以最亲，骄蹇，数不奉法；上常宽假之。是岁，入朝，从上入苑囿猎，与上同车，常谓上"大兄"。王有材力，能扛鼎。乃往见辟阳侯，自袖铁椎椎辟阳侯，令从者魏敬剄之；驰走阙下，肉袒谢罪。帝伤其志为亲，故赦弗治。当是时，薄太后及太子、诸大臣皆惮淮南王。淮南王以此，归国益骄恣，出入称警跸，称制拟于天子。袁盎谏曰："诸侯太骄，必生患。"上不听。

初，南阳张释之为骑郎，十年不得调，欲免归。袁盎知其贤而荐之，为谒者仆射。

释之从行，登虎圈，上问上林尉诸禽兽簿。十余问；尉左右视，尽不能对。虎圈啬夫从旁代尉对。上所问禽兽簿甚悉，欲以观其能；口对响应，无穷者。帝曰："吏不当若是邪！尉无赖。"乃诏释之拜啬夫为上林令。释之久之前，曰："陛下以绛侯周勃何如人也？"上曰："长者也。"又复问："东阳侯张相如何如人也？"上复曰："长者。"释之曰："夫绛侯、东阳侯称为长者，此两人言事曾不能出口，岂效

此啬夫喋喋利口捷给哉！且秦以任刀笔之吏，争以亟疾苛察相高，相敝，徒文具而无实，不闻其过，陵迟至于土崩。今陛下以啬夫口辨而超迁之，臣恐天下随风而靡，争为口辩而无其实。夫下之化上，疾于景响，举错不可以审也！"帝曰："善！"乃不拜啬夫。上就车，召释之参乘。徐行，问释之秦之敝，具以质言。至宫，上拜释之为公车令。

顷之，太子与梁王共车入朝，不下司马门。于是释之追止太子、梁王，无得入殿门，遂劾"不下公门，不敬，"奏之。薄太后闻之；帝免冠，谢教儿子不谨。薄太后乃使使承诏赦太子、梁王，然后得入。帝由是奇释之，拜为中大夫；顷之，至中郎将。

从行至霸陵，上谓群臣曰："嗟乎！以北山石为椁，用纻絮斫陈漆其间，岂可动哉！"左右皆曰："善！"释之曰："使其中有可欲者，虽锢南山犹有隙；使其中无可欲者，虽无石椁，又何戚焉！"帝称善。

【译文】

汉文帝前三年（甲子，公元前177年）

当初，赵王张敖向高祖献上一位美人，美人得宠幸而怀孕。等到赵相贯高谋杀高祖的计划败露，美人也受株连被囚禁于河内。美人的弟弟赵兼，请辟阳侯审食其向吕后求情，吕后嫉妒美人，不肯为她说话。美人这时已经生子，感到愤恨，便自杀身亡。官吏将其所生之子送给高祖，高祖也有后悔之意，为婴儿取名刘长，令吕后收养，并葬其生母于真定。后来，高祖封刘长为淮南王。

淮南王刘长自幼丧母，一直亲附吕后，所以在孝惠帝和吕后临朝时，没有受到吕后的迫害；但他心中却常常怨恨辟阳侯审食其，认为审食其没有向吕后力争，才使他的生母含恨而死。及至文帝即位，淮南王刘长自认为与文帝最亲近，骄傲蛮横，屡违法纪；文帝经常从宽处置，不予追究。本年，淮南王入朝，跟随文帝去苑囿打猎，与文帝同乘一车，经常称文帝为"大哥"。刘长有勇力，能扛起大鼎。他去见辟阳侯审食其，用袖中所藏铁锤将他击倒，并令随从魏敬割他的脖子。然后，刘长疾驰到皇宫门前，袒露上身，表示请罪。文帝感念他的为母亲复仇之心，所以没有治他的罪。当时，薄太后及太子和大臣们都惧怕淮南王。因此，淮南王归国以后，更加骄横恣肆，出入称警跸，警戒清道，将命令称作"制"，上比于天子。袁盎进谏说："诸侯过于骄傲，必生祸患。"文帝不听。

当初，南阳人张释之当骑郎，历时十年未得升迁，曾打算辞官返归故里。袁盎知道张释之是个有德才的人，就向文帝推荐他，升为谒者仆射。

张释之跟随文帝，来到禁苑中养虎的虎圈，文帝向上林尉询问禁苑中所饲养的各种禽兽的登记数目，先后问了十多种，上林尉仓皇失措，左右观望，全都答不上来。站立于一旁的虎圈啬夫代上林尉回答了文帝的提问。文帝十分详细地询问禽兽登记的情况，想考察虎圈啬夫的才能；虎圈啬夫随问随答，没有一个问题被难倒。文帝说："官吏难道不应像这样吗！上林尉不可信赖。"于是，文帝诏令张释之去任命啬夫为管理禁苑的上林令。张释之停了许久，走近文帝说："陛下以为绛侯周勃是什么样的人呢？"文帝回答说："他是长者。"张释之又问："东阳侯张相如是什么样的人呢？"文帝答："长者。"张释之说："绛侯周勃、东阳侯张相如被称作长者，他们两人在论事时尚且有话说不出口，哪能效法这个啬夫的多言善辩呢！秦王朝重用刀笔之吏，官场之上争着用敏捷苛察比较高低，它的害处是空有其表而无实际的内容，皇帝听不到对朝政过失的批评，却使国家走上土崩瓦解的末路。现在陛下因啬夫善于辞令而破格升官，我只怕天下人争相效仿，都去练习口辩之术而无真才实能。在下位的受到在上位的感化，比影随身、响应声还快。君主的举动不可不审慎啊！"文帝说："您说得好啊！"于是不给啬夫升官。文帝上车返回皇宫，令张释之为陪乘。一路上缓缓而行，文帝询问秦朝政治的弊端，张释之都给以质直的回答。车驾返抵宫中，文帝任命张释之为公车令。

时隔不久，太子与梁王共乘一车入朝，经过司马门，二人也未曾下车示敬。于是，张释之追上太子和梁王，让他们停下，不许他们二人进入殿门，并马上劾奏太子和梁王"经公门不下车，为不敬"。薄太后也得知此事，文帝为此向太后免冠赔礼，承认自己教子不严的过错。薄太后于是派专使传诏赦免太子和梁王，二人才得以进入殿门。由此，文帝更惊奇和赏识张释之的胆识，升他为中大夫；不久，任命他为中郎将。

张释之随从文帝巡视霸陵，文帝对群臣说："嗟乎！我的陵墓用北山岩石做外椁，把紵麻絮切碎填充在间隙中，再用漆将它们粘合为一体，如此坚固，难道有谁能打得开吗！"左右近侍都说："对！"唯独张释之说："让里面有能勾起人们贪欲的珍宝，即便熔化金属把整个南山封起来，也会有缝隙；让里面没有珍宝，即便是没有石椁，又有什么可忧虑的啊！"文帝称赞他说得好。

【原文】

四年（乙丑，前176年）

上召河东守季布，欲以为御史大夫。有言其勇、使酒、难近者；至，留邸一月，见罢。季布因进曰："臣无功窃宠，待罪河东，陛下无故召臣，此人必有以臣欺陛下者。今臣至，无所受事，罢去，此人必有毁臣者。夫陛下以一人之誉而召臣，以一人之毁而去臣，臣恐天下有识闻之，有以窥陛下之浅深也！"上默然，惭，良久曰："河东，吾股肱郡，故特召君耳。"

绛侯周勃既就国，每河东守、尉行县至绛，勃自畏恐诛，常被甲，令家人持兵以见之。其后人有上书告勃欲反，下廷尉；廷尉逮捕勃，治之。勃恐，不知置辞；吏稍侵辱之。勃以千金与狱吏，吏乃书牍背示之曰："以公主为证。"公主者，帝女也，勃太子胜之尚之。薄太后亦以为勃无反事。帝朝太后，太后以冒絮提帝曰："绛侯始诛诸吕，绾皇帝玺，将兵于北军，不以此时反，今居一小县，顾欲反邪！"帝既见绛侯狱辞，乃谢曰："吏方验而出之。"于是使使持节赦绛侯，复爵邑。绛侯既出，曰："吾尝将百万军，然安知狱吏之贵乎！"

【译文】

前四年（乙丑，公元前176年）

文帝召河东郡郡守季布来京，想任命为御史大夫。有人说季布勇武难制、酗酒好斗，不适于做皇帝的亲近大臣，所以，季布到京后，在官邸中滞留一个月，才得到召见，并令他还归原任。季布对文帝说："我本无功劳而有幸得到陛下宠信，担任河东郡守，陛下无故召我来京，必定是有人向陛下言过其实地推荐我。现在我来京，没有接受新的使命，仍归原任，这一定是有人诋毁我。陛下因一人的赞誉而召我来，又因一人的诋毁而令我去，我深恐天下有识之士得知此事，会以此来窥探陛下的深浅得失！"文帝默然，面露惭色，过了好久才说："河东郡，是我重要而得力的郡，所以特地召你来面谈罢了。"

绛侯周勃在前往封地之后，每当河东郡的郡守、郡尉巡行县级属地来到绛地，周勃都生怕他们是受命前来捕杀自己，经常身穿铠甲，令家中人手执兵器，然后与郡守、郡尉相见。其后，有人向皇帝上书，举告周勃要造反，皇帝交给廷尉处置，廷尉将周勃逮捕下狱，审讯案情。周勃感到恐惧，不知怎样对答才好；狱吏逐渐对周勃有所凌辱。周勃用千金行贿狱吏，狱吏就在公文木牍背面写了"以公主为证"，暗示周勃让公主作证。公主是指文帝的女儿，周勃的长子周胜之娶她为妻。薄太后也认为周勃不会谋反。文帝朝见太后时，太后恼怒地将护头的帽絮扔到文帝身上说："绛侯周勃当初在诛灭诸吕的时候，系着皇帝玉玺，身统北军将士，他不利用这一时机谋反，今天住在一个小县，反而要谋反吗！"文帝此时已见到了周勃在狱中所写的辩白之词，便向太后谢罪说："狱吏刚刚证实他无罪而释放了他。"于是派使者持皇帝信节赦免绛侯周勃，恢复他原有的爵位和封地。绛侯周勃获释之后说："我曾经统帅过百万军队，但怎知狱吏的尊贵呢！"

【原文】

五年（丙寅，前175年）

初，秦用半两钱，高祖嫌其重，难用，更铸荚钱。于是物价腾踊，米至石万钱。夏，四月，更造四铢钱；除盗铸钱令，使民得自铸。

是时，太中大夫邓通方宠幸，上欲其富，赐之蜀严道铜山，使铸钱。吴王濞有豫章铜山，招致天下亡命者以铸钱；东煮海水为盐；以故无赋而国用饶足。于是吴、邓钱布天下。

【译文】

前五年（丙寅，公元前175年）

当初，秦行用半两钱，高祖嫌半两钱过重，使用不便，另行铸造荚钱。至此

时，物价暴涨，一石米贵至一万钱。夏季，四月，文帝下诏：另行铸造四铢钱；废除禁止私人铸钱的禁令，允许民间自行铸钱。

这时，太中大夫邓通正得到文帝的宠幸，文帝为了使邓通成为巨富，就把蜀郡严道县的铜山赏赐给他，让他采铜铸钱。吴王刘濞境内的豫章郡有产铜的矿山，他召集了许多不向官府登记户籍的流民开矿铸钱；在吴国东部用海水煮盐；所以，吴王刘濞不必向百姓收取赋税而官府费用却极为充裕。于是，吴国和邓通所铸造的钱币流通于全国。

【原文】

六年（丁卯，前174年）

淮南厉王长自作法令行于其国，逐汉所置吏，请自置相、二千石；帝曲意从之。又擅刑杀不辜及爵人至关内侯；数上书不逊顺。帝重自切责之，乃令薄昭与书风谕之，引管、蔡及代顷王、济北王兴居以为儆戒。

王不说，令大夫但、士伍开章等七十人与棘蒲侯柴武太子奇谋以辇车四十乘反谷口；令人使闽越、匈奴。事觉，有司治之；使使召淮南王。王至长安，丞相张苍、典客冯敬行御史大夫事，与宗正、廷尉奏："长罪当弃市。"制曰："其赦长死罪，废，勿王；徙处蜀郡严道邛邮。"尽诛所与谋者。载长以辎车，令县以次传之。

袁盎谏曰："上素骄淮南王，弗为置严傅、相，以故致此。淮南王为人刚，今暴摧折之，臣恐卒逢雾露病死，陛下有杀弟之名，奈何？"上曰："吾特苦之耳，今复之。"

淮南王果愤恚不食死。县传至雍，雍令发封，以死闻。上哭甚悲，谓袁盎曰："吾不听公言，卒亡淮南王！今为奈何？"盎曰："独斩丞相、御史以谢天下乃可。"上即令丞相、御史逮考诸县传送淮南王不发封馈侍者，皆弃市；以列侯葬淮南王于雍，置守冢三十户。

【译文】

前六年（丁卯，公元前 174 年）

淮南王刘长自设法令，推行于封国境内，驱逐了汉朝廷所任命的官员，请求允许他自己任命相和二千石官员；汉文帝违背自己的愿望同意了他的请求。刘长又擅自刑杀无罪的人，擅自给人封爵，最高到关内侯；多次给朝廷上书都有不逊之语。文帝不愿意亲自严厉地责备他，就让薄昭致书淮南王，委婉地规劝他，征引周初管叔、蔡叔以及本朝代顷王刘仲、济北王刘兴居骄横不法、最终被废被杀之事，让淮南王引以为戒。

淮南王刘长接到薄昭书信，很不高兴，指派大夫但、士伍开章等七十余人与棘蒲侯柴武的太子柴奇合谋，准备用四十辆辇车在谷口发动叛乱；刘长还派出使者，去与闽越、匈奴联络。反情败露，有关机构追究此事来龙去脉；文帝派使臣召淮南王进京。淮南王刘长来到长安，丞相张苍、代行御史大夫职责的典客冯敬，与宗正、廷尉等大臣启奏："刘长的罪应在闹市处死示众。"文帝命令说："赦免刘长的死罪，废去王号；把他迁徙安置在蜀郡严道县的邛邮。"与刘长通谋造反的人，都被处死。刘长被安置在密封的囚车中，文帝下令沿途所过各县依次传送。

袁盎进谏说："皇上一直娇宠淮南王，不为他配设严厉的太傅和相，所以才发展到这般田地。淮南王为人刚烈，现在猛然摧残折磨他，我担心他突然遭受风露生病而死，陛下将有杀害弟弟的名声，如何是好？"文帝说："我只是要让刘长受点困苦罢了，现在就召他回来了。"

淮南王刘长果然愤恨绝食而死。囚车依次传送到雍县，雍县的县令打开了封闭的囚车，向朝廷报告了刘长的死讯。文帝哭得很伤心，对袁盎说："我没听你的话，终于害死了淮南王！现在怎么办？"袁盎说："只有斩杀丞相、御史大夫以向天下谢罪才行。"文帝立即命令丞相、御史大夫逮捕拷问各县传送淮南王而不开启封门送食物的官员，全都在闹市处死示众；用列侯的礼仪把淮南王安葬在雍县，配置了三十户百姓专管看护坟墓。

汉纪七

【原文】

太宗孝文皇帝下前十一年（壬申，前169年）

错又上言曰："臣闻秦起兵而攻胡、粤者，非以卫边地而救民死也，贪戾而欲广大也，故功未立而天下乱。且夫起兵而不知其势，战则为人禽，屯则卒积死。夫胡、貉之人，其性耐寒；扬、粤之人，其性耐暑。秦之戍卒不耐其水土，戍者死于边，输者偾于道。秦民见行，如往弃市，因以谪发之，名曰：'谪戍'；先发吏有谪及赘婿、贾人，后以尝有市籍者，又后以大父母、父母尝有市籍者，后入闾取其左。发之不顺，行者愤怨，有万死之害而亡铢两之报，死事之后，不得一算之复，天下明知祸烈及已也；陈胜行戍，至于大泽，为天下先倡，天下从之如流水者，秦以威劫而行之之敝也。

胡人衣食之业，不著于地，其势易以扰乱边境，往来转徙，时至时去；此胡人之生业，而中国之所以离南亩也。今胡人数转牧、行猎于塞下，以候备塞之卒，卒少则入。陛下不救，则边民绝望而有降敌之心；救之，少发则不足，多发，远县才至，则胡又已去。聚而不罢，为费甚大；罢之，则胡复入。如此连年，则中国贫苦而民不安矣。陛下幸忧边境，遣将吏发卒以治塞，甚大惠也。然令远方之卒守塞，一岁而更，不知胡人之能。不如选常居者家室田作，且以备之，以便为之高城深堑；要害之处，通川之道，调立城邑，毋下千家。先为室屋，具田器，乃募民，免罪，拜爵，复其家，予冬夏衣、禀食，能自给而止。塞下之民，禄利不厚，不可使久居危难之地。胡人入驱而能止其所驱者，以其半予之，县官为赎。其民如是，则邑里相救助，赴胡不避死。非以德上也，欲全亲戚而利其财也；此与东方之戍卒不习地势而心畏胡者功相万也。以陛下之时，徙民实边，使远方无屯戍之事；塞下之民，父子相保，无系虏之患；利施后世，名称圣明，其与秦之行怨民，相去远矣。"

上从其言，募民徙塞下。

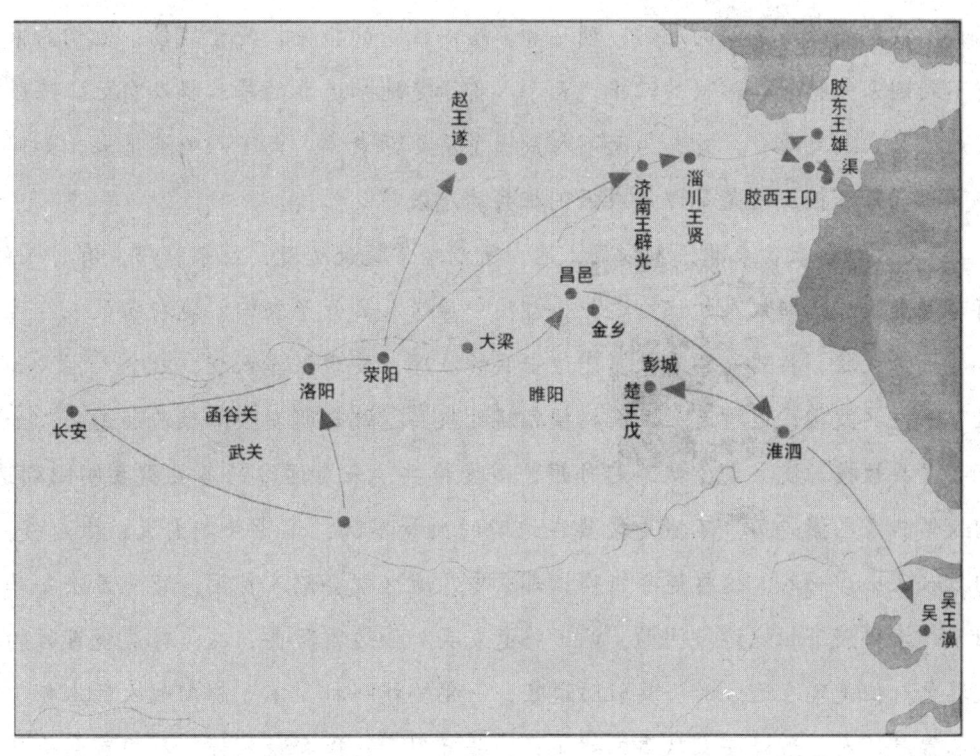

七国之乱示意图

【译文】

汉文帝前十一年（壬申，公元前169年）

晁错再一次上书说："臣听说秦起兵攻打匈奴和百越，不是为了保卫边境安宁、防止人民死于战争，而是残暴贪婪，要想扩大它的疆域，所以，功业没有建立，天下已经大乱。而且如果用兵而不了解敌人的虚实强弱，进攻就会被敌人所俘虏，屯守就会被敌人所困死。北方的胡人和貉人，生性耐寒；南方扬、粤一带的人，生性耐暑。秦朝的戍卒不服南北两地的水土，戍守边疆的死在边境，输送给养的死于路上。秦朝百姓被征发当兵，就如同去刑场被处死，于是秦王朝就征发犯罪的人去戍边，称作'谪戍'。先是征发犯罪的官吏以及赘婿和商人充军，后来又扩大到曾有市籍经过商的人，然后又扩大到祖父母、父母曾有市籍经过商的人，最后强迫居住于闾左按规定不负担兵役的人，也去当兵。胡乱征发，被强迫当兵的人都心怀愤恨，他们遭受必死无疑的厄运，朝廷却不给以丝毫的报偿，死于战场，他们的家属得不到国家免收一算赋税的回报，天下人都清楚地知道秦的暴政祸及自己。陈胜前去戍边，来到大泽乡，首先为天下人做出了反秦的表率。天下人响应陈胜，如同流水下泄势不可挡，这是秦以严威强制征兵的恶果。"

"匈奴人的衣食来源，不依靠土地，所以经常扰乱边境，往来转移，有时入侵，有时撤走；这是匈奴人的谋生之业，却使中原汉人离开了农田。现在匈奴人经常在边界一带放牧、打猎，察看汉军守边士兵的状况，发现汉军人少，就会入侵。如果陛下不发兵救援，边境百姓不能指望朝廷的救兵，就会萌发投降敌人的念头；如果陛下发兵救援，发兵太少就不起作用，多发援兵，来自远方的各县援兵刚刚到达，匈奴军队又已撤走了。不撤走聚集在边境的大量军队，军费开支太大；撤走援兵，匈奴人又乘虚而入。这样连年折腾，那么中原地区就会陷入贫困，百姓无法安居乐业了。幸得陛下担忧边境问题，派遣将吏发兵加强边塞防务，这是对边境百姓的很大恩惠。但是现在远方的士兵驻防边塞，一年轮换一批，不了解匈奴人的本领。不如选常居的人在边境安家从事农耕生产，并且用于防御匈奴入侵，利用有利地势建成高城深沟；在战略要地、交通要道，规划建立城镇，规模不小于千户人口。官府先在城中修建房屋，准备农具，再招募百姓来边城居住，赦免罪名，赏给爵位，免除应募者全家的赋税劳役，并向他们提供冬夏季衣服和粮食，直到他们能生产自足时为止。如果不给边塞民众优厚的利禄，就无法使他们长期定居在这片危险困苦的土地上。匈奴入侵，有人能从匈奴手中夺回所掠财物，就把其中的一半给他，由官府为他赎买。边塞的百姓得到这样的待遇，就会邻里街坊相互救援帮助，冒死与匈奴搏斗。他们这样做，并不是对皇帝感恩戴德想有所报答，而是要想保全亲戚邻居，贪恋财产；与那些不了解本地地形并且对匈奴心怀畏惧的东方戍卒相比，他们防御匈奴的功效要高出一万倍。在陛下当政之时，迁徙百姓以充实边防，使远方没有屯戍边境的徭役；而边塞的居民，父子相互保护，免受被匈奴俘虏的苦难；陛下这样做，利益传到后世，得到圣明的名声，这与秦征发满怀怨恨的百姓去戍守边疆，是不能相比的。"

文帝采纳晁错的建议，招募百姓迁往边塞定居。

【原文】

十二年（癸酉，前168年）

晁错言于上曰："圣王在上而民不冻饥者，非能耕而食之，织而衣之也，为开其资财之道也。故尧有九年之水，汤有七年之旱，而国亡捐瘠者，以蓄积多而备先具也。今海内为一，土地人民之众不减汤、禹，加以无天灾数年之水旱，而蓄积未及者，何也？地有遗利，民有余力；生谷之土未尽垦，山泽之利未尽出，游食之民未尽归农也。

今农夫五口之家，其服役者不下二人，其能耕者不过百亩，百亩之收不过百石。春耕，夏耘，秋获，冬藏，伐薪樵，治官府，给徭役；春不得避风尘，夏不得避暑热，秋不得避阴雨，冬不得避寒冻，四时之间无日休息；又私自送往迎来、吊死问疾、养孤长幼在其中。勤苦如此，尚复被水旱之灾，急政暴赋，赋敛不时，朝令而暮改。有者半贾而卖，无者取倍称之息，于是有卖田宅，鬻妻子以偿责者矣。而商贾，大者积贮倍息，小者坐列贩卖，操其奇赢，日游都市，乘上之急，所卖必倍。故其男不耕耘，女不蚕织，衣必文采，食必粱肉；无农夫之苦，有仟伯之得。因其富厚，交通王侯，力过吏势，以利相倾；千里游敖，冠盖相望，乘坚、策肥，履丝、曳缟。此商人所以兼并农人，农人所以流亡者也。

方今之务，莫若使民务农而已矣。欲民务农，在于贵粟；贵粟之道，在于使民以粟为赏罚。今募天下人粟县官，得以拜爵，得以除罪。如此，富人有爵，农民有钱，粟有所渫。夫能入粟以受爵，皆有余者也；取于有余以供上用，则贫民之赋可损，所谓损有余，补不足，令出而民利者也。今令民有车骑马一匹者，复卒三人；车骑者，天下武备也，故为复卒。神农之教曰：'有石城十仞，汤池百步，带甲百万，而无粟，弗能守也。'以是观之，粟者，王者大用，政之本务。今民入粟受爵至五大夫以上，乃复一人耳，此其与骑马之功相去远矣。爵者，上之所擅，出于口而无穷；粟者，民之所种，生于地而不乏。夫得高爵与免罪，人之所甚欲也；使天下人人粟于边以受爵、免罪，不过三岁，塞下之粟必多矣。"

帝从之，令民人粟于边，拜爵各以多少级数为差。

【译文】

前十二年（癸酉，公元前168年）

晁错对文帝说："英明的君主在位，百姓不受饥寒的折磨，这并不是君主能亲自耕作供给百姓食物，亲自织布为百姓做衣服，而是君主为百姓开辟了生财之路。所以尧遇到九年的大涝灾，商汤七年的大旱灾，而全国并没有被抛弃的病饿者，其原因就在蓄积多而预先做了充分的准备。现在海内大一统，土地之广、人口之众，不亚于商汤和夏禹时代，再加上没有持续几年的旱涝天灾，但蓄积却没有那时多，原因何在？是因为土地还有余力没有利用，百姓还有余力没有发挥；可生长谷物的土地还没有全部开垦，山林川泽的财富还没有全部开发，不从事生产而消耗粮食的游民还没有全部回归农业生产。

现在家中有五口人的农民家庭，为官府服徭役的不少于两个人，能耕种的土地不过一百亩，百亩土地的收获量不超过一百石。农民春季耕种，夏季锄草，秋季收获，冬季贮藏，砍柴，修缮官府房屋，服徭役；春天不能避风尘，夏天不能避暑热，秋天不能避阴雨，冬天不能避严寒，一年四季没有休息的日子；还有民间的人情往来，吊唁死者慰问病人、赡养父母、哺育子女等负担，也得从一百石的收获物中支付。农民如此勤劳困苦，还要再蒙受旱涝灾害，官府政令严苛而赋税繁重，不按规定时间征收赋税，早上发布的政令晚上又有变化。农民家中有资财的，以半价折卖，家中贫穷的，只好去借利息双倍的高利贷，于是就有人卖土地房宅、卖妻卖子以偿还债务了。而那些行商坐贾，实力大的积贮钱财发放双倍利息的高利贷，实力小的坐在市肆中做买卖，依靠手中囤积的物品，每天游荡在都市之中，得知皇帝急需某种物品，就把价格提高到两倍以上。所以商人男的不去耕田耘草，女的不去养蚕纺织，但穿衣服却非穿华丽的绸缎不可，吃饭非吃好米好肉不可。商人不受农民那样的辛苦，却可以得到很多钱财。商人依仗手中大量的钱财，与王侯显贵结交，势力超过了一般官员，于是以财利进行倾轧；商人到千里之外遨游，车子在路上前后相望，络绎不绝。他们乘坐着坚实的车子，鞭策着肥马，踏着丝制的鞋子，穿着精美的白色绸缎衣服。这就是商人兼并农民、农民破产流亡的原因。

现在的当务之急，没有比使百姓从事农耕更重要的了。要想使百姓务农，关键在于使全社会把粮食看成为珍宝；使全社会把粮食看作珍宝的方法，在于朝廷把粮食作为奖惩手段统治百姓。可以招募天下百姓向官府缴纳粮食，用以购买爵位免除罪名。这样，富人可以拥有爵位，农民可以得到钱，粮食就不会被囤积。那些能够缴纳粮食换取爵位的人，都是粮食有余的，收取余粮供给国家使用，就可以减少对贫困百姓收取的赋税，这就是所说的'损有余，补不足'，政令一公布就可以给百姓带来利益。现行的律令规定：有一匹战马的人家，可免除三人的兵役；战马，是天下的重要军事装备，所以给予免除兵役的优待。神农的教令说：'有高达十仞的石砌城墙，有宽达一百步的滚沸的护城河，有一百万全副武装的士兵，但没有粮食，那无法守住城池。'由此看来，粮食是君主的重要资本，是国家政治的根本所在。现在百姓缴纳粮食要得到五大夫以上的爵位，才能免除一人的兵役，这与对有战马的人的优待相比较，差得太远了。封爵的权力，是君主所专有的，由口而出可以无穷无尽；粮食，是百姓所种的，生长于土地而不会缺乏。得到高等爵位和免除罪名，是天下百姓最迫切的欲望；让天下人输送粮食到边境地区，以换取爵位、免除罪名，不用三年时间，边塞的粮食储备就必定会很多了。"

文帝采纳晁错的意见，下令规定：百姓输送粮食到边塞，依据输送粮食的多少，分别授给高低不同的爵位。

【原文】

十四年（乙亥，前166年）

上辇过郎署，问郎署长冯唐曰："父家何在？"对曰："臣大父赵人，父徙代。"上曰："吾居代时，吾尚食监高祛数为我言赵将李齐之贤，战于钜鹿下。今吾每饭意未尝不在钜鹿也。父知之乎？"唐对曰："尚不如廉颇、李牧之为将也。"上搏髀曰："嗟乎，吾独不得廉颇、李牧为将！吾岂忧匈奴哉！"唐曰："陛下虽得廉颇、李牧，弗能用也。"

上怒，起，入禁中，良久，召唐，让曰："公奈何众辱我，独无间处乎！"唐谢曰："鄙人不知忌讳。"上方以胡寇为意，乃卒复问唐曰："公何以知吾不能用廉颇、李牧也？"唐对曰："臣闻上古王者遣将也，跪而推毂，曰：'阃以内者，寡人制之；阃以外者，将军制之。'军功爵赏皆决于外，归而奏之，此非虚言也。臣大父言：李牧为赵将，居边，军市之租，皆自用飨士；赏赐决于外，不从中覆也。委任而责成功，故李牧乃得尽其智能；选车千三百乘，彀骑万三千，百金之士十万，是以北逐单于，破东胡，灭澹林，西抑强秦，南支韩、魏；当是之时，赵几霸。其后会赵王迁立，用郭开谗，卒诛李牧，令颜取代之；是以兵破士北，为秦所禽灭。今臣窃闻魏尚为云中守，其军市租尽以飨士卒，私养钱五日一椎牛，自飨宾客、军吏、舍人，是以匈奴远避，不近云中之塞。虏曾一人，尚率车骑击之，所杀甚众。夫士卒尽家人子，起田中从军，安知尺籍、伍符！终日力战，斩首捕虏，上功幕府，一言不相应，文吏以法绳之，其赏不行；而吏奉法必用。臣愚以为陛下赏太轻，罚太重。且云中守魏尚坐上功首虏差六级，陛下下之吏，削其爵，罚作之。由此言之，陛下虽得廉颇、李牧，弗能用也！"上说。是日，令唐持节赦魏尚，复以为云中守，而拜唐为车骑都尉。

【译文】

前十四年（乙亥，公元前166年）

文帝乘辇车经过中郎的官府，问郎署长冯唐说："您老人家原籍是何处？"冯唐回答说："我的祖父是赵国人，父亲迁居代国。"文帝说："我在代国时，我的尚食监高祛多次对我称赞当年赵国将军李齐的贤能，讲述他与秦兵大战于钜鹿城下的事情。现在，我每次吃饭，心思没有不在钜鹿的时候。老人家您知道吗？"冯唐回答说："李齐还不如廉颇、李牧为将带兵的本领大。"文帝拍着大腿说："唉！我偏偏得不到廉颇、李牧那样的人做将军！有了这样的将军，我难道还担忧匈奴的入侵吗！"冯唐说："陛下即使得到了廉颇、李牧，也不能任用他们。"

文帝大怒，起身，回到宫中，过了许久，召见冯唐，责备说："您为什么要当众侮辱我，难道就没有方便的地方！"冯唐谢罪说："乡鄙之人不懂得忌讳。"文帝正在担忧匈奴入侵，于是终于再问冯唐说："您凭什么知道我不能任用廉颇和李牧呢?"冯唐回答说:"我听说上古明君派遣将军出征时,跪着推将军的车辆前行,说:'国门之内的事,我来决定;国门以外的事情,将军裁决。'一切军功、封爵、奖赏的事都由将军在外面决定,回国后再奏报君主,这并不是虚假的传言。我的祖父说:李牧为赵国将军,驻军边境时,把从军中交易市场上收得的税收,都自行用于犒劳将士;赏赐都由将军在外决定,不必向朝廷请示批准。对他委以重任而责令成功,所以李牧才能充分发挥他的聪明才干;他率领着精选出来的一千三百辆战车、一万三千名善于骑射的骑兵,十万训练有素的将士,所以能够在北方驱逐匈奴,击败东胡,消灭澹林,在西方抑制了强大的秦国,在南方抵御了韩国和魏国;在那个时候,赵国几乎成为一个霸主之国。后来,恰逢赵王赵迁继位,他听信郭开的谗言,终于诛杀李牧,命令颜聚代替李牧而统兵;正因为如此,赵国军队溃败,将士逃散,被秦军消灭。现在我私下听说魏尚担任云中郡郡守时,把军中交易市场所得的税收全都用来犒劳士卒,还用自己的官俸钱,每五天宰杀一头牛,自己宴请宾客、军吏和幕僚属官,因此匈奴远避,不敢接近云中边塞。匈奴曾经入侵云中郡一次,魏尚率领车骑部队出击,杀了很多匈奴人。士兵都是平民百姓的子弟,从田间出来参军从征,怎能知道'尺籍''伍符'之类的军令军规!整日拼死战斗,斩敌首级,捕获俘虏,在向幕府呈报战果军功时,只要一个字不相符,舞文弄墨的官员就引用军法来惩治他们,他们应得到的赏赐就被取消了;而那些官吏所奉行的法令却必须执行。我认为陛下的赏赐太轻,而惩罚却太重。而且云中郡守魏尚因为上报斩杀敌军首级的数量差了六个,陛下就把他交给官吏治罪,削去他的爵位,判罚他做一年的刑徒。由此说来,陛下即使得到廉颇、李牧,也不能任用啊!"文帝高兴地接受了冯唐的批评。当天,就令冯唐持皇帝信节去赦免魏尚,重新任命魏尚做云中郡守,而任命冯唐为车骑都尉。

【原文】

二年(己卯,前162年)

御史大夫梁国申屠嘉,故以材官蹶张从高帝,封关内侯;庚午,以嘉为丞相,封故安侯。嘉为人廉直,门不受私谒。是时,太中大夫邓通方爱幸,赏赐累钜万;

帝尝燕饮通家，其宠幸无比。嘉尝入朝，而通居上旁，有怠慢之礼。嘉奏事毕，因言曰："陛下幸爱群臣，则富贵之；至于朝廷之礼，不可以不肃。"上曰："君勿言，吾私之。"罢朝，坐府中，嘉为檄召通诣丞相府，不来，且斩通。通恐，人言上；上曰："汝第往，吾令使人召若。"通诣丞相府，免冠、徒跣，顿首谢嘉。嘉坐自如，弗为礼，责曰："夫朝廷者，高帝之朝廷也。通小臣，戏殿上，大不敬，当斩。吏！今行斩之！"通顿首，首尽出血，不解。上度丞相已困通，使使命持节召通而谢丞相："此吾弄臣，君释之！"邓通既至，为上泣曰："丞相几杀臣！"

【译文】

后二年（己卯，公元前162年）

御史大夫梁国人申屠嘉，当年曾以步兵强弩射手的身份跟随高帝征战，封为关内侯；庚午（八月初四），文帝任命申屠嘉为丞相，封为故安侯。申屠嘉为人廉洁正直，在家中不接见私人拜谒的人。当时，太中大夫邓通正得皇帝宠幸，赏赐的财物累计万万钱；文帝曾在他家中欢宴饮酒，宠幸的程度无人能够相比。申屠嘉曾来朝见文帝，见到邓通正在文帝身边，礼节很简慢。申屠嘉奏报完了政事，就说："陛下如果宠信亲近臣子，可以让他富贵，至于朝廷之礼，却不能不整肃。"文帝说："你不必说了，我私下会告诫他。"散朝之后，申屠嘉坐在丞相府中，用公文召邓通来丞相府。邓通不来，申屠嘉便要斩杀邓通。邓通很恐惧，进宫去告知文帝，文帝说："你只管前去，我会派人召你。"邓通来到丞相府，摘下帽子，赤着双脚，向申屠嘉叩头请罪。申屠嘉坐着，安然自若，不予礼待，责备说："朝廷，那是高皇帝的朝廷。你邓通只不过是一个小臣，竟在殿上戏闹，这是大不敬之罪，该判处斩首。来人！立即把邓通处斩！"邓通吓得一再磕头，磕得头到处流血，申屠嘉仍不表示宽恕。文帝估计丞相已让邓通吃了苦头，就派使者持皇帝信节传唤邓通，并转达文帝向丞相表示歉意的话："这个人是我所戏弄的昵臣，您赦免了他吧！"邓通回到宫中，哭着对文帝说："丞相几乎杀了我！"

【原文】

七年（甲申，前157年）

夏，六月，己亥，帝崩于未央宫。遗诏曰："朕闻之：盖天下万物之萌生，靡不有死；死者，天地之理，万物之自然，奚可甚哀！当今之世，咸嘉生而恶死，厚葬以破业，重服以伤生，吾甚不取。且朕既不德，无以佐百姓；今崩，又使重服久临以罹寒暑之数，哀人父子，伤长老之志，损其饮食，绝鬼神之祭祀，以重吾不德，谓天下何！朕获保宗庙，以眇眇之身托于天下君王之上，二十有余年矣。赖天之灵，社稷之福，方内安宁，靡有兵革。朕既不敏，常惧过行以羞先帝之遗德，惟年之久长，惧于不终。今乃幸以天年得复供养于高庙，其奚哀念之有！其令天下吏民：令到，出临三日，皆释服；毋禁取妇、嫁女、祠祀、饮酒、食肉；自当给丧事服临者，皆无践；绖带毋过三寸，毋布车及兵器；毋发民哭临宫殿中；殿中当临者，皆以旦夕各十五举音，礼毕罢；非旦夕临时，禁毋得擅哭临；已下棺，服大功十五日，小功十四日，纤七日，释服。他不在令中者，皆以此令比类从事。布告天下，使明知朕意。霸陵山川因其故，毋有所改。归夫人以下至少使。"乙巳，葬霸陵。

帝即位二十三年，宫室、苑囿、车骑、服御，无所增益；有不便，辄弛以利民。尝欲作露台，召匠计之，直百金。上曰："百金，中人十家之产也。吾奉先帝宫室，尝恐羞之，何以台为！"身衣弋绨；所幸慎夫人，衣不曳地；帷帐无文绣；以示敦朴，为天下先。治霸陵，皆瓦器，不得以金、银、铜、锡为饰，因其山，不起坟。吴王诈病不朝，赐以几杖。群臣袁盎等谏说虽切，常假借纳用焉。张武等受赂金钱，觉，更加赏赐以愧其心；专务以德化民。是以海内安宁，家给人足，后世鲜能及之。

丁未，太子即皇帝位。尊皇太后薄氏曰太皇太后，皇后曰皇太后。

【译文】

后七年（甲申，公元前157年）

夏季，六月，己亥（初一），文帝在未央宫驾崩。文帝留下遗诏说："朕听说，天下万物萌生，没有不死的；死，是天地的常理，是万物的自然规则，有什么值得特别悲哀的呢！现在这个时代，世人都乐于生而厌恶死，为了厚葬而破产，为了强调服丧尽孝而损害身体健康，朕很不赞成这些做法。况且，朕本人已经没有什么德行，没有帮助百姓，现在死了，如果再让臣民们长期地为朕服丧哭悼，经历寒暑变化那么久，使民众父子悲哀，老人伤感，减少了他们的饮食，停止了对鬼神的祭祀，这是加重了朕的失德，怎么对得起天下人呢！朕获得了保护宗庙的权力，以渺小之身，托身于天下君王之上，已经有二十多年了。依赖上天的神灵，社稷的福运，才使境内安宁，没有战争。朕确实不聪明，时常害怕自己做出错事，而使先帝遗留下来的美德蒙受耻辱，惧怕年久日长，自己可能会因失德而不得善终。现在万幸的是我得以享尽天年，又可在高庙奉养高帝，哪里还有什么值得悲哀的呢！诏告天下官员百姓：令到以后，哭吊三天，就都脱下丧服；不要禁止娶妻嫁女、祭祀、饮酒、吃肉。亲戚中应当参加丧事穿丧服哭吊的，都不要赤脚；孝带不要超过三寸粗；不要在车辆和兵器上蒙盖丧布；不要调发百姓到宫中来哭吊；殿中应当哭祭的人，都在早晚哀哭十五次，礼仪完毕就停止哭祭；非早晚哭祭时间，禁止擅自前来哭祭；棺椁入土后，宗室亲戚穿'大功'丧服十五天，穿'小功'丧服十四天，穿细布丧服七天，然后脱下丧服。其他未在诏令中规定的问题，都要比照诏令的用意办理。此诏要向天下臣民公布，使大家清楚知道朕的心意。霸陵周围的山脉河流都保持原貌，不许有所改变。后宫中的妃嫔，从夫人以下到少使，都送归母家。"乙巳（初七），文帝被安葬在霸陵。

文帝即位已来，历时二十三年，宫室、园林、车骑仪仗、服饰器具等，都没有增加；有对百姓不便的禁令条例，就予以废止以利于民众。文帝曾想修建一个露台，召来工匠计算，需花费一百斤黄金。文帝说："一百斤黄金，相当于中等民户十家的财产。我居住着先帝的宫室，经常惧怕使它蒙羞，还修建露台干什么呢！"

文帝自己身穿黑色的粗丝衣服；他宠爱的慎夫人，所穿的衣服不拖到地面；所用的帷账都不刺绣花纹，以显示朴素，为天下人做出表率。修建霸陵，全都使用陶制器物，不准用金、银、铜、锡装饰，利用山陵形势，不另兴建高大的坟堆。吴王刘濞伪称有病，不来朝见，文帝反而赐给他几案手杖。群臣之中，袁盎等人的进谏言辞激烈而尖锐，文帝常常予以宽容并采纳他们的批评意见。张武等人接受金钱贿赂，文帝觉察后，反而更加赏赐他们钱财，使他们心中愧疚；他全力以德政去教化百姓。所以，国家安宁，百姓富裕，后世很少能赶得上。

丁未（六月初九），太子刘启即位称帝。尊奉皇太后薄氏为太皇太后，尊奉皇后为皇太后。

【原文】

孝景皇帝上元年（乙酉，前156年）

五月，复收民田半租，三十而税一。

初，文帝除肉刑，外有轻刑之名，内实杀人；斩右止者又当死；斩左止者笞五百，当劓者笞三百，率多死。是岁，下诏曰："加笞与重罪无异；幸而不死，不可为人。其定律：笞五百曰三百，笞三百曰二百。"

汉景帝

【译文】

汉景帝前元年（乙酉，公元前15年）

五月，朝廷恢复向百姓征收田税的一半，税率为三十分之一。

当初，文帝废除肉刑，表面上有减轻刑罚之名，实际上却多杀了人；原判斩右脚的改死刑；原判斩左脚的改笞打五百下，原判割鼻的改笞打三百，这些人大多被打死。这一年，景帝下诏说："增加笞打数与处死没有什么不同；即便侥幸而保住生命，也成了残废，无法维持生计。应制定法律：原定笞打五百下的罪，改为笞打三百下；原定笞打三百下的罪，改为笞打二百下。"

【原文】

二年（丙戌，前155年）

令天下男子年二十始傅。

六月，丞相申屠嘉薨。时内史晁错数请间言事，辄听，宠幸倾九卿，法令多所更定。丞相嘉自绌所言不用，疾错。错为内史，东出不便，更穿一门南出。南出者，太上皇庙壖垣也。嘉闻错穿宗庙垣，为奏，请诛错。客有语错，错恐，夜入宫上谒，自归上。至朝，嘉请诛内史错。上曰："错所穿非真庙垣，乃外壖垣，故冗官居其中；且又我使为之，错无罪。"丞相嘉谢。罢朝，嘉谓长史曰："吾悔不先斩错乃请之，为错所卖。"至舍，因呕血而薨。错以此愈贵。

梁孝王以窦太后少子故，有宠，王四十余城，居天下膏腴地。赏赐不可胜道，府库金钱且百巨万，珠玉宝器多于京师。筑东苑，方三百余里，广睢阳城七十里，大治宫室，为复道，自宫连属于平台三十余里。招延四方豪俊之士，如吴人枚乘、严忌，齐人羊胜、公孙诡、邹阳，蜀人司马相如之属皆从之游。每入朝，上使使持节以乘舆驷马迎梁王于关下。既至，宠幸无比；入则侍上同辇，出则同车，射猎上林中；因上疏请留，且半岁，梁侍中、郎、谒者著籍引出入天子殿门，与汉宦官无异。

【译文】

前二年（丙戌，公元前155年）

景帝命令全国男子，从二十岁开始到官府登记成为正丁，承担国家的徭役和兵役。

六月，丞相申屠嘉去世。当时，内史晁错多次请求单独与景帝谈论国政，景帝每每采纳他的意见，受宠幸超过了九卿，经晁错的建议修改了许多法令。丞相申屠嘉因景帝不采用他的意见而自行黜退，很恨晁错。晁错作为内史，内史府的门东出不便,就另开了一个门南出。这个南门,开凿在太上皇庙外空地的围墙上。申屠嘉听说晁错打通了宗庙的墙,就上奏景帝,请诛杀晁错。有人把此事告知晁错,晁错很害怕,夜里入宫求见景帝,向景帝自首,寻求保护。到上朝时,申屠嘉奏请诛杀内史晁错。景帝说:"晁错所打通的墙,并不是真正的庙墙,而是宗庙外边的围墙,原来的一些散官住在那里;而且又是我让晁错这样做的,晁错没有罪。"丞相申屠嘉只好表示谢罪。散朝之后,申屠嘉对长史说:"我后悔没有先把晁错斩首再去奏请皇上认可,却被晁错所欺。"回到府中,申屠嘉吐血而死。晁错因此越发尊贵。

梁孝王因为是窦太后的小儿子,受到宠爱,封国内有四十多座城,封地是全国最肥沃富饶的土地。给他的赏赐多得说不清,府库中所藏的金钱接近了一百万万,珠玉宝器比京城还要多。梁孝王修建了方圆三百余里的东苑,扩大其都城睢阳城的规模,使之达到周长七十里,大规模兴建宫室,修建了架于空中的通道,从宫室连接到平台达三十余里。招揽延聘四方豪杰,如吴地人枚乘、严忌,齐地人羊胜、公孙诡、邹阳,蜀地人司马相如之流,都跟随他交游。每当梁王入朝时,景帝都派出使者持皇帝符节、用四匹马拉着皇帝专用的车辆,到函谷关前迎接梁王。梁王到达长安之后,所受的宠幸无人可比;进入皇宫就陪侍景帝乘坐同一辇车,外出就与景帝乘坐同一御车,在上林苑中射猎。梁王借机向景帝上书,要求留居长安,一住将近半年。梁王的侍中、郎官、谒者都在名册上登记,可出入天子的殿门,与朝廷的宦官没有不同。

汉纪八

资治通鉴第十六卷

【原文】

孝景皇帝下前三年（丁亥，前154年）

冬，十月，梁王来朝。时上未置太子，与梁王宴饮，从容言曰："千秋万岁后传于王。"王辞谢，虽知非至言，然心内喜；太后亦然。詹事窦婴引卮酒进上曰："天下者，高祖之天下，父子相传，汉之约也；上何以得传梁王！"太后由此憎婴；婴因病免；太后除婴门籍，不得朝请。梁王以此益骄。

初，孝文时，吴太子入见，得侍皇太子饮、博。吴太子博争道，不恭；皇太子引博局提吴太子，杀之。遣其丧归葬，至吴，吴王愠曰："天下同宗，死长安即葬长安，何必来葬为！"复遣丧之长安葬。吴王由此稍失藩臣之礼，称疾不朝。京师知其以子故，系治、验问吴使者；吴王恐，始有反谋。后使人为秋请，文帝复问之，使者对曰："王实不病；汉系治使者数辈，吴王恐，以故遂称病。夫'察见渊中鱼不祥'；唯上弃前过，与之更始。"于是文帝乃赦吴使者，归之，而赐吴王几杖，老，不朝。吴得释其罪，谋亦益解。然其居国，以铜、盐故，百姓无赋；卒践更，辄予平贾；岁时存问茂材，赏赐闾里；他郡国吏欲来捕亡人者，公共禁弗予。如此者四十余年。

晁错数上书言吴过，可削；文帝宽，不忍罚，以此吴日益横。及帝即位，错说上曰："昔高帝初定天下，昆弟少，诸子弱，大封同姓，齐七十余城，楚四十余城，吴五十余城；封三庶孽，分天下半。今吴王前有太子之郤，诈称病不朝，于古法当诛。文帝弗忍，因赐几杖，德至厚，当改过自新；反益骄溢，即山铸钱，煮海水为盐，诱天下亡人谋作乱。今削之亦反，不削变反。削之，其反亟，祸小；不削，反迟，祸大。"上令公卿、列侯、宗室杂议，莫敢难；独窦婴争之，由此与错有郤。及楚王戊来朝，错因言："戊往年为薄太后服，私奸服舍，请诛之。"诏赦，削东海郡。及前年，赵王有罪，削其常山郡；胶西王卬以卖爵事有奸，削其六县。

廷臣方议削吴。吴王恐削地无已，因发谋举事；念诸侯无足与计者，闻胶西王勇，好兵，诸侯皆畏惮之，于是使中大夫应高口说胶西王曰："今者，主上任用邪臣，听信谗贼，侵削诸侯，诛罚良重，日以益甚。语有之曰：'狧穅及米。'吴与胶西，知名诸侯也，一时见察，不得安肆矣。吴王身有内疾，不能朝请二十余年，常患见疑，无以自白，胁肩累足，犹惧不见释。窃闻大王以爵事有过。所闻诸侯削地，罪不至此；此恐不止削地而已！"王曰："有之。子将奈何？"高曰："吴王自以为与大王同忧，愿因时循理，弃躯以除患于天下，意亦可乎？"胶西王瞿然骇曰："寡人何敢如是！主上虽争，固有死耳，安得不事！"高曰："御史大夫晁错，营惑天子，侵夺诸侯，诸侯皆有背叛之意，人事极矣。彗星出，蝗虫起，此万世一时；而愁劳，圣人所以起也。吴王内以晁错为诛，外从大王后车，方洋天下，所向者降，所指者下，莫敢不服。大王诚幸而许之一言，则吴王率楚王略函谷关，守荥阳、敖仓之粟，距汉兵，治次舍，须大王。大王幸而临之，则天下可并，两主分割，不亦可乎！"王曰："善！"归，报吴王，吴王犹恐其不果，乃身自为使者，至胶西面约之。

初，楚元王好书，与鲁申公、穆生、白生俱受《诗》于浮丘伯；及王楚，以三人为中大夫。穆生不耆酒；元王每置酒，常为穆生设醴。及子夷王、孙王戊即位，常设，后乃忘设焉。穆生退，曰："可以逝矣！醴酒不设，王之意怠；不去，楚人将钳我于市。"遂称疾卧。申公、白生强起之，曰："独不念先王之德与？今王一旦失小礼，何足至此！"穆生曰："《易》称：'知几其神乎！几者，动之微，吉凶之先见者也。君子见几而作，不俟终日。'先王之所以礼吾三人者，为道存也；今而忽之，是忘道也。忘道之人，胡可与久处，岂为区区之礼哉！"遂谢病去。申公、白生独留。王戊稍淫暴，太傅韦孟做诗讽谏，不听，亦去，居于邹。戊因坐削地事，遂与吴通谋。申公、白生谏戊，戊胥靡之，衣之赭衣，使雅舂于市。休侯富使之谏王。王曰："季父不吾与，我起，先取季父矣！"休侯惧，乃与母太夫人奔京师。

及削吴会稽、豫章郡书至，吴王遂先起兵，诛汉吏二千石以下；胶西、胶东、菑川、济南、楚、赵亦皆反。楚相张尚、太傅赵夷吾谏王戊，戊杀尚、夷吾。赵相建德、内史王悍谏王遂，遂烧杀建德、悍。齐王后悔，背约城守。济北王城坏未完，其郎中令劫守，王不得发兵。胶西王、胶东王为渠率，与菑川、济南共攻齐，围临菑。赵王遂发兵住其西界，欲待吴、楚俱进，北使匈奴与连兵。

吴王悉其士卒，下令国中曰："寡人年六十二，身自将；少子年十四，亦为士卒先。诸年上与寡人同，下与少子等，皆发。"凡二十余万人。南使闽、东越，闽、东越亦发兵从。吴王起兵于广陵，西涉淮，因并楚兵，发使遗诸侯书，罪状晁错，欲合兵诛之。吴、楚共攻梁，破棘壁，杀数万人；乘胜而前，锐甚。梁孝王遣将军击之，又败梁两军，士卒皆还走。梁王城守睢阳。

【译文】

汉景帝前三年（丁亥，公元前154年）

冬季，十月，梁王来长安朝见景帝。当时，景帝没有立太子，与梁王宴饮时，景帝口气徐缓地说："等我百年之后，把帝位传给你。"梁王表示辞谢，虽然知道这不是认真的话，但心中很高兴；窦太后也是如此。詹事窦婴捧着一杯酒献给景帝说："这个天下，是高祖的天下，帝位由父亲传给儿子，这是汉朝的规定，皇上怎么能够传给梁王！"窦太后因此憎恶窦婴；窦婴便因病而被免职；窦太后在准许出入皇宫殿门的名册上除去了窦婴的姓名，不许他定期朝见皇帝和太后。梁王因此越发骄横。

当初，孝文帝在位时，吴国太子进京朝见文帝，得以陪伴皇太子饮酒、博戏。吴太子在博戏过程中与太子争棋路，态度不恭；皇太子就拿起棋盘猛击吴太子，把他打死了。朝廷送他的灵柩回去安葬，灵柩到达吴国，吴王恼怒地说："天下都是刘氏一家的天下，死在长安就葬在长安，何必送回来安葬呢！"吴王又把太子的灵柩送回长安安葬。吴王从此渐渐失去藩臣的礼节，声称身体有病，不来朝见皇帝。京城知道吴王是为了儿子的缘故，就拘留和审问吴国的使者；吴王恐惧，开始产生了谋反的念头。后来，吴王派人代替他去长安行秋季朝见之礼，文帝再一次追问吴王不来朝见的原因，使臣回答说："吴王其实没有生病；朝廷拘留了几批吴国使者，又治他们的罪，吴王恐惧，所以才声称有病。有这么一句话：'察见深潭中的鱼，不吉利。'；希望皇上不再追究他以前的过失，让他改过自新。"这样，文帝就释放了吴国使者，让他们回去；并且赏赐给吴王几案和拐杖，表明照顾他年事已高，不必前来朝见。吴王见朝廷不再追究他的罪名，谋反之心也就渐渐消除了。但是，因为他国内有冶铜、制盐的财源，便不向百姓征收赋税；百姓应该为官府服役时，总是由吴王发给代役金，另外雇人应役；每到年节时，慰问有贤才的士人，赏赐平民百姓；其他郡国的官吏要来吴国捕捉流亡的人，吴国公然阻止，不把罪犯交出去。这样，前后持续了四十多年。

晁错多次上书奏说吴王的罪过，认为可以削减其封地；汉文帝宽厚，不忍心惩罚，所以吴王日益骄横。等到汉景帝即位，晁错劝说景帝："当初，高帝刚刚平定天下，兄弟少，儿子们年幼，大封同姓诸侯王，封给齐国七十多座城，封给楚国四十多座城，封给吴国五十多座城；封给这三个并非嫡亲的诸侯王的领地，就去了全国的一半。现在，吴王以前因有吴太子之死的嫌隙，假称有病不来朝见，按照古法应当处死。文帝不忍心，因而赐给他几案手杖，对他是恩德极为深厚，他本应该改过自新；但他反而更加骄横无法，利用矿山采铜铸钱，熬海水制盐，招诱天下流亡人口，图谋叛乱。如今，削减他的封地他会叛乱，不削减他的封地，他也会叛乱；如果削减他的封地，他反得快，祸害会小一些；如果不削减他的封地，他反得慢，将来有备而发，祸害更大。"景帝下令公卿、列侯、宗室共同讨论晁错的建议，没有人敢与晁错辩驳；只有窦婴一人坚决反对，从此与晁错之间产生了矛盾。等到楚王刘戊来京朝见，晁错借机说："刘戊去年为薄太后服丧期间，在服丧的居室里私下奸淫，请求处死他。"景帝下诏，免去刘戊的死罪，但把原楚国封地东海郡收归朝廷。另外，在前一年，赵王有罪，朝廷削夺了他的常山郡；胶西王刘卬因在卖爵事上有不法行为，朝廷削夺了他封地中的六县之地。

朝廷大臣们正在议论削夺吴王的封地。吴王刘濞恐怕削夺没有止境，就打算举兵叛乱；想到其他诸侯王没有足以共商大事的，听说胶西王刘卬勇武，喜欢兵法，诸侯都畏惧他，于是，吴王派中大夫应高去亲口游说胶西王刘卬，说："现在，主上重用奸邪之臣，听信谗言恶语，侵夺削弱诸侯国，对诸侯王的惩罚极为严厉，而且一天比一天厉害。俗语有这样的说法：'开头吃糠，后来就会发展到吃米。'吴国和胶西国，都是著名的诸侯王国，同时朝廷注意，不会有安宁了。吴王身体患有暗疾，已有二十多年不能朝见，时常担心受到朝廷怀疑，无法自己表白，缩紧肩膀、脚压着脚地自我约束，仍怕得不到朝廷的宽容，我私下听说大王因出卖爵位的过失而受朝廷处置。我所听到的其他诸侯被削夺封地的事情，若按所犯罪名来处理，都不应该受到如此严重的惩罚。恐怕朝廷的用意，不仅仅是要削夺诸侯王的封地吧！"胶西王刘印说："我确实有被削夺的事。你认为该怎么办？"应高说："吴王自认为与大王面临着共同的忧患，希望顺应时势，遵循情理，牺牲生命去为天下消除祸患，我想您也同意吧？"胶西王大吃一惊，说："我怎么敢做这样的事！天子待诸侯虽然很严苛，我只有一死了事，怎能起意反叛呢！"应高说："御史大夫晁错，在天子身边蒙编蛊惑，侵夺诸侯封地，诸侯王都有背叛之心，从人事来看，形势已发展到极点了。彗星出现，蝗灾发生，这是千载难逢的好时机；而且愁恼困苦的局势，正是圣人挺身而出之时。吴王准备对朝廷提出清除晁错的要求，在战场上则跟随于大王之后，纵横天下，所向无敌，锋芒所指之处，没有人胆敢不服。大王若真能许诺一句话，吴王就率领楚王直捣函谷关，据守荥阳、敖仓的粮库，敌御汉军，整治好驻扎之地，恭候大王到来。有幸得到大王光临，就可以吞并天下，吴王和大王平分江山，不也很好吗！"胶西王说："好！"应高返归吴国，向吴王汇报，吴王还怕胶西王不实行诺言，就亲自前往，到胶西国与刘印当面约定。

当初，楚元王刘交喜爱书籍，和鲁地人申公、穆生、白生都拜浮丘伯为师，学习《诗经》；等到他当了楚王，就任命他们三人为中大夫。穆生不喜欢喝酒；楚元王每次设宴饮酒时，都特意为穆生准备甜酒。等到楚元王的儿子夷王以及孙子刘戊为王时，也总在举行宴会时为穆生特备甜酒，但以后就忘记这样做了。穆生退席而出，说："应该离去了！不特设甜酒，说明楚王对我已怠慢了；再不离去，楚王将会给我戴个刑具在街市上示众。"于是，穆生声称有病，卧床不起。申公、白生极力劝他继续为楚王效力，说："你就不念先王的恩德吗？现在楚王一时稍有礼貌不周怎么至于这样！"穆生说："《易经》上说：'知道契机的神妙吗？契机，是动机的微妙变化，是显示吉凶的先兆。君子看到契机而采取行动，并不整天等待。'先王礼待我们三人的原因，是他心中有道义；现在楚王怠慢我们，是忘记了道义。怎么能和忘记了道义的人长期共处，难道我这样只是因为那区区的礼节吗！"于是，穆公声称有病，离开了楚国。申公和白生却继续留任楚国。楚王刘戊逐渐荒淫残暴，太傅韦孟作了一首诗，用来进行委婉的批评，楚王不加理睬，韦孟也离开楚国，去邹地居住。刘戊因犯罪被朝廷削夺封地，就与吴王刘濞通谋，准备叛乱。申公、白生去劝谏刘戊，刘戊将他们二人罚为罪徒，让他们被绳拴着，穿着刑徒的红褐色囚衣，在街市上舂米。休侯刘富派人来劝阻楚王，楚王说："叔父不与我合作，我一旦起事，就先攻打叔父了！"休侯刘富害怕，就与他的母亲太夫人逃奔长安。

及至朝廷削夺吴国会稽郡、豫章郡的文书到达，吴王刘濞就首先起兵，杀死朝廷任命的二千石以下的官员；胶西王、胶东王、菑川王、济南王、楚王、赵王也都举兵叛乱。楚相张尚、太傅赵夷吾谏阻楚王刘戊，刘戊杀死了张尚和赵夷吾。赵相建德、内史王悍谏止赵王刘遂，刘遂将他们两人烧死。齐王后悔通谋叛乱，违背了与吴楚的盟约，依据城池进行抵御。济北王的城墙坏了没有修好，他的郎中令劫持了他，使他无法举兵参加叛乱。胶西王和胶东王为统帅，联合菑川王、济南王共同攻打齐国，围攻齐国都成临淄。赵王刘遂把军队调往赵国西部边境，准备与吴、楚等国军队联合进攻，又向北方的匈奴派出使者，联络匈奴一起举兵。

吴王征发了所有士卒，下令全国说："我今年六十二岁了，亲自担任统帅；我的小儿子十四岁，也身先士卒。所有年龄上与我一样，下与我的小儿子一样的人，都征发从军！"吴国共征发了二十多万人。吴王向南方派出使者去联络闽、东越，闽和东越也发兵响应。吴王在广陵起兵，向西渡过淮河，随即与楚国的军队合并，派使者致书诸侯，指控晁错罪状，准备联合进兵诛杀晁错。吴、楚两国军队一起攻打梁国，攻破了棘壁，杀死数万人；吴、楚联军乘胜前进，兵锋锐不可当。梁孝王派将军迎击，又有两支军队披吴楚联军打败，梁军士兵都向后逃跑。梁王固守都城睢阳。

【原文】

六年（庚寅，前151年）

初，燕王臧荼有孙女曰臧儿，嫁为槐里王仲妻，生男信与两女而仲死；更嫁长陵田氏，生男蚡、胜。文帝时，臧儿长女为金王孙妇，生女俗。臧儿卜筮之，曰："两女皆当贵。"臧儿乃夺金氏妇，金氏怒，不肯予决；内之太子宫，生男彻。彻方在身时，王夫人梦日入其怀。

及帝即位，长男荣为太子；其母栗姬，齐人也。长公主嫖欲以女嫁太子，栗姬以后宫诸美人皆因长公主见帝，故怒而不许；长公主欲与王夫人男彻，王夫人许之。由是长公主日谗栗姬而誉王夫人之美；帝亦自贤之，又有曩者所梦日符，计未有所定。王夫人知帝嗛栗姬，因怒未解，阴使人趣大行请立栗姬为皇后。帝怒曰："是而所宜言邪！"遂按诛大行。

【译文】

前六年（庚寅，公元前151年）

当初，燕王臧荼有个孙女，名叫臧儿，嫁给槐里王仲为妻，生下儿子王信和两个女儿之后，王仲死了；臧儿便改嫁长陵人田氏，生下儿子田蚡和田胜。汉文帝时，臧儿的大女儿嫁给金王孙为妻，生下女儿金俗。臧儿替子女占卜命运，仆人说："两个女儿都应当是尊贵的命。"臧儿就从金王孙家中夺回女儿，金王孙愤怒，不肯与妻子分手；臧儿却把大女儿送到太子宫中，生下儿子刘彻。王夫人怀着刘彻的时候，曾梦见太阳进入她的怀中。

等到景帝即位，大儿子刘荣被立为太子；太子刘荣的生母栗姬，是齐国人。景帝的姐姐长公主刘嫖，想把自己的女儿嫁给太子，栗姬因为后宫中各位美人都是由长公主推荐给景帝的，所以对长公主很恼怒而未予同意。长公主又想把女儿嫁给王夫人所生的皇子刘彻，王夫人同意了。从此之后，长公主每天都在景帝面前说栗姬的坏话而称赞王夫人的美德；景帝自己也觉得王夫人贤惠，又有从前梦日入怀的祥瑞符兆，对是否应改立太子和皇后的事，犹豫未定。王夫人知道景帝恨栗姬，趁着景帝怒火未熄，暗中派人去催促大行，让大行请求景帝立栗姬为皇后。景帝大怒，说："这是你所应该说的话吗！"就把大行问罪处死了。

【原文】

七年（辛卯，前150年）

是岁，以太仆刘舍为御史大夫，济南太守郅都为中尉。

始，都为中郎将，敢直谏。当从入上林，贾姬如厕，野彘卒来入厕。上目都，都不行；上欲自持兵救贾姬。都伏上前曰："亡一姬，复一姬进，天下所少，宁贾姬等乎！陛下纵自轻，奈宗庙，太后何！"上乃还，彘亦去。太后闻之，赐都金百斤，由此重都。都为人，勇悍公廉，不发私书，问遗无所受，请谒无所听。及为中尉，先严酷，行法不避贵戚；列侯、宗室见都，侧目而视，号曰"苍鹰"。

【译文】

前七年（辛卯，公元前150年）

这一年，景帝任命太仆刘舍任御史大夫，任命济南郡太守郅都为中尉。

从前，郅都担任中郎将，敢于直言进谏。他曾经跟随景帝进入上林苑，当贾姬去上厕所时，一头野猪突然闯入厕所。景帝用眼光示意郅都去救护贾姬，郅都站立不走；景帝打算自己拿着武器去救贾姬，郅都跪伏在景帝面前说："失去了一个姬妾，又会有另一个姬妾进宫，天下所缺少的，难道是贾姬这一类的人吗！陛下纵然不爱惜自己，又如何对待宗庙和太后！"景帝就走了回来，野猪也离去了。太后听说了这件事，赏赐给郅都一百斤黄金，从此器重郅都。郅都为人勇猛有力，公正廉洁，不拆阅私人给他的书信，不接受问候馈赠的礼品，不理睬托人情、拉关系的要求。及至做了中尉，倡导严厉苛刻的作风，执行法律进行赏罚，不避开皇帝国戚。列侯和宗室皇族见到郅都，都侧目而视，送他一个绰号叫"苍鹰"。

【原文】

中二年（癸巳，前148年）

初，梁孝王以至亲有功，得赐天子旌旗，从千乘万骑，出跸入警。王宠信羊胜、公孙诡，以诡为中尉。胜、诡多奇邪计，欲使王求为汉嗣。栗太子之废也，太后意欲以梁王为嗣，尝因置酒谓帝曰："安车大驾，用梁王为寄。"帝跪席举身曰："诺。"罢酒，帝以访诸大臣，大臣袁盎等曰："不可。昔宋宣公不立子而立弟，以生祸乱，五世不绝。小不忍，害大义，故《春秋》大居正。"由是太后议格，遂不复言。王又尝上书："愿赐容车之地，径至长乐宫，自使梁国士众筑作甬道朝太后。"袁盎等皆建以为不可。

【译文】

中二年（癸巳，公元前148年）

当初，梁孝王因为与景帝是一母所生，关系最为亲密，又有平定吴、楚叛乱的大功，被赐予天子使用的旌旗，有成千上万的车辆马匹做随从，出称"跸"，入称"警"，都要清道戒严。梁孝王宠信羊胜、公孙诡，任命公孙诡为中尉。羊胜和公孙诡有许多奇诡不正的计谋，想怂恿梁孝王争取成为汉景帝的继承人。当栗太子被废的时候，窦太后想让梁王为帝位继承人，曾利用宴饮的时候对景帝道："你出入乘坐大驾和安车，要让梁王在你身旁。"景帝跪坐在席上，挺直了身回答说："好。"喝完了酒，景帝就此征询大臣们的意见，大臣袁盎等人说："不成。过去宋宣公不传位给儿子而传位给弟弟，因此产生了祸乱，祸乱持续了五代人。小处不忍心，会伤害大义，所以《春秋》赞成大义为主宰。"因此，太后的意见被阻止，也就再不提让梁王继承帝位了。梁王又曾经上书给景帝："希望赐给我能容得下车辆通过的地方，直达太后居住的长乐宫，我自己派梁国的士兵修筑一条甬道，以便朝见太后。"袁盎等大臣都建议不批准梁王的请求。

【原文】

六年（丁酉，前144年）

冬，十月，梁王来朝，上疏欲留；上弗许。王归国，意忽忽不乐。

夏，四月，梁孝王薨。窦太后闻之，哭极哀，不食，曰："帝果杀吾子！"帝哀惧，不知所为；与长公主计之，乃分梁为五国，尽立孝王男五人为王：买为梁王，明为济川王，彭离为济东王，定为山阳王，不识为济阴王；女五人皆食汤沐邑。奏之太后，太后乃说，为帝加一餐。孝王未死时，财以巨万计，及死，藏府余黄金尚四十余万斤，他物称是。

上既减笞法，笞者犹不全；乃更减笞三百曰二百，笞二百曰一百。又定棰令：棰长五尺，其本大一寸，竹也；末薄半寸，皆平其节。当笞者笞臀；毕一罪，乃更人。自是笞者得全。然死刑既重而生刑又轻，民易犯之。

六月，匈奴入雁门，至武泉，入上郡，取苑马；吏卒战死者二千人。陇西李广为上郡太守，尝从百骑出，遇匈奴数千骑，见广，以为诱骑，皆惊，上山陈。广之百骑皆大恐，欲驰还走。广曰："吾去大军数十里，今如此以百骑走，匈奴追射我立尽。今我留，匈奴必以我为大军之诱，必不敢击我。"广令诸骑曰："前！"未到匈奴阵二里所，止，令曰："皆下马解！鞍"其骑曰："虏多且近，即有急，奈何？"广曰："彼虏以我为走；令皆解鞍以示不走，用坚其意。"于是胡骑遂不敢击。有白马将出，护其兵；李广上马，与十余骑奔，射杀白马将而复还，至其骑中解鞍，令士皆纵马卧。是时会暮，胡兵终怪之，不敢击。夜半时，胡兵亦以为汉有伏军于旁，欲夜取之，胡皆引兵而去。平旦，李广乃归其大军。

【译文】

中六年（丁酉，公元前144年）

冬季，十月，梁王来京朝见，给景帝上书想留居长安；景帝不同意。梁王返回封国，心情郁郁不乐。

夏季，四月，梁孝王去世。窦太后听到消息，哭得极其悲哀，不进饮食，说："皇帝果然杀了我儿子！"景帝悲哀恐惧，不知怎么办才好；与姐姐长公主商议，于是把梁国分为五国，把梁孝王的五个儿子全都封为诸侯王：刘买为梁王，刘明为济川王，刘彭离为济东王，刘定为山阳王，刘不识为济阴王；梁孝王的五个女儿也都封给汤沐邑。景帝把这一决定禀告窦太后，太后才高兴起来，为景帝这一做法而吃了一顿饭。梁孝王没死的时候，有数以万万计的财产，他死后，梁国府库中剩余的黄金还有四十多万斤，其他财物的价值也与此相当。

景帝减少了对罪犯的笞打次数之后，受笞刑的人还难保全生命；就再次减少笞刑，该笞打三百下的，减为笞打二百，该笞打二百下的，减为笞打一百。又制定了实施笞刑的法令：用于打人的笞杖，长为五尺，用竹子做成，根部手握之处，竹管的直径为一寸；末稍为半寸薄的竹片，竹节全要磨平。被判处笞刑的人，笞打他的臀部；一个罪人打完之后，才更换行刑的人。从此以后，受笞刑的人就得以保全了。但这样一来，死刑很重而不到死刑的其他惩罚又很轻，百姓就把违法犯罪看得很轻淡了。

李广

六月，匈奴攻入雁门郡，直到武泉县，并攻入上郡，抢去了官府牧马场的马匹；汉军将士二千人战死。陇西人李广担任上郡太守，曾率领一百名骑士出行，遇到几千匈奴骑兵。匈奴人看见李广的小队伍，以为是汉军大部队派出的诱兵，都吃了一惊，占据高山摆开阵势。李广所率领的一百名骑兵都很害怕，想驰马逃跑回去，李广制止说："我们离开大军数十里远，现在，如果就靠这一百骑兵的队伍逃跑，匈奴人追杀射击，我们马上就完了。现在我们留在这里，匈奴人必定把我们看成大军的诱敌队伍，一定不敢进攻我们。"李广命令骑兵们说："前进！"来到距离匈奴阵地约有二里的地方，停止下来，李广命令说："都下马解下马鞍！"他的骑兵说："敌人很多，而且离我们很近，如果出现紧急情况，怎么办？"李广说："敌人估计我们会逃跑；我命令都解下马鞍，向他们表示不逃跑，用这个办法来坚定他们认为我们是诱敌部队的想法。"于是匈奴骑兵便真的不敢进攻。有一位骑白马的匈奴将领出阵来，监护他的军队，李广上马，和十多个骑兵奔向前去，射死了匈奴的白马将军，又返回来，到达他的百骑阵营中，解下马鞍，命令战士们放开战马，卧地休息。这时，正好是黄昏，匈奴骑兵一直对李广部队的行为觉得奇怪，不敢进攻。到了半夜时分，匈奴军队仍然认为附近有埋伏的汉朝大军，想夜间袭击他们，便都领兵撤走了。到黎明时，李广才回到他的大军营垒。

【原文】

后元年（戊戌，前143年）

八月，壬辰，以御史大夫卫绾为丞相，卫尉南阳直不疑为御史大夫。初，不疑为郎，同舍有告归，误持其同舍郎金去。已而同舍郎觉亡，意不疑；不疑谢有之，买金偿。后告归者至而归金，亡金郎大惭。以此称为长者，稍迁至中大夫。人或廷毁不疑，以为盗嫂。不疑闻，曰："我乃无兄。"然终不自明也。

帝居禁中，召周亚夫赐食，独置大胾，无切肉，又不置箸。亚夫心不平，顾谓尚席取箸。上视而笑曰："此非不足君所乎？"亚夫免冠谢上，上曰："起！"亚夫因趋出。上目送之曰："此鞅鞅，非少主臣也。"

居无何，亚夫子为父买工官尚方甲楯五百被，可以葬者。取庸苦之，不与钱。庸知其盗买县官器，怨而上变，告子，事连污亚夫。书既闻，上下吏。吏簿责亚夫，亚夫不对。上骂之曰："吾不用也！"召诣廷尉。廷尉责问曰："君侯欲反何？"亚夫曰："臣所买器，乃葬器也，何谓反乎？"吏曰："君纵不欲反地上，即欲反地下耳！"吏侵之益急。初，吏捕亚夫，亚夫欲自杀，其夫人止之，以故不得死，遂入廷尉。因不食五日，呕血而死。

【译文】

后元年（戊戌，公元前143年）

八月，壬辰（疑误），景帝任命御史大夫卫绾为丞相，任命卫尉南阳人直不疑为御史大夫。当初，直不疑做郎官，同住一处的某人告假回家，错拿了同处另一位郎官的黄金走了。不久，同住一处的郎官发觉自己丢了金子，怀疑是直不疑偷去了；直不疑向他道歉说确有其事，买来黄金还给了失金人。后来，告假回家的人回来，交还了错拿的黄金，丢失黄金的那位郎官大为惭愧。因此，直不疑被称为长者，他慢慢地升官直至做了中大夫。有人在朝廷上诋毁直不疑，说他与嫂子私通。直不疑听到了，就说："我并没有哥哥。"可是终究不自我辩白。

景帝在宫中，召见周亚夫，赏赐食物，只放了一大块肉，没有切开，又不准备筷

子。周亚夫心中不高兴，回过头来吩咐主管宴席的官员取筷子来。景帝看着周亚夫，笑着问："这莫非不满足您的意思吗？"周亚夫摘下帽子向景帝谢罪，景帝说："起来！"周亚夫就快步退了出去，景帝目送着他走出去。说道："这位愤愤不平的人，不能做幼年君主的臣子。"

不久，周亚夫的儿子给父亲从工官那里买了专给皇室制造的可用于殉葬的五百件铠甲盾牌，虐待搬运这些东西的雇工，却不给他们工钱。雇工知道这是盗买皇室专用器物，怀着怨恨上书朝廷，检举周亚夫的儿子，事情牵连到周亚夫。景帝见到了检举信，就下令将此案交给司法官员审理。官员用簿书逐条审问周亚夫，周亚夫拒不回答。景帝得知，骂他说："朕不必要你的供词，也可以杀你！"下诏让周亚夫去廷尉处接受审判。廷尉审问说："您为什么要造反？"周亚夫说："我购买的东西，都是殉葬用的，怎能说是要造反呢？"审案的官员说："您即使不在地上造反，也要在地下造反！"官吏的审讯逼供越来越残酷。当初，官吏逮捕周亚夫的时候，周亚夫就想要自杀，他夫人劝阻了他，因此没有死，被关进了廷尉的牢狱。于是，周亚夫绝食五天，吐血而死。

【原文】

二年（己亥，前142年）

夏，四月，诏曰："雕文刻镂，伤农事者也；锦绣纂组，害女工者也。农事伤则饥之本，女工害则寒之原也。夫饥寒并至而能亡为非者寡矣。朕亲耕，后亲桑，以奉宗庙粢盛、祭服，为天下先；不受献，减太官，省繇赋，欲天下务农蚕，素有蓄积，以备灾害。强毋攘弱，众毋暴寡；老耆以寿终，幼孤得遂长。今岁或不登，民食颇寡，其咎安在？或诈伪为吏，以货赂为市，渔夺百姓，侵牟万民。县丞，长吏也；奸法与盗盗，甚无谓也！其令二千石各修其职；不事官职、耗乱者，丞相以闻，请其罪。布告天下，使明知朕意。"

【译文】

后二年（己亥，公元前142年）

夏季，四月，景帝下诏说："追求器物的精雕细镂，就会损害农业；追求丝织物品的锦绣多彩，就会损害纺织业。农业受到损害，是造成天下饥荒的根本原因，纺织业受到损害，是导致百姓受寒的根本原因。天下百姓，在饥寒交迫时还能够不违法犯罪的，是很少的。朕亲身从事农耕，皇后亲自种桑养蚕，以其收获作为供奉宗庙的粮食和祭服，为天下做表率；不接受进贡，减少太宫的皇家饮食供应，节省徭役和赋税，想让天下百姓都从事农业和纺织，平常都有储备，以防备灾害；强的不抢夺弱的，多的不欺凌少的，老年人可以安享天年，年幼的孤儿可以平安长大成人。而现在，只要有一年收成不好，百姓的食物就很缺乏，造成这种局面的祸根是什么？或许是因为奸诈的人做了官吏，公开行贿受贿，贪求钱财，剥削百姓，侵夺万民。县丞是重要官员，执法犯法，与盗贼共盗，太不像话！命令郡国守、相等二千石官员，各自严格遵守职责；不履行职责、政绩不好的官员，丞相要向朕奏报，议定处置的罪名。把诏书向全国公布，使天下吏民明白知道朕的本意。"

资治通鉴第十七卷

汉纪九

【原文】

世宗孝武皇帝上之上建元元年（辛丑，前 140 年）

冬，十月，诏举贤良方正直言极谏之士，上亲策问以古今治道，对者百余人。广川董仲舒对曰："道者，所繇适于治之路也，仁、义、礼、乐，皆其具也。故圣王已没，而子孙长久，安宁数百岁，此皆礼乐教化之功也。夫人君莫不欲安存，而政乱国危者甚众；所任者非其人而所繇者非其道，是以政日以仆灭也。夫周道衰于幽、厉，非道亡也，幽、厉不繇也。至于宣王，思昔先王之德，兴滞补敝，明文、武之功业，周道粲然复兴，此夙夜不懈行善之所致也。

董仲舒著《春秋繁露》书影

孔子曰：'人能弘道，非道弘人。'故治乱废兴在于己，非天降命，不可得反；其所操持悖谬，失其统也。为人君者，正心以正朝廷，正朝廷以正百官，正百官以正万民，正万民以正四方。四方正，远近莫敢不壹于正，而亡有邪气奸其间者，是以阴阳调而风雨时，群生和而万民殖，诸福之物，可致之详，莫不毕至，而王道终矣！

【译文】

汉武帝建元元年（辛丑，公元前140年）

冬季，十月，汉武帝下诏，令大臣举荐贤良方正直言极谏的人才，武帝亲自出题，围绕着古往今来治理天下的"道"，进行考试。参加考试的有一百多人。广川人董仲舒在回答说："所谓的'道'，是指由此而达到天下大治的道路，仁、义、礼、乐都是推行'道'的具体方法。所以，古代圣明的君王去世之后，他的后代可以长期稳坐天下，国家几百年太平无事，这都是推行礼乐教化的功绩。凡是君主，没有人不希望自己的国家能安宁长存，但是政治昏乱、国家危亡的却很多。用人不当，治理国家的方法不是正道，所以国家政治一天比一天接近灭亡。周王朝在幽王、厉王时期出现衰败，并不是由于治国的道路不存在了，而是由于幽王、厉王不遵循治国之道。到了周宣王在位时，他仰慕过去先王的德政，恢复被淡忘的先王善政，弥补残缺，发扬周文王、周武王的功业，周代的王道再次焕发出灿烂的光彩，这是日夜不懈地推行善政而取得的成效。

孔子说：'人可以发扬光大道，而不是道弘扬人。'所以，国家的治乱兴亡在于君主自己，只要不是天意要改朝换代，统治权就不会丧失；君主的作为悖理错误，就会丧失统治地位。做君主的人，要端正自己的思想来整肃朝廷，整肃了朝廷才能用以整肃百官，整肃了百官才能用以整肃天下百姓，整肃了天下百姓才能用以整肃四方的夷狄各族。四方的夷狄各族都已整肃完毕，远近没有胆敢不统一于正道的，就没有邪气冲犯天地之间，因此阴阳谐和，风调雨顺，生物安和相处，百姓繁衍生息，所有象征幸福的东西和可以招致的吉祥事，无不全都出现，这就是王道的最佳境界了！

【原文】

二年（壬寅，前139年）

初，景帝以太子傅石奋及四子皆二千石，乃集其门，号奋为"万石君"。万石君无文学，而恭谨无与比。子孙为小吏，来归谒，万石君必朝服见之，不名。子孙

有过失，不责让，为便坐，对案不食；然后诸子相责，因长老肉袒谢罪，改之，乃许。子孙胜冠者在侧，虽燕居必冠。其执丧，哀戚甚悼。子孙遵教，皆以孝谨闻乎郡国。及赵绾、王臧以文学获罪，窦太后以为儒者文多质少；今万石君家不言而躬行，乃以其长子建为郎中令，少子庆为内史。建在上侧，事有可言，屏人恣言极切，至廷见，如不能言者；上以是亲之。庆尝为太仆，御出，上问车中几马，庆以策数马毕，举手曰："六马。"庆于诸子中最为简易矣。

初，堂邑侯陈午尚帝姑馆陶公主嫖，帝之为太子，公主有力焉；以其女为太子妃，及即位，妃为皇后，窦太主恃功，求请无厌，上患之。皇后骄妒，擅宠而无子，与医钱凡九千万，欲以求子，然卒无之；后宠浸衰。皇太后谓上曰："汝新即位，大臣未服，先为明堂，太皇太后已怒；今又忤长主，必重得罪。妇人性易悦耳，宜深慎之！"上乃于长主、皇后复稍加恩礼。

上祓霸上，还，过上姊平阳公主，悦讴者卫子夫。子夫母卫媪，平阳公主家僮也；主因奉送子夫入宫，恩宠日隆。陈皇后闻之，恚，几死者数矣；上愈怒。

子夫同母弟卫青，其父郑季，本平阳县吏，给事侯家，与卫媪私通而生青，冒姓卫氏。青长，为侯家骑奴。大长公主执囚青，欲杀之；其友骑郎公孙敖与壮士篡取之。上闻，乃召青为建章监、侍中，赏赐数日间累千金。既而以子夫为夫人，青为太中大夫。

【译文】

二年（壬寅，公元前139年）

当初，汉景帝因为太子太傅石奋及其四个儿子，都有二千石的官秩，就总计他一门父子五人的官秩之和，称石奋为"万石君"。万石君没有文才学问，但恭敬谨慎却没有人可以与他相比。子孙做小官，回来看望他，万石君必定身穿朝服以礼相见，不叫他们的名字。子孙有了过错，他不加以责备，而为此离开正室坐到厢屋中，对着桌子不吃饭；然后，儿子们互相批评，有过失的人通过长辈人来求情，并且袒露上身前来请罪，表示一定要改正，石奋才答应他的要求而进餐。已经成年的子孙在身边，石奋即使闲居无事，也必定衣冠整齐。他主持丧事，表情极为悲痛。子孙遵循他的教导，都以孝顺谨慎闻名于各地。等到赵绾、王臧因有文采学问却犯了罪，窦太后就认为儒生富于文采却欠缺质朴，现在万石君一家人不多说话却能身体力行，就任命他的大儿子石建担任郎中令，任命他的小儿子石庆担任内史。石建在武帝身边任职，发现了应该进谏的事，让人回避之后，他对武帝畅所欲言，十分尖锐。到了朝廷上与百官朝见武帝时，石建却像一个不善言谈的人。武帝因此很亲近他。石庆曾担任太仆，为武帝驾车外出，武帝问有几匹马拉车，石庆举起马鞭数完马匹后，举起手来回答："有六匹马。"石庆在石奋的儿子中是最为随便的，做事还如此恭敬谨慎。

当初，武帝的姑姑馆陶公主刘嫖下嫁给堂邑侯陈午，武帝能得以立为太子，馆陶公主是发挥了很大作用的；公主把她的女儿嫁给太子做正妃，等到武帝即位称帝，妃就做了皇后。窦太主即馆陶公主刘嫖，自恃援立武帝有功，无休无止地请求赏赐、干预国政，武帝对她很不满。陈皇后骄横嫉妒，独占君宠，却没有生育孩子，给医生的费用合计九千万，想求得生下儿子，但是终究没有生育；对陈皇后的宠爱渐渐衰退。皇太后对武帝说："你刚刚做上皇帝，大臣还没有归附你，就先兴建明堂，太皇太后已经很恼怒了；现在又得罪窦太主，必定会受到重责。妇人的性情是容易高兴的，你应该慎之又慎！"武帝于是就对窦太主、陈皇后母女俩又稍稍以恩礼相待。

武帝到霸上举行祓除仪式、返宫途中，去看望他的姐姐平阳公主，看中了平阳公主府中的歌女卫子夫。卫子夫的母亲卫媪，是平阳公主家的奴婢；平阳公主就把卫子夫送入宫中，卫子夫日益受到武帝的宠幸。陈皇后得知，极为恼怒，好几次几乎给气死；武帝对陈皇后更为恼怒。

卫子夫的同母异父弟卫青的父亲郑季，本来是平阳县的县吏，去平阳侯家中供职当差，和卫媪私通而生了卫青，让他冒充姓卫。卫青长大了，在平阳侯家中当骑奴。大长公主刘嫖抓住卫青囚禁起来，想杀了他；卫青的好友骑郎公孙敖和勇士把他给抢了回来。武帝得知此事，就召见卫青并任命他为建章宫的宫监，还给他侍中的官衔，几天之内给卫青高达千金的赏赐。不久，武帝立卫子夫为夫人，任命卫青为太中大夫。

【原文】

六年（丙午，前135年）

六月，癸巳，丞相昌免；武侯田蚡为丞相。蚡骄侈：治宅甲诸第，田园极膏腴；市买郡县物，相属于道；多受四方赂遗；其家金玉、妇女、狗马、声乐、玩好，不可胜数。每人奏事，坐语移日，所言皆听；荐人或起家至二千石，权移主上。上乃曰："君除吏已尽未？吾亦欲除吏。"尝请考工地益宅，上怒曰："君何不遂取武库！"是后乃稍退。

闽越王郢兴兵击南越边邑；南越王守天子约，不敢擅兴兵，使人上书告天子。于是天子多南越义，大为发兵，遣大行王恢出豫章，大农令韩安国出会稽，击闽越。

淮南王安上书谏曰："陛下临天下，布德施惠，天下摄然，人安其生，自以没身不见兵革。今闻有司举兵将以诛越，臣安窃为陛下重之。"

间者，数年岁比不登，民待卖爵、赘子以接衣食。赖陛下德泽振救之，得毋转死沟壑；四年不登，五年复蝗，民生未复。今发兵行数千里，资衣粮，入越地，舆轿而逾领，拖舟而入水，行数百千里，夹以深林丛竹，水道上下击石；林中多蝮蛇、猛兽，夏月暑时，欧泄霍乱之病相随属也；曾未施兵接刃，死伤者必众矣。前时南海王反，陛下先臣使将军间忌将兵击之，以其军降，处之上淦。后复反，会天暑多雨，楼船卒水居击棹，未战而疾死者过半；亲老涕泣，孤子啼号，破家散业，迎尸千里之处，裹骸骨而归。悲哀之气，数年不息，长老至今以为记，曾未入其地而祸已至此矣。陛下德配天地，明象日月，恩至禽兽，泽及草木，一人有饥寒不终其天年而死者，为之凄怆于心。今方内无狗吠之警，而使陛下甲卒死亡，暴露中原，沾渍山谷，边境之民为之早闭晏开，朝不及夕，臣安窃为陛下重之。

【译文】

六年（丙午，公元前135年）

六月，癸巳（初三），丞相许昌被免职，武安侯田蚡任丞相。田蚡骄横奢侈：

修建的住宅比所有官员的住宅都豪华，占有的田园最肥沃；从各郡各县购买的物品，在道路上络绎不绝；大量接受各地的贿赂；他家的金玉、美女、狗马、歌妓舞女、古董器物，多得数不过来。田蚡每次进宫奏报政务，坐在那儿对着武帝一说就是大半天，所说的都被武帝所采纳；他推荐的人，有的从平民百姓直接做到了二千石的高官，侵夺了皇帝的权力。武帝不满地说："您任命的官吏，任命完了没有？我也想任命官吏。"田蚡曾经请求把考工官府的土地拨给他，以便扩建住宅，武帝愤怒地说："您为什么不干脆要武库！"从此以后，他的气焰才稍收敛了一些。

闽越王郢发兵进攻南越国的边境城邑，南越王遵守武帝的约定，不敢擅自发兵，派人向武帝上书告急。因此，武帝很赞赏南越王的忠义，调集大批军队去援救南越，派大行王恢率军从豫章郡出发，派大农令韩安国率军从会稽郡出发，进攻闽越。

淮南王刘安上书劝阻说："陛下统治天下，推行德政普施恩惠，天下太平，每个人都专心地从事自己的产业，自认为一生不会见到战争。现在听说有关官员将要率兵去进攻闽越，我刘安私下替陛下感到担忧。"

"最近，连续几年收成不好，百姓要靠出卖爵位、让儿子弃当赘婿换回钱财维持生活。仰赖陛下的恩德救济百姓，百姓才得以不饿死在流亡途中；前年歉收，去年又闹蝗灾，百姓的生活没有恢复正常。现在调兵远征数千里之外，应征的人，自带衣物粮食，进入越人居住地区，抬着轿子翻越山岭，拉着船在水中跋涉，远行数百里甚至上千里，河两岸是繁密的树林和丛生的乱竹，船在河中上下行走，经常撞在石头上；树林中有许多蝮蛇、猛兽，夏季炎热之时，上吐下泻以及霍乱等瘟疫接连不断，不必等到交战，死伤的人必定就很多了。前些时期南海王反叛，陛下已去世的臣子、我的先父派遣将军间忌率军进攻他们，南海王率领他的军队归降，就把他们安置在上淦地区。后来他们再次叛乱，正是暑热多雨季节，前来平叛的楼船水军将士长期居住在水面上，还要划桨行船，有一大半的人还没有交战就死于疾病；年迈的父母流泪，幼小的孤儿哭号，变卖所有家财产业，到千里之外，去接亲人的尸体，肉已不存，只好包裹骸骨返乡。那种悲痛哀伤的气氛，持续几年没有消失，老人们至今记忆犹新，当时还没有进入越人的居住地区，就造成了如此巨大的祸害。陛下的仁德如同天地一样广大，英明如同日月高照，恩惠施加到禽兽和草木，如果有一个人身受饥寒没有安享天年而死，陛下就为此而心中悽惨悲伤。现在境内没有任何不安的现象，连犬吠的惊吓都没有，却使陛下的士兵丧失，尸身暴露原野，鲜血浸染山谷。边境的百姓因此在下午早早关闭城门，上午很晚才敢打开城门，这样每天早上还要为晚上能否平安无事而担忧，我刘安私下替陛下觉得此事应该三思而行。"

【原文】

元光元年（丁未，前134年）

卫尉李广为骁骑将军，屯云中，中尉程不识为车骑将军，屯雁门；六月，罢。广与程不识俱以边太守将兵，有名当时。广行无部伍、行陈，就善水草舍止，人人自便，不击刁斗以自卫，莫府省约文书；然亦远斥候，未尝遇害。程不识正部曲、行伍、营陈，击刁斗，士吏军簿至明，军不得休息；然亦未尝遇害。不识曰："李广军极简易，然虏卒犯之，无以禁也；而其士卒亦佚乐，咸乐为之死。我军虽烦扰，然虏亦不得犯我。"然匈奴畏李广之略，士卒亦多乐从李广而苦程不识。

臣光曰：《易》曰："师出以律，否臧凶。"言治众而不用法，无不凶也。李广之将，使人人自便。以广之材，如此焉可也；然不可以为法。何则？其继者难也；况与之并时而为将乎！夫小人之情，乐于安肆而昧于近祸，彼既以程不识为烦扰而乐于从广，且将仇其上而不服。然则简易之害，非徒广军以禁虏之仓卒而已也！故曰："兵事以严终"，为将者，亦严而已矣。然则效程不识，虽无功，犹不败；效李广，鲜不覆亡哉！

【译文】

元光元年（丁未，公元前134年）

卫尉李广担任骁骑将军，驻守云中郡，中尉程不识担任车骑将军，驻守雁门郡。六月，朝廷罢免了他们二人的军事职务。李广和程不识都以边境郡守的身份指挥军队，当时很有名气。李广指挥行军没有固定编制和行列阵势，选择水甜草肥的地方驻扎下来，人人自便，夜间也不派设巡更士兵敲打着刁斗警卫营盘，军中指挥部的文书简单便宜；但是，也远远地派出监视敌军的侦察哨兵，军营未曾遭到袭击。程不识则整肃军事编制，讲究队列和布阵安营，夜间敲刁斗巡逻，军中官佐处理军队文书一直忙到天明，军队不能随意休息；然而也没有遇到危险。程不识说："李广的队很简单便宜，但是，如果敌人突然袭击它，就没有办法抵御；而李广的士兵也很自在，都心甘情愿地为他拼力死战。我的军队虽然军务烦扰，但敌人也不能侵犯我。"但是，匈奴人更害怕李广的谋略，汉军士兵也多数愿意跟随李广作战，而苦于跟随程不识。

臣司马光曰：《易经》说："军队一出动就要有严格的军纪，否则，不论胜败都是凶。"这是说统领大军而不用法纪来控驭，没有不凶的。李广统领军队，便人人自便。凭李广的奇才，这样是可以的，但是，不能把他的方法引为楷模来效法。为什么呢？谁要继续沿用这一方法却很难，更何况与李广同时做将领的人呢！说到普通人的本来性情，都喜好安逸，而不知道接近祸害的危险，那些士兵们既然认为程不识治军严苛烦扰，而愿意跟随李广作战，势必将要仇视他们的长官而不服从指挥。这样说来，指挥军队简单便宜的危害，就不仅仅是李广的军队无法防御敌人突然袭击这一点了！所以说："军队的事情要始终严格"，统领军队，也就是严格而已。如果这样的话，仿效程不识用兵，即便是打不了胜仗，还可以保证不失败；如果学习李广的方法，很少能避免全军覆灭的结局啊！

资治通鉴第十八卷

汉纪十

【原文】

世宗孝武皇帝上之下元光二年（戊申，前133年）

夏，六月，以御史大夫韩安国为护军将军，卫尉李广为骁骑将军，太仆公孙贺为轻车将军，大行王恢为将屯将军，太中大夫李息为材官将军，将车骑、材官三十余万匿马邑旁谷中，约单于人马邑纵兵。阴使聂壹为间，亡入匈奴，谓单于曰："吾能斩马邑令、丞，以城降，财物可尽得。"单于爱信，以为然而许之。聂壹乃诈斩死罪囚，悬其头马邑城下，示单于使者为信，曰："马邑长吏已死，可急来！"于是单于穿塞，将十万骑入武州塞。未至马邑百余里，见畜布野而无人牧者，怪之。乃攻亭，得雁门尉史，欲杀之；尉史乃告单于汉兵所居。单于大惊曰："吾固疑之。"乃引兵还，出曰："吾得尉史，天也！"以尉史为天王。塞下传言单于已去，汉兵追至塞，度弗及，乃皆罢兵。王恢主别从代出击胡辎重，闻单于还，兵多，亦不敢出。

上怒恢。恢曰："始，约为入马邑城，兵与单于接，而臣击其辎重，可得利。今单于不至而还，臣以三万人众不敌，只取辱。固知还而斩，然完陛下士三万人。"于是下恢廷尉，廷尉当"恢逗桡，当斩。"恢行千金丞相蚡，蚡不敢言上，而言于太后曰："王恢首为马邑事，今不成而诛恢，是为匈奴报仇也。"上朝太后，太后以蚡言告上。上曰："首为马邑事者恢，故发天下兵数十万，从其言为此。且纵单于不可得，恢所部击其辎重，犹颇可得以慰士大夫心。今不诛恢，无以谢天下。"于是恢闻，乃自杀。自是之后，匈奴绝和亲，攻当路塞，往往入盗于边，不可胜数；

然尚贪乐关市，嗜汉财物；汉亦关市不绝以中其意。

【译文】

汉武帝元光二年（戊申，公元前133年）

夏季，六月，汉武帝任命御史大夫韩安国为护军将军，卫尉李广为骁骑将军，太仆公孙贺为轻车将军，大行王恢为将屯将军，太中大夫李息为材官将军，统率战车、骑兵、步兵共三十多万人暗中埋伏在马邑附近的山谷中，约定等单于进入马邑就挥军出击。汉军暗地派聂壹当间谍，逃到匈奴人那儿，聂壹对单于说："我能杀马邑县的县令和县丞，献城归降，您可以得到全城的所有财物。"单于很喜欢信任聂壹，认为他说得对，就同意了他的计划。聂壹返回马邑县城，就斩杀死刑囚犯，用来假冒县令、县丞，把他们的头挂在马邑城下，让单于的使者观看，以此作为证明，说："马邑县的长官已经死了，你们可以赶快来！"于是，单于越过边塞，统率十万骑兵进入武州塞。走到距离马邑县城还有一百多里的地方，单于见牲畜遍野，却没有一个放牧的人，感到奇怪。单于就派人攻打亭隧，俘虏了雁门郡的尉史，要杀掉他，这个尉史就告诉单于汉兵埋伏的地点。单于大吃一惊，说："我本来就怀疑其中有诈。"就领兵撤退，在撤出汉境之后，单于说："我俘虏了这个尉史，是天保佑我啊！"就称尉史为"天王"。边塞守军传报单于已率军退走，汉军追到边塞，估计追不上了，就全军撤回。王恢指挥另一支军队，从代地出发，准备袭击匈奴的后勤给养，听说单于返回，军队很多，也不敢出击。

武帝对王恢很恼怒。王恢说："根据原来的计划，约定引匈奴进入马邑县城，主力军队与单于交战，而我率军袭击他们的后勤给养，可以获胜。现在单于未到马邑就全军撤回，我用三万人的军队打不过匈奴大军，那样做只能是自辱。我本知道撤兵回来是要杀头的，但这样却保全了陛下的三万将士。"于是汉武帝就把王恢交付廷尉审判，廷尉判决："王恢避敌观望，不敢出击，判处斩首。"王恢暗中向丞相田蚡行贿一千金，求他开脱罪名，田蚡不敢向武帝说，就对太后说："王恢第一个提出了在马邑诱歼匈奴主力的计划，现在行动失败而杀了王恢，这是等于为匈奴报了仇啊。"武帝朝见太后时，太后就把田蚡的话告诉了武帝。武帝说："王恢是马邑计划的主谋，我听从了他的建议，调集了天下几十万人马，安排了这次军事行动。况且，即使捉不到单于，王恢的军队袭击匈奴的后勤给养，仍然可以安慰将士们的心。如今不杀王恢，无法向天下人谢罪。"王恢得知了武帝的话，就自杀了。从此之后，匈奴断绝了与汉的和亲，进攻扼守大路的要塞，常常入侵汉朝边境，不可胜数；但是匈奴仍然贪图在边关的互市贸易，喜爱汉朝的财物；汉朝也不关闭边境贸易市场，以投其所好。

【原文】

三年（己酉，前132年）

初，孝景时，魏其侯窦婴为大将军，武安侯田蚡乃为诸郎，侍酒跪起如子侄；已而蚡日益贵幸，为丞相。魏其失势，宾客益衰，独故燕相颍阴灌夫不去。婴乃厚遇夫，相为引重，其游如父子然。夫为人刚直，使酒，诸有势在己之右者必陵之；数因酒忤丞相。丞相乃奏案："灌夫家属横颍川，民苦之。"收系夫及支属，皆得弃市罪。魏其上书论救灌夫，上令与武安东朝廷辩之。魏其、武安因互相诋讦。上问朝臣："两人孰是？"唯汲黯是魏其，韩安国两以为是；郑当时是魏其，后不敢坚。上怒当时曰："吾并斩若属矣！"即罢。起，入，上食太后，太后怒不食，曰："今我在也，而人皆藉吾弟；令我百岁后，皆鱼肉之乎！"上不得已，遂族灌夫；使有司案治魏其，得弃市罪。

【译文】

三年（己酉，公元前132年）

当初，孝景帝在位时，魏其侯窦婴担任大将军，武安侯田蚡才是个普通的郎官，陪侍窦婴饮酒时，田蚡下跪起立如同儿子、侄子一样；后来，田蚡日益显贵受宠，出任丞相。而魏其侯窦婴失去了权势，依附他的宾客越来越少，唯独原来的燕相、颍阴县人灌夫不离去。窦婴就厚待灌夫，两人互相援引、互相倚重，来往如同父子一样。灌夫为人刚强正直，好借酒使气，对那些权势在自己之上的权贵，必定给予凌辱；他多次因酒后闹事冒犯丞相田蚡。丞相就向武帝弹劾："灌夫家属在颍川郡横行霸道，百姓都被害苦了。"于是收捕灌夫和包括旁支亲属在内的家人，都被判处公开斩首示众的罪名。魏其侯窦婴上书营救灌夫，武帝命令他和武安侯田蚡到太后居住的东宫中，当庭申辩。魏其侯、武安侯就利用这个机会互相诋毁。武帝问朝廷群臣："他们两人谁对？"只有汲黯认为魏其侯对，韩安国认为两人都对；郑当时本认为魏其侯对，后来又不敢坚持。武帝怒骂郑当时说："我把你这类的人一起斩了！"随即罢朝，站起来，进入内宫，侍奉太后用餐，太后气冲冲地不吃饭，说："如今我活着，而别人已经在欺负我的弟弟；假若我死了，他们就都来宰杀他吗！"武帝没有办法，就将灌夫满门处斩；派执法官员审查魏其侯，魏其侯获罪，被斩首示众。

【原文】

六年（壬子，前129年）

匈奴入上谷，杀略吏民。遣车骑将军卫青出上谷，骑将军公孙敖出代，轻车将军公孙贺出云中，骁骑将军李广出雁门，各万骑，击胡关市下。卫青至龙城，得胡首虏七百人；公孙贺无所得；公孙敖为胡所败，亡七千骑；李广亦为胡所败。胡生得广，置两马间，络而盛卧，行十余里；广佯死，暂腾而上胡儿马上，夺其弓，鞭马南驰，遂得脱归。汉下敖、广吏，当斩，赎为庶人；唯青赐爵关内侯。青虽出于奴虏，然善骑射，材力绝人；遇士大夫以礼，与士卒有恩，众乐为用，有将帅材，故每出辄有功。天下由此服上之知人。

【译文】

六年（壬子，公元前129年）

匈奴入侵上谷郡，杀害抢掠官吏百姓。武帝派遣车骑将军卫青从上谷郡出兵，骑将军公孙敖从代国出兵，轻车将军公孙贺从云中郡出兵，骁骑将军李广从雁门郡出兵，各自率领一万骑兵，出击屯兵在边关贸易市场附近的匈奴军队。卫青进攻到龙城，斩首和俘获匈奴七百多人；公孙贺一无所得；公孙敖被匈奴打败，损失了七千骑兵；李广也被匈奴打败。匈奴人活捉了李广，把他安置在两匹并行的马匹中间，让他躺在用绳子结成的网袋中，走出了十多里路；李广先是装死，后来突然纵身跃起，跳到了一个匈奴人骑坐的马上，夺得他的弓箭，打着马向南奔驰，于是得以逃脱归来。汉朝廷把公孙敖、李广交付司法官吏审讯，罪当斩首，后出钱赎罪，做了平民；只有卫青被赏给关内侯的爵位。卫青虽然出身于奴仆，但是善于骑马射箭，勇力超过常人；对官吏士大夫以礼相待，对士兵有恩，众人都愿为他效力，他有做军事统帅的才能，所以每次率兵出征能立下战功。天下人由此都佩服武帝的知人善任。

【原文】

元朔元年（癸丑，前128年）

临菑人主父偃、严安，无终人徐乐，皆上书言事。

始，偃游齐、燕、赵，皆莫能厚遇，诸生相与排摈不容；家贫，假贷无所得，乃西入关上书阙下，朝奏，暮召入。所言九事，其八事为律令；一事谏伐匈奴，其辞曰："《司马法》曰：'国虽大，好战必亡；天下虽平，亡战必危。'夫怒者逆德也，兵者凶器也，争者末节也。夫务战胜，穷武事者，未有不悔者也。

昔秦皇帝并吞战国，务胜不休，欲攻匈奴。李斯谏曰：'不可。夫匈奴，无城郭之居，委积之守，迁徒鸟举，难得而制也。轻兵深入，粮食必绝；踵粮以行，重不及事。得其地，不足以为利也；得其民，不可调而守也；胜必杀之，非民父母也；靡敝中国，决心匈奴，非长策也。'秦皇帝不听，遂使蒙恬将兵攻胡，辟地千里，以河为境。地固沮泽，咸卤，不生五谷。然后发天下丁男以守北河，暴兵露师十有余年，死者不可胜数，终不能逾河而北，是岂人众不足，兵革不备哉？其势不可也。又使天下蜚刍、挽粟，起于东腄、琅邪负海之郡，转输北河，率三十锺而致一石。男子疾耕，不足于粮饷，女子纺织，不足于帷幕，百姓靡敝，孤寡老弱不能相养，道路死者相望，盖天下始畔秦也。

及至高皇帝，定天下，略地于边，闻匈奴聚于代谷之外而欲击之。御史成进谏曰：'不可。夫匈奴之性，兽聚而鸟散，从之如搏影。今以陛下盛德攻匈奴，臣窃危之。'高帝不听，遂北至于代谷，果有平城之围。高皇帝盖悔之甚，乃使刘敬往结和亲之约,然后天下忘干戈之事。

夫匈奴难得而制,非一世也;行盗侵驱,所以为业也,天性固然。上及虞、夏、殷、周,固弗程督,禽兽畜之,不属为人。夫上不观虞、夏、殷、周之统,而下循近世之失,此臣之所大忧,百姓之所疾苦也。"

严安上书曰:"今天下人民。用财侈靡,车马、衣裘、宫室,皆竞修饰,调五声使有节族,杂五色使有文章,重五味方丈于前,以观欲天下。彼民之情,见美则愿之,是教民以侈也;侈而无节,则不可赡,民离本而徼末矣。末不可徒得,故搢绅者不惮为诈,带剑者夸杀人以矫夺,而世不知愧,是以犯法者众。臣愿为民制度以防其淫,使贫富不相耀以和其心;心志定,则盗贼消,刑罚少,阴阳和,万物蕃也。昔秦王意广心逸,欲威海外,使蒙恬将兵以北攻胡,又使尉屠睢将楼船之士以攻越。当是时,秦祸北构于胡,南挂于越,宿兵于无用之地,进而不得退。行十余年,丁男被甲,丁女转输,苦不聊生,自经于道树,死者相望。及秦皇帝崩,天下大畔,灭世绝祀,穷兵之祸也。故周失之弱,秦失之强,不变之患也。今徇西夷,朝夜郎,降羌、僰,略薉州,建城邑,深入匈奴,燔其龙城,议者美之;此人臣之利,非天下之长策也。"

徐乐上书曰:"臣闻天下之患,在于土崩,不在瓦解,古今一也。

何谓土崩?秦之末世是也。陈涉无千乘之尊、尺土之地,身非王公、大人、名族之后,乡曲之誉,非有孔、曾、墨子之贤,陶朱、猗顿之富也;然起穷巷。奋棘矜,偏袒大呼,天下从风。此其故何也?由民困而主不恤,下怨而上不知,俗已乱而政不修。此三者,陈涉之所以为资也,此之谓土崩。故曰天下之患在乎土崩。

何谓瓦解?吴、楚、齐、赵之兵是也。七国谋为大逆,号皆称万乘之君,带甲数十万,威足以严其境内,财足以劝其士民;然不能西攘尺寸之地而身为禽于中原者,此其故何也?非权轻于匹夫而兵弱于陈涉也。当是之时,先帝之德未衰而安土乐俗之民众,故诸侯无意外之助,此之谓瓦解。故曰天下之患不在瓦解。

此二体者,安危之明要,贤主之所宜留意而深察也。

间者,关东五谷数不登,年岁未复,民多穷困,重之以边境之事;推数循理而观之,民宜有不安其处者矣。不安,故易动;易动者,土崩之势也。故贤主独观万化之原,明于安危之机,修之庙堂之上而销未形之患也,其要期使天下无土崩之势而已矣。"

书奏，天子召见三人，谓曰："公等皆安在，何相见之晚也！"皆拜为郎中。主父偃尤亲幸，一岁中凡四迁，为中大夫；大臣畏其口，赂遗累千金。或谓偃曰："太横矣！"偃曰："吾生不五鼎食，死即五鼎烹耳！"

【译文】

元朔元年（癸丑，公元前128年）

临菑人主父偃、严安，无终县人徐乐，都向武帝上书议论政事。

当初，主父偃在齐、燕、赵各地活动，都没有受到人家的厚待，儒生们联合起来排斥他，不能相容；家中贫穷，借贷无门，主父偃就西入关中，到皇宫的门阙下上书，早晨把奏书呈上，晚上就被召入宫中拜见武帝。他上书谈了九项事情，其中八项是关于律令问题；另外一项是谏止征伐匈奴，他写道："《司马法》说：'国家虽大，喜好战争必定灭亡；天下虽太平，忘掉战事必定危险。'愤怒是悖逆之德，兵器是不祥之物，争斗是最末的节操。那么追求战争胜利、穷兵黩武的人，没有不悔恨的。

从前，秦始皇吞并列国，求胜的欲望没有止休，就想攻打匈奴。李斯劝阻说：'不可这样做。匈奴没有城郭等定居的处所，没有储藏物资钱粮的仓库，迁徙不定，如同鸟飞，很难得以制服它。军队轻装深入敌境，粮食供应必定断绝；军队携带军粮行动，就会因负重而赶不上战机。夺得匈奴的土地，不足以为国家带来好处；俘获匈奴的民众，不可调教，也无法设置官员进行管理；如果战胜匈奴，只能杀掉他们，而这又不是为民父母的明君该有的行为；使中原地区疲敝，使匈奴人快意，这不是正确的决策。'秦始皇不听从劝告，就派蒙恬率军进攻匈奴，开辟疆土千里，与匈奴以黄河河套划界。这一带本来就是湖泊和盐碱地，不能种植五谷。后来，秦始皇又调集全国成年男子去戍守北河，军队暴露在外十多年，死者多得无法统计，终究不能超过黄河占领北部地区，这难道是因为兵力不足、装备不齐吗？是形势不允许啊。又使天下百姓急速地用车船运输粮草，从东䐃、琅邪等沿海郡县开始，运输到北河，大约起运时的三十锺粮食，运到目的地仅存一石。男子拼命耕作，收获不够缴纳军粮，女子纺线绩麻，织出的布帛满足不了军营帐篷的需要，百姓倾家荡产，无法养活孤寡老弱，路上死去的人一个接一个，天下人就从此开始反叛秦朝了。

等到高皇帝平定天下，到边境巡行，听说匈奴人集中在代谷的外面，就想去进攻他们。有位名叫成的御史进言劝阻说：'不能这样做。匈奴人的习性，忽而如同野兽聚集，忽而如同鸟类分飞，追赶他们就好像与影子搏斗一样，无从下手。现在，凭陛下这样的盛大功德，却要去攻击匈奴，我私下认为很危险。'高皇帝不听从他的意见，于是就向北进军到达代谷，果然发生了被围困在乎城的事变，高皇帝大概非常后悔，才派遣刘敬前往匈奴，缔结和亲的盟约，从此之后全国上下就忘记了战争的事情了。

匈奴难以制服，不是这一代才如此。侵犯城邑劫掳人畜，这是他们的生业，天性本来就是这样。远到虞、夏、殷、周统治时期，本来就不对匈奴征收贡赋、实施监督，只把他们视为禽兽，不当做人来看待。不向上回顾虞、夏、殷、周的传统，却向下沿用近代的失误，这是我所最忧虑的事，也是天下百姓所疾苦的事。"

严安上书说："现在全国的百姓，花费钱财，生活奢侈腐化，车辆马匹、衣服袭装、房屋住宅竟相修饰得富丽堂皇，谐调音乐使它有节奏，混杂颜色使它色彩斑斓，美味佳肴广列于前，用来显示自己的欲望。那些百姓的本性，见到漂亮的东西就要仿效，这是用奢侈来引导民众；追求奢侈而无节制，就无法满足欲望，百姓就会脱离农桑本业而去从事工商末业了。工商末业的财利不能凭空飞来，所以穿官服的不忌惮作欺诈的事，带剑的竟相杀人以巧取豪夺，对这样的行径，世人不知羞愧，因此犯法的人很多。我希望给民众设立制度以约束他们的过度欲望，使富有者不向贫困者夸耀以调和人心；人心安定了，盗贼就会消除，少用刑罚，阴阳和调，万物就会茂盛。过去，秦始皇踌躇满志，贪得无厌，想向海外显示威力，派蒙恬率兵向北进攻匈奴，又派尉屠睢率领水军将士去进攻越人。在这个时期，秦朝兵连祸结，北方与匈奴交战，南方和越人难分胜负，军队驻扎在无用之地，只能前进而无法退回。历时十多年，成年男子当兵打仗，成年女子运送粮饷，生活悲惨，活不下去，纷纷在路边树上上吊自杀，死者一个接一个。等到秦始皇死，天下反叛，秦被灭了后代，绝了祭祀，这是穷兵黩武产生的祸害啊。所以，周朝失之于衰弱，秦朝失之于强暴，都是不改变国政所产生的恶果。现在，朝廷要征服西夷地区，诱使夜郎入朝称臣，降服羌人和僰人，攻取濊州，建筑城邑，进军匈奴腹地，烧毁匈奴的龙城，议事的大臣们都赞美这些行动和计划；但这只能让主持其事的大臣得到好处，对于国家来说是不是好计策。"

徐乐上书武帝，说："我听说天下的最大祸害，在于土崩，不在于瓦解，古今都是如此。"

什么叫'土崩'？秦朝末年就是土崩。陈涉没有千乘之主的尊位，没有一尺的封地，本身不是王公贵人名门望族的后代，没有获得乡里的赞誉，没有孔子、曾子、墨子那样的贤德，也没有陶朱公和猗顿那样的财富；但是，他起自贫民居住的街巷，举起长戟，袒露一个臂膀大呼，天下人闻风响应。这是什么原因呢？这是由于民众困苦而君主却不加体恤，臣民怨恨而君主却毫不知情，社会风俗已乱而国家政治却仍不进行整治。这三条，正是陈涉用来起事的资本，这就是所说的土崩。所以说天下最大的祸害在于土崩。

"什么叫'瓦解'？吴、楚、齐、赵的举兵叛乱就是瓦解。七国之主图谋叛乱，他们都号称是拥有万辆战车的诸侯王，有数十万的军队，其威力足以控制封地全境，其财力足以奖励他属下的官吏百姓；但是他们却不能向西夺取国家一尺一寸的土地，反而在中原地区被俘虏，这是什么原因呢？并不是因为他们的权势比一个平民轻，也不是因为他们的兵力比陈涉弱。在那时，先帝的德政影响还没有衰减，而且安土乐俗的百姓很多，所以诸侯得不到本人封地之外的援助，这就是所说的瓦解。所以说天下最大的祸害不在于瓦解。

这两个问题，是关系国家安危的关键，贤明的君主对此是应该注意并且认真观察的。

近来，函谷关以东地区粮食连年歉收，年景没有恢复正常，百姓大多穷困，再加上还要承担边境战争的负担，按照规律和常理来看，百姓之中应该出现不安分守己的人了。不安分守己，就容易动乱；百姓容易动乱，这就是土崩的局势。所以贤明的君主只注意观察万物变化的根本原因，明了安危的关键，治理于朝廷之上，就能消除尚未完全形成的祸患，其要领不过是设法使天下没有土崩的局势罢了。"

奏书上呈武帝，武帝召见了他们三人，对他们说："诸位原来都在何处，我们为什么相见得这样晚！"武帝都把他们任命为郎中。主父偃尤其受武帝信任宠幸，一年之内共升了四次官，担任了中大夫；大臣们害怕主父偃之口，贿赂赠送他的财物总计有千金。有人对主父偃说："您太蛮横了！"主父偃说："我如果活着享受不到列五鼎进餐的贵人生活，死时就受五鼎烹的酷刑好了！"

【原文】

二年（甲寅，前127年）

主父偃说上曰："古者诸侯不过百里，强弱之形易制。今诸侯或连城乡数十，地方千里，缓则骄奢，易为淫乱，急则阻其强而合从以逆京师；以法割削之，则逆节萌起：前日晁错是也。今诸侯子弟或十数，而适嗣代立，余虽骨肉，无尺地之封，则仁孝之道不宣。愿陛下令诸侯得推恩分子弟，以地侯之，彼人人喜得所愿；上以德施，实分其国，不削而稍弱矣。"上从之。春，正月，诏曰："诸侯王或欲推私恩分子弟邑者，令各条上，朕且临定其号名。"于是藩国始分，而子弟皆侯矣。

主父偃言："河南地肥饶，外阻河，蒙恬城之以逐匈奴，内省转输戍漕，广中国，灭胡之本也。"上下公卿议；皆言不便。上竟用偃计，立朔方郡，使苏建兴十余万人筑朔方城，复缮故秦时蒙恬所为塞，因河为固。转漕甚远，自山东咸被其劳，费数十百钜万，府库并虚；汉亦弃上谷之斗辟县造阳地以予胡。

主父偃说上曰："茂陵初立，天下豪杰，并兼之家，乱众之民，皆可徙茂陵；内实京师，外销奸猾，此所谓不诛而害除。"上从之，徙郡国豪杰及訾三百万以上于茂陵。

轵人郭解，关东大侠也，亦在徙中。卫将军为言："郭解家贫，不中徙。"上曰："解，布衣，权至使将军为言，此其家不贫。"卒徙解家。解平生睚眦杀人甚众，上闻之，下吏捕治解，所杀皆在赦前。轵有儒生侍使者坐，客誉郭解，生曰："解专以奸犯公法，何谓贤！"解客闻，杀此生，断其舌。吏以此责解，解实不知杀者，杀者亦绝莫知为谁。吏奏解无罪，公孙弘议曰："解，布衣，为任侠行权，以睚眦杀人；解虽弗知，此罪甚于解杀之，当大逆无道。"遂族郭解。

齐厉王次昌亦与其姊纪翁主通。主父偃欲纳其女于齐王，齐纪太后不许。偃因言于上曰："齐临菑十万户,市租千金,人众殷富,钜于长安,非天子亲弟、爱子,不得王此。今齐王于亲属益疏,又闻与其姊乱,请治之!"于是帝拜偃为齐相,且正其事。偃至齐,急治王后宫宦者,辞及王;王惧,饮药自杀。偃少时游齐及燕、赵,及贵,连败燕、齐。赵王彭祖惧,上书告主父偃受诸侯金,以故诸侯子弟多以得封者。及齐王自杀,上闻,大怒,以为偃劫其王令自杀,乃征下吏。偃服受诸侯金,实不劫王令自杀。上欲勿诛,公孙弘曰:"齐王自杀,无后,国除为郡入汉,主父偃本首恶。陛下不诛偃,无以谢天下。"乃遂族主父偃。

【译文】

二年（甲寅，公元前127年）

主父偃劝说武帝道："古代诸侯的封地不超过方圆百里,朝廷强地方弱的这种格局,容易控制。现在的诸侯有的连城数十座,封地方圆千里,朝廷控制较宽时,他们就骄横奢侈,容易做出淫乱的事情,朝廷控制一紧时,他们就会凭借自身的强大而联合起来反叛朝廷;如果用法令来分割削弱他们,就会产生叛乱的苗头。以前晁错推行削藩政策而导致吴楚七国叛乱就是这种情况。现在诸侯王的子弟有的多达十几人,而只有嫡长子继承王位,其他人虽然也是诸侯王的亲生骨肉,却不能享有一尺的封地,这就使得仁孝之道不明显了。希望陛下命令诸侯王可以把朝廷给他的恩惠推广到其他子弟的身上,用本封国的土地封他们做侯,他们人人都为得到了希望得到的东西而欢喜;陛下用的是推行恩德的方法,实际上却分割了诸侯的封国领地,朝廷没有采用削夺的政策,而王国却逐渐衰弱了。"武帝听从了他的意见。春季,正月,武帝下诏说:"诸侯王中有想推广自己所享受的恩惠,分封领地给子弟的,命令各自一一奏报,朕准备亲自给他们确定封邑的名号。"从此之后,诸侯王国开始被分割,而诸侯王的子弟们都成了侯了。

主父偃说:"黄河以南地区,土地肥沃富饶,对外有黄河天险为屏障,蒙恬当年在此地修筑城池以驱逐匈奴,对内节省了转运输送屯戍漕运的人力物力,又扩大了中国的疆域,这是消灭匈奴的根本方法。"武帝把他的意见交给公卿大臣讨论;大家都说不便利。武帝终究还是采用了主父偃的计谋,设置了朔方郡,派遣苏建征调十多万民夫修筑朔方城，又修缮原秦王朝时期蒙恬所建造的要塞，利用黄河天险作屏障。水陆运输的路程十分遥远，自崤山以东的地区，人民都蒙受运输的劳苦，耗资高达数十百万万，钱府粮库被支付一空。汉朝还放弃了上谷郡所辖的与匈奴犬牙交错的僻远县份——造阳县，把这片土地给了匈奴。

主父偃对武帝主："茂陵邑刚刚设立，天下有名的豪强人物、兼并他人的富家大户、鼓动大众动乱的人，都可以迁移到茂陵邑居住；这样对内充实了京师，对外消除了奸邪势力，这就是所说的不用诛杀就消除了祸害。"武帝听从了他的意见，迁徙各郡国的豪强人物和财产超过三百万钱以上的富户到茂陵邑居住。

轵县人郭解，是函谷关以东地区的著名侠士，也在被迁徙之列。卫将军替郭解说好话："郭解家中贫困，不合迁徙的标准。"武帝说："郭解是平民，他的权势大到使将军替他说情，这证明他家不穷。"终究迁徙了郭解全家。郭解平生因被人瞪视之类的小事杀了许多人，武帝听说了，就下令司法官吏把郭解逮捕，立案审查，审查的结果说明，郭解所犯的罪都在颁布赦令之前。轵县有位儒生陪侍前来审案的使者坐，座中客人赞扬郭解，儒生就说："郭解专门以奸邪触犯国法，怎么能说他贤能！"郭解的门客听了这话，就杀死了这个儒生、并割去他的舌头。审案官吏用这件事来责问郭解，郭解确实不知道是谁杀的人，杀人凶手到最后也没有查清是谁。官吏向武帝奏报郭解无罪，公孙弘议论说："郭解只是一个平民百姓，做行侠弄权的事情，看谁不顺眼就随意杀掉；轵县儒生的被杀，郭解虽然不知情，但这个罪比郭解亲手杀人还要大，应按大逆不道的罪名判决论罪。"于是就把郭解灭族。

齐厉王刘次昌也与他姐姐纪翁主私通。主父偃想把女儿嫁给齐王，齐王的母亲纪太后不同意。主父偃就趁机对武帝说："齐都临菑是有十万户居民的大都会，市井商税高达千金，人口众多而且地方富裕，超过长安，不是天子的亲弟和得宠的儿子，不得在此地为王。现在的齐王和陛下的血亲关系越发疏远了，又听说他和他姐姐通奸乱伦，请求查处齐王！"于是，武帝就任命主父偃担任齐国的相，并且负责审查齐王的问题。主父偃一到齐国，就立即捕审齐王后宫中的宦官，供词牵连到齐王；齐王害怕了，喝毒药自杀。主父偃年轻时曾游历齐和燕、赵三国之地，等到他身居高位，接连毁灭了燕、齐两国，赵王刘彭祖害怕自己成为主父偃的下一个迫害的目标，就上书给武帝，告发主父偃接受诸侯贿赂的金钱，由于这个原因诸侯王的子弟大多得以封侯。等到武帝得知齐王自杀的消息，勃然大怒，认为是主父偃劫持齐王迫使他自杀，就把主父偃召回，逮捕下狱。主父偃承认他接受诸侯金钱贿赂，但实在没有强迫齐王自杀。武帝想不杀主父偃，公孙弘说："齐王自杀，没有后代继承，封国被废除改设为郡，领地归属朝廷。这件灭人之国的恶事，主父偃是罪魁。陛下如果不杀主父偃，就没有办法向天下人谢罪道歉。"于是，武帝就把主父偃全家灭族。

资治通鉴第十九卷

汉纪十一

【原文】

世宗孝武皇帝中之上元朔五年（丁巳，前124年）

冬，十一月，乙丑，薛泽免。以公孙弘为丞相，封平津侯。丞相封侯自弘始。

弘性意忌，外宽内深；诸尝与弘有隙，无近远，虽阳与善，后竟报其过。董仲舒为人廉直，以弘为从谀，弘嫉之。胶西王端骄恣，数犯法，所杀伤二千石甚众。弘乃荐仲舒为胶西相；仲舒以病免。汲黯常毁儒，面触弘，弘欲诛之以事，乃言上曰："右内史界部中多贵臣、宗室，难治，非素重臣不能任，请徙黯为右内史。"上从之。

匈奴右贤王数侵扰朔方。天子令车骑将军青将三万骑出高阙，卫尉苏建为游击将军，左内史李沮为强弩将军，太仆公孙贺为骑将军，代相李蔡为轻车将军，皆领属车骑将军，俱出朔方；大行李息、岸头侯张次公为将军，俱出右北平；凡十余万人，击匈奴。右贤王以为汉兵远，不能至，饮酒，醉。卫青等兵出塞六七百里，夜至，围右贤王。右贤王惊，夜逃，独与壮骑数百驰，溃围北去。得右贤裨王十余人，众男女万五千余人，畜数十百万，于是引兵而还。

于是青尊宠，于群臣无二，公卿以下皆卑奉之，独汲黯与亢礼。人或说黯曰："自天子欲群臣下大将军，大将军尊重，君不可以不拜。"黯曰："夫以大将军有揖客，反不重邪！"大将军闻，愈贤黯，数请问国家朝廷所疑，遇黯加于平日。大将军虽贵，有时侍中，上踞厕而视之；丞相弘燕见，上或时不冠；至如汲黯见，上不冠不见也。上尝坐武帐中，黯前奏事，上不冠，望见黯，避帐中，使人可其奏。其

见敬礼如此。

初，淮南王安，好读书属文，喜立名誉，招致宾客方术之士数千人。其群臣、宾客，多江、淮间轻薄士，常以厉王迁死感激安。建元六年，彗星见，或说王曰："先吴军时，彗星出，长数尺，然尚流血千里。今彗星竟天，天下兵当大起。"王心以为然，乃益治攻战具，积金钱。

郎中雷被获罪于太子迁，时有诏，欲从军者辄诣长安，被即愿奋击匈奴。太子恶被于王，斥免之，欲以禁后。是岁，被亡之长安，上书自明。事下廷尉治，踪迹连王，公卿请逮捕治王。太子迁谋令人衣卫士衣，持戟居王旁，汉使有非是者，即刺杀之，因发兵反。天子使中尉宏即讯王，王视中尉颜色和，遂不发。公卿奏："安壅阏奋击匈奴者，格明诏，当弃市。"诏削二县。既而安自伤曰："吾行仁义，反见削地。"耻之，于是为反谋益甚。

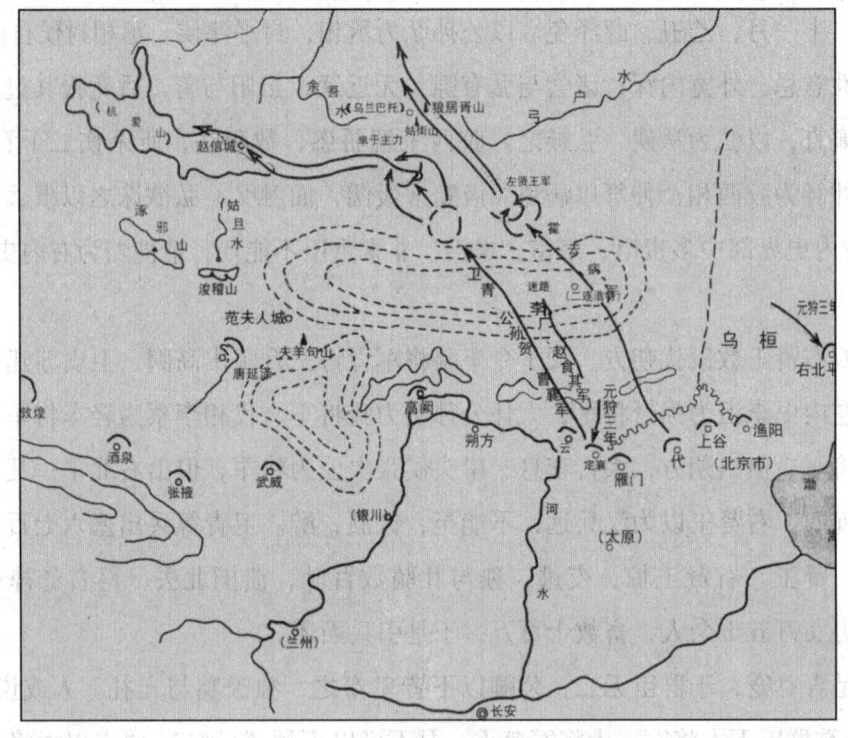

汉匈漠北之战示意图

【译文】

汉武帝元朔五年（丁巳，公元前124年）

冬季，十一月乙丑（初五），汉武帝免除薛泽职务，任命公孙弘为丞相，封为平津侯。担任丞相而封侯，是从公孙弘开始的。

公孙弘生性好猜忌，外表宽厚而内里心机很深。凡是曾经与他不合的人，不论关系远近，虽然表面上装作友善，后来终究要予以报复。董仲舒为人清廉正直，认为公孙弘阿谀奉承，引起公孙弘的嫉恨。胶西王刘端骄横放纵，多次违犯法令，杀伤国中二千石官多人。于是公孙弘推荐董仲舒为胶西国相，董仲舒因病而得免。汲黯经常诋毁儒生，当面触犯公孙弘，公孙弘想找借口将其杀死，便向汉武帝建议："右内史管界居住着很多显贵的大臣、皇室子弟，难于治理，不是平素有威望的大臣不能胜任，请让汲黯改任右内史。"汉武帝听从了他的建议。

匈奴右贤王多次率兵侵扰朔方郡。汉武帝任命车骑将军卫青率兵三万自高阙出塞，任命卫尉苏建为游击将军，左内史李沮为强弩将军，太仆公孙贺为骑将军，代相李蔡为轻车将军，他们都归车骑将军统属，一同率兵自朔方出塞；命大行李息、岸头侯张次公为将军，一同自右北平出塞，共调集了十几万人出击匈奴。匈奴右贤王认为汉军距自己路途遥远，不可能到达，经常饮酒而醉，毫不戒备。卫青等率兵出边塞六七百里，乘夜赶到，将右贤王大营团团包围。右贤王大惊，乘夜而逃，只率数百名精壮骑兵冲出包围圈向北逃奔。此战共俘获右贤王手下各部首领十余人，匈奴男女部众一万五千余人，牲畜近百万头，汉军于是班师回朝。

当时，汉武帝对卫青的尊崇宠信超过了任何一位朝廷大臣，三公、九卿及以下官员都对卫青卑身奉承，唯独汲黯用平等的礼节对待卫青。有人劝汲黯说："皇上想让群臣全都居于大将军之下，大将军地位尊贵，您不可以不下拜。"汲黯说："以大将军身份而有长揖不拜的平辈客人，大将军反而不尊贵了吗！"卫青得知，越发觉得汲黯贤明，多次向汲黯请教国家和朝廷的疑难大事，对待他比平日更为尊重。卫青虽然地位尊贵，但有时入宫，汉武帝就坐在床边接见他；丞相公孙弘在汉武帝空闲时谒见，汉武帝有时不戴帽子；至于汲黯谒见时，汉武帝没戴上帽子就不接见。有一次，汉武帝正坐在陈列兵器的账中，汲黯前来奏事，汉武帝当时没戴帽子，远远望见汲黯，急忙躲入后账，派人传话，批准汲黯所奏之事。汲黯受到的尊重和礼敬就是这样的。

当初，淮南王刘安喜欢读书做文章，又爱沽名钓誉，罗致四方宾客和各种技能之士数千人。他的臣僚、宾客，大多是江、淮一带的轻薄之徒，常常用厉王刘长在流放途中死于非命一事刺激刘安。建元六年时，天空出现彗星，有人向刘安游说道："以前，吴王刘濞起兵时，彗星出现，长仅数尺，尚且流血千里。如今彗星贯穿天际，恐怕天下将有大规模战事发生。"刘安认为说得有道理，就加紧制造进攻性的武器，积存金钱。

郎中雷被得罪了淮南王的太子刘迁，此时，汉武帝正颁下诏书，让有志参军报国的人到长安来应征，于是雷被表示愿意参军去打匈奴。但因刘迁在淮南王面前说了雷被的坏话，所以刘安将雷被斥责了一顿，并将其免职，以防止其他人效法。就在这一年，雷被逃到长安，上书朝廷说明自己的冤情。汉武帝将此事交给廷尉处理，因牵连到淮南王，公卿请求将刘安逮捕治罪。太子刘迁定计，让人身穿卫士服装，手持长戟站在淮南王刘安身边，如果朝廷派来的使者欲将淮南王治罪，则就立即将其刺杀，然后举兵反叛。汉武帝派中尉段宏到淮南王处询问有关情况，淮南王见段宏神色平和，于是没有发动。公卿大臣奏称："刘安拒绝有志奋击匈奴的壮士的请求，是犯了阻碍圣旨的大罪，应当众斩首。"汉武帝下诏削减淮南国的两个县。事后，刘安自怨自艾说："我做仁义之事，反而被削减封地。"他以此为耻，于是谋反的准备越发加紧了。

【原文】

六年（戊午，前123年）

夏，四月，卫青复将六将军出定襄，击匈奴，斩首虏万余人。右将军建、前将军信并军三千余骑独逢单于兵，与战一日余，汉兵且尽。信故胡小王，降汉，汉封为翕侯，及败，匈奴诱之，遂将其余骑可八百降匈奴。建尽亡其军，脱身亡，自归大将军。

初，平阳县吏霍仲孺给事平阳侯家，与青姊卫少儿私通，生霍去病。去病年十八，为侍中，善骑射，再从大将军击匈奴，为票姚校尉，与轻骑勇八百，直弃大军数百里赴利，斩捕首虏过当。于是天子曰："票姚校尉去病，斩首虏二千余级，得相国、当户，斩单于大父行藉若侯产，生捕季父罗姑，比再冠军，封去病为冠军侯。"

是时，汉比岁发十余万众击胡，斩捕首虏之士受赐黄金二十余万斤，而汉军士马死者十余万，兵甲转漕之费不与焉。于是大司农经用竭，不足以奉战士。六月，诏令民得买爵及赎禁锢，免臧罪。置赏官，名曰武功爵，级十七万，凡直三十余万金。诸买武功爵至千夫者，得先除为吏。吏道杂而多端，官职耗废矣。

【译文】

六年（戊午，公元前123年）

夏季，四月，卫青再次率领公孙敖等六位将军自定襄出击匈奴，斩杀及俘虏匈奴一万余人。右将军苏建与前将军赵信合并了部队，共有骑兵三千余人，单独与匈奴单于亲自统帅的部分相遇，经过一天多的交战，汉军伤亡殆尽。赵信本是胡人的一位部落首领，投降汉朝后被封为翕侯。及至此次兵败，匈奴引诱他投降，便率领本部所余骑兵约八百人投降了匈奴。苏建全军覆没，脱身逃走独自返回卫青大营。

当初，平阳县小吏霍仲孺在平阳侯曹寿家做事，与卫青的姐姐卫少儿私通，生下霍去病。霍去病十八岁时当了侍中，精通骑马、射箭之术。在第二次随卫青出击匈奴时，霍去病身为票姚校尉，率领八百名轻骑勇士，一直把大军抛弃到数百里之后去寻找战机，其斩杀和俘获的匈奴人数超过己方的损失。于是，汉武帝说："票姚校尉霍去病斩杀及俘获匈奴二千余人，生擒匈奴的相国、当户，杀死匈奴单于祖父辈的籍若侯栾提产，活捉单于叔父栾提罗姑，战功屡次冠于全军，封霍去病为冠军侯。"

当时，汉朝连年征调十几万人出击匈奴，曾斩杀或俘获敌人的将士，被赏赐黄金二十余万斤，而汉军兵士马匹死亡也达十几万，还不算兵器衣甲和往前方运送粮草的费用。因此，大司农府库枯竭，无法供应军需。六月，汉武帝颁下诏书，允许百姓出钱买爵和以钱免除禁锢，也可以交钱免除盗财贪赃之罪。又设"赏官"，称为"武功爵"，第一级为铜钱十七万枚，以上递增，共值黄金三十余万斤。凡购买武功爵至"千夫"的人，可以优先被任命为官吏。从此，做官的途径变得既杂且多，官职就混乱败坏了。

【原文】

元狩元年（己未，前122年）

王召中郎伍被与谋反事，被曰："王安得此亡国之言乎？臣见宫中生荆棘，露沾衣也！"王怒，系伍被父母，囚之。三月，复召问之，被曰："昔秦为无道，穷奢极虐，百姓思乱者十家而六七。高皇帝起于行陈之中，立为天子，此所谓蹈瑕候间，因秦之亡而动者也。今大王见高皇帝得天下之易也，独不观近世之吴、楚乎！夫吴王王四郡，国富民众，计定谋成，举兵而西；然破于大梁，奔走而东，身死祀绝者何？诚逆天道而不知时也。方今大王之兵，众不能十分吴、楚之一，天下安宁，万倍吴、楚之时，大王不从臣之计，今见大王弃千乘之君，赐绝命之书，为群臣先死于东宫也。"王涕泣而起。

【译文】

元狩元年（己未，公元前122年）

刘安召来中郎伍被，与他商议谋反之事，伍披说道："大王您怎么能有这种亡国的言论呢？我好像已经看到王宫中生满荆棘，露水打湿人衣服的凄惨景象了！"刘安大怒，将伍被的父母逮捕，囚禁了三个月。刘安又将伍被召来询问，伍被说："当初秦朝无道，极为奢侈暴虐，十分之六七的老百姓都希望天下大乱。高皇帝在行伍中崛起，最终成为天子，这是因为利用对方的缺点、把握时机，趁秦朝土崩瓦解的机会举兴大业。如今大王见到高皇帝得天下容易，却单单不看不久前'七国之乱'的吴、楚吗！吴王刘濞统辖着四个郡的地方，国家富强，人口众多，经过周密计划并充分准备，尔后才兴兵西进。然而为什么大梁一战失败，向东逃亡，本人身死，祭祀灭绝？是因为他逆天行事，不知时势。现在，大王的兵力还不足吴、楚的

张骞出使西域图

此为敦煌壁画，表现的是汉武帝率群臣到长安城外，为出使西域的张骞送行的情景。图下部持笏跪地者即为张骞。

十分之一，而天下的形势却比吴、楚兴兵时安定一万倍。大王如不听从我的劝告，马上就会看到您丢掉千乘之国的王位，接到赐死的命令，先于群臣死在东宫的惨景。"刘安听了，流着眼泪站了起来。

【原文】

二年（庚申，前121年）

夏，去病复与合骑侯公孙敖将数万骑俱出北地，异道。卫尉张骞、郎中令李广俱出右北平，异道。广将四千骑先行，可数百里，骞将万骑在后。匈奴左贤王将四万骑围广，广军士皆恐；广乃使其子敢独与数十骑驰贯胡骑，出其左右而还，告广曰："胡虏易与耳！"军士乃安。广为圜陈，外向，胡急击之，矢下如雨，汉兵死者过半，汉矢且尽。广乃令士持满毋发，而广身自以大黄射其裨将，杀数人，胡虏益解。会日暮，吏士皆无人色，而广意气自如，益治军，军中皆服其勇。明日，复力战，死者过半，所杀亦过当。会博望侯军亦至，匈奴军乃解去。汉军罢，弗能追。罢归。汉法：博望侯留迟后期，当死，赎为庶人。广军功自如，无赏。而票骑将军去病深入二千余里，与合骑侯失，不相得。票骑将军逾居延，过小月氏，至祁连山，得单桓、酋涂王，及相国、都尉以众降者二千五百人，斩首虏三万二百级，获裨小王七十余人。天子益封去病五千户，封其裨将有功者鹰击司马赵破奴为从票侯，校尉高不识为宜冠侯，校尉仆多为煇渠侯。合骑侯敖坐行留不与票骑会，当斩，赎为庶人。

是时，诸宿将所将士、马、兵皆不如票骑，票骑所将常选；然亦敢深入，常与壮骑先其大军；军亦有天幸，未尝困绝也。而诸宿将常留落不偶，由此票骑日以亲贵，比大将军矣。

秋，匈奴浑邪王降。是时，单于怒浑邪王、休屠王居西方为汉所杀虏数万人，欲召诛之。浑邪王与休屠王恐，谋降汉，先遣使向边境要遮汉人，令报天子。是时，大行李息将城河上，得浑邪王使，驰传以闻。天子闻之，恐其以诈降而袭边，乃令票骑将军将兵往迎之。休屠王后悔，浑邪王杀之，并其众。票骑既渡河，与浑邪王众相望。浑邪王裨将见汉军，而多不欲降者，颇遁去。票骑乃驰入，得与浑邪王相见，斩其欲亡者八千人，遂独遣浑邪王乘传诣至行在所，尽将其众渡河。降者四万余人，号称十万。既至长安，天子所以赏赐者数十巨万；封浑邪王万户，为漯阴侯，封其裨王呼毒尼等四人皆为列侯；益封票骑千七百户。

休屠王太子日䃅与母阏氏、弟伦俱没入官，输黄门养马。久之，帝游宴，见马，后宫满侧，日䃅等数十人牵马过殿下，莫不窃视，至日䃅独不敢。日䃅长八尺二寸，容貌甚严，马又肥好，上异而问之，具以本状对；上奇焉，即日赐汤沐、衣冠，拜为马监，迁侍中、驸马都尉、光禄大夫。日䃅既亲近，未尝有过失，上甚信爱之；赏赐累千金，出则骖乘，入侍左右。贵戚多窃怨曰："陛下妄得一胡儿，反贵重之。"上闻，愈厚焉。以休屠作金人为祭天主，故赐日䃅姓金氏。

【译文】

二年（庚申，公元前121年）

夏季，霍去病又与合骑侯公孙敖率领数万骑兵同时从北地分两路出击匈奴，卫尉张骞、郎中令李广也同时从右北平分路出击。李广率骑兵四千为先锋，距大部队约数百里，张骞率骑兵万余入殿后。匈奴左贤王率骑兵四万，将李广率领的先头部队团团包围。李广的军士都感到恐惧，李广便命自己的儿子李敢独自率领数十名骑兵直穿敌阵，从敌阵左右冲出后返回。李敢向李广报告说："匈奴兵很容易对付。"军士的情绪才安定下来。李广命部下将士面对敌军列成圆形战阵。匈奴兵向汉军阵地发起猛烈进攻，箭如雨下，汉军士卒阵亡过半，箭也快用尽了。李广便命令部下拉满弓弦，但不发射，由他亲自用特大的黄色强弓射匈奴将领，一连射死好几名，敌人的攻势才渐渐缓和下来。此时天色已晚，汉军将士全都面无人色，只有李广神情自如，更愈发加紧巡视阵地，调整部署，全军上下全都钦佩他的勇气。第二天，汉军再次奋力与匈奴兵激战，虽然死亡大半，但消灭的敌人超过己方的损失。这时，张骞的大军也赶到，匈奴军才撤围而去。汉军疲惫，无力追击，也撤兵而还。根据汉朝的法律：博望侯张骞由于行动迟缓，贻误军机，应处死，赎身后成为平民。李广功过相抵，没有封赏。票骑将军霍去病深入匈奴地区二千余里，与公孙敖部失去联络，未能会师。但霍去病率领部队跨越居延海，经过小月氏，抵达祁连山，生擒单桓、酋涂二王，丞相、都尉率众二千五百人投降，斩杀三万零二百人，俘获小王七十余人。汉武帝增加霍去病食邑五千户，封其部下有功将领鹰击司马赵破奴为从票侯，校尉高不识为宜冠侯，校尉仆多为煇渠侯。合骑侯公孙敖因中途逗留，未能与霍去病会合，本应处斩，赎身后成为平民。

当时，汉军中老资格的将领们统帅的将士、马匹、兵器都不如霍去病。霍去病所用通常都经过挑选，但他也确敢深入敌军，经常与精壮骑兵走在大部队的前面；老天也似乎对他的部队特别照顾，从来没有陷入困绝之境。可是，老将们却经常因迟留落后而不能建功。因此，霍去病的地位越来越亲信尊贵，和大将军卫青差不多了。

秋季，匈奴浑邪王投降汉朝。当时，匈奴浑邪王、休屠王住在西部地区，被汉军擒杀了好几万人，单于十分生气，想将他们召到王庭处死。浑邪王与休屠王感到害怕，计划投降汉朝，先派人在边境拦截经过当地的汉人，让他们向武帝报告。此时，大行李息正在黄河边筑城，见到浑邪王使者后，派传车急速去报告朝廷。汉武帝听到这一消息，担心他们是用诈降手段偷袭边塞，便命霍去病率兵前往迎接。休屠王对降汉之事后悔，浑邪王将他杀死，吞并其属下部众。霍去病渡过黄河之后，与浑邪王所部遥遥相望。浑邪王部下将领见到汉军后，很多人不愿投降，纷纷逃走。霍去病便纵马驰入浑邪王大营，与他相见，将其部下企图逃跑的八千人斩杀，又派遣浑邪王一人乘传车到汉武帝所居之处。同时命其部下人众全部渡过黄河。投降的共四万余人，号称十万。浑邪王到长安后，汉武帝赏赐数十万，封浑邪王为漯阴侯，食邑一万户，其部下小王呼毒尼等四人全都被封为列侯。又增加霍去病食邑一千七百户。

休屠王太子日䃅和他的母亲阏氏、弟弟伦都被罚为官府奴隶，派到属于少府管辖的黄门养马。过了很久，汉武帝在一次游乐饮宴中检阅马匹，他的身边排满了后宫的美女，日䃅等数十人牵马从殿下通过，没有人不偷偷窥视。而到日䃅通过时，却唯独不敢。日䃅身高八尺二寸，容貌十分庄严，所养的马匹又肥壮，汉武帝感到惊奇，召他上前询问，日䃅便将自己的身世一一奏告。汉武帝对他另眼相看，当日便让他洗澡、赐给衣帽，任命为马监后升为侍中、驸马都尉，一直做到光禄大夫。日䃅受到皇帝宠爱，从未有过过失，汉武帝对他十分信任，赏赐累计达黄金千斤，出门时让他陪乘车上，回宫后在左右随侍。很多皇亲国戚都私下抱怨说："皇上不知从哪儿找来个'胡儿'，竟然当成宝贝。"汉武帝听到后，愈发厚待日䃅。因为休屠王曾制造金人用来祭祀天神，所以汉武帝赐日䃅姓金。

【原文】

三年（辛酉，前120年）

是岁，得神马于渥洼水中。上方立乐府，使司马相如等造为诗赋，以宦者李延年为协律都尉，佩二千石印；弦次初诗以合八音之调。诗多尔雅之文，通一经之士不能独知其辞，必集会《五经》家相与共讲习读之，乃能通知其意。及得神马，次以为歌。汲黯曰："凡王者作乐，上以承祖宗，下以化兆民。今陛下得马，诗以为歌，协于宗庙，先帝百姓岂能知其音邪？"上默然不说。

【译文】

三年（辛酉，公元前120年）

这一年，在西北渥洼水中得到一匹神马。汉武帝正在设立乐府，命司马相如等创作诗赋；任命宦官李延年为协律都尉，佩带二千石印信。将新作的诗赋配上弦乐，使它们符合八音曲调。由于这些诗赋中多用深奥的文辞，仅仅读通一部经书人自己看不懂，必须汇集五经专家共同研究诵读，才能全部了解它的含意。及至获得神马，汉武帝又命令创作诗赋，配成歌曲。汲黯劝道："凡圣明的君主制作乐章，上应赞美祖先，下要教化人民。如今陛下得了一匹马，就要将诗谱成歌曲，在宗庙中演唱，先帝和老百姓怎么能知道唱的是什么呢？"汉武帝听了不说话，很不高兴。

【原文】

四年（壬戌，前119年）

冬，有司言："县官用度太空，而富商大贾冶铸、煮盐，财或累万金，不佐国家之急；请更钱造币以赡用，而摧浮淫并兼之徒。"是时，禁苑有白鹿而少府多银、锡，乃以白鹿皮方尺，缘以藻缋，为皮币，直四十万。王侯、宗室，朝觐、聘享必以皮币荐璧，然后得行。又造银、锡为白金三品：大者圜之，其文龙，直三千；次方之，其文马，直五百；小者椭之，其文龟，直三百。令县官销半两钱，更铸三铢钱，盗铸诸金钱罪皆死；而吏民之盗铸白金者不可胜数。

于是以东郭咸阳、孔仅为大农丞，领盐铁事；桑弘羊以计算用事。咸阳，齐之大煮盐，仅，南阳大冶，皆致生累千金；弘羊，洛阳贾人子，以心计，年十三侍中。三人言利，事析秋毫矣。

诏禁民敢私铸铁器、煮盐者钦左趾，没入其器物。公卿又请令诸贾人末作各以其物自占，率缗钱二千而一算；及民有轺车若船五丈以上者，皆有算。匿不自占，占不悉，戍边一岁，没入缗钱。有能告者，以其半畀之。其法大抵出张汤。汤每朝奏事，语国家用，日晏，天子忘食；丞相充位，天下事皆决于汤。百姓骚动，不安其生，咸指怨汤。

上与诸将议曰："翕侯赵信为单于画计，常以为汉兵不能度幕轻留，今大发士卒，其势必得所欲。"乃粟马十万，令大将军青、票骑将军去病各将五万骑，私负从马复四万匹，步兵转者踵军后又数十万人，而敢力战深入之士皆属票骑。票骑始为出定襄，当单于；捕虏言单于东，乃更令票骑出代郡，令大将军出定襄。郎中令李广数自请行，天子以为老，弗许；良久，乃许之，以为前将军。太仆公孙贺为左将军，主爵都尉赵食其为右将军，平阳侯曹襄为后将军，皆属大将军。赵信为单于谋曰："汉兵既度幕，人马罢，匈奴可坐收虏耳。"乃悉远此其辎重，以精兵待幕北。

大将军青既出塞，捕虏知单于所居，乃自以精兵走之，而令前将军广并于右将军军，出东道。东道回远而水草少，广自请曰："臣部为前将军，今大将军乃徙令臣出东道。且臣结发而与匈奴战，今乃一得当单于，臣愿居前，先死单于。"大将军亦阴受上诫，以为"李广老，数奇，毋令当单于，恐不得所欲。"而公孙敖新失侯，大将军亦欲使敖与俱当单于，故徙前将军广。广知之。固自辞于大将军；大将军不听，广不谢而起行，意甚愠怒。

大将军出塞千余里，度幕，见单于兵陈而待。于是大将军令武刚车自环为营，而纵五千骑往当匈奴；匈奴亦纵可万骑。会日且入，大风起，沙砾击面，两军不相见，汉益纵左右翼绕单于。单于视汉兵多而士马尚强，自度战不能如汉兵，单于遂乘六骡，壮骑可数百，直冒汉围，西北驰去。时已昏，汉匈奴相纷拏，杀伤大当。汉军左校捕虏言，单于未昏而去，汉军发轻骑夜追之，大将军军因随其后，匈奴兵亦散走。迟明，行二百余里，不得单于，捕斩首虏万九千级，遂至寘颜山赵信城，得匈奴积粟食军。留一日，悉烧其城余粟而归。

前将军广与右将军食其军无导，惑失道，后大将军，不及单于战。大将军引还，过幕南，乃遇二将军。大将军使长史责问广、食其失道状，急责广之幕府对簿。广曰："诸校尉无罪，乃我自失道，吾今自上簿至莫府。"广谓其麾下曰："广结发与匈奴大小七十余战，今幸从大将军出接单于兵，而大将军徙广部，行回远而又迷失道，岂非天哉！且广年六十余矣，终不能复对刀笔之吏！"遂引刀自刭。广为人廉，得赏赐辄分其麾下，饮食与士共之，为二千石四十余年，家无余财。猿臂，善射，度不中不发。将兵，乏绝之处见水，士卒不尽饮，广不近水，士卒不尽食，广不尝食；士以此爱乐为用。及死，一军皆哭；百姓闻之，知与不知，无老壮皆为垂涕。而右将军独下吏，当死，赎为庶人。

票骑将军骑兵车重与大将军军等，而无裨将，悉以李敢等为大校，当裨将，出代、右北平二千余里，绝大幕，直左方兵，获屯头王、韩王等三人，将军、相国、当户、都尉八十三人，封狼居胥山，禅于姑衍，登临瀚海，卤获七万四百四十三级。天子以五千八百户益封票骑将军；又封其所部右北平太守路博德等四人为列侯，从票侯破奴等二人益封，校尉敢为关内侯，食邑；军吏卒为官、赏赐甚多。而大将军不得益封，军吏皆无封侯者。

两军之出塞，塞阅官及私马凡十四万匹，而复入塞者不满三万匹。

乃益置大司马位，大将军、票骑将军皆为大司马，定令，令票骑将军秩禄与大将军等。自是之后，大将军青日退而票骑日益贵。大将军故人、门下士多去事票骑，辄得官爵，唯任安不肯。

票骑将军为人，少言不泄，有气敢往。天子尝欲教之孙、吴兵法，对曰："顾方略何如耳，不至学古兵法。"天子为治第，令票骑视之，对曰："匈奴未灭，无以家为也！"由此上益重爱之。然少贵，不省士，其从军，天子为遣太官赍数十乘；既还，重车余弃梁肉，而士有饥者；其在塞外，卒乏粮或不能自振，而票骑尚穿域蹹鞠；事多此类。大将军为人仁，喜士退让，以和柔自媚于上。两人志操如此。

是时，汉所杀虏匈奴合八九万，而汉士卒物故亦数万。是后匈奴远遁，而幕南无王庭。汉渡河自朔方以西至令居，往往通渠，置田官，吏卒五六万人，稍蚕食匈奴以北；然亦以马少，不复大出击匈奴矣。

先是，宁成为关都尉，吏民出入关者号曰："宁见乳虎，无值宁成之怒。"及义纵为南阳太守，至关，宁成侧行送迎；至郡，遂按宁氏，破碎其家；南阳吏民重足一迹。后徙定襄太守，初至，掩定襄狱中重罪、轻系二百余人，及宾客、昆弟私入视亦二百余人，一捕，鞠曰"为死罪解脱"，是日，皆报杀四百余人，其后郡中不寒而栗。是时，赵禹、张汤以深刻为九卿，然其治尚辅法而行；纵专以鹰击为治。

王温舒始为广平都尉，择郡中豪敢往吏十余人，以为爪牙，皆把其阴重罪，而纵使督盗贼。快其意所欲得，此人虽有百罪，弗法；即有避，因其事夷之，亦灭宗。以其故，齐、赵之郊盗贼不敢近广平，广平声为道不拾遗。迁河内太守；以九月至，令郡具马五十匹为驿，捕郡中豪猾，相连坐千余家。上书请，大者至族，小者乃死，家尽没入偿臧。奏行不过二三日得可，事论报，至流血十余里，河内皆怪其奏，以为神速。尽十二月，郡中毋声，毋敢夜行，野无犬吠之盗。其颇不得，失之旁郡国，追求。会春，温舒顿足叹曰："嗟乎！令冬月益展一月，足吾事矣！"

天子闻之，皆以为能，故擢为中二千石。

【译文】

四年（壬戌，公元前119年）

冬季，主管官员奏称："国家的经费非常困难，而豪富的大商人通过冶炼金属和煮制食盐等，家财有的积蓄到黄金万斤，却不肯用来资助国家急需。请陛下重新制造钱币使用，以打击那些浮滑奸邪、吞并别人财物之徒。"当时，御苑中有一种白鹿，少府有很多银、锡。于是，汉武帝命人用一尺见方的白鹿皮，四边绣上五彩花纹，称为皮币，值四十万钱。同时下令：凡王侯、皇族进京朝觐，或相互聘问，以及参加祭祀大典时，都必须将呈献的玉璧放在皮币之上，然后才能通行。又用银、锡制造出三种白金币：大币为圆形，以龙为图案，值三千钱；中币为方形，以马为图案，值五百钱；小币为椭圆形，以龟为图案，值三百钱。又命令地方官府销毁半两钱，改铸三铢钱，凡私自铸造各种钱币的人一律处死。但官吏和民间私自铸造白金币的人仍然不可胜数。

因此，汉武帝任命东郭咸阳、孔仅二人为大农丞，负责盐铁事务；桑弘羊也以擅长计算而受到重用。东郭咸阳本为齐地的大煮盐商，孔仅则是南阳的大冶炼商，二人都扩大产业而积聚千金。桑弘羊为洛阳商人子弟，精于心算，十三岁就作了侍中。他们三人商讨谋利的事，连细枝末节都能分析到。

汉武帝颁布诏书，禁止民间私铸铁器和煮盐，犯禁者受左脚穿铁鞋之刑，工具和产品没收。公卿大臣们又奏请汉武帝命令从事各种工商末业的人各自申报自己的财产，以一千钱为一缗，每二千缗纳税一百二十钱，作为一算。另外，凡百姓家有小形马车，或有五丈以上船只的，都要征算。凡隐匿财产不报，或申报不实的，戍守边塞一年，钱财没收。告发别人隐匿财产的人，赏给被告发者财产的一半。这些法令大部分出自张汤。张汤每次朝会，奏报国家财用情况，都到很晚，汉武帝因此忘记了吃饭。函相李蔡坐在位子上充数，天下大事都由张汤决策。百姓骚动，无法安心生活，都怨恨张汤。

汉武帝与各位军事将领商议说："翕侯赵信给匈奴单于出谋划策，常常认为我国军队能够轻装穿过大沙漠，即使到了那里也不能久留。此次我们发动大军，一定要达到我们的目的。"于是征选了用粟米饲养的战马十万匹，命大将军卫青、票骑将军霍去病各率骑兵五万，跟随官兵私人驮运行装的马匹也有四万匹，步兵和运送辎重的人夫跟在大军之后有数十万人，其中敢于深入匈奴腹地，与敌人力战的勇猛将士都隶属于霍去病。开始，霍去病率部自定襄出塞，正面攻击匈奴单于。后从俘虏口中得知单于在东边，于是改命霍去病自代郡出塞，卫青自定襄出塞。郎中令李广屡次主动请求出征，汉武帝认为他年事已高，不准所请，过了很长时间才答应他，任命为前将军。太仆公孙贺被任命为左将军，主爵都尉赵食其为右将军，平阳侯曹襄为后将军，都隶属于大将军卫青。赵信为单于谋划说："汉军横穿大沙漠后，人马必然疲惫，我军可以坐等擒获敌军。"于是将己方的辎重运到北方很远的地方，命精锐部队在沙漠以北等候汉军。

卫青出塞后，自俘虏口中得知单于住地，便亲自率精兵挺进，命前将军李广与右将军赵食其合兵一处，由东路进军。李广因东路绕远，水草也少，主动请求说："我的部队是前将军的部队，而今大将军却改命我部为东路军。我自少年时就开始与匈奴作战，今天才有机会正面对付单于，所以愿意做前锋，先去与单于死战。"卫青曾受汉武帝暗中告诫，认为："李广年纪已老，运气又不好，不要让他与单于正面作战，恐怕他不能完成擒获单于的任务。"而公孙敖不久前失去侯爵，卫青也想让他与自己一同正面与单于作战立功，所以将前将军李广调到东路。李广知道内情，坚决地向卫青推辞，遭到卫青拒绝。李广未向卫青告辞就动身出发，心中十分恼怒。

卫青率大军出塞一千余里，横穿大沙漠，见匈奴单于的军队正列阵以待，便下令将兵车环绕一周结成营阵，派出五千骑兵攻击匈奴，匈奴也放出约一万骑兵迎战。恰好太阳将要西沉，狂风忽起，沙砾扑打人脸，两军士卒相互不能分辨。卫青增派左右两翼的军队包抄单于。单于见汉军人多，兵马仍然很强，估计自己打不过汉军，便乘坐六匹健骡，在约数百名精壮骑兵的保护下直冲汉军防线，向西北方向飞奔而去。这时天已昏黑，汉军与匈奴的将士们仍在激烈搏杀，双方损失大体相当。汉军左翼校尉报告卫青说，他从抓到的俘虏那里得知，单于已于天未黑时离去。于是卫青派出轻骑兵连夜追击，自率大军跟随其后，匈奴兵也四散逃走。将近天明时，汉军已追出二百余里，没有抓到单于，但擒获和斩杀匈奴一万九千余人。于是到寘颜山赵信城，夺得匈奴的存粮供应军队。在该地停留一日之后，将该城所余的粮食全部烧光，然后班师而还。

　　前将军李广与右将军赵食其率领的东路军因没有向导，在沙漠中迷失了道路，所以落到卫青的后面，没能赶上与单于的那一战。直到卫青率部班师，经过沙漠南部时才遇到李、赵二位将军。卫青派长史责问二人迷路的情况，并命李广马上到大将军处听候传讯。李广说道："校尉们没有罪，是我自己迷了路，我现在自己到大将军幕府去受审。"又对他的部下说："我从少年时开始，与匈奴进行过大小七十多次战斗，这次有幸跟着大将军出征与匈奴单于的军队作战，而大将军却将我部调到东路，路途本就绕远，又迷失了道路，难道这不是天意吗！况且我六十多岁了，毕竟不能再去面对那些刀笔小吏！"于是拔刀自刎。李广为人清廉，得到赏赐就分给部下，与士卒一起吃喝，作了四十多年二千石官，家中却没有多余的财产。他的手臂像猿臂又长又灵活，擅长射箭，估计射不中目标，便不发箭。他带领军队，在困境中找到水，士卒没有都喝过，李广不沾水；士卒没有都吃过，李广不进食。士卒因此乐意被他使用。及至李广死去，全军都哭了。百姓听到死讯，认识他的和不认识他的，无论年老还是年轻，都为他流泪。右将军赵食其一人被交付审判，其罪当死，赎身后成为平民。

　　票骑将军霍去病率领的骑兵军车和辎重都与大将军卫青相同，但没有副将，将李敢等人全都任命为大校，充当副将，从代郡、右北平郡出塞二千余里，穿越大沙漠，与匈奴左部的军队遭遇，擒获匈奴屯头王、韩王等三人，以及将军、相国、当户、都尉等八十三人，在狼居胥山祭祀天神，姑衍山祭祀地神，又登上瀚海旁边的山峰眺望，共俘获匈奴七万零四百四十三人。汉武帝增加霍去病食邑五千八百户，又封其部将右北平太守路博德等四人为列侯，从票侯赵破奴等二人增加食邑，封校尉李敢为关内侯，赐食邑。低级军官和兵卒升官、受赏的人很多。而大将卫青却没有增加食邑，部下军吏士兵全都没有被封侯的。

卫青与霍去病两支部队出塞时，曾在边塞检阅，官私马匹加起来共十四万匹，至班师重新入塞时，马匹不到三万。

于是，汉武帝增设大司马一职，由卫青、霍去病同时担任，还规定霍去病的官级和俸禄与卫青一样。从此以后，卫青的权势日渐衰落，而霍去病日益尊贵。很多卫青以往的朋友和门客去改投霍去病，马上得到了官职、爵位，只有任安不肯这样做。

霍去病为人寡言沉稳，有勇气，敢于任事。汉武帝曾想都他学习孙武、吴起兵法，他说："作战只看谋略如何罢了，用不着古代兵法。"汉武帝为霍去病修建府第，让他前往观看，他说："匈奴还没有消灭，要家干什么呢！"因此，汉武帝更加爱宠他了。但霍去病少年显贵，对部下不关心。他率军出征时，汉武帝派负责宫廷膳食的太官给他送来的食物装了数十辆车。班师时，车上装满吃剩下的粮食和肉类，而士兵却有饿肚子的。在塞外时，军队有时因缺粮而士气不振，可霍去病却修建蹴鞠的场地游戏。像这样的事例有很多。卫青为人仁和，尊重士子，谦虚退让，以温顺柔和博取汉武帝的喜爱。二人的志趣节操就是如此。

这时，汉朝消灭匈奴共八九万人，汉军也死亡了数万人。此后，匈奴迁往很远的地方，沙漠以南再没有匈奴的王庭了。汉军渡过黄河，从朔方以西到令居县，处处开通河渠，设置田官，派士卒五六万人屯垦，逐渐蚕食到匈奴旧地以北。但也因缺少马匹，不再大举出击匈奴了。

先前，宁成担任函谷关都尉时，官吏百姓出入此关的都说："宁愿碰到正在喂奶的母老虎，也别遇上宁成发怒。"及至义纵被任为南阳太守，途经函谷关，宁成在迎、送时都恭敬地走在旁边。义纵到郡接任后，便调查宁氏一家的罪状，将其满门抄斩，南阳郡的官吏百姓震恐异常，重足而立，不敢迈步。后来义纵改任定襄太守，一到任，就突然封闭了定襄监狱，将狱中轻、重人犯二百余人，及私自入狱探视犯人的宾客、兄弟二百余人，一起逮捕，宣判称"为死罪囚犯解脱"；当天将这四百余人全部判决处死,从此郡中人人不寒而栗。当时,赵禹、张汤都因严苛而位列九卿,但他们还是以法律为辅治事,而义纵则专门用老鹰捕兽的手段治事。

王温舒开始做广平都尉时,在郡中挑选了十几名豪勇敢闯的官吏充当爪牙。王温舒掌握着这些人暗中所犯的全部重罪,而让他们督察盗贼。如能使他满意,办好他想办的事的人,尽管此人犯过许多罪,也不处罚;如不能尽心尽力地为他办事,王温舒就根据此人的旧事杀他,甚至灭族。因此,齐国、赵国野外的盗贼都不敢靠近广平,使广平郡的治安良好,有"道不拾遗"的美誉。后调任河内太守,九月到任,命郡中为他准备五十匹传送信件的驿马,然后搜捕郡中豪勇奸猾之徒,相互牵连的有一千余家。王温舒奏请朝廷:罪大的诛杀全族,罪小的本人处死,其家产全部没收以抵往日的赃物。奏章送走不过两三天,就得到朝廷的批准,于是对案件进行判决,致使血流十余里,河内郡的人们对他传送奏章的神速惊骇不已。到十二月底,郡中无人敢出声,无人敢夜间出门,乡村中也听不到因有人偷盗而引起的狗叫声。凡有逃亡的罪犯,王温舒都要派人到邻近的郡县或封国去追缉。恰好春天到了,照例停止行刑,王温舒跺着脚叹道:"唉!如果冬季延长一个月,就够办我的事了!"

汉武帝听说义纵和王温舒的所作所为,认为二人都很有才干,所以将他们提升为中二千石官。

资治通鉴第二十卷

汉纪十二

【原文】

世宗孝武皇帝中之下元狩五年（癸亥，前118年）

上以为淮阳，楚地之郊，乃召拜汲黯为淮阳太守。黯伏谢不受印，诏数强予，然后奉诏。黯为上泣曰："臣自以为填沟壑，不复见陛下，不意陛下复收用之。臣常有狗马病，力不能任郡事。臣愿为中郎，出入禁闼，补过拾遗，臣之愿也。"上曰："君薄淮阳邪？吾今召君矣。顾淮阳吏民不相得，吾徒得君之重，卧而治之。"

黯既辞行，过大行李息曰："黯弃逐居郡，不得与朝廷议矣。御史大夫汤，智足以拒谏，诈足以饰非，务巧佞之语，辩数之辞，非肯正为天下言，专阿主意。主意所不欲，因而毁之；主意所欲，因而誉之。好兴事，舞文法，内怀诈以御主心，外挟贼吏以为威重。公列九卿，不早言之，公与之俱受其僇矣。"息畏汤，终不敢言；及汤败，上抵息罪。

使黯以诸侯相秩居淮阳，十岁而卒。

【译文】

汉武帝元狩五年（癸亥，公元前118年）

汉武帝因为淮阳郡地处楚地交通要冲，所以召来汲黯，任命为淮阳太守。汲黯伏地辞射，不肯接受印信，经汉武帝数次下诏强行授予，才接受这一职务。汲黯流着眼泪对汉武帝说："我自以为老死无用，将填沟渠，再也见不到陛下了，想不到陛下还会收用我。我时常患病，不能胜任一郡的繁重事务，愿意充当中郎之职，出入宫廷，为陛下弥补过失和提醒遗漏之事，这是我的心愿。"汉武帝说道："你看不起淮阳吗？我很快就会召你回来的。顾念到淮阳的官吏与老百姓不和，我只想借重你的威望，你能够躺在床上处理郡事就行。"

汲黯辞行以后，拜访大行李息，说道："我被弃置到地方郡县，不能再参与朝廷议事了。御史大夫张汤，其智谋足以拒绝规劝，狡诈足以掩饰错误，专门说乖巧、奸佞的话，用词诡辩，不肯为天下正事发言，一心迎合主上的意思。凡是主上所不喜欢的，他就乘机诋毁；凡是主上所喜欢的，他就乘机称赞。他还爱制造事端，玩弄法律条文，心怀奸诈以左右主上的心意，依靠不法官吏来建立自己的威望。你身居九卿高位，如不早加揭露，您恐怕会与张汤一同受到惩处。"李息因惧怕张汤权势，始终未敢开口。及至张汤倒台时，汉武帝将李息一同治罪。

汉武帝给予汲黯诸侯国相的待遇，命其居守淮阳，十年后去世。

【原文】

六年（甲子，前117年）

是岁，大农令颜异诛。

初，异以廉直，稍迁至九卿。上与张汤既造白鹿皮币，问异，异曰："今王侯朝贺以苍璧，直数千，而以皮荐反四十万，本末不相称。"天子不说。张汤又与异有郤，及人有告异以他事，下张汤治异。异与客语初令下有不便者，异不应，微反唇。汤奏当："异九卿，见令不便，不入言而腹诽，论死。"自是之后，有腹诽之法比，而公卿大夫多谄谀取容矣。

【译文】

六年（甲子，公元前117年）

这一年，大农令颜异被处死。

当初，颜异因廉洁正直逐步升到九卿高位。汉武帝和张汤商议要制造"白鹿皮币"时，曾询问颜异的意见，颜异说："现在藩王和列侯朝贺时的礼物，都是黑色璧玉，价值才数千钱，而用作衬垫的皮币反而价值四十万，本末不相称。"汉武帝听了很不高兴。张汤又与颜异不和，这时有人告发颜异在一件别的事上触犯法令，汉武帝命张汤给颜异定罪。颜异的一位客人议论诏令初下时有不恰当的地方，颜异听到后没有应声，微微撇了一下嘴唇。张汤奏称："颜异身为九卿，见到诏令有不当之处，不提醒皇上，却在心里加以诽谤，应处死刑。"从此以后，有了"腹诽"的案例，而公卿大臣们大多以阿谀谄媚的办法来保全自己的身家性命了。

【原文】

二年（丙寅，前115年）

冬，十一月，张汤有罪自杀。

初，御史中丞李文，与汤有郤，汤所厚吏鲁谒居阴使人上变告文奸事，事下汤治，论杀之。汤心知谒居为之，上问："变事踪迹安起？"汤佯惊曰："此殆文故人怨之。"谒居病，汤亲为之摩足。赵王素怨汤，上书告："汤大臣，乃与吏摩足，疑与为大奸。"事下廷尉。谒居病死，事连其弟。弟系导官，汤亦治他囚导官，见谒居弟，欲阴为之，而佯不省。谒居弟弗知，怨汤，使上人书，告汤与谒居谋共变告李文。事下减宣，宣尝与汤有郤，及得此事，穷竟其事，未奏也。会人有盗发孝文园瘗钱，丞相青翟朝，与汤约俱谢，至前，汤独不谢。上使御史按丞相，汤欲致其文"丞相见知"，丞相患之。丞相长史朱买臣、王朝、边通，皆故九卿、二千石，仕宦绝在汤前。汤数行丞相事，知三长史素贵，故陵折，丞史遇之，三长史皆怨恨，欲死之。乃与丞相谋，使吏捕案贾人田信等，曰："汤且欲奏请，信辄先知之，居物致富，与汤分之。"事辞颇闻，上问汤曰："吾所为，贾人辄先知之，益居其物，是类有以吾谋告之者。"汤不谢，又佯惊曰："固宜有。"减宣亦奏谒居等事。天子以汤怀诈面欺，使赵禹切责汤，汤乃为书谢，因曰："陷臣者，三长史也。"遂自杀。汤既死，家产直不过五百金。昆弟诸子欲厚葬汤，汤母曰："汤为天子大臣，被污恶言而死，何厚葬乎！"载以牛车，有棺无椁。天子闻之，乃尽按诛三长史。十二月，壬辰，丞相青翟下狱，自杀。

【译文】

元鼎二年（丙寅，公元前115年）

冬季，十一月，张汤因有罪而自杀。

当初，御史中丞李文与张汤不和。张汤所赏识的官吏鲁谒居暗中唆使人上书汉武帝，告发李文有奸恶之事。汉武帝交张汤处理，张汤将李文判罪处死。张汤明知是鲁谒居所为，但当汉武帝问道："告发的事是从哪里引起的呢？"张汤假装吃惊道："这大概是李文的故人对他不满而引起的。"后来鲁谒居生病，张汤亲自给他按摩脚。赵王刘彭祖一向怨恨张汤，听说此事后，上书汉武帝告发说："张汤身为大臣，竟给一个小吏按摩脚，我怀疑他们有大阴谋。"汉武帝将此事交给廷尉处理。鲁谒居病死了，此事又牵连到鲁谒居的弟弟，被囚禁在导官看守所。张汤也因审问别的囚犯到了导官，见到鲁谒居的弟弟，打算暗中救助，表面上却装作不理会。鲁谒居的弟弟不知张汤心意，怨恨张汤，便让人上书朝廷，揭发张汤与鲁谒居同谋告发李文。汉武帝将此事交给减宣处理，减宣与张汤结怨，及至抓住此事，便穷追到底，但一时还没有结案奏报。就在此时，汉文帝陵园中所埋钱币被人盗挖，丞相庄青翟上朝，与张汤约定一同向汉武帝请罪，可到了汉武帝面前，张汤却独自不谢罪。汉武帝命张汤负责审理庄青翟在此事中的责任，张汤企图给庄青翟加上"丞相已知故纵"的罪名，庄青翟非常害怕。丞相长史朱买臣、王朝、边通以前都曾作过九卿或二千石官，做官都比张汤早。张汤曾几次代行丞相职权，知道这三位长史一向尊贵，就故意欺凌折辱他们，将他们看作低级小吏一般，所以三位长史都对张汤心怀怨恨，想置张汤于死地。于是，他们与庄青翟商议，派官吏逮捕审讯商人田信等，然后散布说："张汤向皇上奏请政事，田信每每事先知道，囤积居奇赚了大钱，再分给张汤。"消息传到汉武帝耳中，便问张汤："我做的事，商人每每事先知道，多囤积货物，好像有人将我的计划告诉了他们。"张汤不谢罪，又作吃惊的样子说："很可能有这回事。"减宣也将调查鲁谒居一事的结果奏闻。因此，汉武帝认为张汤心怀奸诈且当面欺瞒，派赵禹严厉谴责张汤，张汤只得上书向汉武帝谢罪，并指控："陷害我的，是三名丞相长史。"然后自杀而死。张汤死后，所留家产价值不过五百金。张汤的兄弟子侄想要厚葬他，其母说："张汤身为天子重臣，竟被污言秽语中伤而死，何必要厚葬呢！"便将张汤放在牛车上运到墓地，只有一只棺材，并无外椁。汉武帝听说后，就将三名丞相长史全部处死。十二月壬辰（二十五日），丞相庄青翟被逮捕下狱，自杀。

【原文】

五年（己巳，前112年）

南越王、王太后饬治行装，重赍为入朝具。其相吕嘉，年长矣，相三王，宗族仕宦为长吏者七十余人，男尽尚王女，女尽嫁王子弟、宗室，及苍梧秦王有连，其居国中甚重，得众心愈于王。王之上书，数谏止王，王弗听；有畔心，数称病，不见汉使者。

天子闻嘉不听命，王、王太后孤弱不能制，使者怯无决；又以为王、王太后已附汉，独吕嘉为乱，不足以兴兵，欲使庄参以二千人往使。参曰："以好往，数人足矣；武往，二千人无足以为也。"辞不可，天子罢参。郏壮士故济北相韩千秋奋曰："以区区之越，又有王、王太后应，独相吕嘉为害，愿得勇士三百人，必斩嘉以报。"于是天子遣千秋与王太后弟樛乐将二千人往。入越境。吕嘉等乃遂反，下令国中曰："王年少。太后，中国人也，又与使者乱，专欲内属，尽持先王宝器入献天子以自媚；多从人行，至长安，虏卖以为僮仆；取自脱一时之利，无顾赵氏社稷、为万世虑计之意。"乃与其弟将卒攻杀王、王太后及汉使者，遣人告苍梧秦王及其诸郡县，立明王长男越妻子术阳侯建德为王。而韩千秋兵入，破数小邑。其后越开直道给食，未至番禺四十里，越以兵击千秋等，遂灭之；使人函封汉使者节置塞上，好为谩辞谢罪，发兵守要害处。

齐相卜式上书，请父子与齐习船者往死南越。天子下诏褒美式，赐爵关内侯，金六十斤，田十顷，布告天下；天下莫应。是时列侯以百数，皆莫求从军击越。会九月尝酎，祭宗庙，列侯以令献金助祭。少府省金，金有轻及色恶者，上皆令劾以不敬，夺爵者百六人。辛巳，丞相赵周坐知列侯酎金轻，下狱，自杀。

【译文】

五年（己巳，公元前112年）

南越王赵兴、王太后樛氏置办行装和重礼，准备入京朝觐。南越国丞相吕嘉年事已高，历任三代国王的丞相，其家族成员在南越国担任重要官职的有七十余人，男子都娶了国王的女儿，女子都嫁给国王的子弟或王族成员，与苍梧秦王也有姻亲关系。吕嘉在南越国的地位十分重要，比南越王更得人心。南越王上书汉朝请求归附，吕嘉曾多次谏阻，但南越王不听，吕嘉便生出离叛之心，几次推说有病，不肯与汉使相见。

汉武帝听说吕嘉不肯听命，而南越王、王太后又势孤力弱，不能控制，所派使臣怯懦无决断；又认为既然南越王、王太后已肯于归附，只有吕嘉从中捣乱，用不着举兵，想派庄参率兵二千前往南越国。庄参奏道："要是以友好的目的前往，几个人就够了；如果是以武力去胁迫，二千人是不够用的。"推辞说不能去，汉武帝将庄参免职。郏县壮士、曾任济北国丞相的韩千秋自告奋勇说："一个小小的南越国，又有其国王和王太后的响应，只丞相吕嘉一人捣乱，给我三百勇士，必能斩杀吕嘉回报。"于是汉武帝派韩千秋和南越王太后的弟弟樛乐率兵二千前往。汉军进入南越国境，吕嘉等便反叛，号令全国说："国王年轻；王太后本是汉朝人，又与汉使淫乱，一心想归附汉朝，将先王的宝器全都献给汉天子来讨好；还想带去大批随从之人，到达长安后卖为奴隶，只顾自己眼前利益，却不顾赵氏的江山社稷，没有为子孙万代着想的意思。"吕嘉与其弟率兵攻杀了南越王赵兴、王太后樛氏及汉朝使臣，派人告知苍梧秦王及各郡县，立南越明王赵婴齐大儿子赵越的南越妻子所生的儿子术阳侯赵建德为王。韩千秋率兵进入南越国后，攻破了几座小城。后南越人开辟直道，提供饭食，在距其都城番禺约四十里的地方将韩千秋所部汉军歼灭，然后派人把汉使的符节用函封好，放到边塞上，以动听的诳骗言辞谢罪，同时派兵加强边界要隘的镇守。

齐国国相卜式上书朝廷，请求汉武帝批准他父子和齐国熟习舰船的人前往南越效死。为此，汉武帝颁布诏书，表扬卜式，封卜式为关内侯，赏金六十斤、土地十顷，并宣告全国，然而全国却无人响应。当时列侯数以百计，没有一个人要求从军打南越。正好举行酎祭活动，天下列侯奉命进献黄金助祭。少府检查所献黄金，凡重量不足或成色不好的，皇上命令一律以"不敬"罪加以参劾。结果，因此而被革去爵位的，有一百零六人。辛巳（初六），丞相赵周也被指控"明知列侯所献黄金重量不足，却纵容包庇"，被逮捕下狱，赵周自杀。

【原文】

元封元年（辛未，前110年）

天子既已封泰山，无风雨，而方士更言蓬莱诸神若将可得，于是上欣然庶几遇之，复东至海上望焉。上欲自浮海求蓬莱，群臣谏，莫能止。东方朔曰："夫仙者，得之自然，不必躁求。若其有道，不忧不得；若其无道，虽至蓬莱见仙人，亦无益也。臣愿陛下第还宫静处以须之，仙人将自至。"上乃止。会奉车霍子侯暴病，一日死。子侯，去病子也，上甚悼之；乃遂去，并海上，北至碣石，巡自辽西，历北边，至九原，五月，乃至甘泉。凡周行万八千里云。

先是，桑弘羊为治粟都尉，领大农，尽管天下盐铁。弘羊作平准之法，令远方各以其物如异时商贾所转贩者为赋而相灌输。置平准于京师，都受天下委输。大农诸官，尽笼天下之货物，贵即卖之，贱则买之，欲使富商大贾无所牟大利，而万物不得腾踊。至是，天子巡狩郡县，所过赏赐，用帛百余万匹，钱金以巨万计，皆取足大农。弘羊又请吏得入粟补官及罪人赎罪。山东漕粟益岁六百万石，一岁之中，太仓、甘泉仓满，边余谷，诸物均输，帛五百万匹，民不益赋而天下用饶。于是弘羊赐爵左庶长，黄金再百斤焉。

是时小旱，上令官求雨。卜式言曰："县官当食租衣税而已，今弘羊令吏坐市列肆，贩物求利，烹弘羊，天乃雨。"

【译文】

元封元年（辛未，公元前110年）

汉武帝在泰山祭祀了天地，并无风雨，而方士们更加强调蓬莱山的神仙大概能

够请到，于是汉武帝再次东至海边，兴高采烈地盼望能遇到神仙。汉武帝打算亲自乘船出海去寻找蓬莱仙山，群臣劝谏，但无人能够阻止。东方朔说道："与神仙相遇，要出于自然，不必急躁强求。若是有道术，就不愁遇不到；如果无道术，纵然到了蓬莱山，见到神仙，也没有益处。我希望陛下只管回到宫中，安静地等待，神仙自会降临。"汉武帝这才打消了出海的念头。正巧奉车都尉霍子侯突然重病，一日之间死去。霍子侯是霍去病的儿子，汉武帝非常难过，于是起驾离去，沿海岸北上至碣石，自辽西巡视北部边疆到九原，五月回到甘泉。此次出巡，行程共一万八千里。

当初，桑弘羊以治粟都尉的身份兼任大农令，主持全国的盐铁专营事务。桑弘羊创立平准法，令相距较远的地方官府以各自的特产作为贡赋，参考商人在不同时期向不同地区转贩不同商品的做法，相互转输。又在京师设立平准官，负责全国各地的转输事务，大农令所属各官，控制天下全部货物，价高时卖出，价低时买进，目的是让大商人无法牟取暴利，使各种货物的价格不能高涨。如今，汉武帝出巡各地，所到之处，赏赐丝织品共一百多万匹，金钱以万万计，都由大农令充分供应。桑弘羊又奏请汉武帝批准，小吏可以用捐献粮食的办法升为官员，犯罪的人也可以用此法来赎罪。因此，崤山以东地区一年的漕粮比规定数目多出六百万石，一年之间，太仓、甘泉仓全部贮满，边塞地区的粮食储备也有盈余；各地货物相互流通，都有余裕，如丝织品就余出五百万匹。百姓赋税没有增加，而天下财物却变得富饶有余。于是，汉武帝赐给桑弘羊左庶长爵位和黄金二百斤。

这时，发生小规模的旱灾，汉武帝命官员求雨。卜式说道："朝廷的衣食供应全靠赋税，如今桑弘羊却让官吏们坐在市场店铺之中，贩卖货物，追求利润。烹杀了桑弘羊，天才会下雨。"

汉纪十三

【原文】

世宗孝武皇帝下之上元封二年（壬申，前109年）

初，全燕之世，尝略属真番、朝鲜，为置吏，筑障塞。秦灭燕。属辽东外徼。汉兴，为其远难守，复修辽东故塞，至浿水为界，属燕。燕王卢绾反，入匈奴。燕人卫满亡命，聚党千余人，椎髻、蛮夷服而东走出塞，渡浿水，居秦故空地上下障，稍役属真番、朝鲜蛮夷及燕亡命者王之，都王险。会孝惠、高后时，天下初定，辽东太守即约满为外臣。保塞外蛮夷，无使盗边；诸蛮夷君欲入见天子，勿得禁止。以故满得以兵威财物侵降其旁小邑，真番、临屯皆来服属，方数千里。传子至孙右渠，所诱汉亡人滋多，又未尝入见；辰国欲上书见天子，又雍阏不通。是岁，汉使涉何诱谕，右渠终不肯奉诏。何去至界上，临浿水，使御刺杀送何者朝鲜裨王长，即渡，驰入塞，遂归报天子曰："杀朝鲜将。"上为其名美，即不诘，拜何为辽东东部都尉。朝鲜怨何，发兵袭攻杀何。

是时，汉灭两越，平西南夷，置初郡十七，且以其故俗治，毋赋税。南阳、汉中以往郡，各以地比，给初郡吏卒奉食、币物、传车、马被具。而初郡时时小反，杀吏，汉发南方吏卒往诛之，间岁万余人，费皆仰给大农。大农以均输、调盐铁助赋，故能赡之。然兵所过，县为以訾给毋乏而已，不敢言擅赋法矣。

【译文】

汉武帝元封二年（壬申，公元前109年）

当初，燕国全盛之时，曾经占领真番、朝鲜为属地，设置官吏，修筑边防要塞。秦灭掉燕国之后，这一带成为辽东郡的外部边界。汉朝兴起后，因该地遥远，难于守御，所以只重修了辽东地区的原有边塞，以浿水作为边界，属燕国管辖。燕王卢绾谋反，逃入匈奴，燕国人卫满聚集亲信一千余人，头梳发髻，身穿蛮夷服装向东逃出边塞，渡过浿水，占据秦时旧有空地，自立为王，逐渐将真番、朝鲜的蛮夷部族和从燕国逃出的人归于自己的统治之下，建都王险。到汉惠帝、汉高后时期，因天下刚刚安定不久，辽东太守便与卫满约定：由卫满作为汉朝的外臣，保护汉朝边塞之外的蛮夷部族不对汉朝边塞进行侵扰；如果各蛮夷部族的首领要到汉朝晋见天子，卫满不得禁止。因此，卫满得以利用兵威和财物侵略和降服周围弱小部族，真番、临屯都来臣服归属，使其统治地域扩大到方圆数千里。王位传到卫满的孙子卫右渠时，卫氏朝鲜招降的汉朝逃亡之人越来越多，而卫右渠又从来未到长安朝见过汉朝天子；辰国国君想要上书汉朝，晋见汉天子，也因卫氏朝鲜的阻隔而不得通行。汉朝于本年派使臣涉何前去劝诱卫右渠，但卫右渠却到底不肯接受诏令。涉何离开朝鲜，来到边界，在浿水河边，命驾车人将护送他的朝鲜副王长刺杀，然后立即渡过浿水，驰入汉朝边塞，回来报告汉武帝说："杀死了朝鲜将领。"汉武帝认为他有杀朝鲜人的美名，未加责问，任命他为辽东东部都尉。朝鲜怨恨涉何，派兵攻击辽东，将涉何杀死。

此时，汉朝先后灭掉了南越和东越两国，剿平了西南夷各部族，新增设了十七个郡，并仍按当地原有风俗习惯进行治理，不征收赋税。南阳、汉中等旧有各郡，则各根据距离的远近，为新设各郡的官吏和兵卒提供粮食、钱物、邮传车、马匹及配件用具。由于新设各郡时常发生小规模叛乱，杀死官吏，汉朝便征调南方各郡的官吏兵卒前往镇压，过了一年达一万多人，所需费用全部依靠大农。大农靠调剂各地的物资和盐、铁专卖的所得，补充赋税的不足，所以还可以供应。然而军队所过之处，地方官府供应军需，只不使缺乏而已，不敢再讲专有赋税的法令了。

【原文】

五年（乙亥，前106年）

上既攘却胡、越，开地斥境，乃置交趾、朔方之州，及冀、幽、并、兖、徐、青、扬、荆、豫、益、凉等州，凡十三部，皆置刺史焉。

【译文】

五年（乙亥，公元前106年）

汉武帝已经驱逐了北方的匈奴，消灭了南方的越族政权，开疆拓土，于是设置交趾、朔方二州，以及冀州、幽州、并州、兖州、徐州、青州、扬州、荆州、豫州、益州、凉州，共将全国划分为十三州，全都设刺史。

【原文】

六年（丙子，前105年）

乌孙使者见汉广大，归报其国，其国乃益重汉。匈奴闻乌孙与汉通，怒，欲击之；又其旁大宛、月氏之属皆事汉；乌孙于是恐，使使愿得尚汉公主，为昆弟。天子与群臣议，许之。乌孙以千匹马往聘汉女。汉以江都王建女细君为公主，往妻乌孙，赠送甚盛；乌孙王昆莫以为右夫人。匈奴亦遣女妻昆莫，以为左夫人。公主自治宫室居，岁时一再与昆莫会，置酒饮食。昆莫年老。言语不通，公主悲愁思归，天子闻而怜之，间岁遣使者以帷帐锦绣给遗焉。昆莫曰："我老，"欲使其孙岑娶尚公主。公主不听，上书言状。天子报曰："从其国俗，欲与乌孙共灭胡。"岑娶遂妻公主。昆莫死，岑娶代立，为昆弥。

是时，汉使西逾葱岭，抵安息。安息发使，以大鸟卵及黎轩善眩人献于汉，及诸小国欢潜、大益、姑师、扞罙苏薢之属皆随汉使献见天子，天子大悦。西国使更来更去，天子每巡狩海上，悉从外国客，大都、多人则过之，散财帛以赏赐，厚具以饶给之，以览示汉富厚焉。大角抵，出奇戏、诸怪物，多聚观者。行赏赐，酒池肉林，令外国客遍观名仓库府藏之积，见汉之广大，倾骇之。大宛左右多葡萄，可以为酒；多苜蓿，天马嗜之；汉使采其实以来，天子种之于离宫别观旁，极望。然西域以近匈奴，常畏奴使，待之过于汉使焉。

【译文】

六年（丙子，公元前105年）

乌孙使臣看到汉朝地域广大，回国后向其国王报告，乌孙于是更加重视与汉朝的关系。匈奴听说乌孙与汉朝建立联系，感到恼怒，准备出兵攻打乌孙；而其旁边的大宛、月氏等国也都服从汉朝。乌孙国王害怕匈奴对其发动攻击，派使臣向汉朝表示愿意娶汉朝公主为妻，与汉结为兄弟。汉武帝与群臣商议，决定同意乌孙王的请求。于是，乌孙王以一千匹马作为聘礼，派人去迎接汉朝公主。汉武帝封江都王刘建的女儿刘细君为公主，嫁给乌孙王，并赠以十分丰盛的陪嫁；乌孙王昆莫封汉公主为右夫人。匈奴也嫁给乌孙王一女，被封为左夫人。汉朝公主自建宫室居住，一年四季与乌孙王见面一两次，在一起饮酒吃饭。由于乌孙王年老，语言又不通，所以公主辈伤忧愁，思念家乡。汉武帝听说后很可怜她，每隔一年派使臣给她送去锦帐、绸缎等物。乌孙王对汉公主说："我年纪已老。"想让公主嫁给他的孙子岑娶军须靡。汉公主不肯依从，并上书汉武帝报告此事。汉武帝回复她说："你应当遵从乌孙国的风俗，因为我国希望与乌孙共灭匈奴。"军须靡终于娶了汉公主。昆莫去世后，其孙军须靡即位，号为昆弥王。

此时，汉朝使者向西越过葱岭，抵达安息国。安息国也派出使者，并将大鸟蛋和精通魔术的黎轩人作为礼品献给汉朝。其他如驩潜、大益、姑师、扞采、苏㜘等诸小国也都派人随汉使来长安进献礼品，朝见天子，汉武帝非常高兴。西域各国派往汉朝的使臣此来彼去，络绎不绝，汉武帝每次到沿海地区巡游，都要将各国使臣全部带去，遇到大都会或人口稠密的地方，都要从中经过，散发财物丝帛进行赏赐，准备丰厚的物品充分供应，以显示汉朝的富有和宽厚。还进行大规模角抵游戏，演出奇戏，展示各种怪物等，聚集许多人观看。每逢赏赐，都要大摆酒宴，筑池蓄酒，悬肉为林；又让外国宾客到处参观各个仓库中储存的物品，以显示汉朝的广大富强，使他们倾慕惊骇。大宛周围盛产葡萄，可以造酒；还盛产苜蓿，大宛出的天马最喜欢吃；汉使将葡萄、苜蓿的果实采集带回，汉武帝大量种在行宫附近，一眼望不到头。然而，因西域各国靠近匈奴，常常对匈奴使者怀有畏惧，对他们比对汉使更为恭顺。

【原文】

太初元年（丁丑，前104年）

汉使人西域者言："宛有善马，在贰师城，匿不肯与汉使。"天子使壮士车令等持千金及金马以请之。宛王与其群臣谋曰："汉去我远，而盐水中数败，出其北有胡寇，出其南乏水草，又且往往而绝邑，乏食者多，汉使数百人为辈来，而常乏食，死者过半，是安能致大军乎！无奈我何。贰师马，宛宝马也。"遂不肯予汉使。汉使怒，妄言，椎金马而去。宛贵人怒曰："汉使至轻我！"遣汉使去，令其东边郁成王遮攻，杀汉使，取其财物。

于是天子大怒。诸尝使宛姚定汉等言："宛兵弱，诚以汉兵不过三千人，强弩射之，可尽虏矣。"天子尝使浞野侯以七百骑虏楼兰王，以定汉等言为然；而欲侯宠姬李氏，乃拜李夫人兄广利为贰师将军，发属国六千骑及郡国恶少年数万人，以往伐宛。期至贰师城取善马，故号贰师将军。赵始成为军正，故浩侯王恢使导军，而李哆为校尉，制军事。

臣光曰："武帝欲侯宠姬李氏，而使广利将兵伐宛，其意以为非有功不侯，不欲负高帝之约也。夫军旅大事，国之安危、民之死生系焉。苟为不择贤愚而授之，欲徼幸咫尺之功，藉以为名而私其所爱，不若无功而侯之为愈也。然则武帝有见于封国，无见于置将；谓之能守先帝之约，臣曰过矣。"

【译文】

太初元年（丁丑，公元前104年）

汉朝派到西域去的使臣奏道："大宛有好马，藏在贰师城中，不肯献给汉使。"于是汉武帝派壮士车令等带着黄金千斤和金马前往大宛，请求交换。大宛国王与其群臣商议道："汉朝离我国很远，而盐中道路艰难，屡屡致人死亡；如从北路来，有匈奴骚扰；从南路来，没有水草，又往往缺少城郭、食粮。汉朝派数百人作为使团前来，还常因缺乏粮食而死亡过半，这怎能派大军前来呢！所以汉朝对我们无可奈何。贰师城的马，是我们大宛国的宝马。"于是不肯给汉使。汉使恼怒，破口大骂，用锤击破金马而去。大宛众贵族生气地说："汉使太轻视我们！"让汉使离去，然后命驻守东部边境的郁成王率兵拦截，杀死汉使，夺取了汉使携带的财物。

汉武帝大怒。曾经出使大宛的姚定汉等奏道："大宛军事力量薄弱，果真派汉军不过三千人，用强弩射杀，就可将其全部俘获了。"汉武帝因曾经派浞野侯赵破奴率七百骑兵生擒过楼兰王，认为姚定汉等说得对；况且，汉武帝此时正想封宠姬李夫人家为侯，于是任命李夫人的哥哥李广利为贰师将军，征发附属国骑兵六千及各郡、国品行恶劣的青年数万人，前往征讨大宛国。期望李广利到贰师城取得好马，所以称他为贰师将军。另外又任命赵始成为军正官，原浩侯王恢为军前向导，李哆为校尉，负责军事指军。

臣司马光曰：汉武帝想封自己宠爱的姬妾李夫人的娘家为侯，所以派李广利率兵征伐大宛，他的意思是，没有为国立功就不能封侯，不想改变高祖皇帝的约定。军务大事，关系着国家的安危、民众的生死。如果不辨贤愚就授予军事大权，希望拿侥幸的微小功劳，作为对自己所喜欢的人徇私的借口，还不如无功就封侯好些。既然这样，那么汉武帝在处理封国事务上颇有见地，却在任命将领方面失当；说他能够遵守先帝的约定，我认为是不对的。

【原文】

二年（戊寅，前103年）

闰月，丁丑，以太仆公孙贺为丞相，封葛绎侯。时朝廷多事，督责大臣，自公孙弘后，丞相比坐事死。石庆虽以谨得终，然数被谴。贺引拜为丞相，不受印绶，顿首涕泣不肯起。上乃起去，贺不得已拜，出曰："我从是殆矣！"

贰师将军之西也，既过盐水，当道小国各城守，不肯给食，攻之不能下；下者得食，不下者数日则去。比至郁成，士至者不过数千，皆饥罢。攻郁成，郁成大破之，所杀伤甚众。贰师将军与李哆、赵始成等计："至郁成尚不能举，况至其王都乎!"引兵而还。至敦煌,士不过什一二。使使上书言:"道远乏食,且士卒不患战而患饥,人少,不足以拔宛,愿且罢兵,益发而复往。"天子闻之,大怒,使使遮玉门曰:"军有敢入者辄斩之!"贰师恐,因留敦煌。

【译文】

二年（戊寅，公元前103年）

闰正月丁丑（疑误），汉武帝任命太仆公孙贺为丞相，封葛绎侯。当时，国家多事，汉武帝对大臣督责严厉，自公孙弘之后，丞相连续被指控有罪而死。石庆虽然因为谨小慎微而得以善终，但也多次受到谴责。公孙贺被引来举行拜授丞相的仪式时，不接受印信，叩头在地上，哭着不肯起来。汉武帝不理他，起身而去。公孙贺不得已地接受印信，出宫后说道："我从此危险了！"

贰师将军李广利率兵西征，过盐泽之后，沿途小国都据城自守，不肯供应汉军粮食，攻又攻不下；攻下之后，粮食自可得到补充；如不能攻破，数日后便离去。等到达郁成时，全军只剩下数千人，且全都饥饿疲惫。进攻郁成，反被镇守郁成的军队打得大败，伤亡惨重。李广利与李哆、赵始成等商议道："到郁成尚且不能攻破，更何况到大宛的国都呢！"于是领兵返回。到敦煌时，士兵只剩下出征时的十分之一二。李广利派人上奏汉武帝："道路遥远，粮食缺乏，将士们虽不惧战斗，但饥饿难忍；况且人数太少，不足以攻下大宛，希望能暂且罢兵，待征调更多的军队后再前往征讨。"汉武帝闻奏大怒，派使臣至玉门阻拦，同时下令："军队有胆敢退入玉门关的，一律斩首！"李广利大为惶恐，因而留在敦煌。

【原文】

三年（己卯，前102年）

初，高祖封功臣为列侯百四十有三人。时兵革之余，大城、名都民人散亡，户口可得而数，裁什二三。大侯不过万家，小者五六百户。其封爵之誓曰："使黄河如带，泰山若厉，国以永存，爰及苗裔。"申以丹书之信，重以白马之盟。及高后时，尽差第列侯位次，藏诸宗庙，副在有司。逮文、景，四五世间，流民既归，户口亦息，列侯大者至三四万户，小国自倍，富厚如之。子孙骄逸，多抵法禁，陨身失国，至是见侯裁四人，罔亦少密焉。

【译文】

三年（己卯，公元前102年）

起初，汉高祖分封功臣为侯，共一百四十三人。当时正是战乱之后，大城和著名都会的百姓散失，国家掌握的户口数字，只有从前的十分之二三。所以汉初所封列侯，其食邑大的不过一万户，小的只有五六百家。分封时，汉高祖曾经立誓说："即使黄河变得像腰带一样狭窄，泰山变得像砥石一样矮小，各位列侯的封国食邑也将永存，传给后世子孙。"并将誓言用朱砂写下，杀白马祭告上苍，表示守信和郑重。到高后时，厘定全体列侯的位次高低，将记录存在宗庙之内，副本存于有关官署。到汉文帝、汉景帝时，已过了四五世，流民已经回归故里，户口也有增加，列侯中，大的食邑达到三四万户，小的也增加了一倍，财富的增长也与食邑相同。列侯的子孙们骄奢淫逸，多触犯国家法律，不仅本人丧命，祖宗留下的食邑也因而失去，到如今，现存的功臣侯只剩下四家，而法网也稍微严密了。

【原文】

四年（庚辰，前101年）

春，贰师将军来至京师。贰师所过小国闻宛破，皆使其子弟从入贡献，见天子，因为质焉。军还，人马千余匹。后行，军非乏食，战死不甚多，而将吏贪，不爱卒，侵牟之，以此物故者众。天子为万里而伐，不录其过，乃下诏封李广利为海西侯。封赵弟为新畤侯，以上官桀为少府，军官吏为九卿者三人，诸侯相、郡守、二千石百余人，千石以下千余人，奋行者官过其望，以谪过行，皆黜其劳，士卒赐直四万钱。

天子欲因伐宛之威遂困胡，乃下诏曰："高皇帝遗朕平城之忧，高后时，单于书绝悖逆。昔齐襄公复九世之仇，《春秋》大之。"且鞮侯单于初立，恐汉袭之，乃曰："我儿子，安敢望汉天子，汉天子，我丈人行也。"因尽归汉使之不降者路充国等，使使来献。

【译文】

四年（庚辰，公元前 101 年）

春季，贰师将军李广利回到京城长安。沿途经过的西域小国听说大宛被汉军攻破，全都派其子弟跟随李广利来到长安向汉朝进贡，拜见汉武帝，并留在长安充当人质。大军回来时，入关的马有一千余匹。此番再次出征，并非缺乏军粮，战死的人也不太多，只因将领贪暴，不爱惜士卒，掠夺、虐待他们，因此死亡很多。汉武帝因李广利万里征伐，不计其过失，下诏书封李广利为海西侯，赵弟为新畤侯，任命上官桀为少府，其他军官为九卿的三人，任诸侯国相、郡太守、二千石官职的一百余人，任一千石及以下官职的一千余人。凡自愿随军出征的人，所授官职都超出了他们自己的希望；凡因罪过而谪罚出征的人，一律免其罪而不记功劳；对士卒的赏赐价值四万钱。

汉武帝打算乘征伐大宛的兵威困扰匈奴，便颁发诏书说："高皇帝给朕留下平城的忧恨，高后时，匈奴单于给我朝的书信又悖逆绝伦。当年齐襄公报九世先祖之仇，《春秋》认为他的行为符合了大义。"且鞮侯单于刚刚即位，害怕汉军袭击他，便向汉朝表示："我是小孩子，岂敢和大汉天子相比，汉朝天子是我的长辈。"于是将不愿投降而被扣留在匈奴的汉使路充国等全部放回，又派使臣前来进贡。

【原文】

天汉元年（辛巳，前 100 年）

上嘉匈奴单于之义，遣中郎将苏武送匈奴使留在汉者，因厚赂单于，答其善意。武与副中郎将张胜及假吏常惠等俱，既至匈奴，置币遗单于。单于益骄，非汉所望也。

会缑王与长水虞常等及卫律所将降者，阴相与谋劫单于母阏氏归汉。卫律者，父故长水胡人，律善协律都尉李延年，延年荐言律使于匈奴，使还，闻延年家收，遂亡降匈奴。单于爱之，与谋国事，立为丁灵王。虞常在汉时素与副张胜相知，私候胜曰："闻汉天子甚怨卫律，常能为汉伏弩射杀之。吾母、弟在汉，幸蒙其赏赐。"张胜许之，以货物与常。后月余，单于出猎，独阏氏、子弟在，虞常等七十余人欲发，其一人夜亡告之。单于子弟发兵与战，缑王等皆死，虞常生得。

单于使卫律治其事。张胜闻之，恐前语发，以状语武。武曰："事如此，此必及我，见犯乃死，重负国。"欲自杀，胜、惠共止之。虞常果引张胜。单于怒，召诸贵人议，欲杀汉使者。左伊秩訾曰："即谋单于，何以复加！宜皆降之。"单于使卫律召武受辞。武谓惠等："屈节辱命，虽生，何面目以归汉！"引佩刀自刺。卫律惊，自抱持武，驰召医，凿地为坎，置煴火，覆武其上，蹈其背以出血。武气绝，半日复息。惠等哭，舆归营。单于壮其节，朝夕遣人候问武，而收系张胜。

武益愈，单于使使晓武，欲降之，会论虞常，欲因此时降武；剑斩虞常已，律曰："汉使张胜谋杀单于近臣，当死，单于募降者赦罪。"举剑欲击之，胜请降。律谓武曰："副有罪，当相坐。"武曰："本无谋，又非亲属，何谓相坐！"复举剑拟之，武不动。律曰："苏君！律前负汉归匈奴，幸蒙大恩赐号称王，拥众数万，马畜弥山，富贵如此！苏君今日降，明日复然；空以身膏草野，谁复知之！"武不应。律曰："君因我降，与君为兄弟；今不听吾计，后虽欲复见我，尚可得乎！"武骂律曰："汝为人臣子，不顾恩义，畔主背亲，为降虏

苏武

于蛮夷，何以汝为见！且单于信汝，使决人死生，不平心持正，反欲斗两主，观祸败。南越杀汉使者，屠为九郡；宛王杀汉使者，头悬北阙；朝鲜杀汉使者，即时诛灭；独匈奴未耳。若知我不降明，欲令两国相攻，匈奴之祸从我始矣。"律知武终不可胁，白单于，单于愈益欲降之。乃幽武置大窖中，绝不饮食；天雨雪，武卧，啮雪与旃毛并咽之，数日不死。匈奴以为神，乃徙武北海上无人处，使牧羝，曰"羝乳乃得归。"别其官属常惠等，各置他所。

【译文】

天汉元年（辛巳，公元前100年）

汉武帝嘉许匈奴单于的义举，派中郎将苏武将留在汉朝的匈奴使臣送回匈奴，顺便携带厚礼，答谢匈奴单于的好意。苏武与副使中郎将张胜及暂时充任使团官吏的常惠等一同前往，到达匈奴后，将礼品送给单于。单于却更加骄横，不是汉朝原来所希望的样子。

正在此时，曾经归降过汉朝的匈奴缑王和长水人虞常，以及卫律所率领的投降匈奴的原汉朝人暗中商议，企图劫持匈奴单于的母亲阏氏回到汉朝。卫律的父亲原是长水地区的匈奴人，卫律本人则因与汉朝的协律都尉李延年关系很好，经李延年推荐，受汉朝派遣出使匈奴。卫律出使归来，听说李延年一家被收捕，便挑到匈奴投降。单于很喜欢他，与他商讨国家大事，封他为丁灵王。虞常在汉朝时一直与副使张胜关系密切，私下拜访张胜时说："听说大汉天子非常怨恨卫律，我可以埋伏弓弩手为汉朝将其射死。我的母亲和弟弟都在汉朝，希望他们能得到赏赐。"张胜答应了虞常的要求，并送给他很多财物。一个多月以后，单于出外打猎，只有他母亲和部分子弟留在王庭。虞常等七十余人正准备发动政变，不料其中一人于夜间逃走，告发了虞常等人的政变计划。于是单于子弟调兵与虞常等人交战，缑王等全部被杀，虞常被活捉。

匈奴单于派卫律审理此事。张胜听到消息后，害怕先前与虞常约定的话泄露，便向苏武报告了情况。苏武说："事到如此，这肯定会涉及我，如受到侵犯再死，那就更加辜负国家了。"于是准备自杀，被张胜、常惠一起阻止。后虞常果然供出张胜，单于大怒，召集贵族们商议，打算杀死汉使。匈奴左伊秩訾说："谋杀卫律就要处死，如果谋害单于，又应如何加重惩处呢！应让他们全部归降。"单于派卫律传话给苏武。苏武对常惠等人说："如果卑躬屈节，有辱我们的使命，即使活着，又有何面目回到大汉呢！"说完拔出佩刀刺入自己的身体。卫律大吃一惊，亲自将苏武抱住，急忙召医生前来，在地上挖了一个土洞，点起炭火，将苏武放在洞上，用脚踩苏武的后背，使淤血流出。苏武气绝，半日才恢复呼吸。常惠等痛哭，将苏武抬回驻地。单于很钦佩苏武的气节，早晚都派人问候，而将张胜逮捕。

　　苏武逐渐痊愈，单于派人来劝谕苏武，要苏武归降匈奴。正在此时，虞常被定为死罪，便打算借此机会逼苏武投降。用剑斩下虞常的人头之后，卫律说："汉使张胜想谋杀单于的亲信大臣，其罪当死，单于招募归降，降者赦免。"说完举剑要刺张胜，张胜请求投降。卫律又对苏武说："副使有罪，你作为正使，应连坐受罚。"苏武回答说："我本未参与其事，与张胜又没有亲属关系，为什么要连坐受罚！"卫律又举剑威胁苏武，苏武纹丝不动。卫律说："苏先生！我以前背叛汉朝，归顺匈奴，有幸蒙单于大恩，赐号称王，并拥有数万人众，马匹牲畜满山，这样富贵！苏先生如果今日归降，明日就又会和我一样，否则白白葬身草野，又有谁知道！"苏武闭口不答。卫律又说："你要是听我的话，归降匈奴，我与你就如兄弟一般；如今日不听我的建议，以后即使想再见我，还能够办得到吗？"苏武骂道："你身为汉朝臣子，却不顾恩义，背叛君主、亲人，投降蛮夷异族，我见你干什么！况且单于信任你，让你决定别人的生死，你不但不公平处理，反而想挑动两国君主相互争斗，在一旁坐观成败。南越国杀死汉使，被汉灭掉后变为九郡；大宛王杀死汉使，其人头被悬于长安宫廷北门；朝鲜杀死汉使，立即招来灭国之祸；只有匈奴还没有干过这种事。你明知我不会投降，却想借此挑起两国之间的战争，匈奴的灾难将会从我开始了。"卫律明白苏武终究不会受他的胁迫，便禀报单于，单于越发想让苏武降服。单于便将苏武囚禁于一个大地窖中，断绝了饮食。当时正下大雪，苏武躺在地上，靠吞食雪片和衣服上的毡毛，一同咽下，几天后竟然未死。匈奴人以为有神灵庇护，便将苏武放逐到北海边荒无人烟之处，让他放牧一群公羊，并对苏武说："公羊能产出羊奶，你就可以回国。"将常惠等从属官员与苏武隔离，各自安置在其他地方。

汉纪十四

【原文】

世宗孝武皇帝下之下天汉三年（癸未，前98年）

初榷酒酤。

【译文】

汉武帝天汉三年（癸未，公元前98年）

开始实行酒类专卖

【原文】

四年（甲申，前97年）

时上遣敖深入匈奴迎李陵，敖军无功远，因曰："捕得生口，言李陵教单于为兵以备汉军，故臣无所得。"上于是族陵家。既而闻之，乃汉将降匈奴者李绪，非陵也。陵使人刺杀绪。大阏氏欲杀陵，单于匿之北方；大阏氏死，乃还。单于以女妻陵，立为右校王，与卫律皆贵用事。卫律常在单于左右；陵居外，有大事乃入议。

【译文】

四年（甲申，公元前 97 年）

当时汉武帝派公孙效率兵深入匈奴腹地去接李陵，公孙敖无功而回，便上奏说："据擒获的匈奴俘虏说，李陵教单于制造兵器，以防备汉军，所以我无所收获。"于是汉武帝下令将李陵的家属满门抄斩。不久听说，是投降匈奴的汉朝将领李绪所为，并非李陵。李陵派人将李绪刺杀。匈奴单于的母亲大阏氏要杀李陵，单于将他藏在北方，直到大阏氏死后，李陵才回到王庭。单于将自己的女儿嫁给李陵为妻，封其为右校王，与卫律同时都受到尊重，并握有权力。卫律经常在单于身边，李陵则在外地，有大事才到王庭会商。

【原文】

太始三年（丁亥，前 94 年）

是岁，皇子弗陵生。弗陵母曰河间赵婕妤，居钩弋宫，任身十四月而生。上曰："闻昔尧十四月而生，今钩弋亦然。"乃命其所生门曰尧母门。

臣光曰：为人君者，动静举措不可不慎，发于中必形于外，天下无不知之。当是时也，皇后、太子皆无恙，而命钩弋之门曰尧母，非名也。是以奸人逆探上意，知其奇爱少子，欲以为嗣，遂有危皇后、太子之心，卒成巫蛊之祸，悲夫！

赵人江充为水衡都尉。初，充为赵敬肃王客，得罪于太子丹、亡逃；旨阙告赵太子阴事，太子坐废。上召允人见。充容貌魁岸，被服轻靡，上奇之；与语政事，大悦，由是有宠，拜为直指绣衣使者，使督察贵戚、近臣逾侈者。充举劾无所避，上以为忠直，所言皆中意。尝从上甘泉，逢太子家使乘车马行驰道中，充以属吏，太子闻之，使人谢充曰："非爱车马，诚不欲令上闻之，以教敕亡素者；唯江君宽之！"充不听，遂白奏。上曰："人臣当如是矣！"大见信用，威震京师。

【译文】

太始三年（丁亥，公元前94年）

这一年，皇子刘弗陵出生。刘弗陵的母亲是河间人，姓赵，受封为婕妤，住在钩弋宫，怀孕十四个月后生下刘弗陵。汉武帝说："听说当年尧是十四个月才出生的，如今赵倢伃生这个孩子也是如此。"于是下令将钩弋宫宫门改称尧母门。

臣司马光曰：作为君主，每一动静、措施都不能不慎重，内心想的事，外表必然会显露出来，天下人都会知道。那时，皇后、太子全部安然健在，汉武帝却下令将钩弋宫门称为尧母门，在名义上是不妥当的。因此，奸猾之徒揣摩皇上的心意，知道他非常宠爱幼子，想立幼子为皇位继承人，于是产生出危害皇后、太子之心，终于酿成巫蛊祸难，可悲啊！

汉武帝

赵国人江充被任命为水衡都尉。当初，江充本是赵敬肃王的门客，因为得罪了赵王太子刘丹，逃出赵国，来到朝廷告发了刘丹的隐私秘事，刘丹因此被废除赵国太子之位。汉武帝召江充入宫见面，见他仪表堂堂，身材魁梧，衣着轻便而华丽，暗中称奇。与他谈论一番政事后，汉武帝大为高兴，从此对江充宠信，封其为直指绣衣使者，让他督察皇亲国戚、天子近臣中的违背体制、奢侈不法行为。江充检举参劾，毫无避讳，汉武帝因此认为他忠正直率，所说的话都合汉武帝的心意。江充曾随汉武帝前往甘泉宫，正遇上太子刘据派遣去甘泉宫问安的使者坐着马车在皇帝专用的"驰道"上行走，江充便将其逮捕问罪。太子听说后，派人向江充求情说："我并非爱惜车马，实在是不愿让皇上知道后，认为我平时没有管教左右，希望江先生宽恕！"江充并不理睬，径自上奏。汉武帝说："作臣子的，就应当这样！"对江充大加信任，从而使江充威镇京师。

【原文】

征和元年（己丑，前92年）

丞相公孙贺夫人君孺，卫皇后姊也，贺由是有宠。贺子敬声代父为太仆，骄奢不奉法，擅用北军钱千九百万；发觉，下狱。是时诏捕阳陵大侠朱安世甚急，贺自请逐捕安世以赎敬声罪，上许之。后果得安世。安世笑曰："丞相祸及宗矣！"遂从狱中上书，告"敬声与阳石公主私通；上且上甘泉，使巫当驰道埋偶人，祝诅上，有恶言。"

【译文】

征和元年（己丑，公元前92年）

丞相公孙贺的夫人卫君孺，是卫皇后的姐姐，公孙贺因此受到宠信。公孙贺的儿子公孙敬声接替父亲担任太仆，骄横奢侈，不遵守法记，擅自动用北军军费一千九百万钱，事情败露后被捕下狱。这时，汉武帝正诏令各地紧急通缉阳陵大侠客朱安世，于是公孙贺请求汉武帝让他负责追捕朱安世，来为其子公孙敬声赎罪，汉武帝批准了他的请求。后来，公孙贺果然将朱安世逮捕。朱安世却笑着说："丞相将要祸及全族了！"于是从狱中上书朝廷，揭发说："公孙敬声与阳石公主私通；他得知皇上将要前往甘泉宫，便让巫师在皇上专用的驰道上埋藏木偶人，诅咒皇上，口出恶言。"

【原文】

三年（辛卯，前90年）

初，贰师之出也，丞相刘屈氂为祖道，送至渭桥。广利曰："愿君侯早请昌邑王为太子；如立为帝，君侯长何忧乎！"屈氂许诺。昌邑王者，贰师将军女弟李夫人子也；贰师女为屈氂子妻，故共欲立焉。会内者令郭穰告"丞相夫人祝诅上及与贰师共祷祠，欲令昌邑王为帝"，按验，罪至大逆不道。六月，诏载屈氂厨车以徇，

要斩东市，妻子枭首华阳街；贰师妻子亦收。贰师闻之，忧惧，其掾胡亚夫亦避罪从军，说贰师曰："夫人、室家皆在吏，若还，不称意适与狱会，郅居以北，可复得见乎！"贰师由是狐疑，深入要功，遂北至郅居水上。虏已去，贰师遣护军将二万骑度郅居之水，逢左贤王、左大将将二万骑，与汉兵合战一日，汉军杀左大将，虏死伤甚众。军长史与决眭都尉辉渠侯谋曰："将军怀异心，欲危众求功，恐必败。"谋共执贰师。贰师闻之，斩长史，引兵还至燕然山。单于知汉军劳倦，自将五万骑遮击贰师，相杀伤甚众；夜，堑汉军前，深数尺，从后急击之，军大乱；贰师遂降。单于素知其汉大将，以女妻之，尊宠在卫律上。宗族遂灭。

吏民以巫蛊相告言者，案验多不实。上颇知太子惶恐无他意，会高寝郎田千秋上急变，讼太子冤曰："子弄父兵，罪当笞。天子之子过误杀人，当何罪哉！臣尝梦一白头翁教臣言。"上乃大感寤，召见千秋，谓曰："父子之间，人所难言也，公独明其不然。此高庙神灵使公教我，公当遂为吾辅佐。"立拜千秋为大鸿胪，而族灭江充家，焚苏文于横桥上；及泉鸠里加兵刃于太子者，初为北地太守，后族。上怜太子无辜，乃作思子宫，为归来望思之台于湖，天下闻而悲之。

【译文】

三年（辛卯，公元前90年）

当初，李广利出塞时，丞相刘屈氂为他祭祀路神，送行到渭桥。李广利说："希望您早日奏请皇上立昌邑王为太子。如果昌邑王能即皇帝位，您以后还有什么可忧虑的呢？"刘屈氂应诺。昌邑王刘髆为李广利的妹妹李夫人所生，李广利的女儿又是刘屈氂的儿媳妇，所以二人都希望立昌邑王为太子。就在这时，内者令郭穰向朝廷告发说："丞相夫人诅咒皇上，又与贰师将军一起祈祷神灵，要让昌邑王为帝。"汉武帝命人调查属实，定为大逆不道之罪。六月，汉武帝下令逮捕丞相刘屈氂，将他放在装载食物的车上游街示众，在长安东市腰斩，刘屈氂的夫人和儿子在华阳街斩首后悬首挂头颅示众；李广利的妻子儿女也被逮捕。李广利听到这一消息后，忧愁惊恐。一位因避罪而从军的幕僚胡亚夫劝说李广利道："将军的夫人和家属都已被逮捕下狱，将军若是回去，稍不如皇上之意，就等于自投罗网。那时候，郅居水以北，可以再得见吗？归降匈奴就不可能了。"李广利于是狐疑不定，但仍然希望能够深入匈奴腹地立功，则皇上或许还能回心转意，于是率军继续北进至郅居水畔。匈奴军已然退去，李广利命令护军将领率骑兵二万渡过郅居水，与匈奴左贤王、左大将率领的二万骑兵遭遇，双方交战一日，汉军杀死左大将，匈奴兵死伤甚众。汉军长史与决眭都尉辉渠侯商议道："贰师将军已怀有二心，却想将全军置于危险境地，以求自己建立功绩，恐怕一定要失败。"于是二人合谋共同将李广利擒住。李广利听到消息后，将长史处斩，率兵退至燕然山。单于知道汉军已疲劳不堪，便亲率骑兵五万拦击李广利，双方都伤亡惨重。入夜后，匈奴派人在汉军前进的路上挖了一条深达数尺的壕沟，然后在汉军背后发动猛烈攻击，汉军大乱，李广利于是投降。单于平时早就听说李广利是汉朝大将，便将女儿嫁给李广利为妻，对他的尊崇在卫律之上。汉武帝听说李广利投降匈奴，便将其满门抄斩。

官吏和百姓以巫蛊害人罪相互告发的，经过调查发现多为有不实。此时汉武帝也颇知太子刘据是因被江充逼迫，惶恐不安，才起兵诛杀江充，并无他意，正好守卫汉高祖刘邦祭庙的郎官田千秋又上紧急奏章，为太子鸣冤说："做儿子的擅自动用父亲的军队，其罪应受鞭打。天子的儿子误杀了人，又有什么罪呢！我梦见一位白发老翁，教我上此奏章。"于是汉武帝霍然醒悟，召见田千秋，对他说："我们父子之间的事，一般认为外人难以插言，只有你知道其间的不实之处。这是高祖皇帝的神灵派您来指教于我，您应当担任我的辅佐大臣。"立即就任命田千秋为大鸿胪，并下令将江充满门抄斩，将苏文烧死在横桥之上。曾在泉鸠里对太子兵刃相加的人，最初被任命为北地太守，后也遭满门抄斩。汉武帝怜惜太子无辜遭害，便特修了一座思子宫，又在湖县建了一座归来望思之台，天下人听说这件事后，都很悲伤。

【原文】

四年（行辰，前89年）

丁巳，以大鸿胪田千秋为丞相，封富民侯。千秋无他才能，又无伐阅功劳，特以一言寤意，数月取宰相，封侯，世未尝有也。然为人敦厚有智，居位自称，逾于前后数公。

先是搜粟都尉桑弘羊与丞相、御史奏言："轮台东有溉田五千顷以上，可遣屯田卒，置校尉三人分护，益种五谷；张掖、酒泉遣骑假司马为斥候；募民壮健敢徙者诣田所，益垦溉田，稍筑列亭，连城而西，以威西国，辅乌孙。"上乃下诏，深陈既往之悔曰："前有司奏欲益民赋三十，助边用，是重困老弱孤独也。而今又请遣卒田轮台。轮台西于车师千余里，前开陵侯击车师时，虽胜，降其王，以辽远乏食，道死者尚数千人，况益西乎！

乃者贰师败，军士死略离散，悲痛常在朕心。今又请远田轮台，欲起亭隧，是扰劳天下，非所以优民也，朕不忍闻！大鸿胪等又议欲募囚徒送匈奴使者，明封侯之赏以报忿，此五伯所弗为也。且匈奴得汉降者常提掖搜索，问以所闻，岂得行其计乎！当今务在禁苛暴，止擅赋，力本农，修马复令以补缺，毋乏武备而已。郡国二千石各上进畜马方略补边状，与计对。"

由是不复出军，而封田千秋为富民侯，以明休息，思富养民也。又以赵过为搜粟都尉，过能为代田，其耕耘田器皆有便巧，以教民，用力少而得谷多，民皆便之。

臣光曰：天下信未尝无士也！武帝好四夷之功，而勇锐轻死之士充满朝廷，辟土广地，无不如意。及后息民重农，而赵过之俦教民耕耘，民亦被其利。此一君之身趣好殊别，而士辄应之，诚使武帝兼三王之量以兴商、周之治，其无三代之臣乎！

【译文】

四年（壬辰，公元前89年）

六月丁巳（二十五日），汉武帝擢升大鸿胪田千秋为丞相，封为富民侯。田千秋没有其他的才干，又没有什么资历和功劳，只因一句话使汉武帝醒悟，就在数月之中登上丞相高位，晋封侯爵，这是世上从未有过的。然而田千秋为人敦厚，又有智慧，身居相位颇为称职，超过他前后的几位丞相。

在此之前，搜粟都尉桑弘羊与丞相、御史奏道："轮台东部有能够灌溉的农田五千顷以上，可派屯田卒前去屯田，设置校尉三人分别掌管，多种五谷；由张掖、酒泉派骑兵下级小吏担任警戒；招募民间强壮有力、敢于远赴边塞的人前往该地，垦荒灌溉；逐渐修筑亭燧，城池向西相连，用以威镇西域各国，辅助乌孙。"为此，汉武帝专门颁布诏书，对他已往的所作所为深表悔恨，说道："前些时，有关部门奏请要增加赋税，每个百姓多缴三十钱，用以加强边防，这是加重老弱孤独者的负担。如今又奏请派遣兵卒赴轮台屯田。轮台在车师西面一千余里，上次开陵侯成娩攻打车师时，虽然取得了胜利，迫使车师王归降，但因路途遥远，粮食缺乏，死于途中的尚有数千人，何况再往西呢！"

"从前李广利兵败，将士们或战死，或被俘，或四散逃亡，朕每念及此，常感悲伤。如今又奏请要派人远赴轮台屯垦，想修筑亭燧，这是使天下人困扰劳苦之举，而非对百姓的优待，这样的建议，朕不忍听！大鸿胪等又建议招募囚犯护送匈奴使者返回，以封侯作为奖赏，让他们刺杀匈奴单于，以发泄我们的怨恨，而这样的事是春秋五霸都不肯作的。况且匈奴得到汉朝归降的人，常常浑身上下，严密搜查，并加以盘问，此计又怎能施行呢！当今的急务，在于严禁官吏对百姓苛刻暴虐，废止擅自增加赋税的法令，全力务农，恢复为国家养马者免其徭役赋税的法令，用以补充战马损失的缺额，不使国家军备削弱而已。各郡、国二千石官员要分别进呈本地畜养马匹补充边备的计划，与呈送户籍、财政簿册的人员一同赴京奏对。"

从此，汉武帝不再派兵出征，封田千秋为富民侯，以表示他要使百姓休息，希望能增加财富，养育百姓，汉武帝又任命赵过为搜粟都尉。赵过精通轮耕保持地力的代田之法，在土地耕耘技术和农具制造方面都有改良。赵过将这些技巧教给老百姓，用力少而收获多，老百姓都感到便利。

臣司马光曰："天下果然并非没有人才！汉武帝喜欢征服四周蛮夷建功立业，便有许多勇猛不怕死的人充满朝廷，使其开疆拓土，无不如愿。到后来休养百姓，重视农业生产，又有赵过等人教导百姓耕耘，百姓们也蒙受利益。同一位君王，前后的兴趣爱好迥然不同，而总有人才相应。假如汉武帝兼有夏禹、商汤、周文王的气度，来复兴商、周时期的太平盛世，难道会没有如夏、商、周三代的辅佐之臣吗！"

【原文】

后元元年（癸巳，前88年）

初，侍中仆射马何罗与江充相善。及卫太子起兵，何罗弟通以力战封重合侯。后上夷灭充宗族、党与，何罗兄弟惧及，遂谋为逆。侍中驸马都尉金日䃅视其志意有非常，心疑之，阴独察其动静，与俱上下。何罗亦觉日䃅意，以故久不得发。是时上行幸林光宫，日䃅小疾卧庐，何罗与通及小弟安成矫制夜出，共杀使者，发兵，明旦，上未起，何罗无何从外入。日䃅奏厕，心动，立入，坐内户下。须臾，何罗袖白刃从东厢上，见日䃅，色变；走趋卧内，欲入，行触宝瑟，僵。日䃅得抱何罗，因传曰："马何罗反！"上惊起。左右拔刃欲格之，上恐并中日䃅，止勿格。日䃅投何罗殿下，得禽缚之。穷治，皆伏辜。

时钩弋夫人之子弗陵，年数岁，形体壮大，多知，上奇爱之，心欲立焉；以其年稚，母少，犹与久之。欲以大臣辅之，察群臣，唯奉车都尉、光禄大夫霍光，忠厚可任大事，上乃使黄门画周公负成王朝诸侯以赐光。后数日，帝谴责钩弋夫人；夫人脱簪珥，叩头。帝曰："引持去，送掖庭狱！"夫人还顾，帝曰："趣行，汝不得活！"卒赐死。顷之，帝闲居，问左右曰："外人言云何？"左右对曰："人言'且立其子，何去其母乎？'"帝曰："然，是非儿曹愚人之所知也。往古国家所以乱，由主少、母壮也。女主独居骄蹇，淫乱自恣，莫能禁也。汝不闻吕后邪！故不得不先去之也。"

【译文】

后元元年（癸巳，公元前88年）

当初，侍中仆射马何罗与江充关系很好。太子刘据起兵时，马何罗的弟弟马通因奋力作战，被封为重合侯。后汉武帝诛灭江充全族之人及其同党，马何罗兄弟害怕牵连受害，便密谋反叛朝廷。侍中驸马都尉金日䃅看到马氏兄弟的心思不同寻常，感到可疑，便独自在暗中注意他们的动静，与他们一起进出。马何罗也觉察到了金日䃅的用意，所以过了很长时间没敢发动。这时，汉武帝前往林光宫，金日䃅

因身体有些不舒服，躺在值班房休息。马何罗、马通和小弟马安成假传圣旨，乘夜出宫，一同将朝廷使者杀死，发兵造反。第二天早上，汉武帝尚未起床，马何罗无故从外面闯入宫中，金日磾正要去上厕所，忽然心中一动，立刻进入寝殿，坐在汉武帝的卧室门前。不久，马何罗袖中藏着利刃从东厢房上殿，看见金日磾，脸色一变，便跑向汉武帝的卧室，想要进去，奔跑中撞到陈放的宝瑟，摔倒在地。金日磾抱住了马何罗，大声叫道："马何罗谋反！"汉武帝惊起，身边的侍卫拔刀要刺杀马何罗，汉武帝怕一并伤到金日磾，急忙加以制止。金日磾将马何罗摔到殿前，侍卫上前将其捆绑起来。经过严厉的追究和审讯，所有参与谋反的人全部认罪服法。

此时，钩弋夫人所生的皇子刘弗陵，虽然只有九岁，却长得身材健壮高大，很聪明，汉武帝对他极为疼爱，心想立他为太子，因其年纪幼小，母亲也年轻，一直犹豫不决。汉武帝想用大臣辅佐刘弗陵，观察群臣，只有奉车都尉、光禄大夫霍光为人忠厚，可以当此重任。于是，汉武帝让黄门官画了一幅周公背负周成王接受诸侯朝见的图画赐给霍光。几天后，汉武帝借故谴责钩弋夫人，钩弋夫人摘去发簪耳环等首饰，叩头请求宽恕。汉武帝说："拉出去，送到掖庭狱中！"钩弋夫人回头看着汉武帝求饶，汉武帝说："快走，你不能活下去！"终于将她处死。不久之后，汉武帝闲居无事，向左右侍从问道："外面对处死钩弋夫人一事怎么说？"左右侍从回答说："人们都说'将要立她儿子为太子，为什么要杀他母亲呢？'"汉武帝说道："是啊，这不是晚辈愚蠢的人能够懂得的了。自古以来，所以出现乱国之事，都是因为国君年幼而其母青春正盛。女主一人独居，就会骄横不法，荒淫秽乱，为所欲为，而无人能够禁止。你没听说过吕后吗！所以不能不先将她除掉。"

【原文】

二年（甲午，前87年）

上病笃，霍光涕泣问曰："如有不讳，谁当嗣者？"上曰："君未谕前面意邪？立少子，君行周公之事！"光顿首让曰："臣不如金日磾！"日磾亦曰："臣，外国人，不如光；且使匈奴轻汉矣！"乙丑，诏立弗陵为皇太子，时年八岁。丙寅，以光为大司马、大将军，日磾为车骑将军，太仆上官桀为左将军，受遗诏辅少主，又以搜粟都尉桑弘羊为御史大夫，皆拜卧内床下。光出入禁闼二十余年，出则奉车，入侍左右，小心谨慎，未尝有过。为人沈静详审，每出入、下殿门，止进有长处，郎、仆射窃识视之，不失尺寸。日磾在上左右，目不忤视者数十年；赐出宫女，不敢近；上欲内其女后宫，不肯；其笃慎如此，上尤奇异之。日磾长子为帝弄儿，帝甚爱之。其后弄儿壮大，不谨，自殿下与宫人戏；日磾适见之，恶其淫乱，遂杀弄儿。上闻之，大怒。日磾屯首谢，具言所以杀弄儿状。上甚哀，为之泣；已而心敬日磾，上官桀始以材力得幸，为未央厩令；上尝体不安，及愈，见马，马多瘦，上大怒

霍光

曰："令以我不复见马邪！"欲下吏。桀顿首曰："臣闻圣体不安，日夜忧惧，意诚不在马。"言未卒，泣数行下。上以为爱己，由是亲近，为侍中，稍迁至太仆。三人皆上素所爱信者，故特举之，授以后事。丁卯，帝崩于五柞宫；入殡未央宫前殿。

帝聪明能断，善用人，行法无所假贷。隆虑公主子昭平君尚帝女夷安公主。隆虑主病困，以金千斤、钱千万为昭平君豫赎死罪，上许之。隆虑主卒，昭平君日骄，醉杀主傅，系狱；廷尉以公主子上请。左右人人为言："前又入赎，陛下许之。"上曰："吾弟老有是一子，死，以属我。"于是为之垂涕，叹息良久，曰："法令者，先帝所造也，用弟故而诬先帝之法，吾何面目入高庙乎！又下负万民。"乃可其奏，哀不能自止，左右尽悲。待诏东方朔前上寿，曰："臣闻圣王为政，赏不避仇雠，诛不择骨肉。《书》曰：'不偏不党，王道荡荡。'此二者，五帝所重，三王所难也，陛下行之，天下幸甚！臣朔奉觞昧死再拜上万寿！"上初怒朔，既而善之，以朔为中郎。

班固赞曰：汉承百王之弊，高祖拨乱反正，文、景务在养民，至于稽古礼文之事，犹多阙焉。孝武初立，卓然罢黜百家，表章《六经》，遂畴咨海内，举其俊茂，与之立功；兴太学，修郊祀，改正朔，定历数，协音律，做诗乐，建封禅，礼百

神，绍周后，号令文章，焕然可述，后嗣得遵洪业而有三代之风。如武帝之雄才大略，不改文、景之恭俭以济斯民，虽《诗》《书》所称何有加焉！

臣光曰："孝武穷奢极欲，繁刑重敛，内侈宫室，外事四夷，信惑神怪，巡游无度，使百姓疲敝，起为盗贼，其所以异于秦始皇者无几矣。然秦以之亡，汉以之兴者，孝武能尊先王之道，知所统守，受忠直之言，恶人欺蔽，好贤不倦，诛赏严明，晚而改过，顾托得人，此其所以有亡秦之失而免亡秦之祸乎！"

【译文】

二年（甲午，公元前87年）

汉武帝病重，霍光哭着问道："万一陛下不幸离去，应当由谁继承皇位呢？"汉武帝说："你没有理解先前赐给你的那幅画的含意吗？立我最小的儿子，由你履知周公的职责！"霍光叩头推辞说："我不如金日䃅！"金日䃅也说："我是外国人，不如霍光！况且由我辅政，会使匈奴轻视我大汉！"乙丑（二月十二日），汉武帝颁布诏书，立刘弗陵为皇太子，时年八岁。丙寅（十三日），汉武帝任命霍光为大司马、大将军，金日䃅为车骑将军，太仆上官桀为左将军，由他们三人接受遗诏，辅佐幼主，又任命搜粟都尉桑弘羊为御史大夫，全都在汉武帝卧室床下叩拜受职。霍光出入宫廷二十余年，出外则陪同汉武帝乘车，入宫则侍奉在汉武帝的左右，小心谨慎，从未有过什么过失。他为人沉静仔细，每次出入宫廷、下殿门，止步和前进都有一定的地方，郎官、仆射们在暗中观察、默记，发现他尺寸不差。金日䃅在汉武帝身边几十年，从不看他不该看的东西，赐给他宫女，他也不敢亲近；汉武帝想将他女儿纳为后宫嫔妃，他也不肯；其诚笃谨慎如此，汉武帝感到特别奇异。金日䃅的长子是汉武帝的顽童，很受宠爱，长大后行为不检点，在殿下与宫女调情，正好被金日䃅看到，金日䃅对其子的淫乱行为非常厌恶，便将他杀死。汉武帝听说后勃然大怒。金日䃅叩头请罪，陈述了杀死其子的缘由，汉武帝深感悲哀，为此落下眼泪，后来对金日䃅却由衷敬重。上官桀开始因膂力过人而得到汉武帝的赏识，被任命为未央厩令。有一次，汉武帝感到身体不舒服，等到痊愈后，检查御马，发现马匹大多瘦弱，于是汉武帝大发雷霆，说："厩令认为我再也看不到这些马了吗！"便要将上官桀逮捕下狱。上官桀叩头说："我听说皇上圣体欠安，日夜忧愁害怕，实在没心思照料马匹。"话未说完，已经流下几行眼泪。汉武帝认为上官桀爱自己，因此与他亲近，任命他为侍中，逐渐升到太仆。霍光、金日磾、上官桀三人都是汉武帝平时宠爱信任的人，所以特意将自己身后之事托付给他们。丁卯（十四日），汉武帝在五柞宫驾崩，遗体运到未央宫前殿下殓。

汉武帝为人聪明，遇事有决断，善于用人，执法严厉，毫不容情，隆虑公主的儿子昭平君娶了汉武帝的女儿夷安公主，隆虑公主病危时，进献黄金千斤、钱千万，请求预先为儿子昭平君赎一次死罪，汉武帝答应了她的请求。隆虑公主去世后，昭平君日益骄纵，竟在喝醉酒之后将公主的保姆杀死，被逮捕入狱。廷尉因昭平君是公主之子而请武帝批准处以刑罚。汉武帝身边的人都为昭平君说话："先前隆虑公主又曾出钱预先赎罪，陛下应允了她。"汉武帝说："我妹妹年纪大了才生下这一个儿子，临终前，将他托付给我。"当时为此泪流满面，叹息了很久，说："法令是先帝创立的，若是因妹妹的缘故破坏先帝之法，我还有何脸面进高祖皇帝的祭庙呢！同时也对不住万民。"于是批准了廷尉的请求，但悲痛难以自制，周围的人全都十分伤感。待诏官东方朔上前祝贺汉武帝说："我听说圣明的君王治理国政，奖赏不回避仇人，惩罚不区分骨肉。《尚书》上说：'不偏向，不结党，君王的大道坦荡平直。'这两项原则，古代的黄帝、颛顼、帝喾、尧、舜五帝非常重视，而夏禹、商汤、周文王三王都难以做到，如今陛下却做到了，这是天下的幸运！我东方朔捧杯，冒死连拜两拜为陛下祝贺！"开始，汉武帝对东方朔非常恼火，接着又觉得他是对的，将东方朔任为中郎。

班固赞曰：汉朝承接了历朝帝王的积弊，高祖拨乱反正，文帝、景帝则致力于休养百姓，而在研习古代的礼节仪式方面，尚有很多缺失。汉武帝即位之初，就以卓越的气魄，罢黜了各家学说，唯独尊崇儒家的《诗》《书》《礼》《易》《乐》《春秋》六种经典，并向天下征召，选拔其中的优秀人才，共同建功立业。又兴办太学，整顿祭祀仪式，改变正朔，重新制定历法，协调音律，作诗赋乐章，到泰山封禅祭祀天地，礼敬各种神灵，封赐周朝的后裔等等。汉武帝的号令文章，都焕发光彩，值得称道，后继者得以继承他的大业，因而具有夏、商、周三代的遗风。像汉武帝这样的雄才大略，如不改变汉文帝、汉景帝的恭敬俭朴作风来爱护百姓，即使是《诗经》《尚书》上所称道的古代圣王也不过如此!

臣司马光曰:汉武帝穷奢极欲,刑罚繁重,横征暴敛,对内大肆兴建宫室,对外征讨四方蛮夷,又迷惑于神怪之说,巡游无度,致使百姓疲劳凋敝,起来做了盗贼,他与秦始皇没有多少不同。但秦朝为此而灭亡,汉朝为此而兴盛的原因就在于汉武帝能够遵守先王之道,懂得治理国家,守住基业,接受忠正刚直之人的谏言,厌恶被人欺瞒蒙蔽,始终喜好贤才,赏罚严明,晚年能改变以往的过失,将继承人托付给合适的大臣,这正是汉武帝所以有造成秦朝灭亡的错误,却避免了秦朝灭亡的灾祸的原因吧!

资治通鉴第二十三卷

汉纪十五

【原文】

孝昭皇帝上始元元年（乙未，前86年）

九月，丙子，秺敬侯金日磾薨。初，武帝病，有遗诏，封金日磾为秺侯，上官桀为安阳侯，霍光为博陆侯；皆以前捕反者马何罗等功封。日磾以帝少，不受封，光等亦不敢受。及日磾病困，光白封，日磾卧受印绶；一日薨。日磾两子赏、建俱侍中，与帝略同年，共卧起。赏为奉车，建驸马都尉。及赏嗣侯，佩两绶，上谓霍将军曰："金氏兄弟两人，不可使俱两绶邪？"对曰："赏自嗣父为侯耳。"上笑曰："侯不在我与将军乎？"对曰："先帝之约，有功乃得封侯。"遂止。

【译文】

汉昭帝始元元年（乙未，公元前86年）

九月丙子（初二），秺侯金日磾去世。当初汉武帝病危时，曾留下遗诏，封金日磾为秺侯，上官桀为安阳侯，霍光为博陆侯，都是因为先前逮捕叛逆者马何罗等人之功而赐予封爵。金日磾以新皇帝年纪幼小为理由，不肯接受封爵，霍光等也不敢接受。等到金日磾病重时，霍光才将武帝临终时封他们三人为侯的事报告汉昭帝，于是金日磾躺在病床上接受了秺侯的印信和绶带，一天后去世。金日磾的两个儿子金赏、金建都担任侍中，与汉昭帝年龄差不多一般大小，起床、睡觉都在一起。金赏的官职是奉车都尉，金建是驸马都尉。后来金赏继承了父亲金日磾的侯

爵，佩戴两种绶带，汉昭帝便对霍光说道："金氏兄弟二人，不能让他们都佩戴两种绶带吗？"霍光回答说："只能由金赏一人继承他父亲的侯爵。"汉昭帝笑着说："封侯不是由我和将军决定吗？"霍光说："根据先皇的约定，对国家有功的人才能封侯。"于是汉昭帝作罢。

【原文】

二年（丙申，前85年）

或说霍光曰："将军不见诸吕之事乎？处伊尹、周公之位，摄政擅权，而背宗室，不与共职，是以天下不信，卒至于灭亡。今将军当盛为位，帝春秋富，宜纳宗室，又多与大臣共事，反诸吕道。如是，则可以免患。"光然之，乃择宗室可用者，遂拜楚元王孙辟疆及宗室刘长乐皆为光禄大夫，辟疆守长乐卫尉。

【译文】

二年（丙申，公元前85年）

有人劝霍光说："将军没有看到当初吕氏家族覆亡的教训吗？吕氏身处伊尹、周公的地位，主持朝政，专擅大权，却疏远皇族成员，不与他们共享朝权，因此失去了天下人的信任，最后终于灭亡。如今将军身居高位，皇上年幼，应当纳用皇族成员，并多与大臣共商政事，与吕氏家族的做法相反。如果这样，便可以免除祸患。"霍光认为有道理，便在皇室成员中选择可以担任官职的人才，任命楚元王之孙刘辟疆和皇室成员刘长乐都为光禄大夫，刘辟疆还兼任长乐宫卫尉。

【原文】

三年（丁酉，前84年）

初，霍光与上官桀相亲善。光每休沐出，桀常代光入决事。光女为桀子安妻，生女，年甫五岁，安欲因光内之宫中；光以为尚幼，不听。盖长公主私近子客河间丁外人，安素与外人善，说外人曰："安子容貌端正，诚因长主时得入为后，以臣父子在朝而有椒房之重，成之在于足下。汉家故事，常以列侯尚主，足下何忧不封侯乎！"外人喜，言于长主。长主以为然。诏召安女为婕妤，安为骑都尉。

【译文】

三年（丁酉，公元前84年）

当初，霍光与上官桀关系亲密，每当霍光休假离朝，上官桀常代替霍光入朝裁决政事。霍光的女儿是上官桀之子上官安的妻子，生下一个女儿，只有五岁，上官安想通过霍光的关系使女儿进入后宫，霍光认为外孙女年纪还小，不肯答应。汉昭帝的姐姐盖长公主与她儿子的门客河间人丁外人私通，上官安平时与丁外人关系很好，便对丁外人说："我女儿容貌端正，如能得到长公主的帮助，入宫成为皇后，我与我父亲在朝为官就有皇后作为依靠，此事的成败全都在您。按汉朝的惯例，公主常常嫁给列侯，您又何愁不能封侯呢！"丁外人非常高兴，便将此事告诉长公主，长公主表示赞同，于是让汉昭帝颁布诏书，将上官安的女儿召入宫中，封为婕妤，并任命上官安为骑都尉。

【原文】

五年（己亥，前82年）

有男子乘黄犊车诣北阙，自谓卫太子；公车以闻。诏使公、卿、将军、中二千石杂识视。长安中吏民聚观者数万人。右将军勒兵阙下以备非常。丞相、御史、中二千石至者并莫敢发言。京兆尹不疑后到，叱从吏收缚。或曰："是非未可知，且安之！"不疑曰："诸君何患于卫太子！昔蒯聩违命出奔，辄距而不纳，《春秋》是之。卫太子得罪先帝，亡不即死，今来自诣，此罪人也！"遂送诏狱。天子与大将军霍光闻而嘉之曰："公卿大臣当用有经术、明于大谊者。"繇是不疑名声重于朝廷，在位者皆自以不及也。廷尉验治何人，竟得奸诈，本夏阳人，姓成，名方遂，居湖，以卜筮为事。有故太子舍人尝从方遂卜，谓曰："子状貌甚似卫太子。"方遂心利其言，冀得以富贵。坐诬罔不道，要斩。

【译文】

五年（己亥，公元前82年）

有一位男子，乘坐黄牛犊车来到未央宫北门，自称他是汉武帝的卫太子刘据，公车官将此事奏闻朝廷。汉昭帝下诏书命三公、九卿、将军、中二千石官等一同前往辨认。长安城中的一般官吏和百姓前去围观的达数万人。右将军为防止发生不测之事，率兵守在宫门前面。前往辨认的丞相、御史、中二千石官等，谁也不敢发言。京兆尹隽不疑最后赶到，命手下官吏将该男子逮捕。有人劝他说："是否真是前太子还不能确定，暂且不要处理！"隽不疑说道："各位又何必怕他是卫太子！春秋时期，卫国太子卫蒯聩因违抗卫灵公之命出逃，后其子卫辄继位，拒不接纳其父回国，此事得到《春秋》的肯定。卫太子得罪了先帝，逃亡在外，当时没死，如今自己又回来了，也是国家的罪人。"于是将该男子押送到诏狱。汉昭帝与大将军霍光听说后，称赞隽不疑说："公卿大臣就应当由这种精通经典、明白大义的人来担任。"于是隽不疑在朝中名重一时，其他身居高位的人都自认为比不上他。后经廷尉审讯核问那个人，竟然发现是一骗案。那位自称是卫太子的人本是夏阳人，姓成，名方遂，住在湖县，以占卜为职业。卫太子的一位侍从曾经请他占卜，并对他说："您的身材相貌都很像卫太子。"成方遂听到此言之后颇为动心，希望借此取得富贵。成方遂被定以诬罔不道之罪，腰斩。

【原文】

六年（庚子，前81年）

春，二月，诏有司问郡国所举贤良、文学，民所疾苦、教化之要，皆对："愿罢盐、铁、酒榷、均输官，毋与天下争利，示以俭节，然后教化可兴。"桑弘羊难，以为："此国家大业，所以制四夷，安边足用之本，不可废也。"于是盐铁之议起焉。

初，苏武既徙北海上，廪食不至，掘野鼠、去草实而食之。杖汉节牧羊，卧起操持，节旄尽落。武在汉，与李陵俱为侍中；陵降匈奴，不敢求武。久之，单于使陵至海上。为武置酒设乐，因谓武曰："单于闻陵与子卿素厚，故使来说足下，虚心欲相待。终不得归汉，空自苦；亡人之地，信义安所见乎！足下兄弟二人，前皆坐事自杀；来时，太夫人已不幸；子卿妇年少，闻已更嫁矣；独有女弟二人、两女、一男，今复十余年，存亡不可知。人生如朝露，何久自苦如此！陵始降时，忽忽如狂，自痛负汉，加以老母系保宫。子卿不欲降，何以过陵！且陛下春秋高，法令无常，大臣无罪夷灭者数十家。安危不可知，子卿尚复谁为乎！"武曰："武父子无功德，皆为陛下所成就，位列将，爵通侯，兄弟亲近，常愿肝脑涂地。今得杀身自效，虽斧钺、汤镬，诚甘乐之！臣事君，犹子事父也；子为父死，无所恨。愿勿复再言！"陵与武饮数日，复曰："子卿壹听陵言！"武曰："自分已死久矣，王必欲降武，请毕今日之欢，效死于前！"陵见其至诚，喟然叹曰："嗟乎，义士！陵与卫律之罪上通于天！"因泣下沾衿，与武决去。赐武牛羊数十头。

后陵复至北海上，语武以武帝崩。武南乡号哭欧血，旦夕临，数月。及壶衍鞮单于立，母阏氏不正，国内乖离，常恐汉兵袭之，于是卫律为单于谋，与汉和亲。汉使至，求苏武等，匈奴诡言武死。后汉使复至匈奴，常惠私见汉使，教使者谓单于，言："天子射上林中，得雁，足有系帛书，言武等在某泽中。"使者大喜，如惠语以让单于。单于视左右而惊，谢汉使曰："武等实在。"乃归武及马宏等。马宏者，前副光禄大夫王忠使西国，为匈奴所遮；忠战死，马宏生得，亦不肯降。故匈奴归此二人，欲以通善意。于是李陵置酒贺武曰："今足下还归，扬名于匈奴，功显于汉室，虽古竹帛所载，丹青所画，何以过子卿！陵虽驽怯，令汉贳陵罪，全其老母，使得奋大辱之积志，庶几乎曹柯之盟，此陵宿昔之所不忘也。收族陵家，为世大戮，陵尚复何顾乎！已矣，令子卿知吾心耳！"陵泣下数行，因与武决。

单于召会武官属，前已降及物故，凡随武还者九人。既至京师，诏武奉一太牢谒武帝园庙，拜为典属国，秩中二千石，赐钱二百万，公田二顷，宅一区。武留匈奴凡十九岁，始以强壮出，及还，须发尽白。霍光、上官桀与李陵素善，遣陵故人陇西任立政等三人俱至匈奴招之。陵曰："归易耳，丈夫不能再辱！"遂死于匈奴。

秋，七月，罢榷酤官，从贤良、文学之议也。武帝之末，海内虚耗，户口减半。霍光知时务之要，轻徭薄赋，与民休息。至是匈奴和亲，百姓充实，稍复文、景之业焉。

【译文】

六年（庚子，公元前81年）

春季，二月，汉昭帝下诏命有关官员向各郡、国举荐的贤良、文学询问，了解民间疾苦和教化百姓的要点，大家都建议："希望取消盐、铁、酒类的专卖制度，罢黜均输官，不要与天下人争利，向百姓表示节俭，然后才可以振兴、教化。"但桑弘羊表示反对，他认为："盐、铁、酒类的专卖制度和均输措施等，都是国家赖以控制四夷、保卫边疆，使财用充足的根本大业，不能废除。"于是，一场关于盐铁专卖等问题的辩论开始了。

当初，苏武被匈奴放逐到北海边以后，得不到粮食供应，便挖掘野鼠，吃鼠洞中的草籽。他手持汉朝的符节牧羊，无论睡卧还是起身都带着它，以致节杖上的毛缨全部脱落了。苏武在汉朝时，与李陵同为侍中，李陵投降匈奴后，不敢求见苏武。过了很长时间，单于派李陵来到北海边，为苏武摆下酒筵，并以乐队助兴。李陵对苏武说："单于听说我与你一向情谊深厚，所以派我来劝你，单于愿意对你虚心相待。你终究不能再回汉朝，自己白白受苦，在这荒无人烟的地方，你的信义节操又有谁看到呢！你的两个兄弟，先前都因罪自杀；我来此时，你母亲也不幸去世；你的夫人年轻，听说已经改嫁别人了；只剩下两个妹妹、两个女儿、一个儿子，如今又过了十几年，是否还在人世，不得而知。人的一生，就像早晨的露水一般短暂，你又何必长久地如此自苦！我刚投降匈奴时，精神恍惚，像要发疯，恨自己辜负汉朝，还连累老母被拘禁牢狱。你不愿归降匈奴的心情，怎么会超过我！况且皇上年事已高，法令变化无常，大臣无罪而被抄杀满门的达数十家，安危不可知，你还要为谁这样做呢！"苏武说："我父子本无功德，全靠皇上栽培，才得以身居高位，与列侯、将军并列，且使我们兄弟得以亲近皇上，所以我常常希望能够肝脑涂地，报答皇上的大恩。如今自己得以杀身报效皇上，即使是斧钺加身，汤锅烹煮，我也真心甘情愿！为臣的侍奉君王，就如同儿子侍奉父亲一般，儿子为父亲而死，没有遗憾。希望你不要再说了。"李陵与苏武一连饮酒数日，又劝道："子卿你听我一句话！"苏武说："我自己料想必死已经很久了，大王你一定要我苏武投降，就请结束今日的欢聚，让我死在你的面前！"李陵见苏武一片至诚，长叹道："唉！你真是义士！我与卫律的罪过上通于天！"于是流下眼泪，沾湿衣衿，与苏武告别而去。赐给苏武牛羊数十头。

后来，李陵又来到北海边，告诉苏武汉武帝已然去世。苏武一连数月，每天早晚面对南方号啕痛哭，甚至吐血。壶衍鞮单于即位后，其母阏氏行为不正，国内分崩离析，常常害怕汉军前来袭击，于是卫律为单于定计，要求与汉朝和亲。汉使来到匈奴，要求放苏武等人回国，匈奴假称苏武已死。后来汉使又来到匈奴，常惠暗中面见汉使，教使者对单于说："汉天子在上林苑射猎，射下一只大雁，雁脚上系着一块写字的绸缎，上面说苏武等人在某湖泽之地。"使者大喜，按常惠之言责问单于。单于环视左右侍从，大吃一惊，然后向汉使道歉说："苏武确实还活着。"这才将苏武及马宏等人放还。马宏先前是汉朝派往西域各国的使者，光禄大夫王忠的副使，因受到匈奴军队的拦截，王忠战死，马宏被俘，也不肯投降匈奴。所以匈奴这次将苏武、马宏二人放回，是想向汉朝表示他们的善意。于是，李陵摆设酒筵祝贺苏武说："如今你返回祖国，名声传遍匈奴，功劳显扬于汉朝，即使是史籍所记载、丹青所描画的人物，又怎能超过你！我虽然愚笨怯懦，假如当年汉朝能宽恕我的罪过，保全我的老母，使我能够忍辱负重，春秋时曹刿劫持齐桓公于柯盟的壮举正是我当时念念不忘的志向。谁知汉朝竟将我满门抄斩，这是当世最残酷的杀戮，我还能再顾念什么呢！如今一切都已过去，不过是想让你知道我的心罢了！"李陵泪流满面，便与苏武告别。

单于召集当年随苏武前来的汉朝官员及随从，除先前已归降匈奴和去世的以外，共有九人与苏武一同回到汉朝。苏武一行来到长安后，汉昭帝诏令苏武用牛、羊、猪各一头，以最隆重的仪式祭拜汉武帝的陵庙，封苏武为典属国，品秩为中二千石，并赏赐苏武钱二百万、公田二顷、住宅一所。苏武被扣留匈奴共十九年，去时正当壮年，归来时头发、胡须全都白了。霍光、上官桀一向都和李陵关系很好，所以特派李陵的旧友陇西人任立政等三人一同前往匈奴劝说李陵回国。李陵对他们说："回去容易，但大丈夫不能两次受辱！"于是老死于匈奴。

秋季，七月，汉昭帝接受贤良、文学们的建议，撤销负责酒类专卖的官员。汉武帝末年，国家财力虚耗，户口减少了一半。霍光了解当时的要务，减轻赋税和徭役,使百姓得到休息。如今与匈奴恢复和亲,百姓生活充实,渐渐恢复了汉文帝、汉景帝时期的安定、繁荣大业。

【原文】

元凤元年（辛丑,前80年）

上官桀父子既尊,益德长公主,欲为丁外人求封侯,霍光不许。又为外人求光禄大夫,欲令得召见,又不许。长主大以是怨光,而桀、安数为外人求官爵弗能得,亦惭。又桀妻父所幸充国为太医监,阑入殿中,下狱当死；冬月且尽,盖主为充国入马二十匹赎罪,乃得减死论。于是桀、安父子深怨光而重德盖主。自先帝时,桀已为九卿,位在光右,及父子并为将军,皇后亲安女,光乃其外祖,而顾专制朝事,由是与光争权。燕王旦自以帝兄不得立,常怀怨望。及御史大夫桑弘羊建造酒榷、盐、铁,为国兴利,伐其功,欲为子弟得官,亦怨恨光。于是盖主、桀、安、弘羊皆与旦通谋。

旦遣孙纵之等前后十余辈,多资金宝、走马赂遗盖主、桀、弘羊等。桀等又诈令人为燕王上书,言："光出都肄郎、羽林,道上称跸,太官先置。"又引"苏武使匈奴二十年不降,乃为典属国；大将军长史敞无功,为搜粟都尉；又擅调益莫府校尉。光专权自恣,疑有非常。臣旦愿归符玺,入宿卫,察奸臣变。"候司光出沐日奏之。桀欲从中下其事,弘羊当与诸大臣共执退光。书奏,帝不肯下。明旦,光闻之,止画室中不入。上问："大将军安在？"左将军桀对曰："以燕王告其罪,故不敢入。"有诏："召大将军。"光入,免冠、顿首谢。上曰："将军冠！朕知是书诈也,将军无罪。"光曰："陛下何以知之？"上曰："将军之广明都郎,近耳；调校尉以来,未能十日,燕王何以得知之！且将军为非,不须校尉。"是时帝年十四,尚书、左右皆惊。而上书者果亡,捕之甚急。桀等惧,白上："小事不足遂。"上不听。后桀党与有谮光者,上辄怒曰："大将军忠臣,先帝所属以辅朕身,敢有毁者坐之！"自是桀等不敢复言。

桀等谋令长公主置酒请光,伏兵格杀之,因废帝,迎立燕王为天子,旦置驿书往来相报,许立桀为王,处连郡国豪桀以千数。旦以语相平,平曰："大王前与刘泽结谋，事未成而发觉者，以刘泽素夸，好侵陵也。平闻左将军素轻易，车骑将军少而骄，臣恐其如刘泽时不能成，又恐既成反大王也。"且曰："前日一男子诣阙，自谓故太子，长安中民趣乡之，正欢不可止。大将军恐，出兵陈之，以自备耳。我，帝长子，天下所信，何忧见反！"后谓群臣："盖主报言，独患大将军与右将军王莽。今右将军物故，丞相病，幸事必成，微不久。"令群臣皆装。

安又谋诱燕王至而诛之，因废帝而立桀。或曰："当如皇后何？"安曰："逐麋之狗，当顾菟邪！且用皇后为尊，一旦人主意有所移，虽欲为家人亦不可得。此百世之一时也！"会盖主舍人父稻田使者燕仓知其谋，以告大司农杨敞。敞素谨，畏事，不敢言，乃移病卧，以告谏大夫杜延年；延年以闻。九月，诏丞相部中二千石逐捕孙纵之及桀、安、弘羊、外人等，并宗族悉诛之；盖主自杀。燕王旦闻之，召相平曰："事败，遂发兵乎？"平曰："左将军已死，百姓皆知之，不可发也！"王忧懑，置酒与群臣、妃妾别。会天子以玺书让旦，旦以绶自绞死，后、夫人随旦自杀者二十余人。天子加恩，赦王太子建为庶人，赐旦谥曰剌王。皇后以年少，不与谋，亦霍光外孙，故得不废。

【译文】

元凤元年（辛丑，公元前80年）

上官桀父子的地位既已尊贵，对长公主非常感恩，便想为丁外人谋求封侯，但霍光不许。上官桀父子又请求任命丁外人为光禄大夫，想使其取得受皇帝召见的资格，霍光仍然不许。长公主因此怨恨霍光，而上官桀、上官安几次为丁外人谋求官爵都未能实现，也觉脸上无光。上官桀的岳父所宠爱的一个叫充国的人，担任太医监，因私自闯入宫殿，被逮捕下狱，定为死罪。当时，处决犯人的冬季即将过去，长公主为充国交纳二十匹马赎罪，使其被免除死刑。于是，上官桀、上官安父子深怨霍光而更加感激长公主。自从汉武帝时，上官桀已位列九卿，地位高于霍光，及至上官柴父子同为将军，皇后又是上官安的亲女儿，而霍光只是皇后的外祖父，却反而专制朝政，因此上官安父子与霍光争权。燕王刘旦觉得自己是汉昭帝的兄长，未能继承皇位，所以常常心怀怨恨。御史大夫桑弘羊创立盐、铁、酒类专卖制度，为国兴利，自认为于国有功，想为其子弟求取官职，遭到霍光拒绝，因而也怨恨霍光。于是，盖长公主、上官桀、上官安、桑弘羊都与刘旦串通一气，密谋除掉霍光。

刘旦派遣孙纵之等人前后十余批，携带大批金银、珠宝、快马等前往长安，贿赂盖长公主、上官桀、桑弘羊等人。上官桀等又命人伪造燕王上书，言称："霍光出外校阅郎官及御林军时，就仿佛皇上出巡一般，命人清道，驱赶行人，派太官为其预先安排饮食。"又称："苏武出使匈奴，被扣留二十年而不肯投降，回朝后只不过给了个典属国的官职；而大将军长史杨敞并无功劳，却被任命为搜粟都尉；另外，霍光还擅自增选大将军府的校尉。霍光独揽大权，为所欲为，是否会做出不利于朝廷的非常之举，令人怀疑。因此，我愿意交还燕王的印玺，进入宫廷，侍卫在皇上左右，监督奸臣的行动，以防有变。"等到霍光休假不在朝中时奏闻汉昭帝。上官桀本打算从朝廷中交给有关官员去查办，由桑弘羊与各大臣一起逮捕霍光，撤销其职。但上奏后，汉昭帝却扣留不发。第二天早晨，霍光入朝，听说此事后，停在画室中不敢贸然进殿。汉昭帝问："大将军在什么地方？"左将军上官桀回答说："因燕王控告大将军的罪行，所以他不敢进殿。"汉昭帝下诏："召大将军进来。"霍光进殿后，脱下官帽，叩头请罪。汉昭帝说道："将军请戴上帽子。朕知道这道奏章是假的，将军并没有罪。"霍光说："陛下是怎么知道的呢？"汉昭帝说："将军去广明校阅郎官，是最近的事，选调校尉以来，也还不到十天，燕王怎么能知道这些事呢！况且将军如要谋反，也用不着选调校尉。"此时汉昭帝年仅十四岁，尚书及左右官员全都震惊了。后发现呈递这奏章的人果然逃亡，汉昭帝下令紧急追捕。上官桀等人心中害怕，便对汉昭帝说："区区小事，用不着穷追不放。"汉昭帝不听。后上官桀的同党中有人说霍光的坏话，汉昭帝立即怒斥道："大将军是忠臣，先帝托付他辅佐我，谁再胆敢诬蔑大将军，就问他的罪！"从此，上官桀等不敢再攻击霍光。

上官桀等密谋由长公主设酒宴邀请霍光，埋伏武士将霍光杀死，然后乘机废掉汉昭帝，迎立燕王刘旦为皇帝。刘旦设置驿马传书，往来递送消息，许诺事成后封上官桀为王，并对外联络了数以千计的各郡、国的豪杰之士。刘旦将这一计划告诉燕国丞相，这位名叫平的燕国丞相说道："大王以前与刘泽合谋，事情还未成功，消息已然走漏，是因为刘泽平时性情浮夸，好欺凌属下。我听说左将军一向办事不稳重，车骑将军又年轻骄横，我担心他们与刘泽那时一样成不了事，又担心他们事成之后背叛大王。"刘旦说："前些日子，有一男子到皇宫门前，自称是前太子，长安城中的百姓纷纷上前，喧哗不绝。大将军感到害怕，派出军队，为的是保护自己。我本先帝长子，天下信任，还怕被人反对吗！"后又对其臣下说："盖长公主告诉我，只是担心大将军霍光与右将军王莽。如今右将军去世，丞相又有病，大事必然成功，不久就可证实。"命臣下一律整治行装。

上官安又密谋将燕王刘旦引诱前来杀死，然后再废掉汉昭帝。拥立其父上官桀为皇帝。有人问他："对皇后又当如何？"上官安说："追逐大鹿的猎狗，会顾及兔子吗！况且因皇后而获得尊贵的地位，一旦皇上移情别爱，即使想做一名普通老百姓，也不可能了。这是百世难逢一时的好机会！"恰巧盖长公主一位舍人的父亲、担任稻田使者的燕仓了解到上官桀等人的阴谋，将此事告诉了大司农杨敞。杨敞平时为人谨慎怕事，不敢奏报朝廷，便上书称病，卧居在家，同时将此事告知谏大夫杜延年。杜延年将此事奏闻朝廷。九月，汉昭帝下诏命丞相率领中二千石大臣缉捕孙纵之及上官桀、上官安、桑弘羊、丁外人等人，连同他们的宗族，全部诛杀。盖长公主自杀。燕王刘旦得到消息后，召燕国丞相平前来商议道："事已败露，是否应随即发兵造反？"平说："左将军已被处死，老百姓都已知晓，不可发兵！"刘旦忧愤懊恼，摆设酒筵，与臣子和妻妾诀别。正好汉昭帝下达正式诏书责问刘旦，刘旦便用王印的绶带将自己绞死，刘旦的王后、夫人等二十余人也随其一起自杀。汉昭帝加恩，赦免燕王太子刘建死罪，废为平民，赐刘旦谥号"剌王"。上官皇后因年纪幼小，未曾参与政变阴谋，又是霍光的外孙女，所以未被废黜。

资治通鉴第二十四卷

汉纪十六

【原文】

孝昭皇帝下元平元年（丁未，前74年）

夏，四月，癸未，帝崩于未央宫；无嗣。时武帝子独有广陵王胥，大将军光与群臣议所立，咸持广陵王。王本以行失道，先帝所不用；光内不自安。郎有上书言："周太王废太伯立王季，文王舍伯邑考立武王，唯在所宜，虽废长立少可也。广陵王不可以承宗庙。"言合光意。光以其书示丞相敞等。擢郎为九江太守。即日承皇后诏，遣行大鸿胪事少府乐成、宗正德、光禄大夫吉、中郎将利汉迎昌邑王贺，乘七乘传诣长安邸。光又白皇后，徙右将军安世为车骑将军。

贺，昌邑哀王之子也，在国素狂纵，动作无节。武帝之丧，贺游猎不止。尝游方与，不半日驰二百里。

及征书至，夜漏未尽一刻，以火发书。其日中，王发，晡时，至定陶，行百三十五里，侍从者马死相望于道。王吉奏书戒王曰："臣闻高宗谅暗，三年不言。今大王以丧事征，宜日夜哭泣悲哀而已，慎毋有所发！大将军仁爱、勇智、忠信之德，天下莫不闻；事孝武皇帝二十余年，未尝有过。先帝弃群臣，属以天下，寄幼孤焉。大将军抱持幼君襁褓之中，布政施教，海内晏然，虽周公、伊尹无以加也。今帝崩无嗣，大将军惟思可以奉宗庙者，攀援而立大王，其仁厚岂有量哉！臣愿大王事之，敬之，政事壹听之，大王垂拱南面而已。愿留意，常以为念！"

王至济阳，求长鸣鸡，道买积竹杖。过弘农，使大奴善以衣车载女子。至湖，使者以让相安乐。安乐告龚遂，遂入问王，王曰："无有。"遂曰："即无有，何爱一善以毁行义！请收属吏，以湔洒大王。"即捽善属卫士长行法。

王到霸上，大鸿胪郊迎，驷奉乘舆车。王使寿成御，郎中令遂参乘。且至广明、东都门，遂曰："礼，奔丧望见国都哭。此长安东郭门也。"王曰："我嗌痛，不能哭。"至城门，遂复言；王曰："城门与郭门等耳。"且至未央宫东阙，遂曰："昌邑帐在是阙外驰道北，未至帐所，有南北行道，马足未至数步；大王宜下车，乡阙西面伏哭，尽哀止。"王曰："诺。"到，哭如仪。六月，丙寅，王受皇帝玺绶，袭尊号；尊皇后曰皇太后。

昌邑王既立，淫戏无度。昌邑官属皆征至长安，往往超擢拜官。相安乐迁长乐卫尉。龚遂见安乐，流涕谓曰："王立为天子，日益骄溢，谏之不复听。今哀痛未尽，日与近臣饮酒作乐，斗虎豹，召皮轩车九旗，驱驰东西，所为悖道。古制宽，大臣有隐退；今去不得，阳狂恐知，身死为世戮，奈何？君，陛下故相，宜极谏争！"

太仆丞河东张敞上书谏，曰："孝昭皇帝早崩无嗣，大臣忧惧，选贤圣承宗庙，东迎之日，唯恐属车之行迟。今天子以盛年初即位，天下莫不拭目倾耳，观化听风。国辅大臣未褒，而昌邑小辇先迁，此过之大者也。"王不听。

大将军光忧懑，独以问所亲故吏大司农田延言，但唯唯而已。田延年前，离席按剑曰："先帝属将军以幼孤，寄将军以天下，以将军忠贤，能安刘氏也。今群下鼎沸，社稷将倾；且汉之传谥常为'孝'者，以长有天下，令宗庙血食也。如汉家绝祀，将军虽死，何面目见先帝于地下乎？今日之议，不得旋踵，群臣后应者，臣请剑斩之！"光谢曰："九卿责光是也！天下匈匈不安，光当受难。"于是议者皆叩头曰："万姓之命。在于将军，唯大将军令！"

光即与群臣俱见，白太后，具陈昌邑王不可以承宗庙状。皇太后乃车驾幸未央承明殿，诏诸禁门毋内昌邑群臣。王入朝太后还，乘辇欲归温室，中黄门宦者各持门扇，王人，门闭，昌邑群臣不得入。王曰："何为？"大将军跪曰："有皇太后诏，毋内昌邑群臣！"王曰："徐之，何乃惊人如是！"光使尽驱出昌邑群臣，置金马门外。车骑将军安世将羽林骑收缚二百余人，皆送廷尉诏狱。令故昭帝侍中中臣侍守王。光敕左右："谨宿卫！卒有物故自裁，令我负天下，有杀主名。"王尚未自知当废，谓左右："我故群臣从官安得罪，而大将军尽系之乎？"

顷之，有太后诏召王。王闻召，意恐，乃曰："我安得罪而召我哉？"太后被珠襦，盛服坐武帐中，侍御数百人皆持兵，期门武士陛戟陈列殿下，群臣以次上殿，召昌邑王伏前听诏。光与群臣连名奏王，尚书令读奏曰："丞相臣敞等昧死言皇太后陛下：孝昭皇帝早弃天下，遣使征昌邑王典丧，服斩衰，无悲哀之心，废礼谊，居道上不素食，使从官略女子载衣车，内所居传舍。始至谒见，立为皇太子，常私买鸡豚以食。受皇帝信玺、行玺大行前，就次，发玺不封。从官更持节引内昌邑从官、驺宰、官奴二百余人，常与居禁闼内敖戏。为书曰：'皇帝问侍中君卿：使中御府令高昌奉黄金千斤，赐君卿取十妻。'大行在前殿，发乐府乐器，引内昌邑乐人击鼓，歌吹，作俳倡；召内泰壹、宗庙乐人，悉奏众乐。驾法驾驱驰北宫、桂宫，弄彘，斗虎。召皇太后御小马车，使官奴骑乘，游戏掖庭中。与孝昭皇帝宫人蒙等淫乱，诏掖庭令：'敢泄言，要斩！'——"太后曰："止！为人臣子，当悖乱如是邪！"王离席伏。尚书令复读曰："——取诸侯王、列侯、二千石绶及墨绶、黄绶以并佩昌邑郎官者免奴。发御府金钱、刀剑、玉器、采缯，赏赐所与游戏者。"与从官、官奴夜饮，湛沔于酒。独夜设九宾温室，延见姊夫昌邑关内侯。祖宗庙祠未举，为玺书，使使者持节以三太牢祠昌邑哀王园庙，称'嗣子皇帝'。受玺以来二十七日，使者旁午，持节诏诸官署征发凡一千一百二十七事。荒淫迷惑，失帝王礼谊，乱汉制度。臣敞等数进谏，不变更，日以益甚；恐危社稷，天下不安。臣敞等谨与博士议，皆曰：'今陛下嗣孝昭皇帝后，行淫辟不轨。"五辟之属，莫大不孝。"周襄王不能事母，《春秋》曰："天王出居于郑，"由不孝出之，绝之于天下也。宗庙重于君，陛下不可以承天序，奉祖宗庙，子万姓，当废！臣请有司以一太牢具告祠高庙。皇太后诏曰："可。"光令王起，拜受诏，王曰："闻'天子有争臣七人，虽亡道不失天下。'"光曰："皇太后诏废，安得称天子！"乃即持其手，解脱其玺组，奉上太后；扶王下殿，出金马门，群臣随送。王西面拜曰："愚戆，不任汉事！"起，就乘舆副车；大将军光送至昌邑邸。光谢曰："王行自绝于天，臣宁负王，不敢负社稷！愿王自爱，臣长不复左右。"光涕泣而去。

【译文】

汉昭帝元平元年（丁未，公元前74年）

夏季，四月癸未（十七日），汉昭帝在未央宫驾崩，没有儿子。当时，汉武帝的儿子只有广陵王刘胥还在，大将军霍光与群臣商议立谁为新皇帝，大家都认为应当立广陵王。广陵王本来因行为不合礼法，汉武帝不喜欢他，所以霍光心中感到不安。有一位郎官上书朝廷指出："周太王废弃年长的儿子太伯，立太伯的弟弟王季为继承人；周文王舍弃年长的儿子伯邑考，立伯邑考的弟弟周武王为继承人。这两个事例说明，只要适合继承皇位，即使是废长立幼也完全可以。广陵王不能继位。"这道奏章的内容正合霍光的心意。霍光将奏章拿给丞相杨敞等人观看，并提升这位郎官作了九江太守。当日，由上官皇后颁下诏书，派代理大鸿胪职务的少府乐成、宗正刘德、光禄大夫丙吉、中郎将利汉用七辆驿车将昌邑王刘贺迎接到长安的昌邑王官邸。霍光又禀明皇后，调右将军张安世为车骑将军。

刘贺是昌邑哀王刘髆之子，他在封国中一向狂妄放纵，所作所为没有节制。在汉武帝丧期中，刘贺出外巡游狩猎不止。他曾经出游方与县，不到半天时间就驰骋了二百里远。

征召刘贺继承皇位的诏书到来时，正值初夜，刘贺在火烛下打开诏书。中午，刘贺出发前往长安，黄昏时就到定陶，走了一百三十五里，沿途不断有随从人员的马匹累死。中尉王吉上书劝诫刘贺说："我听说商高宗武丁在居丧期间，三年没有说话。如今大王因丧事而受征召，应当日夜哭泣悲哀而已，千万不可发号施令！大将军仁爱、智勇、忠信的品德，天下无人不知。他侍奉孝武皇帝二十余年，从未有过过失。孝武皇帝抛弃群臣而离开人世时，将天下和幼弱孤儿托付给大将军。大将军扶持尚在襁褓中的幼主，发布政令，教化万民，使国家得以平安无事，即使是周公、伊尹也不能超过他。而今皇上去世，没有儿子，大将军思考可以继承皇位的人，最终选拔了大王，其仁义忠厚的胸怀岂有限量！我希望大王能依靠大将军，尊敬大将军，国家政事全都听从大将军的安排，大王自己则只是垂衣拱手地坐在皇帝宝座上而已。希望大王注意，常常想到我这番话！"

刘贺行至济阳，派人索求长鸣鸡，并在途中购买用付子合制而成的积竹杖。经过弘农时，刘贺派一名叫作善的大奴用有帘幕遮蔽的车运载随行的美女。来到湖县，朝廷派来迎接的使者以此事责备昌邑国相安乐。安乐转告郎中令龚遂，龚遂进见刘贺询问此事，刘贺说："没有的事。"龚遂说："如果并无此事，大王又何必为了庇护一个奴仆而破坏礼义呢！请将善逮捕，交付有关官员惩处，以洗清大王的名声。"于是立即将善抓起来，交卫士长处死。

　　刘贺抵达霸上，朝廷派大鸿胪到郊外迎接，侍奉刘贺换乘皇帝乘坐的御车。刘贺命昌邑国太仆寿成驾车，郎中令龚遂相陪。即将到达广明、东都门时，龚遂说道："按照礼仪，奔丧的人看到国都，便应痛哭。前面就是长安外郭的东门了。"刘贺说："我咽喉疼痛，不能哭。"来到城门之前，龚遂再次提醒他。刘贺说："城门与郭门一样。"将至未央宫东阙，龚遂说："昌邑国吊丧的帐幕在阙外御用大道的北边，帐前有一条南北通道，马匹走不了几步，大王应当下车，朝着门阙，面向西方，伏地痛哭，极尽哀痛之情，方才停止。"刘贺答应道："好吧。"于是步行上前，依照礼仪哭拜。六月丙寅（初一），刘贺接受皇帝玉玺，承袭帝位，尊上官皇后为皇太后。

　　昌邑王刘贺作了皇帝后，淫乱荒唐没有节制。原昌邑国官吏全部被征召到长安，很多人得到破格提拔。昌邑国相安乐被任命为长乐卫尉。龚遂见到安乐，哭着对他说："大王被立为天子之后，日益骄纵，规劝他也不再听从。如今仍在居丧期间，他却每天与亲信饮酒作乐，观看虎豹搏斗，又传召悬挂着天子旌旗的虎皮轿车，坐在上面东奔西跑，所作所为违背了正道。古代制度宽厚，大臣可以辞职隐退，如今想走走不得，想伪装疯狂，又怕被人识破，死后还要遭人唾骂，教我如何是好？您是陛下原来的丞相，应当极力谏诤规劝。"

　　太仆丞河东人张敞上书劝说道："孝昭皇帝早逝，没有儿子，朝中大臣忧虑惶恐，选择贤能圣明的人承继帝位，到东方迎接圣驾之时，唯恐跟随您的从车行进迟缓。如今陛下正当盛年，初即帝位，天下人无不擦亮眼睛，侧着耳朵，盼望看到和听到陛下实施善政。然而，辅国的重臣尚未得到褒奖，而昌邑国拉车的小吏却先获得升迁，这是个大过错。"刘贺不听。

　　大将军霍光见此情景，忧愁烦恼，便单独向所亲信的旧部、大司农田延年到群臣前面，手按剑柄说道："先帝将幼弱孤儿托付将军，并把国家大事交与将军做主，是因为相信将军忠义贤明，能够保全刘氏的江山。如今朝廷被一群奸佞小人搞得乌烟瘴气，国家危亡；况且我大汉历代皇帝的谥号都有一个'孝'字，为的就是江山永存，使宗庙祭祀不断。如果汉家祭祀断绝，将军即使死去，又有何脸面见先帝于地下呢？今日的会议，必须立即做出决断，群臣中最后响应的，我请求用剑将他斩首！"霍光点头认错，说道："大司农对我的责备很对！国家不安宁，我应当受处罚。"于是参加会议的人都叩头说道："万民的命运，都掌握在将军手中，一切听从大将军的命令！"

霍光随即与群臣一同晋见太后，向太后禀告，陈述昌邑王刘贺不能继承皇位的情状。于是皇太后乘车驾前往未央宫承明殿，下诏命皇宫各门不许放昌邑国群臣入内。刘贺朝见太后之后，乘车准备返回温室殿，此时禁宫宦者已分别抓住门扇，刘贺一进去，便将门关闭，昌邑国群臣不能入内，刘贺问道："这是干什么？"大将军霍光跪地回答说："皇太后有诏，不许昌邑国群臣入宫。"刘贺说："慢慢吩咐就是了，为什么竟如此吓人！"霍光命人将昌邑国群臣全部驱赶到金马门之外。车骑将军张安世率领御林军将被赶出来的昌邑国群臣二百余人逮捕，全部押送廷尉所属的诏狱。霍光命曾在汉昭帝时担任过侍中的宦官守护刘贺，并命令手下人说："一定要严加守护！如果他突然死去或自杀，就会让我对不起天下人，背上杀主的恶名。"此时刘贺还不知道自己即将被废黜，问身边之人说："我以前的群臣、从属犯了什么罪？大将军为什么将他们全部关押起来呢？"

不久，皇太后下诏召刘贺入见。刘贺听说太后召见，感到害怕，说道："我犯了什么错？太后为什么召我？"太后身披用珠缀串而成的短衣，盛装打扮，坐在武帐之中，数百名侍卫全部手握兵器，与持戟的期门武士排列于殿下。文武群臣按照品位高低依次上殿，然后召昌邑王上前伏于地下，听候宣读诏书。霍光与群臣连名奏劾昌邑王，由尚书令宣读奏章："丞相杨敞等冒死上奏皇太后陛下：孝昭皇帝过早地抛弃天下而去，朝廷派使者征召昌邑王前来，主持丧葬之礼。而昌邑王身穿丧服，并无悲哀之心，废弃礼义，在路上不肯吃素，还派随从官员掳掠女子，用有帘幕遮蔽的车来运载，在沿途驿站陪宿。初到长安，谒见皇太后之后，被立为皇太子，仍经常私下派人购买鸡、猪肉食用。在孝昭皇帝灵柩之前接受皇帝的印玺，回到住处，打开印玺后就不再封存。派侍从官吏手持皇帝符节前去招引昌邑国的侍从官、车马官、官奴仆等二百余人，与他们一起居住在宫禁之内，肆意游戏娱乐。曾经写信说：'皇帝问候侍中君卿，特派中御府令高昌携带黄金千斤，赐君卿娶十个妻子。'孝昭皇帝的灵柩还停在前殿，竟搬来乐府乐器，让昌邑国善于歌舞的艺人入宫击鼓，歌唱吹弹，演戏取乐；又调来泰一祭坛和宗庙的歌舞艺人，遍奏各种乐曲。驾着天子车驾，在北宫、桂宫等处往来奔驰，并玩猪、斗虎。擅自调用皇太后乘坐的小马车，命官奴仆骑乘，在后宫中游戏。与孝昭皇帝的叫蒙的宫女等淫乱，还下诏给掖庭令：'有敢泄漏此事者腰斩！'……"太后说："停下！作臣子的，竟会如此悖逆荒乱吗！"刘贺离开席位，伏地请罪。尚书令继续读道："……取朝廷赐予诸侯王、列侯、二千石官员的绶带及黑色、黄色绶带，赏给昌邑国郎官，及被免除奴仆身份的人佩带。将皇家仓库中的金钱、刀剑、玉器、彩色丝织品等赏给予其一起游戏的人。与侍从官、奴仆彻夜狂饮，酒醉沉迷。在温室殿设下隆重的九宾大礼，于夜晚单独接见其姐夫昌邑关内侯。尚未举行祭祖宗庙的大礼，就颁发正式诏书，派使者携带皇帝符节，以三牛、三羊、三猪的祭祀大礼前往祭祀其父昌邑哀王的陵庙，还自称'嗣子皇帝'。即位以来二十七天，向四面八方派出使者，持皇帝符节，用诏令向各官署征求调发，共一千一百二十七次。荒淫昏乱，失去了帝王的礼仪，败坏了大汉的制度。杨敞等多次规劝，但并无改正，反而日益加甚，恐怕这样下去将危害国家，使天下不安。"我们与博士官商议，一致认为：'当今陛下继承孝昭皇帝的帝位，行为淫邪不轨。《孝经》上说："五刑之罪当中，以不孝之罪最大。"昔日周襄王不孝顺母亲，所以《春秋》上说他："天王出居郑国，"因其不孝，所以出居郑国，被迫抛弃天下。宗庙要比君王重要得多，陛下既然不能承受天命，侍奉宗庙，爱民如子，就应当废黜！'因此，臣请求太后命有关部门用一牛、一羊、一猪的祭祀大礼，祭告于高祖皇帝的祭庙。"皇太后下诏说："可以。"于是霍先命刘贺站起来，拜受皇太后诏书。刘贺说道："我听说：'天子只要有七位耿直敢言的大臣在身边，即使无道，也不会失去天下。'"霍光说："皇太后已经下诏将你废黜，岂能自称天子！"随即抓住刘贺的手，将他身上佩戴的玉玺绶带解下，献给皇太后，然后扶着刘贺下殿，从金马门走出皇宫，群臣跟随后相送。刘贺出宫后，面向西方叩拜道："我太愚蠢，不能担当汉家大事！"然后起身，登上御驾的副车,由大将军霍光送到长安昌邑王官邸。霍光道歉说:"大王的行为是自绝于上天,我宁愿对不起大王,不敢对不起社稷!希望大王自爱,我不能再常侍奉于大王的左右了。"说完洒泪而去。

【原文】

中宗孝宣皇帝上之上本始元年(戊申,前73年)

大将军光稽首归政,上谦让不受;诸事皆先关白光,然后奏御。自昭帝时,光子禹及兄孙云皆为中郎将,云弟山奉车都尉、侍中,领胡、越兵,光两女婿为东、西宫卫尉,昆弟、诸婿、外孙皆奏奉朝请,为诸曹、大夫、骑都尉、给事中,党亲连体,据据于朝廷。及昌邑王废,光权益重,每朝见,上虚已敛容,礼下之已甚。

【译文】

汉宣帝本始元年(戊申,公元前73年)

大将军霍光在朝堂上以头触地,郑重请求归政于皇上,汉宣帝谦让,不肯接受。朝中各项事务都先向霍光报告,然后上奏。汉昭帝时,霍光的儿子霍禹和霍光兄长的孙子霍云都被任命为中郎将,霍云的弟弟霍山被任命为奉车都尉、侍中、统率由胡人、越人组成的军队,霍光的两个女婿分别担任东宫、西宫卫尉;霍光的兄弟、女婿、外孙全都参加朝会,担任诸曹、大夫、骑都尉、给事中等职。霍氏一家的亲戚骨肉结成一体,在朝廷盘根错节。昌邑王被废黜以后,霍光的权势越发加重,每次朝见,汉宣帝自己谦虚恭敬神色庄重,礼遇霍光已经过分。

【原文】

二年(己酉,前72年)

春,大司农田延年有罪自杀。昭帝之丧,大司农僦民车,延年诈增僦直,盗取钱三千万,为怨家所告。霍将军召问延年,欲为道地。延年抵曰:"无有是事!"光曰:"即无事,当穷竟!"御史大夫田广明谓太仆杜延年曰:"《春秋》之义,以功覆过。当废昌邑王时，非田子宾之言，大事不成。今县官出三千万自乞之，何哉？愿以愚言白大将军！"延年言之大将军，大将军曰："诚然，实勇士也！当发大仪时，震动朝廷。"光因举手自抚心曰："使我至今病悸。谢田大夫晓大司农，通往就狱，得公议之。"田大夫使人语延年。延年曰："幸县官宽我耳，何面目入牢狱，使众人指笑我，卒徒唾吾背乎！"即闭阁独居斋舍，偏袒，持刀东西步。数日，使者召延年诣廷尉。闻鼓声，自刎死。

【译文】

二年（己酉，公元前72年）

春季，大司农田延年因罪自杀。为汉昭帝发丧时，大司农雇用民间车辆，田延年假称雇车费用增加，贪污了三千万钱，被与他有仇怨的人告发。霍光召田延年来询问，本打算为他开脱。可是田延年拒不承认，说："没有此事！"霍光说："如果真的没有此事，就应当深入追究！"御史大夫田广明对太仆杜延年说："按照《春秋》大义，可以用功劳掩盖过失。当初在废黜昌邑王时，若不是田延年站出来，则大事不能成功。如今就当作是他自己向朝廷乞求赐给他三千万钱，怎样呢？希望将我这番话禀告大将军。"杜延年把田广明的话告诉了大将军霍光，霍光说："确实如此，田延年真是勇士。当初在决定大事时，多亏田延年挺身而出，震动朝廷。"霍光于是抬手按在自己的心口上，继续说："当时的情景，使我至今还心有余悸。请你代我向田大夫道歉，让他明白告诉大司农田延年，到监狱去，会得到公平的裁决。"田广明派人通知田延年，田延年说道："就算朝廷幸而宽恕我，我又有何面目进入牢狱，让众人对我指点、讥笑，让狱卒囚犯在我背后唾骂呢！"于是一个住在大司农官衙旁边的屋子里，紧闭房门，袒露一臂，拿着刀在屋中徘徊。几天后，朝廷使者前来召田延年去廷尉。田延年听到开读诏书的鼓声，便自刎而死。

【原文】

三年（庚戌，前71年）

春，正月，癸亥，恭哀许皇后崩。时霍光夫人显欲贵其小女成君，道无从。会许后当娠，病，女医淳于衍者，霍氏所爱，尝入宫侍皇后疾。衍夫赏为掖庭户卫，谓衍："可过辞霍夫人，行为我求安池监。"衍如言报显，显因心生，辟左右，字谓衍曰："少夫幸报我以事，我亦欲报少夫，可乎？"衍曰："夫人所言，何等不可者！"显曰："将军素爱小女成君，欲奇贵之，愿以累少夫！"衍曰："何谓邪？"显曰："妇人免乳，大故，十死一生。今皇后当免身，可因投毒药去也，成君即为皇后矣。如蒙力，事成，富贵与少夫共之。"衍曰："药杂治，常先尝，安可？"显曰："在少夫为之耳。将军领天下，谁敢言者！缓急相护，但恐少夫无意耳。"衍良久曰："愿尽力！"即捣附子，赍入长定宫。皇后免身后，衍取附子并合大医大丸以饮皇后，有顷，曰："我头岑岑也，药中得无有毒？"对曰："无有。"遂加烦懑，崩。衍出，过见显，相劳问，亦未敢重谢衍。后人有上书告诸医侍疾无状者，皆收系诏狱，劾不道。显恐急，即以状具语光，因曰："既失计为之。无令史急衍！"光大惊，欲自发举，不忍，犹与。会奏上，光署衍勿论。显因劝光内其女入宫。

是岁，颍川太守赵广汉为京兆尹。颍川俗，豪桀相朋党。广汉为缿筒，受吏民投书，使相告讦，于是更相怨咎，奸党散落，盗贼不敢发。匈奴降者言匈奴中皆闻广汉名，由是入为京兆尹。广汉遇吏，殷勤甚备，事推功善，归之于下，行之发于至诚，吏咸愿为用，僵仆无所避。广汉聪明，皆知其能之所宜，尽力与否；其或负者，辄收捕之，无所逃；案之，罪立具，即时伏辜。尤善为钩距以得事情，闾里铢两之奸皆知之。长安少年数人会穷里空舍，谋共劫人；坐语未讫，广汉使吏捕治，具服。其发奸擿伏如神。京兆政清，吏民称之不容口。长老传以为自汉兴，治京兆者莫能及。

【译文】

三年（庚戌，公元前71年）

春季，正月癸亥（十三日），恭哀许皇后去世。当时，霍光的夫人叫作显，想要让她的小女儿霍成君成为皇后，却无机会。正巧许皇后怀孕，身体不适，有一位平时与霍家关系密的女医生名叫淳于衍，曾入宫侍奉许皇后之病。淳于衍的丈夫叫作赏，担任掖庭户卫，对淳于衍说道："你可先去拜访霍夫人，向她辞行，乘机为我请求安池监一职。"淳于衍果然按照丈夫的话去向霍夫人请求。霍夫人于是心生一计，便屏退左右，称呼着淳于衍的表字说："少夫有事托我，我也有事想拜托少夫，可以吗？"淳于衍说："夫人吩咐，有什么事不可以呢！"霍夫人说："霍将军一向最爱小女儿成君，希望她成为最尊贵的人，我想把此事托少夫成全。"淳于衍说："此话怎么讲？"霍夫人说："女人生孩子是一件大事，九死一生。如今皇后即将临盆，可以乘机下毒药将她除去，成君就成为皇后了。如蒙大力相助，事成之后，当与少夫共享富贵。"淳于衍说："皇后吃的药，都是各位医生一起决定的，还要命人事先尝过，怎么行呢？"霍夫人说："这就在少夫所为了。霍将军统领天下，谁敢说话！即使有什么急事，也有霍将军相护，只怕少夫不愿帮忙罢了。"淳于衍沉吟了很久，说："愿意尽力效劳！"于是淳于衍将毒药附子捣碎，带入长定宫。皇后生产后，淳于衍取出附子，掺到御医为皇后开的丸药之中，让皇后服下。过了一会儿，皇后说："我感到头昏发闷，药里莫非有毒？"淳于衍说："没有。"皇后更加烦闷难受，终于死去。淳于衍出宫来见霍夫人，互相道贺慰问，但霍夫人也不敢马上重谢淳于衍。后有人上书朝廷，控告各御医对皇后没有尽心侍奉、诊治，汉宣帝命将所有为皇后诊治的御医，一律以大逆不道罪逮捕，囚禁到诏狱。霍夫人大为惊恐，便将此事的来龙去脉全部告诉霍光，并说："既然做出如此失策之事，只能让审案官员不要逼迫淳于衍！"霍光大惊，想自己举发此事，可又于心不忍，犹豫不决。正好主管部门向朝廷奏报有关皇后病逝一案的处理意见，霍光便在奏章上批示，此事与淳于衍无关，应免于追究。霍光夫人乘机劝霍光将女儿送入皇宫。

　　这一年，颍川太守赵广汉被任命为京兆尹。颍川地区风俗，地方豪杰之人往往成都结派。赵广汉设置了一个竹筒，接受官吏和百姓的举报控诉，鼓励人们彼此揭发。当地人因此相互结怨，不法帮派瓦解，盗贼不敢动作。据一些归降汉朝的匈奴人说，他们在匈奴时就都听说过赵广汉的名字，赵广汉因此被调入长安担任京兆尹。赵广汉对待其属下官吏殷勤周到，遇有功劳或奖赏之事，总是归之于部下，他的行为是出于至诚，所以官吏都乐于受他差遣，即便赴死也不逃避。赵广汉很聪明，对他手下人的能力、特长及是否尽力办事，都了解得非常清楚。如有人蒙骗于他，立即就会被抓住，谁也别想逃脱。审讯定案，证据确凿，立时服罪，无法抵赖。赵广汉还特别善于了解事情的真相，市井中一些细小的不法之事他都知道。有几个长安少年，曾在一处偏僻的空房中商议共同抢劫，坐下话没说完，赵广汉已派官吏前来将他们逮捕治罪，一个个都招认服罪。类似情形，说明赵广汉察觉奸邪之人，揭露隐秘之事有如神灵一般。赵广汉担任京兆尹时期，长安地区政治清明，官吏百姓们赞不绝口。老辈人认为，自汉朝建立以来，没有一个京兆尹能比得上赵广汉。

【原文】

四年（辛亥，前70年）

胜为人，质朴守正，简易无威仪，或时谓上为君，误相字于前；上亦以是亲信之。尝见，出道上语，上闻而让胜，胜曰："陛下所言善，臣故扬之。尧言布于天下，至今见诵。臣以为可传，故传耳。"朝廷每有大议，上知胜素直，谓曰："先生建正言，无惩前事！"

【译文】

四年（辛亥，公元前70年）

谏大夫夏侯胜为人正直质朴，平易近人，没有威仪，有时竟称皇帝为"君"，不恰当地在皇帝面前直呼别人的表字，而汉宣帝也因此而亲信他。有一次，夏侯胜晋见汉宣帝，出宫后将汉宣帝讲的话说给别人，汉宣帝知道后责备夏侯胜，夏侯胜说："陛下的话说得好，所以我宣扬它。昔日帝尧的话天下传布，至今还被人背诵。我认为陛下的话值得传扬，所以才传扬。"每当朝廷商议国家大事，汉宣帝知道夏侯胜一向直率，便对他说："先生发表高论，不要把以前的事放在心上！"

【原文】

地节二年（癸丑，前68年）

春，霍光病笃。车驾自临问，上为之涕泣。光上书谢恩，愿分国邑三千户以封兄孙奉车都尉山为列侯，奉兄去病祀。即日，拜光子禹为右将军。三月，庚午，光薨。上及皇太后亲临光丧，中二千石治冢，赐梓宫、葬具皆如乘舆制度，谥曰宣成侯。

上思报大将军德，乃封光兄孙山为乐平侯，使以奉车都尉领尚书事。魏相因昌成君许广汉奏封事，言"《春秋》讥世卿，恶宋三世为大夫及鲁季孙之专权，皆危乱国家。自后元以来，禄去王室，政由冢宰。今光死，子复为右将军，兄子秉枢机，昆弟、诸婿据权势，在兵官，光夫人显及诸女皆通籍长信宫，或夜诏门出入，骄奢放纵，恐浸不制，宜有以损夺其权，破散阴谋，以固万世之基，全功臣之世。"又故事：诸上书者皆为二封。署其一曰"副"，领尚书者先发副封，所言不善，屏去不奏。相复因许伯白去副封以防壅蔽。帝善之，诏相给事中，皆从其议。

帝兴于闾阎，知民事之艰难。霍光既薨，始亲政事，厉精为治，五日一听事。自丞相以下各奉职奏事，敷奏其言，考试功能。侍中、尚书功劳当迁及有异善，厚加赏赐，至于子孙，终不改易。枢机周密，品式备具，上下相安，莫有苟且之意。及拜刺史、守、相，辄亲见问，观其所由，退而考察所行以质其言，有名实不相应，必知其所以然。常称曰："庶民所以安其田里而亡叹息愁恨之心者，政平讼理也。与我共此者，其唯良二千石乎！"以为太守，吏民之本，数变易则下不安；民知其将久，不可欺罔，乃服从其教化。故二千石有治理效，辄以玺书勉厉，增秩、赐金，或爵至关内侯；公卿缺，则选诸所表，以次用之。是以汉世良吏，于是为盛，称中兴焉。

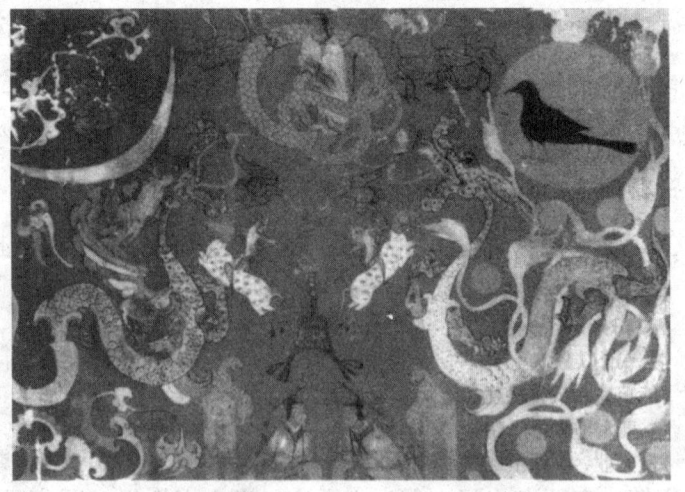

马王堆汉墓出土的帛画（局部） 西汉

此图描绘了汉人心目中的神仙世界，体现了较为浓厚的天人合一观念。

【译文】

地节二年（癸丑，公元前68年）

春季，霍光病重，汉宣帝亲自前往探望，为他流泪。霍光上书谢恩，表示希望能在自己的封地中分出三千户，封兄长霍去病的孙子奉车都尉霍山为列侯，以祀奉霍去病的香火。当日，汉宣帝任命霍光之子霍禹为右将军。三月庚午（初八），霍光去世。汉宣帝与皇太后亲自前往霍光灵堂进行祭悼，命令中二千石官员负责霍光墓的修建事务，赏赐棺木、葬具等，都与御用规格一样；赐霍光谥号为"宣成侯"。

汉宣帝想报答大将军霍光拥立自己做皇帝的大德，便封霍光兄长霍去病的孙子霍山为乐平侯，命他以奉车都尉的身份主管尚书事务。魏相通过昌成君许广汉向汉宣帝上了一道秘密奏章，说道："《春秋》讥讽由贵族世代为卿的制度，厌恶春秋时宋国三代没有大夫和鲁国季孙氏专擅国政，都使国家陷于危亡混乱之中。我朝自孝武皇帝后元以来，皇室不能控制各级官员的俸禄，朝政大事都由职权最高的大臣决定。如今霍光虽死，他的儿子仍为右将军，侄儿掌管中枢事务，兄弟、女婿们都身居权要之职，或担任军事将领，霍光的夫人显以及几个女儿都在长信宫门录有姓名，甚至半夜也能叫开宫门出入。霍氏一门骄奢放纵，恐怕会渐渐难以控制，所以应设法削弱他们的权势，消灭他们可能会生出的阴谋，以巩固皇家的万世基业，也保全功臣的后代子孙。"依照惯例，凡上书朝廷，都是一式两份，其中一份注明为副本，由主管尚书事务的人先打开副本审视，如所奏之事不妥，则不予上奏。魏相又通过许广汉向汉宣帝建议，取消奏章副本，防止阻塞言路而蒙蔽皇上。汉宣帝认为很对，下诏命魏相担任给事中，全部采纳了魏相的意见。

汉宣帝出身于民间，了解下层人民的艰难困苦。霍光死后，汉宣帝开始亲自主持朝政，励精图治，每隔五天，就要召集群臣，听取他们对朝政事务的意见。自丞相以下，群臣各就自己负责的事务分别奏报，再将他们陈述的意见分别下达有关部门试行，考察、检验其功效。凡任侍中、尚书的官员有功应当升迁，或有特殊成绩，就厚加赏赐，甚至及于他们的子孙，长久不改变。中枢机构严密，法令、制度完备，上下相安无事，没有人抱着苟且敷衍的态度办事。至于任命州刺史、郡太守、封国丞相等高级地方官吏，汉宣帝总是亲自召见询问，观察他的抱负和打算，再考察他的行为，看是否与他当初说的一样。凡查出有言行不统一的，一定要追究其原因何在。汉宣帝常说："老百姓之所以能安居家乡，没有叹息、怨愁，主要就在于为政公平清明，处理诉讼之事合乎情理。能与我一起做到这一点的，不正是那些优秀的郡太守和封国丞相等二千石官员吗！"汉宣帝认为，郡太守为治理官吏和百姓的关键，如变换频繁则容易引起治下百姓的不安。百姓们知道他们的郡太守将长期留任，不可欺同，才能服从郡太守的教化。所以，凡地方二千石官员治理地方有成效的，汉宣帝总是正式颁布诏书加以勉励，增加其官阶俸禄，赏赐黄金，甚至赐爵为关内侯，遇有公卿职位空缺，则按照他们平时所受奖励的先后、多少，依次挑选补任。因此，汉朝的好官，是以这一时期最多，号称中兴。

资治通鉴第二十五卷

汉纪十七

【原文】

中宗孝宣皇帝上之下地节三年（甲寅，前67年）

霍显闻立太子，怒恚不食，欧血，曰："此乃民间时子，安得立！即后有子，反为王邪？"复教皇后令毒太子。皇后数召太子赐食，保、阿辄先尝之；后挟毒不得行。

霍氏骄侈纵横。太夫人显，广治第室，作乘舆辇，加画，绣絪冯，黄金涂；韦絮荐轮，侍婢以五彩丝挽显游戏第中；与监奴冯子都乱。而禹、山亦并缮治第宅，走马驰逐平乐馆。云当朝请，数称病私出，多从宾客，张围猎黄山苑中，使仓头奴上朝谒，莫敢谴者。显及诸女昼夜出入长信宫殿中，亡期度。

帝自在民间，闻知霍氏尊盛日久，内不能善。既躬亲朝政，御史大夫魏相给事中。显谓禹、云、山："女曹不务奉大将军余业，今大夫给事中，他人壹间女，能复自救邪！"后两家奴争道，霍氏奴入御史府，欲蹋大夫门；御史为即头谢，乃去。人以谓霍氏，显等始知忧。

会魏大夫为丞相，数燕见言事；平恩侯与侍中金安上等径出入省中。时霍山领尚书，上令吏民得奏封事，不关尚书，群臣进见独往来，于是霍氏甚恶之。上颇闻霍氏毒杀许后而未察，乃徙光女婿度辽将军、未央卫尉、平陵侯范明友为光禄勋，出次婿诸吏、中郎将、羽林监任胜为安定太守。数月，复出光姊婿给事中、光禄大夫张朔为蜀郡太守，群孙婿中郎将王汉为武威太守。顷之，复徙光长女婿长乐卫尉邓广汉为少府。戊戌，更以张安世为卫将军，两宫卫尉、城门、北军兵属焉。以霍禹为大司马，冠小冠，亡印绶；罢其屯兵官属，特使禹官名与光俱大司马者。又收范明友度辽将军印绶，但为光禄勋；及光中女婿赵平散骑、骑都尉、光禄大夫，将屯兵，又收平骑都尉印绶。诸领胡、越骑、羽林及两宫卫将屯兵，悉易以所亲信许、史子弟代之。

初，孝武之世，征发烦数，百姓贫耗，穷民犯法，奸轨不胜，于是使张汤、赵禹之属，条定法令，作见知故纵、监临部主之法，缓深、故之罪，急纵、出之诛。其后奸猾巧法转相比况，禁罔浸密，律令烦苛，文书盈于几阁，典者不能遍睹。是以郡国承用者驳，或罪同而论异，奸吏因缘为市，所欲活则傅生议，所欲陷则予死比，议者咸冤伤之。

十二月，诏曰："间者吏用法巧文浸深，是朕之不德也。夫决狱不当，使有罪兴邪，不辜蒙戮，父子悲恨，朕甚伤之！今遣廷史与郡鞫狱，任轻禄薄，其为置廷尉平，秩六百石，员四人。其务平之。以称朕意！"于是每季秋后请谳时，上常幸宣室，斋居而决事，狱刑号为平矣。

上自初即位，数遣使者求外家；久远，多似类而非是。是岁，求得外祖母王媪及媪男无故、武。上赐无故、武爵关内侯。旬日间，赏赐以钜万计。

【译文】

汉宣帝地节三年（甲寅，公元前67年）

霍光的妻子霍显听说刘奭被立为太子，气得饭也吃不下，并吐了血，说："刘奭是皇上为平民时生的儿子，怎能被立为皇太子！如果将来皇后生了儿子，反倒做诸侯王吗？"于是霍显又教皇后霍成君毒死皇太子。皇后几次召太子前来，赐给食物，但太子的保姆和奶妈总是先尝过之后再让太子吃，皇后拿着毒药，却无从下手。

霍氏一家在朝中势力强大，骄横奢侈。太夫人霍显大规模地兴建府第，又制造同御用规格相同的人拉辇车，绘以精美的图画，车上的褥垫用锦绣制成，车身涂以黄金，车轮外裹上熟皮和棉絮，以减轻车身的颠簸，由侍女用五彩丝绸拉着霍显在府中游玩娱乐。另外，霍显还与管家冯子都淫乱。霍禹、霍山也同时扩建宅第，常常在平乐馆中骑马奔驰追逐。霍云几次在朝会时称病而私自出游,带着许多宾客,到黄山苑中行围打猎,派奴仆去朝廷报到,却无人敢于指责。霍显和她的几个女儿,昼夜随意出入上官太后居住的长信宫,没有限度。

汉宣帝自从在民间时,就听说霍氏一家因长期地位尊贵,不能自我约束。亲掌朝政以后,命御史大夫魏相任给事中。霍显对霍禹、霍云、霍山说:"你们不设法继承大将军的事业,如今御史大夫当了给事中,一旦有人在他面前说你们的坏话,你们还能救自己吗!"后霍、魏两家的奴仆因争夺道路引起冲突,霍家奴仆闯入御史府,要踢魏家大门,御史为此叩头道歉,方才离去。有人将此事告诉霍家,霍显等才开始感到忧虑。

当魏相成为丞相,多次在汉宣帝闲暇时受到召见,报告国事,平恩侯许广汉和侍中金安上也可以径自出入宫廷。当时,霍山主管尚书事务,汉宣帝却下令,允许官吏百姓直接向皇帝呈递秘密奏章,不必经过尚书,群臣也可直接晋见皇帝。这些都使霍氏一家人极为恼恨。汉宣帝听说不少关于霍显毒死许皇后的传闻,只是尚未调查,于是将霍光的女婿度辽将军、未央卫尉、平陵侯范明友调任光禄勋,将霍光的二女婿诸吏、中郎将、羽林监任胜调出京师,任安定太守。几个月之后,又将霍光的姐夫给事中、光禄大夫张朔调出京师,任蜀郡太守,将霍光的孙女婿之一、中郎将王汉调任武威太守。稍后,又将霍光的大女婿长乐卫尉邓广汉调任少府。八月戊戌(十四日),改由张安世为卫将军,未央、长乐两宫卫尉,长安十二门的警卫部队和北军都归张安世统领。任命霍禹为大司马,却不让他戴照例应戴的大官帽,而戴小官帽,且不颁给印信、绶带,撤销他以前统领的屯戍部队和官属,只使他的官名和霍光同样为大司马。又将范明友的度辽将军印信和绶带收回,只让他担任光禄勋一职。霍光的另一个女婿赵平本为散骑、骑都尉、光禄大夫,统领屯戍部队,如今也将赵平的骑都尉印信和绶带收回。所有统领胡人和越人骑兵、御林军以及未央、长乐两宫卫所属警卫部队的将领,都改由汉宣帝所亲信的许、史两家子弟担任。

当初,汉武帝时,征调频繁,百姓困乏,穷苦之人触犯法律,纷纷作乱,无法平息。于是,汉武帝命张汤、赵禹之类酷吏制定法令,定出有关"明知有人犯法而不举报"和"长官有罪,其僚属连坐"等惩罚条例。对犯有给人定罪过严或者栽赃陷害之罪的官吏，往往从宽处理；而对那些宽释犯人的官吏则加重惩处。以后，很多奸猾的官吏玩弄法律，转相引用比照苛刻的判例，使法网日益严密，律令更加繁苛，法律文件堆得满桌满屋，主管官员根本看不过来。因此各郡、国在引用法令时出现混乱，有的罪行相同而处罚各异，奸猾官吏借机进行交易，索取贿赂。想使罪犯活命，就附会能让他活命的法令；想置其于死地，就引用使其非死不可的条文。人们议论法律，都认为冤屈太多而感到悲伤。

十二月，汉宣帝下诏书说："近来，官吏们舞文弄法的现象越来越严重，这都是朕的错误。案狱处理不当，使有罪者愈发作恶，无辜者遭受严刑处罚，父子兄弟悲伤愤恨，朕对此甚为难过！如今派廷尉史参与各郡的司法事务，但职权小俸禄少，应再设置廷尉平四名，俸禄为六百石。务必使审判公平，以符合朕的心意！"于是每年秋天，当对一年中的案狱做最后决定时，汉宣帝经常到宣室殿，住那里实行斋戒，亲自裁决。从此，对各类刑罚案狱的判决号称公平。

汉宣帝自即皇位以来，多次派使者查访其外祖父家的消息。然而，因时间已相隔太久，查访到的人家，大多虽像而实际不是。这一年，找到了其外祖母王媪和王媪的儿子王无故和王武。汉宣帝赐王无故、王武关内侯爵。短短十天时间，对王家的赏赐就以万万计。

【原文】

四年（乙卯，前66年）

春，二月，赐外祖母号为博平君；封舅无故为平昌侯，武为乐昌侯。

霍显及禹、山、云自见日侵削，数相对啼泣自怨。山曰："今丞相用事，县官信之，尽变易大将军时法令，发扬大将军过失。又，诸儒生多窭人子，远客饥寒，喜妄说狂言，不避忌讳，大将军常儴之。今陛下好与诸儒生语，人人自书对事，多言我家者。尝有上书言我家昆弟骄恣，其言绝痛；山屏不奏。后上书者益黠，尽奏封事，辄使中书令出取之，不关尚书，益不信人。又闻民间欢言'霍氏毒杀许皇后'，宁有是邪？"显恐急，即具以实告禹、山、云。禹、山、云惊曰："如是，何不早告禹等！县官离散、斥逐诸婿，用是故也。此大事，诛罚不小，奈何？"于是始有邪谋矣。

　　云舅李竟所善张赦，见云家卒卒，谓竟曰："今丞相与平恩侯用事，可令太夫人言太后，先诛此两人；移徙陛下，在太后耳。"长安男子张章告之，事下廷尉、执金吾，捕张赦等。后有诏，止勿捕。山等愈恐，相谓曰："此县官重太后，故不竟也。然恶端已见，久之犹发，发即族矣，不如先也。"遂令诸女各归报其夫，皆曰："安所相避！"

　　禹、山等家数有妖怪，举家忧愁。山曰："丞相擅减宗庙羔、菟、蛙，可以此罪也！"谋令太后为博平君置酒，召丞相、平恩侯以下，使范明友、邓广汉承太后制引斩之，因废天子而立禹。约定，未发，云拜为玄菟太守，太中大夫任宣为代郡太守。会事发觉，秋，七月，云、山、明友自杀。显、禹、广汉等捕得；禹要斩，显及诸女昆弟皆弃市；与霍氏相连坐诛灭者数十家。太仆杜延年以霍氏旧人，亦坐免官。八月，己酉，皇后霍氏废，处昭台宫。乙丑，诏封告霍氏反谋者男子张章、期门董忠、左曹杨恽、侍中金安上、史高皆为列侯。恽，丞相敞子；安上，车骑将军日磾弟子；高，史良娣兄子也。

　　初，霍氏奢侈，茂陵徐生曰："霍氏必亡。夫奢则不逊，不逊则侮上。侮上者，逆道也，在人之右，众必害之。霍氏秉权日久，害之者多矣；天下害之，而又行以逆道。不亡何待！"乃上疏言："霍氏泰盛，陛下即爱厚之，宜以时抑制，无使至亡！"书三上，辄报闻。其后霍氏诛灭，而告霍氏者皆封，人为徐生上书曰："臣闻客有过主人者，见其灶直突，傍有积薪，客谓主人：'更为曲突，远徙其薪，不者且有火患！'主人嘿然不应。俄而家果失火，邻里共救之，幸而得息。于是杀牛置酒，谢其邻人，灼烂者在于上行，余各以功次坐，而不录言曲突者。人谓主人曰：'乡使听客之言，不费牛酒，终亡火患。今论功而请宾，曲突徙薪无恩泽，焦头烂额为上客邪？'主人乃寤而请之。今茂陵徐福，数上书言霍氏且有变，宜防绝之。向使福说得行，则国无裂土出爵之费，臣无逆乱诛灭之败。往事既已，而福独不蒙其功，唯陛下察之。贵徙薪曲突之策，使居焦发灼烂之右！"上乃赐福帛十匹，后以为郎。

　　帝初立，谒见高庙，大将军光骖乘，上内严惮之。若有芒刺在背。后车骑将军张安世代光骖乘，天子从容肆体，甚安近焉。及光身死而宗族竟诛，故俗传霍氏之祸萌于骖乘。后十二岁，霍后复徙云林馆，乃自杀。

班固赞曰：霍光受襁褓之托，任汉室之寄，匡国家，安社稷，拥昭，立宣，虽周公、阿衡何以加此！然光不学亡术，暗于大理；阴妻邪谋，立女为后，湛溺盈溢之欲，以增颠覆之祸，死财三年，宗族诛夷，哀哉！

臣光曰：霍光之辅汉室，可谓忠矣；然卒不能庇其宗，何也？夫威福者，人君之器也；人臣执之，久而不归，鲜不及矣。以孝昭之明，十四而知上官桀之诈，固可以亲政矣。况孝宣十九即位，聪明刚毅，知民疾苦，而光久专大柄，不知避去，多置私党，充塞朝廷，使人主蓄愤于上，吏民积怨于下，切齿侧目，待时而发，其得免于身幸矣，况子孙以骄侈趣之哉！虽然，向使孝宣专以禄秩赏赐富其子孙，使之食大县，奉朝请，亦足以报盛德矣；乃复任之以政，授之以兵，及事丛衅积，更加裁夺，遂至怨惧以生邪谋，岂徒霍氏之自祸哉？亦孝宣酝酿以成之也。昔斗椒作乱于楚，庄王灭其族而赦箴尹克黄，以为子文无后，何以劝善。夫以显、禹、云、山之罪，虽应夷灭，而光之忠勋不可不祀；遂使家无噍类，孝宣亦少恩哉！

【译文】

四年（乙卯，公元前66年）

春季，二月，汉宣帝赐其外祖母"博平君"称号，封其舅父王无故为平昌侯、王武为乐昌侯。

霍显和霍禹、霍山、霍云眼看霍家的权势日益被削弱，多次聚在一起痛哭流涕，自怨自艾。霍山说："如今丞相当权，受到天子的信任，将大将军在世时的法令全部更改，还专门宣扬大将军的过失。再者，那些儒生大都为贫贱出身，从偏远的地方来到京中，衣食无着，却爱说狂言，不避忌讳，大将军一向痛恨他们，但如今皇上却专爱和这些腐儒谈话。他们每人都上书奏事，纷纷指责我们霍家。曾经有人上书说我们兄弟骄横霸道，言词十分激烈，被我压下没有呈奏。后来上书者越来越狡猾，都改成秘密奏章，皇上总是让中书令出来取走，并不通过尚书，日益不信任我。又听说民间纷纷传言'霍氏毒死许皇后'，难道有这回事吗？"霍显吓坏了，便将实情告诉霍禹、霍山、霍云。霍禹、霍山、霍云大惊，说道："果真如此，为什么不早告诉我们！皇上将霍家女婿都贬斥放逐，就是为了这个缘故。这是大事，一旦事发，必遭严惩，怎么办？"于是开始有反叛朝廷的阴谋。

霍云的舅父李竟有一位要好的朋友，名叫张赦，看到霍云一家人惊慌不安，便对李竟说："如今是丞相魏相和平恩侯许广汉当权，可以让霍太夫人向上官太后进言，先将这两人杀死。废掉当今皇上，改立新君，全由皇太后决定。"后被长安男子张章告发，汉宣帝将此事交给廷尉和执金吾处理，逮捕了张赦等人。后来，汉宣帝下诏，命令不要抓人。霍山等更加惶恐，商议说："这是皇上尊重太后，所以不深究。但已可看出苗头不妙，时间长了还会爆发。一旦爆发，就是灭门之祸，不如先下手为强。"于是命霍家女儿各自回家告知自己的丈夫，霍家各位女婿都说："大祸一来，能逃到哪里去！"

霍禹、霍山等家中多次出现妖怪之事，全家人都非常忧虑。霍山说："丞相擅自减少宗庙祭祀用的羊羔、兔子和青蛙，可以以此为借口向他问罪。"于是，密谋让上官太后设酒宴款待博平君王媪，召丞相魏相、平恩侯许广汉及其属下作陪，然后让范明友、邓广汉奉太后之命将他们斩杀，乘机废掉汉宣帝，立霍禹为皇帝。密谋已定，尚未发动，汉宣帝任命霍云为玄菟太守，太中大夫任宣为代郡太守。就在此时，霍氏的政变阴谋被发觉。秋季，七月，霍云、霍山、范明友自杀。霍显、霍禹、邓广汉等被逮捕，霍禹被腰斩，霍显及霍氏兄弟姐妹全部被当众处死，因与霍氏有牵连而被诛杀的有数十家。太仆杜延年因为是霍家旧友，也被罢免官职。八月己酉（初一），霍皇后被废，囚禁于昭台宫。乙丑（十七日），汉宣帝下诏，将告发霍氏政变密谋的男子张章、期门董忠、左曹杨恽、侍中金安上、史高封为列侯。其中杨恽是前丞相杨敞的儿子，金安上是前车骑将军金日磾弟弟的儿子，史高是史良娣哥哥的儿子。

当初，霍氏一家骄横奢侈，茂陵人徐福就曾指出："霍氏必亡。凡奢侈无度，必然傲慢不逊；傲慢不逊，必然冒犯主上；冒犯主上就是大逆不道。身居高位的人，必然会受到众人的厌恶。霍氏一家长期把持朝政，遭到很多人的厌恶，天下人厌恶，又做出大逆不道的事，怎么可能不灭亡呢！"于是，上书朝廷说："霍氏一家权势太大，陛下既然厚爱他们，就应随时加以约束限制，不要让他们发展到灭亡的地步！"上书三次，天子听到了，未加采纳。后霍氏一家被诛杀，曾告发过霍氏的人都被封赏，有人上书汉宣帝，为徐福鸣不平说："我听说，有一位客人到主人家拜访，见主人家炉灶的烟囱是直的，旁边又堆有柴薪，这位客人便对主人说：'您的烟囱应改为弯曲的，将柴薪搬到远处去，不然的话，将会发生火灾！'主人默然而不答应。不久，主人家果然失火，邻居们共同抢救，幸而将火扑灭。于是，主人家杀牛摆酒，对邻居表示感谢，在救火中烧伤的被请到上座，其余则各按出力大小依次就座，却没有请那位建议他改弯烟囱的人。有人对这家主人说：'当初要是听了那位客人的劝告，就不用杀牛摆酒，终究不会有火灾。如今论功请客酬谢，建议改弯烟囱、移走柴薪的人没有功劳，而在救火时被烧得焦头烂额的人才是上客吗？'主人这才醒悟，将那位客人请来。茂陵人徐福多次上书说霍氏将会有叛逆行为，应预先加以防范制止。假如陛下接受徐福的劝告，则国家就没有划出土地分封列侯的费用，臣下也不会谋逆叛乱，遭受诛杀的大祸。现在事情已然过去，而只有徐福的功劳没有受到奖赏，希望陛下明察，嘉许其'弯曲烟囱、移走紫薪'的远见，使他居于'焦头烂额'者之上！"汉宣帝这才赐给徐福绸缎十匹，后又任命他为郎官。

汉宣帝初即皇位时，前往汉高祖庙祭拜，由大将军霍光同车陪乘，汉宣帝心中十分畏惧，有如芒刺在背，很不舒服。后改由车骑将军张安世同车陪乘，汉宣帝这才觉得轻松从容，十分安全亲近。等到霍光死后，其宗族最终遭到诛杀，所以民间传说，霍家的灾祸早在霍光陪同汉宣帝乘车时就已萌芽了。十二年后，霍皇后又被迁到云林馆囚居，自杀身亡。

班固赞曰：霍光身受辅佐幼主的重托，掌握着汉朝的安危存亡，匡扶国家，安定社稷，维护汉昭帝，拥立汉宣帝，即使是周公、伊尹，又怎能超过！然而，霍光不学无术，不明大理，隐瞒妻子的邪恶逆谋，立自己的女儿为皇后，沉溺于过多的欲望，使覆亡的灾祸加剧，身死才三年，宗族就遭诛灭，实在令人悲哀！

臣司马光曰：霍光辅佐汉朝，可以说是忠心耿耿了；然而却终究未能庇护他的宗族，是什么原因呢？威严权柄，只有君王才能享有，如果由臣下享有，长期不归还君王，很少有不遇祸的。以汉昭帝的贤明，十四岁就能洞察上官桀的奸诈行为，原本可以亲理朝政了。何况汉宣帝十九岁即皇位，聪明刚毅，了解民间疾苦，而霍光却长期专擅大权，不知引退，广植私党，充斥朝廷，致使君王积蓄怨愤于上，官、民积蓄不满于下，咬牙切齿，侧目而视，都在等待时机发动，霍光自己能够免祸就是侥幸了，何况子孙骄横奢侈来催促灾祸到来呢！尽管如此，假如当初汉宣帝专用官阶和俸禄赏赐霍光的子孙，使他们富有，让他们享用大县的收入，定期前来朝见皇帝，也就足以报答霍光的盛德了；而汉宣帝还让他们负责政事，授以兵权，等到事态严重，又对他们加以裁夺，以致他们恐惧怨恨，生出反叛朝廷的阴谋。这难道只是霍氏自己招致灾祸吗？这也是汉宣帝酝酿而成的。春秋时，斗椒在楚国作乱，楚庄王灭其宗族，却赦免了担任箴尹的斗克黄，认为如果不让当初于国有功的斗縠於菟留下后代，将用什么勉励人们行善立功。以霍显、霍禹、霍云、霍山犯下的罪行，当然应诛灭全族，但立下大功的忠臣霍光不可不祭祀，汉宣帝却使霍家没有活着的人，他也是刻薄寡恩啊！

【原文】

元康元年（丙辰，前65年）

上令群臣举可使西域者，前将军韩增举上党冯奉世以卫候使持节送大宛诸国客至伊循城。会故莎车王弟呼屠徵与旁国共杀其王万年及汉使者奚充国，自立为王。时匈奴又发兵攻车师城，不能下而去。莎车遣使扬言"北道诸国已各属匈奴矣"，于是攻劫南道，与歃盟畔汉，从鄯善以西皆绝不通。都护郑吉、校尉司马憙皆在北道诸国间，奉世与其副严昌计，以为不亟击之，则莎车日强，其势难制，必危西域，遂以节谕告诸国王，因发其兵，南北道合万五千人，进击莎车，攻拔其城。莎车王自杀，传其首诣长安，更立他昆弟子为莎车王。诸国悉平，威振西域，奉世乃罢兵以闻。帝召见韩增曰："贺将军所举得其人。"

奉世遂西至大宛；大宛闻其斩莎车王，敬之异于他使，得其名马象龙而还。上甚说，议封奉世。丞相、将军皆以为可，独少府萧望之以为"奉世奉使有指，而擅制违命，发诸国兵，虽有功效，不可以为后法。即封奉世，开后奉使者利以奉世为比，争逐发兵，要功万里之外，为国家生事于夷狄，渐不可长。奉世不宜受封。"上善望之议，以奉世为光禄大夫。

【译文】

元康元年（丙辰，公元前65年）

汉宣帝命群臣举荐能够出使西域的人选。经前将军韩增举荐，上党人冯奉世以卫候身份充当使者，携带皇帝符节，护送大宛等国客人到达伊循城。正巧前莎车王的弟弟呼屠徵联合邻国势力一同杀死其王万年和汉朝使者奚充国，自立为莎车王。当时，匈奴再次出兵攻打车师城，未能攻下，撤兵而还。莎车国派使者扬言："西域北路各国已归属匈奴了。"于是派兵攻打南路各国，与各国结盟，背叛汉朝，使西域自鄯善国以西全部与汉朝绝交。此时都护郑吉、校尉司马憙都在北路各国间，冯奉世与其副使严昌商议，认为如不立即攻击莎车，那么莎车将日益强盛，难以控制，必定危及整个西域。于是以皇帝符节告谕各国国王，征调各国军队，南北两路共一万五千人，进攻莎车。结果莎车城被攻克，莎车王自杀，首级被送至长安，改立前莎车王其他兄弟的儿子为莎车王，冯奉世率兵将各国全部平定，威震西域，然后罢兵，奏闻朝廷。汉宣帝召见韩增说："祝贺将军，你举荐的人非常出色。"

冯奉世于是西至大宛，大宛王听说他杀死了莎车王，所以对他特别恭敬，与对别的使臣不同，大宛国向汉朝皇帝进献了一匹叫作像龙的名马，冯奉世将其带回长安。汉宣帝大为高兴，与朝臣商议，打算封冯奉世为侯。丞相、将军等都认为可以，只有少府萧望之表示反对，他认为："冯奉世作为朝廷的使臣，有指定的任务，而他却违背使命，擅自用皇上的名义征调各国军队，虽然建立功勋，却不能让后人效法。如封冯奉世为侯，以后奉命出使的人将以他为榜样，争着征调各国军队，以图建功于万里之外，使国家在外族地区多生事端，此风不可渐长。因此，冯奉世不宜受封。"汉宣帝认为萧望之的话很有道理，于是任命冯奉世为光禄大夫，没有封侯。

【原文】

二年（丁巳，前64年）

上欲立皇后，时馆陶主母华倢伃及淮阳宪王母张倢伃、楚孝王母卫倢伃皆爱幸。上欲立张倢伃为后；久之，惩艾霍氏欲害皇太子，乃更选后宫无子而谨慎者，二月，乙丑，立长陵王倢伃为皇后，令母养太子；封其父奉光为邛成侯。后无宠，希得进见。

魏相好观汉故事及便宜章奏，数条汉兴已来国家便宜行事及贤臣贾谊、晁错、董仲舒等所言，奏请施行之。相敕掾史按事郡国，及休告，从家还至府，辄白四方异闻。或有逆贼、风雨灾变，郡不上，相辄奏言之。与御史大夫丙吉同心辅政，上皆重之。

丙吉为人深厚，不伐善。自曾孙遭遇，言绝口不道前恩，故朝廷莫能明其功也。会掖庭宫婢则令民夫上书，自陈尝有阿保之功，章下掖庭令考问，则辞引使者丙吉知状。掖庭令将则诣御史府以视吉，吉识，谓则曰："汝尝坐养皇曾孙不谨，督笞汝，汝安得有功！独渭城胡组、淮阳郭徵卿有恩耳。"分别奏组等共养劳苦状。诏吉求组、徵卿；已死，有子孙，皆受厚赏。诏免则为庶人，赐钱十万。上亲见问，然后知吉有旧恩而终不言，上大贤之。

【译文】

二年（丁巳，公元前64年）

汉宣帝打算立皇后。当时，馆陶公主的母亲华倢伃及淮阳宪王的母亲张倢伃、楚孝王的母亲卫倢伃都受到汉宣帝的宠爱。汉宣帝想立张倢伃为皇后，但迟迟不决，鉴于前皇后霍成君企图害死皇太子刘奭的教训，便挑选后宫中没有儿子且行为谨慎的人立为皇后。二月乙丑（二十六日），汉宣帝立长陵人王倢伃为皇后，命她作为皇太子的母亲，负起养育太子的责任；封其父王奉光为邛成侯。新皇后不受宠爱，很少能见到皇上。

魏相喜欢阅读有关汉朝旧事的记载和前人提出改良建议的奏章，多次列举汉朝建国以来推行的于国有益的措施以及贤臣贾谊、晁错、董仲舒等人的建议，奏请汉宣帝批准实行。丞相府的官员因公事到郡国及休假从家回到相府，魏相都命他们将各地发生的奇闻轶事报告给他。如果有的地区出现逆贼，或自然灾害，郡府不向朝廷报告，总是由魏相奏闻朝廷。魏相与御史大夫丙吉同心协力辅佐朝政，汉宣帝对二人都很倚重。

丙吉为人深沉忠厚，不夸耀自己的功劳。自汉宣帝即位以来，丙吉绝口不提以前对汉宣帝的恩惠，所以朝中无人知道他的功劳。正巧一个名叫则的掖庭所属宫婢让自己的老百姓丈夫上书朝廷，陈述自己对皇帝曾有抚育之功，汉宣帝命掖庭令负责查问此事，宫婢则在供词中提到丙吉了解当时的情况。掖庭令将宫婢则带到御史府来见丙吉，丙吉认识她，对她说："你当年抚育皇曾孙时，因照顾不周，我还曾责打过你，你有什么功劳！只有渭城人胡组、淮阳人郭徵卿对皇曾孙有恩。"于是分别将胡组等当年共同辛勤抚养的情况上奏汉宣帝。汉宣帝下诏，命寻访胡组、郭徵卿，但二人已然去世，只有子孙尚在，都受到丰厚的赏赐。汉宣帝又下诏赦免则的官奴婢身份，使她成为平民，赐给她十万钱，并亲自召见，询问当年情况，这才知道丙吉对自己有旧恩，却一直不肯透露，认为丙吉是大贤之人。

【原文】

三年（戊午，前63年）

乙未，诏曰："朕微眇时，御史大夫丙吉、中郎将史曾、史玄、长乐卫尉许舜、侍中、光禄大夫许延寿皆与朕有旧恩，及故掖庭令张贺，辅导朕躬，修文学经术，恩惠卓异，厥功茂焉。《诗》不云乎：'无德不报'，封贺所子弟子侍中、中郎将彭祖为阳都侯，追赐贺谥曰阳都哀侯，吉为博阳侯，曾为将陵侯，玄为平台侯，舜为博望侯，延寿为乐成侯。"贺有孤孙霸，年七岁，拜为散骑、中郎将，赐爵关内侯。故人下至郡邸狱复作尝有阿保之功者，皆受官禄、田宅、财物，各以恩深浅报之。

吉临当封，病；上忧其不起，将使人就加印绂而封之，及其生存也。太子太傅夏侯胜曰："此未死也！臣闻有阴德者必飨其乐，以及子孙。今吉未获报而疾甚，非其死疾也。"后病果愈。

张安世自以父子封侯，在位太盛，乃辞禄，诏都内别藏张氏无名钱以百万数。安世谨慎周密，每定大政，已决，辄移病出。闻有诏令，乃惊，使吏之丞相府问焉。自朝廷大臣，莫知其与议也。尝有所荐，其人来谢，安世大恨，以为"举贤达能，岂有私谢邪！"绝弗复为通。有郎功高不调，自言安世，安世应曰："君之功高，明主所知，人臣执事何长短，而自言乎！"绝不许。已而郎果迁。安世自见父子尊显，怀不自安，为子延寿求出补吏，上以为北地太守；岁余，上闵安世年老，复征延寿为左曹、太仆。

【译文】

三年（戊午，公元前63年）

乙未（三月初二），汉宣帝下诏说："朕在平民时，御史大夫丙吉，中郎将史曾、史玄，长乐卫尉许舜，侍中、光禄大夫许延寿都对朕有旧恩。还有已故掖庭令张贺对朕辅导教育，使朕研习儒术，恩惠卓著，功劳最大。《诗经》上说：'没有不应报答的恩情。'今特封张贺的养子侍中、中郎将张彭祖为阳都侯，追赐张贺谥号为阳都哀侯，丙吉为博阳侯，史曾为将陵侯，史玄为平台侯，许舜为博望侯，许延寿为乐成侯。"张贺有一孤孙名叫张霸，年仅七岁，被任命为散骑、中郎将，赐爵为关内侯。凡是汉宣帝从前的老相识，下至当初在郡邸狱中按刑律服劳役的妇女中，曾对他有抚育之恩的人，都被赐给官禄、土地、房屋、财物，分别按照恩德的深浅予以报答。

丙吉在受封时身患疾病，汉宣帝担心他一病不起，准备派人将博阳侯印信送到他的身边，让他能在生前受封。太子太傅夏侯胜说："丙吉这次不会死！我听说，凡是积有阴德的人，必然能在生前受到回报，并延及子孙。如今丙吉尚未得到陛下的报答而病重，这个病不会死。"后丙吉的病果然痊愈。

张安世自认为父子都被封侯，权位太盛，便向汉宣帝请求辞去俸禄。汉宣帝命大司农所属都内衙门单独为张安世收藏这笔无名钱，达到数百万。张安世谨慎周密，每次与皇帝商议大事，决定后，他总是称病退出。等听到皇帝颁布诏令后，再假装大吃一惊，派人到丞相府去询问。所以即使是朝廷大臣，无人知道他曾参与此事的决策。张安世曾向朝廷举荐过一个人，此人前来道谢，张安世非常生气，认为："为国家举荐贤能，难道可以私相酬谢吗！"从此与此人绝交。有一位郎官功劳很大，却没有调升，自己去求张安世为他说话。张安世对他说道："你的功劳很大，皇上是知道的，做人臣子的，怎么能自说长短处！"坚决不答应他。不久，这位郎官果然升官了。张安世见自己父子地位尊显，内心深感不安，便为儿子张延寿请求出任地方官。汉宣帝任命张延寿为北地太守。一年多后，汉宣帝怜恤张安世年老，又将张延寿调回朝廷，担任左曹、太仆。

汉纪十八

资治通鉴第二十六卷

【原文】

中宗孝宣皇帝中神爵元年（庚申，前61年）

义渠安国至羌中，召先零诸豪三十余人，以尤桀黠者皆斩之；纵兵击其种人，斩首千余级。于是诸降羌及归义羌侯杨玉等怨怒，无所信乡，遂劫略小种，背畔犯塞，攻城邑，杀长吏。安国以骑都尉将骑二千屯备羌；至浩亹，为虏所击，失亡车重、兵器甚众。安国引还，至令居，以闻。

时赵充国年七十余，上老之，使丙吉问谁可将者。充国对曰："无逾于老臣者矣！"上遣问焉，曰："将军度羌虏何如？当用几人？"充国曰："百闻不如一见。兵难遥度，臣愿驰至金城，图上方略。羌戎小夷，逆天背畔，灭亡不久，愿陛下以属老臣，勿以为忧！"上笑曰："诺。"乃大发兵诣金城。夏，四月，遣充国将之，以击西羌。

赵充国至金城，须兵满万骑，欲渡河，恐为虏所遮，即夜遣三校衔枚先渡，渡，辄营陈；会明毕，遂以次尽渡。虏数十百骑来，出入军傍，充国曰："吾士马新倦，不可驰逐，此皆骁骑难制，又恐其为诱兵也。击虏以殄灭为期，小利不足贪！"令军勿击。遣骑候四望狭中无虏，夜，引兵上至落都，召诸校司马谓曰："吾知羌虏不能为兵矣！使虏发数千人守杜四望狭中，兵岂得入哉！"

充国常以远斥候为务，行必为战备，止必坚营壁，尤能持重，爱士卒，先计而后战。遂西至西部都尉府，日飨军士，士皆欲为用。虏数挑战，充国坚守。

时上已发内郡兵屯边者合六万人矣。酒泉太守辛武贤奏言："郡兵皆屯备南山，

北边空虚，势不可久。若至秋冬乃进兵，此虏在境外之册。今虏朝夕为寇，土地寒苦，汉马不耐冬，不如以七月上旬赍三十日粮，分兵出张掖、酒泉，合击鼲、臧在鲜水上者。虽不能尽诛，但夺其畜产，虏其妻子，复引兵还，冬复击之，大兵仍出，虏必震坏。"天子下其书充国，令议之。充国以为："一马自负三十日食，为米二斛四斗，麦八斛，又有衣装、兵器，难以追逐。虏必商军进退，稍引去，逐水草，入山林。随而深入，虏即据前险，守后厄，以绝粮道，必有伤危之忧。为夷狄笑，千载不可复。而武贤以为可夺其畜产，虏其妻子，此殆空言，非至计也。先零首为畔逆，他种劫略，故臣愚册，欲捐鼲，臧暗昧之过，隐而勿章，先行先零之诛以震动之。宜悔过反善，因赦其罪，选择良吏知其俗者，拊循和辑。此全师保胜安边之册。"

天子下其书，公卿议者咸以为"先零兵盛而负鼲、臧之助，不先破鼲、臧，则先零未可图也。"上乃拜侍中许延寿为强弩将军，即拜酒泉太守武贤为破羌将军，赐玺书嘉纳其册。以书敕让充国曰："今转输并起，百姓烦扰，将军将万余之众，不早及秋共水草之利，争其畜食，欲至冬，虏皆当畜食，多藏匿山中，依险阻，将军士寒，手足皲瘃，宁有利哉！将军不念中国之费，欲以岁数而胜敌，将军谁乐此者！今诏破羌将军武贤等将兵，以七月击鼲羌；将军其引兵并进，勿复有疑！"

充国上书曰："陛下前幸赐书，欲使人谕鼲，以大军当至，汉不诛鼲，以解其谋。臣故遣臧豪雕库宣天子至德；鼲、臧之属皆闻知明诏。今先零羌杨玉阻石山木，候便为寇，鼲羌未有所犯，乃置先零。先击鼲，释有罪，诛无辜，起壹难，就两害，诚非陛下本计也！臣闻兵法：'攻不足者守有余。'又曰：'善战者致人，不致于人。'今鼲羌欲为敦煌、酒泉寇，宜饬兵马，练战士，以须其至。坐得致敌之术，以逸击劳，取胜之道也。今恐二郡兵少，不足以守，而发之行攻，释致虏之术而从为虏所致之道，臣愚以为不便。先零羌虏欲为背畔，故与鼲、臧解仇结约，然其私心不能无恐汉兵至而鼲、臧背之也。臣愚以为其计常欲先赴罕、开之急以坚其约。先击鼲羌，先零必助之。今虏马肥、粮食方饶，击之恐不能伤害，适使先零得施德于鼲羌，坚其约，合其党。虏交坚党，合精兵二万余人，迫胁诸小种，附著者稍众，莫须之属不轻得离也。如是，虏兵浸多，诛之用力数倍。臣恐国家忧累，由十年数，不二三岁而已。于臣之计，先诛先零已，则鼲、臧之属不烦兵而服矣。先零已诛而䍐、靡不服，涉正月击之，得计之理，又其时也。以今进兵，诚不见其利！"戊申，充国上奏。秋，七月，甲寅，玺书报，从充国计焉。

充国乃引兵至先零在所。虏久屯聚，懈弛，望见大军，弃车重，欲渡湟水，道厄狭；充国徐行驱之。或曰："逐利行迟。"充国曰："此穷寇，不可迫也。缓之则走不顾，急之则还致死。"诸校皆曰："善。"虏赴水溺死者数百，降及斩首五百余人。虏马、牛、羊十万余头，车四千余两。兵至䍐地，令军毋燔聚落、刍牧田中。䍐羌闻之，喜曰："汉果不击我矣！"豪靡忘使人来言："愿得还复故地。"充国以闻，未报。靡忘来自归，充国赐饮食，遣还谕种人。护军以下皆争之曰："此反虏，不可擅遣！"充国曰："诸君但欲便文自营，非为公家忠计也！"语未卒，玺书报，令靡忘以赎论。后䍐竟不烦兵而下。

上诏破羌、强弩将军诣屯所，以十二月与充国合，进击先零。时羌降者万余人矣，充国度其必坏，欲罢骑兵，屯田以待其敝。作奏未上，会得进兵玺书，充国子中郎将卬惧，使客谏充国曰："诚令兵出，破军杀将，以倾国家，将军守之可也。即利与病，又何足争！一旦不合上意，遣绣衣来责将军，将军之身不能自保，何国家之安！"充国叹曰："是何言之不忠也！本用吾言，羌虏得至是邪！往者举可先行羌者，吾举辛武贤；丞相御史复白遣义渠安国，竟沮败羌。金城、湟中谷斛八钱，吾谓耿中丞：'籴三百万斛谷，羌人不敢动矣！'耿中丞请籴百万斛，乃得四十万斛耳；义渠再使，且费其半。失此二册，羌人致敢为逆。失之豪厘，差以千里，是既然矣。今兵久不决，四夷卒有动摇，相因而起，虽有知者不能善其后，羌独足忧邪！吾固以死守之，明主可为忠言。"

遂上屯田奏曰："臣所将吏士、马牛食所用粮谷、茭稿，调度甚广，难久不解，徭役不息，恐生他变，为明主忧，诚非素定庙胜之册。且羌易以计破，难用兵碎也，故臣愚心以为击之不便！计度临羌东至浩亹，羌虏故田及公田，民所未垦，可二千顷以上，其间邮亭多坏败者。臣前部士入山，伐林木六万余枚，在水次。臣愿罢骑兵，留步兵万二百八十一人，分屯要害处，冰解漕下，缮乡亭，浚沟渠，治湟隘以西道桥七十所，令可至鲜水左右。田事出，赋人三十亩；至四月草生，发郡骑及属国胡骑各千，就草为田者游兵，以充入金城郡，益积畜，省大费。今大司农所转谷至者，足支万人一岁食，谨上田处及器用簿。"

上报曰:"即如将军之计,虏当何时伏诛?兵当何时得决?孰计其便,复奏!"

充国上状曰:"臣闻帝王之兵,以全取胜,是以贵谋而贱战。'百战而百胜,非善之善者也,故先为不可胜以待敌之可胜。'蛮夷习俗虽殊于礼义之国。然其欲避害就利,爱亲戚,畏死亡,一也。今虏亡其美地荐草,愁于寄托,远遁,骨肉心离,人有畔志。而明主班师罢兵,万人留田,顺天时,因地利,以待可胜之虏,虽未即伏辜,兵决可期月而望,羌虏瓦解,前后降者万七百余人,及受言去者凡七十辈,此坐支解羌虏之具也。臣谨条不出兵留田便宜十二事:步兵九校、吏士万人留屯,以为武备,因田致谷,威德并行,一也。又因排折羌虏,令不得归肥饶之地,贫破其众,以成羌虏相畔之渐,二也。居民得并田作,不失农业,三也。军马一月之食,度支田士一岁,罢骑兵以省大费,四也。至春,省甲士卒,循河、湟漕谷至临羌,以示羌虏,扬威武,传世折冲之具,五也。以闲暇时,下先所伐材,缮治邮亭,充入金城,六也。兵出,乘危徼幸;不出,令反畔之虏窜于风寒之地,离霜露、疾疫、瘃堕之患,坐得必胜之道,七也。无经阻、远追、死伤之害,八也。内不损威武之重,外不令虏得乘间之势,九也。又亡惊动河南大臟使生他变之忧,十也。治隍陿中道桥,令可至鲜水以制西域,伸威千里,从枕席上过师,十一也。大费既省,徭役豫息,以戒不虞,十二也。留屯田得十二便,出兵失十二利,唯明诏采择!"

上复赐报曰:"兵决可期月而望者,谓今冬邪,谓何时也?将军独不计虏闻兵颇罢,且丁壮相聚,攻扰田者及道上屯兵,复杀略人民,将何以止之?将军孰计复奏!"

充国复奏曰:"臣闻兵以计为本,故多算胜少算。先零羌精兵,今余不过七八千人,失地远客分散,饥冻畔还者不绝。巨愚以为虏破坏可日月冀,远在来春,故曰兵决可期月而望。窃见北边自敦煌至辽东万一千五百余里,乘塞列地有吏卒数千人,虏数以大众攻之而不能害。今骑兵虽罢,虏见屯田之士精兵万人,从今尽三月,虏马羸瘦,必不敢捐其妻子于他种中,远涉河山而来为寇;亦不敢将其累重,还归故地。是臣之愚计所以度虏且必瓦解其处,不战而自破之册也。至于虏小寇盗,时杀人民,其原未可卒禁。臣闻战不必胜,不苟接刃;攻不必取,不苟劳众。诚令兵出,虽不能灭先零,但能令虏绝不为小寇,则出兵可也。即今同是,而释坐胜之道，从乘危之势，往终不见利，空内自罢敝，贬重以自损，非所以示蛮夷也。又大兵一出，还不可复留，湟中亦未可空，如是，徭役复更发也。臣愚以为不便。臣窃自唯念：奉诏出塞，引军远击，穷天子之精兵，散车甲于山野，虽亡尺寸之功，偷得避嫌之便，而亡后咎余责，此人臣不忠之利，非明主社稷之福也！"

充国奏每上，辄下公卿议臣。初是充国计者什三；中什五；最后什八。有诏诘前言不便者，皆顿首服。魏相曰："臣愚不习兵事利害。后将军数画军册，其言常是，臣任其计必可用也。"上于是报充国，嘉纳之；亦以破羌、强弩将军数言当击，以是两从其计，诏两将军与中郎将卬出击。强弩出，降四千余人；破羌斩首二千级；中郎将卬斩首降者亦二千余级；而充国所降复得五千余人。诏罢兵，独充国留屯田。

【译文】

汉宣帝神爵元年（庚申，公元前61年）

义渠安国到达羌中，召集先零部落众首领三十余人前来，将其中最为桀骜狡猾者全部杀死，又纵兵袭击先零人，斩首一千余级。于是引起归附汉朝的各羌人部落和归义羌侯杨玉的愤怒怨恨，不再信任、顺服汉朝，于是劫掠弱小种族，侵犯汉朝边塞，攻打城池，杀伤官吏。义渠安国以骑都尉身份率领二千骑兵防备羌人，进至浩亹，遭到羌人袭击，损失了很多车马辎重和武器。义渠安国率兵撤退，到达令居，奏闻朝廷。

此时，赵充国年纪已七十有余，汉宣帝认为他已老，派丙吉前去问他谁能担任大将。赵充国回答说："谁也不如我合适。"汉宣帝又派人问他说："你估计羌人会怎样？应当派多少人？"赵充国说："百闻不如一见，行兵打仗之事难以遥测，我愿赶到金城，画出地图，制定方略，再上奏陛下。羌人不过是戎夷小种，逆天背叛，不久就会灭亡，希望陛下将此事交给老臣来办，不必担忧。"汉宣帝笑着说："可以。"于是调发大兵前往金城。夏季，四月，派赵充国率领金城军队进攻西羌。

赵充国来到金城，等骑兵集结到一万名时，打算渡过黄河，怕遭羌军拦击，便于夜晚派出三名军校悄无声息地先行偷渡，渡河后立即设立营阵，正巧天色已明，于是大军依次全部渡过黄河。羌军约百名骑兵出现在汉军附近，赵充国说："我军现在兵马劳乏，不能奔驰追击，这都是敌人的精锐骑兵，不易制服，又怕是敌人的诱兵。我们此战的目标是要将敌军全部消灭，不能贪图小利！"下令全军不准出击。赵充国派人到四望峡侦察，发现峡中并无敌兵。夜晚，赵充国率军穿过四望峡，抵达落都山，召集各位军校、司马说道："我知道羌人不懂用兵之法了。假如羌人派兵数千，堵住四望峡，我军怎么得以进去呢！"

赵充国经常注意向远处派出侦察兵，行军时一定做好战斗准备，扎营时一定使营垒坚固，他特别老成持重，爱护士卒，必先制定好作战计划，然后再进行战斗。他率军向西来到西部都尉府，每天都用丰富的饮食让将士们饱餐，将士们都愿意为他所用。羌军多次挑战，赵充国坚守不出。

此时，汉宣帝已征发内地郡国的军队达六万人。酒泉太守辛武贤上奏说："各郡军队都屯扎在南山，使北部边疆空虚，其势难以长久。如等到秋冬季节再出兵，那是敌人远在边境之外的策略，如今羌人日夜不停地进行侵扰，当地气候寒冷，汉军马匹不能过冬，不如在七月上旬，携带三十日粮，自张掖、酒泉分路出兵，合击鲜水之畔的䍐、开两部羌人。虽不能全部剿灭，但可夺其畜产，掳其妻子儿女，然后率兵退还，到冬天再次进攻。大军频繁出击，羌人必定震恐。"汉宣帝将辛武贤的奏章交给赵充国，命他发表意见。赵充国认为："一匹马自己载负三十日的粮食，即米二斛四斗，麦八斛，再加上行装、武器，难以奔驰追击。敌人必然会估计出我军进退的时间，稍稍撤退，追逐水草，深入山林。我军随之深入，敌人就占据前方险要，扼守后方通路，断绝我军粮道，必使我军有伤亡危险的忧虑，受到夷狄之人的嘲笑，这种耻辱千年也无法报复。而辛武贤认为可以掳夺羌人的畜产、妻子儿女等。这怕是一派空话，不是最好的计策。先零为叛逆祸首，其他部族只是被其胁迫，所以，我的计划是：舍弃䍐、开两部昏昧不明的过失，暂时隐忍不宣，先诛讨先零，以震动羌人，他们将会悔过，反过来向善，再赦免其罪，挑选了解他们风俗的优秀官吏，前往安抚和解。这才是既能保全部队，又能获取胜利、保证边疆安定的策略。"

汉宣帝将赵充国的奏章交给公卿大臣们讨论，大家都认为："先零兵力强盛，又依仗䍐、开的帮助，如不先破䍐、开，就不能进攻先零。"于是汉宣帝任命侍中许廷寿为强弩将军，就地任命酒泉太守辛武贤为破羌将军，颁赐诏书嘉勉辛武贤的建议，并写信责备赵充国说："如今到处都在向前方输送军粮，使百姓受到烦扰，将军率领大军一万余人，不及早利用秋季水草茂盛的时机，争夺羌人的牲畜、粮食，却要等到冬季再行出击，但那时羌人都会积蓄粮食，多数藏匿于深山之中，据守险要，而将军士卒寒苦，手足皲裂，难道会有利吗！将军不念国家耗费巨大，只想拖延数年而取胜，哪位将军，不愿这样！现在诏令破羌将军辛武贤等率兵于七月进击罕、幵，将军率兵同时出击，不得再有迟疑！"

赵充国上书汉宣帝说："陛下上次赐我书信，打算派人劝谕罕部羌人，大军将会前来，但汉朝并不是要征讨他们，以此来瓦解羌人联合叛汉的计划。所以我派幵部首领雕库去宣示天子盛德，罕、幵两部羌人都已听到了天子的明诏。如今先零羌首领杨玉凭借山中树木岩石自保，并寻机出山骚扰，而罕羌并无冒犯行为，却放过有罪的先零，先打无辜的罕羌，一个部族起来叛乱，却给两个部族留下伤害，实在违背陛下原来的计划！我听说兵法上讲：'不足以进攻的力量，用于防守却能有余。'又说：'善于打仗的人，能主动引诱敌人，而不被敌人所引诱。'如今罕羌企图进犯敦煌、酒泉，本应整顿兵马，训练士卒，等待敌人前来，坐在那里，用引诱敌人的战术，以逸击劳，这才是取胜之道。现在唯恐二郡兵力单薄，不足防守，却出兵进攻，放弃引诱敌人的战术，而被敌人所引诱，我认为不利。先零羌打算背叛我朝，所以才与罕、幵化解怨仇，缔结盟约，但其内心深处不能不害怕汉军一到而罕、幵背叛他们。我认为先零时常希望能先为罕、幵解救危急，以巩固他们的联盟。先攻罕羌，先零肯定会援助他们。现在，羌人的马匹正肥，粮食正多，攻击他们，恐怕不能造成伤害，而正好使先零有机会施德于罕羌，巩固其联盟，团结其党羽。先零巩固其联盟之后，会合精兵二万余人，胁迫其他弱小部族，归附者逐渐增多，像莫须部羌人之类的弱小部族，要想脱离其控制就不容易了。果真如此，则羌人兵力逐渐增多，要征讨他们，就需增加几倍的力量，我恐怕国家的忧烦困扰，当以十年计，而不只二三年了。按我的计划，先诛杀了先零，则罕、幵之流不必再劳烦军队，就可顺服。如先零已经诛杀，而罕、幵等仍不肯屈服，等到明年正月再攻击他们，则不但合理，而且适时。现在进兵，实在看不到有什么利益！"戊申（六月二十八日），赵充国奏闻朝廷。秋季，七月甲寅（初五），汉宣帝颁赐诏书，采纳赵充国的计划。

于是赵充国率兵进抵先零地区。羌人屯兵已久，戒备松懈，忽见汉军大兵来到，慌忙抛弃车马辎重，企图渡过湟水，道路狭窄，赵充国率军缓缓前行，驱赶羌军。有人对赵充国说："要取得战果，推进速度不宜迟缓。"赵充国说："这是走投无路的敌兵，不可逼迫太急。缓慢追击，他们只逃跑不回头；逼迫太急，则回头死战。"各位军校都说："有理。"羌人掉入水中淹死数百人，投降及被汉军所杀达五百余人，汉军缴获马、牛、羊十万余头，车四千余辆。汉军行至䍐地，赵充国下令不得焚烧羌人村落，不得在羌人耕地中牧马。䍐羌听说后，高兴地说："汉军果然不打我们！"其首领靡忘派人前来对赵充国说："希望能让我们回到原来的地方。"赵充国上奏朝廷，未得到回音。靡忘亲自前来归降，赵充国赐其饮食，派他回去告偷本部羌人。护军及以下将领都说："这靡忘是国家叛逆，不能擅自放走！"赵充国说："你们都只是为了文墨之便，自我营护，并不忠心为国家着想！"话未讲完，诏书来到，命靡忘将功赎罪。后䍐羌终于未用兵而平定。

汉宣帝下诏书命破羌将军辛武贤、强弩将军许延寿率兵前往赵充国屯兵之处，于十二月与赵充国会合，进攻先零。当时，羌人投降汉军已一万有余了，赵充国估计羌人肯定要失败，打算撤除骑兵，以步兵在当地屯垦戍卫，等待羌人因自身疲惫而败亡。奏章写好，还未上奏，恰于此时接到汉宣帝命其进兵的诏书。赵充国的儿子中郎将赵卬感到害怕，便让幕僚去劝赵充国说："假如出兵会损兵折将，倾覆国家，将军坚持己见，防守不出也还可以。而如果只是利与弊的区别，又有什么可争执的呢？一旦违背了皇上之意，派御史前来责问，将军本身不能自保，又怎能保证国家的安全！"赵充国叹息说："这话是多么不忠！若是原来就采纳我的意见，羌人能发展到这一步吗！当初，推荐先去西羌巡行的人选，我推荐了辛武贤；而丞相、御史又奏请皇上，派义渠安国前去，结果败坏了大事。金城、湟中地区谷价一斛八钱，我曾对司农中丞耿寿昌说：'只要我们购买三百万斛谷物储备，羌人就不敢轻举妄动了。'而耿寿昌请求购买一百万斛，实际只得四十万斛而已，义渠安国再次出行，又用去一半。这两项计划都未实现，才使羌人敢于叛逆。正所谓失之毫厘，差以千里！如今战事长期不能结束，如果四方蛮夷突然动摇，借机相继起兵造反，即使高明的人也无法收拾，岂此是羌人值得忧虑！我誓死也要坚持我的意见，皇上圣明，可以向他陈述我的忠言。"

于是，赵充国上书请求屯田说："我率领的将士、马牛食用的粮食、草料须大范围地从各处征调，羌乱长久不能解除，则徭役不会止息，又恐发生其他变故，为陛下增加忧虑，确实不是朝廷克敌制胜的上策。况且，对羌人之叛，用智谋瓦解较易，用武力镇压则较难，所以我认为进攻不是上策！据估计，从临羌向东至浩亹，羌人旧有的私田和公田，民众没有开垦的荒地，约有两千顷以上，其间驿站多数颓坏。我以前曾派士卒入山，砍伐林木六万余株，存于湟水之滨。我建议：撤除骑兵，留步兵一万二百八十一人，分别屯驻在要害地区，待到河水解冻，木材顺流而下，正好用来修缮乡亭，疏浚沟渠，在湟𬇕以西建造桥梁七十座，使至鲜水一带的道路畅通。明年春耕时，每名屯田兵卒分给三十亩土地；到四月草木长出后，征调郡属骑兵和属国胡人骑兵各一千，到草地为屯田者充当警卫。屯田收获的粮食，运入金城郡，增加积蓄，节省大量费用。现在大司农运来的粮食，足够一万人一年所食，谨呈上屯田区划及需用器具清册。"

汉宣帝下诏询问赵充国说："如按照将军的计划，羌人叛乱当何时可以剿灭？战事当何时能够结束？仔细研究出最佳方案，再次上奏！"

赵充国上奏说："我听说，帝王的军队，应当不受什么损失就能取得胜利，所以重视谋略，轻视拼杀。《孙子兵法》说：'百战百胜，并非高手中的高手，所以应先使自己立于不败之地，再等待可以战胜敌人的机会。'蛮夷外族的习俗虽与我们礼仪之邦有所不同，但希望能躲避危害，争取有利，爱护亲属，惧怕死亡，则与我们一样。现在，羌人丧失了他们肥美的土地和茂盛的牧草，逃到遥远的荒山野地，为自己的寄身之地而发愁，骨肉离心，人人都产生了背叛之念。而此时陛下班师罢兵，留下万人屯田，顺应天时，利用地利，等待战胜羌人的机会。羌人虽未立即剿灭，然可望于一年之内结束战事。羌人已在迅速瓦解之中，前后共有一万七百余人投降，接受我方劝告，回去说服自己的同伴不再与朝廷为敌的共有七十批，这些人恰是瓦解羌人的工具。我谨归纳了不出兵而留兵屯田的十二项有益之处：九位步兵指挥官和万名官兵留此屯田，进行战备，耕田积粮，威德并行，此其一。因屯田而排斥羌人，不让他们回到肥沃的土地上去，使其部众贫困破败，以促成羌人相互背叛的趋势，此其二。居民得以一同耕作，不破坏农业，此其三。骑兵，包括战马一个月的食用，能够屯田士兵维持一年，撤除骑兵可节省大量费用，此其四。春天来临，调集士卒，顺黄河和湟水将粮食运到临羌，向羌人显示威力，这是后世御敌的资本，此其五。农闲时，将以前砍伐的木材运来，修缮驿站，将物资输入金城，此其六。如果现在出兵，冒险而无必胜把握；暂不出兵，则使叛逆羌人流窜于风寒之地，遭受霜露、瘟疫、冻伤的灾患，我们则坐着得到必胜的机会，此其七。可以避免遭遇险阻、深入追击和将士死伤的损害，此其八。对内不使朝廷的威严受到损害，对外不给羌人以可乘之机，此其九。又不会惊动黄河南岸大臓部落而产生新的事变，增加陛下之忧，此其十。修建隍壍中的桥梁，使至鲜水的道路畅通，以控制西域，扬威千里之外，使军队从此经过如同经过自家的床头一般容易，此其十一。大费用既已节省，便可不征发徭役，以防止出现预想不到的变故，此其十二。留兵屯田可得此十二项便利，出兵攻击则失此十二项便利，请陛下英明抉择！"

汉宣帝再次回复说："你说可望于一年之中结束战事，是说今年冬季吗？还是何时？难道你不考虑羌人听说我们撤除骑兵，会集结精锐，攻袭骚扰屯田兵卒和道路上的守军，再次杀掠百姓，我们将用什么来制止？将军深入思考后再次上奏。"

赵充国再次上奏说："我听说，军事行动以谋略为根本，所以多算胜于少算。先零羌之精兵，如今剩下不过七八千人，丧失了原有的土地，分散于远离家乡的地区，挨饿受冻，不断有人叛逃回家。我认为他们崩溃败亡的时间可望以日月计算，最远在明年春天，所以说可望于一年中结束战事。我看到，北部边疆自敦煌直到辽东，共一万一千五百多里，守卫边塞的官吏和戍卒有数千人，敌人多次以大兵攻击，都不能取胜。现在即使撤除骑兵，而羌人见有屯田戍卫的精兵万人，且从现在开始，到三月底，羌人马匹瘦弱，必不敢将妻子儿女丢在其他部族，远涉山河前来侵扰；也不敢将其家属送还家乡。这正是我预计他们必将就地瓦解，不战自破而制定的策略。至于羌人小规模的侵扰掳掠，偶尔杀伤百姓，原本就无法立刻禁绝。我听说，打仗如无必胜的把握，就不能轻易与敌人交手；进攻如无必取的把握，就不能轻易劳师动众。如果发兵出击，即使不能灭亡先零，但能禁绝羌人小规模的侵扰活动，则可以出兵。如果今天同样不能禁绝，却放弃坐而取胜的机会，采取危险的行动，到底得不到好处，还白白使自己内部疲惫、破败，贬低国家威严而损害自己，不能这样对付蛮夷外族。再者大兵一出，返回时便不可再留，而湟中又不能无人戍守，如果这样，则徭役又将兴起，我认为实无益处。我自己思量，如果尊奉陛下的诏令出塞，率兵远袭羌人，用尽天子的精兵，将车马、甲胄散落在山野之中，即使立不下尺寸之功，也能苟且避免嫌疑，过后还能不负责任，不受指责。然而，这些个人的好处却是对陛下的不忠，不是明主和国家之福！"

赵充国每次上奏，汉宣帝都给公卿大臣讨论研究。开始，认为赵充国意见正确的人为十分之三，后增加到十分之五，最后更增至十分之八。汉宣帝诘问开始不同意赵充国意见的人为什么改变观点，这些人都叩首承认自己原来的意见不对。丞相魏相说："我对军事上的利害关系不了解，后将军赵充国曾多次筹划军事方略，他的意见通常都很正确，我担保他的计划一定行得通。"于是汉宣帝回复赵充国，嘉勉并采纳了赵充国的计划，又因破羌将军辛武贤、强弩将军许延寿多次建议进兵攻击，所以也同时批准，下诏命两将军与中郎将赵卬率部出击。许延寿出击羌人，招降四千余人；辛武贤斩首二千级；赵卬斩首及招降也有二千余人；而赵充国又招降了五千余人。汉宣帝下诏罢兵，只留下赵充国在当地负责屯田事务。

【原文】

二年（辛酉，前60年）

夏，五月，赵充国奏言："羌本可五万人军，凡斩首七千六百级，降者三万一千二百人，溺河湟、饿死者五六千人，定计遗脱与煎巩、黄羝俱亡者不过四千人。羌靡忘等自诡必得，请罢屯兵！"奏可。充国振旅而还。

所善浩星赐迎说充国曰："众人皆以破羌、强弩出击，多斩首、生降，虏以破坏。然有识者以为虏势穷困，兵虽不出，即自服矣。将军即见，宜归功于二将军出击，非愚臣所及。如此，将军计未失也。"充国曰："吾年老矣，爵位已极，岂嫌伐一时事以欺明主哉！兵势，国之大事，当为后法。老臣不以余命壹为陛下明言兵之利害，卒死，谁当复言之者！"卒以其意对。上然其计，罢遣辛武贤归酒泉太守，官充国复为后将军。

吉既破车师，降日逐，威震西域，遂并护车师以西北道，故号都护。都护之置，自吉始焉。上封吉为安远侯。吉于是中西域而立莫府，治乌垒城，去关阳二千七百余里。匈奴益弱，不敢争西域，僮仆都尉由此罢。都护督察乌孙、康居等三十六国动静，有变以闻，可安辑，安辑之，不可者诛伐之，汉之号令班西域矣。

【译文】

二年（辛酉，公元前60年）

夏季，五月，赵充国上奏说："羌人部众和军队本约五万人，前后披斩首共七千六百人，投降三万一千二百人，在黄河、湟水中淹死以及饿死的有五六千人，计算起来，剩下跟随其首领煎巩、黄羝一起逃亡的不过四千人。现已归降的羌人首领靡忘等自己保证可以擒获这些人，所以我请求罢黜屯田部队。"汉宣帝批准所奏。赵充国整顿部队返回。

赵充国的好友浩星赐前往迎接赵充国，对他说："大家都认为破羌、强弩二将军率兵出击，多有斩获、招降，所以才使羌人败亡。然而，有见识的人则认为羌人已到穷途末路，即使不发兵出击，也会很快自行投降。将军见到皇上时，应归功于破羌、强弩二位将军率兵出击，你自己并不能与之相比。这样做对你并无什么损失。"赵充国说："我年岁大了，爵位也到头了，岂能为避免夸耀一时功劳的嫌疑而欺骗皇上！军事措施是国家大事，应当为后人立下榜样。我如不利用自己的余生专为皇上明白分析军事上的利害，一旦去世，谁能再对皇上说这些呢！"终于将自己的想法奏明汉宣帝。汉宣帝接受了他的意见，免除辛武贤破羌将军职务，派其仍回酒泉太守原任。赵充国恢复了后将军职务。

郑吉攻破了车师国，招降了日逐王，威震西域，于是兼管车师以西的西域北路，所以号称"都护"。汉朝设置都护一职，即从郑吉开始。汉宣帝封郑吉为安远侯。郑吉于是在西域中部设立幕府，修筑乌垒城，离阳关二千七百余里。匈奴愈发衰弱，不敢与汉朝争夺西域，从此便取消统治西域的僮仆都尉。汉西域都护负责督察乌孙、康居等三十六国动静，如发生事变，则奏闻朝廷，能安抚则安抚，不能安抚便进行讨伐，从而使汉朝的号令得以颁布于整个西域。

【原文】

三年（壬戌，59年）

是岁，东郡太守韩延寿为左冯翊。始，延寿为颍川太守，颍川承赵广汉构会吏民之后，俗多怨仇。延寿改更，教以礼让；召故老，与议定嫁娶、丧祭仪品，略依古礼，不得过法。百姓遵用其教。卖偶车马、下里伪物者，弃之市道。黄霸代延寿居颍川，霸因其迹而大治。延寿为吏，上礼义，好古教化，所至必聘其贤士，以礼待，用广谋议，纳谏争；表孝弟有行，修治学官，春秋乡射，陈钟鼓、管弦，盛升降、揖让；及都试讲武，设斧钺、旌旗，习射、御之事；治城郭，收赋租，先明布告其日，以期会为大事。吏民敬畏，趋乡之。又置正、五长，相率以孝弟；不得舍奸人，闾里阡陌有非常，吏辄闻知，奸人不敢入界。其始若烦，后吏无追捕之苦，民无棰楚之忧，皆便安之。接待下吏，恩施甚厚而约誓明。或欺负之者，延寿痛自刻责："岂其负之，何以至此！"吏闻者自伤悔，其县尉至自刺死。及门下掾自刭，人救不殊，延寿涕泣，遣吏医治视，厚复其家。在东郡三岁，令行禁止，断狱大减，由是入为冯翊。

延寿出行县至高陵，民有昆弟相与讼田，自言。延寿太伤之，曰："幸得备位，为郡表率，不能宣明教化，至令民有骨肉争讼，既伤风化，重使贤长吏、啬夫、三老、孝弟受其耻，咎在冯翊，当先退！"是日，移病不听事，因入卧传舍，闭阁思过。一县莫知所为，令、丞、啬夫、三老亦皆自系待罪。于是讼者宗族传相责让；此两昆弟深自悔，皆自髡，肉袒谢，愿以田相移，终死不敢复争。郡中歙然，莫不传相敕厉，不敢犯。延寿恩信周遍二十四县，莫敢以辞讼自言者。推其至诚，吏民不忍欺绐。

【译文】

三年（壬戌，公元前59年）

这一年，东郡太守韩延寿被任命为左冯翊。当初，韩延寿担任颍川太守时，颍川郡在前任太守赵广汉鼓励人民相互告发之后，民间多结怨仇。韩延寿改变作法，教导百姓们讲究礼让,又征召年纪大、阅历丰的长者,与他们共同研究、决定嫁娶、丧葬、祭祀的礼仪,基本上依照古礼,不许超过规定。百姓们都遵从韩延寿的教导。凡贩卖纸车纸马以及其他陪葬用的各种假器物者,将其物品没收,抛弃于街市之上。后黄霸代韩延寿为颍川太守,继续遵循韩延寿的方法,将颍川治理得非常出色。韩延寿为官,崇尚礼义,爱好古人古事,推行教化,每到一地,必定聘请当地贤士,以礼相待,以广泛地听取建议,采纳他们的批评意见。韩延寿还注意表彰孝顺父母、友爱兄弟的品行高尚之人,修建地方公立学校。每年春秋两季,都要进行古代的"乡射"之礼,用比赛射箭的办法选拔人才。届时,赛场上阵列钟鼓、管弦,举行隆重的仪式,人们上下赛场时,都相互作揖礼让。到每年检阅地方武装的"都试"举行时,在考场上设置斧钺、旌旗,命将士们演练骑马射箭之事。修理城池,收取赋税,都于事前明白布告日期,把按期集合作为一件大事。官吏和百姓非常敬服畏惧,都奔走前往。又在民间设置"正""伍长"等管理人员,督率百姓孝顺父母,友爱兄弟,禁止收留奸邪之人,街巷、村落之中如有不寻常之事发生,官吏立即就会闻知,所以奸邪之人不敢进入韩延寿管辖地界。开始时,各项事务似乎有些繁琐,但后来官吏却因此而不受追捕盗寇之苦,百姓也因此而不必担忧遭受杖责,所以都感到安全便利。对待下级官吏,既施以十分深厚恩德,又加以严格约束。如有人欺瞒、辜负韩延寿,韩延寿就痛切自责:"难道我有什么事对不起他,否则他怎会如此!"属下听说后,都深自愧悔,其所属某县尉甚至因此而自杀。有一位门下官吏也因此而自刎,被人救活,韩延寿感动得流下眼泪,派官吏和医生探视医治,并大大地减免他家的赋税徭役。韩延寿在东郡三年,有令必行,有禁必止,刑狱大为减少,因此而调入京师任左冯翊。

韩延寿出外巡视各县,来到高陵县,百姓中有两兄弟,因争夺田产而相互控告,分别向韩延寿申诉。韩延寿为此深感悲伤,说道:"我有幸被摆在左冯翊这一职位上,是全郡的表率,而今却不能宣明教化,致使民间出现亲骨肉因争夺产业而相互控告的事,既伤风化,又使贤德的地方长官及啬夫、三老、孝弟等民间乡官蒙受耻辱,过错在我,我应首先退下。"当天就自称有病,不再处理公事,躺在客舍中闭门思过。全县官员见韩延寿如此,都不知如何是好,县令、县丞、啬夫、三老也都自己把自己关了起来,等待处罚。于是诉讼的两兄弟同宗族的人相互责备,两兄弟也深自悔恨，都自己剃去头发，袒露身体，前来谢罪，表示愿将土地让给对方，终生不敢再争。全郡上下一片和睦，都传播此事，互相告诫劝勉，不敢犯同样的错误。韩延寿的恩德威信遍及所属二十四县，无人敢自己挑起诉讼争端。韩延寿以至诚待人，官吏和百姓都不忍心欺骗他。

汉纪十九

【原文】

中宗孝宣皇帝下神爵四年（癸亥，前58年）

颍川太守黄霸在郡前后八年，政事愈治；是时凤皇、神爵数集郡国，颍川尤多。夏，四月，诏曰："颍川太守霸，宣明诏令，百姓乡化，孝子、弟弟、贞妇、顺孙日以众多，田者让畔，道不拾遗，养视鳏寡，赡助贫穷，狱或八年无重罪囚；其赐爵关内侯、黄金百斤、秩中二千石。"而颍川孝、弟、有行义民，三老、力田皆以差赐爵及帛。后数月，征霸为太子太傅。

【译文】

汉宣帝神爵四年（癸亥，公元前58年）

颍川太守黄霸在颍川郡前后八年，郡中事务治理得愈加出色。当时，凤凰、神雀多次飞集各郡国，其中以颍川郡最多。夏季，四月，汉宣帝颁布诏书说："颍川太守黄霸，对各项诏令都明确宣示，大力推行，属下百姓向往礼义教化，孝顺父母的子女、相互友爱的兄弟、贞节的妇女、尊敬老人的孙子日益增多，田界相连的农民相互谦让，在路上遗失的东西无人贪心拾取，奉养照顾孤寡老人，帮助贫苦穷弱，有的监狱连续八年没有重罪囚犯。赐黄霸关内侯爵位，黄金一百斤和中二千石俸禄。"对颍川郡中孝顺、友爱和其他具有仁义品行的百姓，以及三老、力田等乡官，都分别赐予不等的爵位和财帛。几个月后，汉宣帝又征调黄霸担任太子太傅。

【原文】

五凤元年（甲子，前57年）

韩延寿代萧望之为左冯翊。望之闻延寿在东郡时放散官钱千余万，使御史案之。延寿闻知，即部吏案校望之在冯翊时廪牺官钱放散百余万。望之自奏："职在总领天下，闻事不敢不问，而为延寿所拘持。"上由是不直延寿，各令穷竟所考。望之卒无事实。而望之遣御史案东郡者，得其试骑士日奢僭逾制；又取官铜物，候月食铸刀剑，效尚方事；及取官钱私假徭使吏；及治饰车甲三百万以上。延寿竟坐狡猾不道，弃市。吏民数千人送至渭城，老小扶持车毂，争奏酒炙。延寿不忍距逆，人人为饮，计饮酒石余。使掾、史分谢送者："远苦吏民，延寿死无所恨！"百姓莫不流涕。

【译文】

五凤元年（甲子，公元前57年）

韩延寿代替萧望之担任左冯翊。萧望之听说韩延寿在东郡太守任上，曾发放官府之钱一千余万，便派御史前去调查。韩延寿听到消息，也派人调查萧望之在左冯翊任内发放属于廪牺令掌管的一百多万钱之事。萧望之上奏说："我的职责是总领天下监察事务，听到有人检举，就不敢不闻不问，却受到韩延寿的要挟。"汉宣帝因此认为韩延寿不对，命分别调查到底。结果指控萧望之动用官钱一事并无事实根据，而萧望之派到东郡的御史却查出韩延寿在考试骑兵之日，奢侈豪华，超过规定；又动用官铜，仿照尚方铸造御用刀剑之法，等到月食时铸造刀剑；还动用官钱，私自雇用管理徭役的官吏；并加装自己车辆的防箭设施，花费在三百万钱以上。韩延寿竟因此被指控犯有"狡猾不道"之罪，斩首示众。行刑时，官吏和百姓数千人送他到渭城，人们抚老携幼，攀住韩延寿的囚车车轮不放，争相进奉酒肉。韩延寿不忍拒绝，一一饮用，共计喝酒一石有余，并让原属下官吏分别向前来送他的百姓致谢，说道："辛苦各位远程相送，我死而无恨！"百姓无不痛哭流涕。

【原文】

三年（丙寅，前55年）

二月，壬辰，黄霸为丞相。霸材长于治民，及为丞相，功名损于治郡。时京兆尹张敞舍鹖雀飞集丞相府，霸以为神雀，议欲以闻。敞奏霸曰："窃见丞相请与中二千石、博士杂问郡、国上计长史、守丞为民兴利除害，成大化，条其对。有耕者让畔，男女异路，道不拾遗，及举孝子、贞妇者为一辈，先上殿；举而不知其人数者，次之；不为条教者在后。叩头谢丞相，口虽不言，而心欲其为之也。长史、守丞对时，臣敞舍有鹖雀飞止丞相府屋上，丞相以下见者数百人。边吏多知鹖雀者，问之，皆阳不知。丞相图议上奏曰：'臣问上计长史、守丞以兴化条，皇天报下神爵。'后知从臣敞舍来，乃止。郡国吏窃笑丞相仁厚有知略，微信奇怪也。臣敞非敢毁丞相也，诚恐群臣莫白，而长史、守丞畏丞相指，归舍法令，各为私教，务相增加，浇淳散朴，并行伪貌，有名亡实，倾摇解怠，甚者为妖。假令京师先行让畔、异路、道不拾遗，其实亡益廉贪、贞淫之行，而以伪先天下，固未可也。即诸侯先行之，伪声轶于京师，非细事也。汉家承敝通变，造起律令，所以劝善禁奸，条贯详备，不可复加。宜令贵臣明饬长史、守丞，归告二千石，举三老、孝弟、力田、孝廉、廉吏，务得其人，郡事皆以法令为检式，毋得擅为条教；敢挟诈伪以奸名誉者，必先受戮，以正明好恶。"天子嘉纳敞言，召上计吏，使侍中临饬，如敞指意。霸甚惭。

又，乐陵侯史高以外属旧恩侍中，贵重，霸荐高可太尉。天子使尚书召问霸："太尉官罢久矣。夫宣明教化，通达幽隐，使狱无冤刑，邑无盗贼，君之职也。将相之官，朕之任焉。侍中、乐陵侯高，帷幄近臣，朕之所自亲，君何越职而举之？"尚书令丞相对，霸免冠谢罪，数日，乃决，自是后不敢复有所请。然自汉兴，言治民吏，以霸为首。

【译文】

三年（丙寅，公元前55年）

二月壬辰（疑误），黄霸被任命为丞相。黄霸的才能主要在治理百姓，当了丞相以后，声誉比作郡守时有所下降。当时，京兆尹张敞家的鹖雀飞集丞相府，黄霸以为是神雀，与人商议，准备奏闻汉宣帝。张敞上奏说："我看到丞相要求与中二千石大臣及博士等一同向来京报告本年度工作情况的各郡、国长史、守丞询问为民兴利除害、推行教化的情况，让他们逐条回答。有报告当地农民谦让田地界线，男女不走一条道，路不拾遗，以及能举出当地孝顺子孙、贞节妇女人数的，列为一等，先上殿；虽然举出，却不知其人数的，列为二等；说不出这方面政绩的，列在最后，向丞相叩头谢罪。丞相虽未明言，心中却是希望他们也能举出这方面的例子。长史、守丞对答时，我家有一群鹖雀飞到丞相府，落在屋顶上，自丞相以下，看到的有数百人。那些从边地来的官吏，大多知道是鹖雀，但丞相问他们，却都装作不知道。丞相与人商议，准备上奏说：'我问各郡、国来京报告工作的长史、守丞各地的情况，都说礼义教化大兴，所以上天派下神雀以回报陛下的盛德。'后来得知是从我家飞来，方才停止。各郡、国官吏都暗笑丞相虽然仁厚有智，但有些轻信奇闻怪事。我并不是敢于诋毁丞相，只是怕群臣谁都不敢说明此事，而各郡、国长史、守丞又畏惧丞相指责，回去后废弃国家法令，人人执行自己的条令，竞相增多，使原本淳朴的风气变得日益浮薄，人人行为虚伪，有名无实，动摇懈怠，严重的甚至做邪恶之事。假如京师长安率先倡导农民互相谦让田地界线，男女不同走一路，道不拾遗等等，实际上对区分廉洁贪婪、贞节淫乱的行为并无益处，反倒以虚伪的政绩列为天下第一，这当然是不对的。即使是封国先这样做，以虚假政绩欺骗朝廷，也不是小事。我大汉承接了秦朝的各种弊端，加以变通而制定法令，目的在于鼓励善行，禁止奸恶，条理翔实周密，已不能再有增加。所以我认为，应派地位尊贵的大臣明确指示各郡、国长史、守丞，回去转告各地二千石官员，在保举三老、孝弟、力田、孝廉及廉洁官吏时，务必选人得当，处理郡、国事务都应以国家法令为依据，不得擅自增加、修改。如有敢于靠弄虚作假来欺世盗名者，必须先受诛杀,用以明确显示朝廷的好恶。"汉宣帝对张敞的建议极为赞赏,予以采纳,召集各地来京报告工作的官员,派侍中前往发布指示,如同张敞的建议。黄霸深感惭愧。

再有,乐陵侯史高依靠外戚的身份及对汉宣帝的旧时恩义,担任侍中,地位尊贵、显赫,黄霸推荐史高担任太尉。汉宣帝派尚书召见黄霸问道:"太尉一职早已撤销。你的职责是:宣明教化,让隐情上达,使国家无冤狱,城乡无盗贼。将相一类官员的任免是朕的任务。侍中、乐陵侯史高,是朕的亲近大臣,朕对他非常了解,你为何越权保举?"命尚书令听取黄霸的回答。黄霸摘下帽子谢罪。数日之后,汉宣帝才下令对此事不予追究。从此以后,黄霸再也不敢有所建议。然而,自汉朝建立以来,说到治理百姓的官吏,黄霸居第一位。

【原文】

四年(丁卯,前54年)

大司农中丞耿寿昌奏言:"岁数丰穰,谷贱,农人少利。故事:岁漕关东谷四百万斛以给京师,用卒六万人。宜籴三辅、弘农、河东、上党、太原郡谷,足供京师,可以省关东漕卒过半。"上从其计。寿昌又白:"令边郡皆筑仓,以谷贱增其贾而籴,谷贵时减贾而粜,名曰常平仓。"民便之。上乃下诏赐寿昌爵关内侯。

【译文】

四年(丁卯,公元前54年)

大司农中丞耿寿昌上奏说:"连续几年丰收,谷价低,农民获利少。按以往惯例,每年从函谷关以东地区运输粮食四百万斛以供应京师,需用运粮卒六万人。应从三辅、弘农、河东、上党、太原等郡购买粮食,以供应京师,可以节省函谷关以东运粮卒一半以上。"汉宣帝接受了耿寿昌的建议。耿寿昌又禀告说:"命令沿边各郡一律修建粮仓,在粮价低时加价买进,粮价高时减价售出,名为'常平仓'。"百姓因此受益。汉宣帝于是下诏赐耿寿昌关内侯爵。

【原文】

甘露元年（戊辰，前53年）

杨恽之诛也，公卿奏京兆尹张敞，恽之党友，不宜处位。上惜敞材，独寝其奏，不下。敞使掾絮舜有所案验，舜私归其家曰："五日京兆耳，安能复案事！"敞闻舜语，即部吏收舜系狱，昼夜验治，竟致其死事。舜当出死，敞使主簿持教告舜曰："五日京兆竟何如？冬月已尽，延命乎？"乃弃舜市。会立春，行冤狱使者出，舜家载尸并编敞教，自言使者。使者奏敞贼杀不辜。上欲令敞得自便，即先下敞前坐杨恽奏，免为庶人。敞诣阙上印绶，便从阙下亡命。数月，京师吏民解驰，枹鼓数起，而冀州部中有大贼，天子思敞功效，使使者即家在所召敞。敞身被重劾，及使者至，妻子家室皆泣，而敞独笑曰："吾身亡命为民，郡吏当就捕。今使者来，此天子欲用我也。"装随使者，诣公车上书曰："臣前幸得备位列卿，待罪京兆，坐杀掾絮舜。舜本臣敞素所厚吏，数蒙恩贷；以臣有章劾当免，受记考事，便归卧家，谓臣五日京兆。背恩忘义，伤薄俗化。臣窃以舜无状，枉法以诛之。臣敞贼杀不辜，鞫狱故不直，虽伏明法，死无所恨！"天子引见敞，拜为冀州刺史。敞到部，盗贼屏迹。

皇太子柔仁好儒，见上所用多文法吏，以刑绳下，常侍燕从容言："陛下持刑太深，宜用儒生。"帝作色曰："汉家自有制度，本以霸王道杂之；奈何纯任德教，用周政乎！且俗儒不达时宜，好是古非今，使人眩于名实，不知所守，何足委任！"乃叹曰："乱我家者太子也！"

淮阳宪王好法律，聪达有材；王母张婕伃尤幸。上由是疏太子而爱淮阳宪王，数嗟叹宪王曰："真我子也！"常有意欲立宪王，然用太子起于微细，上少依倚许氏，及即位而许后以杀死，故弗忍也。久之，上拜韦玄成为淮阳中尉，以玄成尝让爵于兄，欲以感谕宪王；由是太子遂安。

乌孙狂王复尚楚主解忧，生一男鸱靡，不与主和；又暴恶失众。汉使卫司马魏和意、副侯任昌至乌孙。公主言："狂王为乌孙所患苦，易诛也。"遂谋置酒，使士拔剑击之。剑旁下，狂王伤，上马驰去。其子细沈瘦会兵围和意、昌及公主于赤谷城；数月，都护郑吉发诸国兵救之，乃解去。汉遣中郎将张遵持医药治狂王，赐金帛；因收和意、昌系琐，从尉犁槛车至长安，斩之。

初，肥王翁归靡胡妇子乌就屠，狂王伤时，惊，与诸翎侯俱去，居北山中，扬言母家匈奴兵来，故众归之；后遂袭杀狂王，自立为昆弥。是岁，汉遣破羌将军辛武贤将兵万五千人至敦煌，通渠积谷，欲以讨之。

初，楚主侍者冯嫽，能史书，习事，尝持汉节为公主使，城郭诸国敬信之，号曰冯夫人，为乌孙右大将妻。右大将与乌就屠相爱，都护郑吉使冯夫人说乌就屠，以汉兵方出，必见灭，不如降。乌就屠恐，曰"愿得小号以自处！"帝征冯夫人，自问状；遣谒者竺次、期门甘延寿为副，送冯夫人。冯夫人锦车持节，诏乌就屠诣长罗侯赤谷城，立元贵靡为大昆弥，乌就屠为小昆弥，皆赐印绶。破羌将军不出塞，还。后乌就屠不尽归翎侯人众，汉复遣长罗侯将三校屯赤谷，因为分别人民地界，大昆弥户六万余，小昆弥户四万余；然众心皆附小昆弥。

【译文】

甘露元年（戊辰，公元前53年）

前光禄勋平通候杨恽因对朝廷不满而被杀之后，公卿上奏弹劾京兆尹张敞，说他是杨恽的朋党，不应再占据官位。汉宣帝爱惜张敞的才干，特将奏章压下不发。张敞派下属官员絮舜调查某事，絮舜私自回家，说道："张敞这个京兆尹最多再干五天罢了，怎能再来查问！"张敞听说絮舜如此说他，立即派官吏将絮舜逮捕下狱，昼夜审讯，终于使他被定成死罪。絮舜被杀之前，张敞派主簿拿着他写的教文，告诉絮舜："我这个'五天京兆尹'究竟怎么样？冬季已经过去，想多活几天吗？"于是将絮舜斩首示众。适逢立春，朝廷派出调查冤狱的使者，絮舜的家属抬着絮舜的尸体，将张敞写给絮舜的教文联在辩冤状上，向使者控告张敞。使者上奏汉宣帝，称张敞残杀无辜。汉宣帝打算对张敞从轻发落，便先将以前弹劾张敞为杨恽朋党的奏章发下，将其免官，贬为平民。张敞到宫门前交还印绶，然后从宫门前逃走。数月之后，京师官吏百姓懈怠，多次敲响追捕盗贼的警鼓，冀州也出现巨盗。汉宣帝想起张敞为政的功效，派使臣前往张敞家征召张敞。张敞身遭严厉弹劾，当朝廷使臣到来，其妻子、家属都吓哭了，只有张敞笑着说："我是一个逃亡的平民，应由郡中派官员来逮捕我。如今朝廷使臣到来，这是天子要起用我。"于是整治行装，随使臣前往公车府，上书汉宣帝说："我先前有幸位列九卿，担任京兆尹，被指控杀死属员絮舜。絮舜本是我平时厚待的官吏，曾几次加恩宽恕他的过失。他认为我受人弹劾，当会免官，所以我派他去查办事情，他竟然回家睡大觉，说我只能再当五天京兆尹，实在是忘恩负义，伤风败俗。我因他态度恶劣，便借法令以泄私愤，将他诛杀。我残杀无辜，判案故意不公，即使伏法，也死而无恨！"汉宣帝召见张敞，任命他为冀州刺史。张敞到任后，盗贼敛迹不敢再出。

皇太子刘奭性格温柔仁厚，喜欢儒家经术，看到汉宣帝任用的官员大多为精通法令的人，依靠刑法控制臣下，曾在陪侍汉宣帝进餐的时候，从容进言说："陛下过于依赖刑法，应重用儒生。"汉宣帝生气地说："我大汉自有大汉的制度，本来就是'王道'与'霸道'兼用，怎能像周朝那样，纯用所谓'礼义教化'呢！况且俗儒不识时务，喜欢肯定古人古事，否定今人今事，使人分不清何为'名'，何为'实'，不知所守，怎能委以重任！"于是叹息道："败坏我家基业的人将是太子！"

淮阳王刘钦喜欢研究法律，聪明通达，很有才干。其母张婕妤特别受汉宣帝宠爱。因此，汉宣帝疏远太子刘奭，疼爱淮阳王刘钦，曾几次赞叹刘钦说："真是我的儿子！"曾有意要立刘钦为太子，但因刘奭生于自己微贱之时，那时自己曾靠刘奭的母亲许氏娘家照顾，而即位后，许皇后又被人害死，所以不忍心。过了很长一段时间，汉宣帝任命韦玄成为淮阳中尉，因韦玄成曾让爵位给其兄长，汉宣帝想以此感动、教育刘钦。从此太子的地位便稳固了。

乌孙狂王泥靡又娶楚公主刘解忧为妻，生下一子，取名鸱靡。狂王与公主关系不和睦，又暴戾凶恶，不得众人之心。汉朝派卫司马魏和意为使臣，卫侯任昌为副使来到乌孙。公主说："狂王给乌孙带来灾患困苦，杀他很容易。"于是定计，设置酒宴，派武士拔剑刺杀狂王。但剑锋刺偏，狂王受伤，上马奔驰而去。狂王之子细沈瘦率兵将魏和意、任昌以及公主等包围在赤谷城中。数月之后，都护郑吉征调西域各国军队前来救援，围城之兵方才离去。汉朝派中郎将张遵携带医药来给狂王医治，并赏赐黄金丝帛；将魏和意、任昌锁拿，从尉犁用囚车押解到长安，处斩。

当初，乌孙肥王翁归靡与匈奴妻子生的儿子乌就屠，在狂王受伤时惊恐不安，与乌孙诸翎侯一齐逃走，藏在北方的山中，扬言其母亲娘家匈奴派兵前来，所以乌孙百姓纷纷归附于他。后乌就屠袭杀狂王，自立为王。这一年，汉朝派破羌将军辛武贤率兵一万五千来到敦煌，疏通河道，积聚粮食，准备征讨乌就屠。

当初，刘解忧的侍女冯嫽能够撰写文书，了解汉朝与西域各国事务，所以曾携带汉朝符节为公主出使，各城邦国对她尊敬信任，称其为冯夫人。她是乌孙右大将的妻子。右大将与乌就屠是亲密朋友，所以都护郑吉派冯嫽劝说乌就屠：汉朝军队即将出击，乌孙必将校汉军所灭，不如归降。乌就屠感到恐慌，说道："希望汉朝封我一个小王名号，使我得以安身。"汉宣帝征召冯嫽来京师，亲自询问乌孙情况，然后派冯嫽乘坐锦车，携带皇帝符节作为正使，以谒者竺次、期门甘延寿为副使，护送冯嫽来到乌孙，传达汉宣帝诏令，命乌就屠到赤谷城去见长罗侯常惠，立元贵靡为大昆弥，乌就屠为小昆弥，都赐予印信、绶带。破羌将军辛武贤未曾出塞，即率兵撤回。后乌就屠不肯将领候的部众全部归还，于是汉朝又派长罗侯常惠率领三位军校所属部队屯兵赤谷城，为乌孙划分人口和地界，大昆弥统辖六万余户，小昆弥统辖四万余户。然而，乌孙民众全都心向小昆弥。

【原文】

二年（己巳，前52年）

匈奴呼韩邪单于款五原塞，愿奉国珍，朝三年正月。诏有司议其仪。丞相、御史曰："圣王之制，先京师而后诸夏，先诸夏而后夷狄。匈奴单于朝贺，其礼仪宜如诸侯王，位次在下。"太子太傅萧望之以为："单于非正朔所加，故称敌国，宜待以不臣之礼，位在诸侯王上。外夷稽首称藩，中国让而不臣，此则羁縻之谊，谦亨之福也。《书》曰：'戎狄荒服，'言其来服荒忽亡常。如使匈奴后嗣卒有鸟窜鼠伏，阙于朝享，不为畔臣，万世之长策也。"天子采之，下诏曰："匈奴单于称北蕃，朝正朔。朕之不德，不能弘覆。其以客礼待之，令单于位在诸侯王上，赞谒称臣而不名。"

【译文】

二年（己巳，公元前52年）

匈奴呼韩邪单于抵达五原边塞，表示愿奉献本国珍宝，于甘露三年正月来长安朝见汉宣帝。汉宣帝下诏命主管官员商议朝见仪式。丞相、御史大夫都说："依古代圣王的制度，先京师而后诸侯，先诸侯而后夷狄。匈奴单于前来朝贺，其礼仪应与诸侯王相同，位次排在诸侯王之后。"太子太傅萧望之认为："单于不奉汉朝正朔，本不是我国的臣属，所以称为匹敌之国，应不用臣属的礼仪对待他，使其位次在诸侯王之上。外夷向我国低头，自愿居于藩属地位；我国谦让，不以臣属之礼对待他，为的是笼络于他，显示我国的谦虚大度。《尚书》有言：'戎狄外族很难驯服'，说明外夷的归附反复无常。如果将来匈奴的后代子孙突然像飞鸟远窜、老鼠潜伏一般不再前来朝见进贡，也不算我国的背叛之臣，这才是万代的长远策略。"汉宣帝采纳了萧望之的意见，下诏说："匈奴单于自称我国北方藩属，将于明年正月初一前来朝见。朕的恩德不够，不能受此隆重大礼。应以国宾之礼相待，使单于的位次在诸侯王之上，拜谒时只称臣，不具名。"

【原文】

三年（庚午，前51年）

匈奴呼韩邪单于来朝，赞谒称藩臣而不名；赐以冠带、衣裳、黄金玺、盭绶，玉具剑、佩刀、弓一张、矢四发、棨戟十、安车一乘、鞍勒一具、马十五匹、黄金二十斤、钱二十万、衣被七十七袭、锦绣、绮縠、杂帛八千匹、絮六千斤。礼毕，使使者道单于先行宿长平。上自甘泉宿池阳宫。上登长平阪，诏单于毋谒，其左右当户皆得列观，及诸蛮夷君长、王、侯数万，咸迎于渭桥下，夹道陈。上登渭桥，咸称万岁。单于就邸长安。置酒建章宫，飨赐单于，观以珍宝。二月，遣单于归国。单于自请"愿留居幕南光禄塞下；有急，保汉受降城。"汉遣长乐卫尉、高昌侯董忠、车骑都尉韩昌将骑万六千，又发边郡士马以千数，送单于出朔方鸡鹿塞。诏忠等留卫单于，助诛不服，又转边谷米糒，前后三万四千斛，给赡其食。先是，自乌孙以西至安息诸国近匈奴者，皆畏匈奴而轻汉；及呼韩邪朝汉后，咸尊汉矣。

上以戎狄宾服，思股肱之美，乃图画其人于麒麟阁，法其容貌，署其官爵、姓名；唯霍光不名，曰"大司马、大将军、博陆侯，姓霍氏"，其次张安世、韩增、赵充国、魏相、丙吉、杜延年、刘德、梁丘贺、萧望之、苏武，凡十一人，皆有功德，知名当世，是以表而扬之，明著中兴辅佐，列于方叔、召虎、仲山甫焉。

诏诸儒讲五经同异，萧望之等平奏其议，上亲称制临决焉。乃立梁丘《易》、大小夏侯《尚书》、穀梁《春秋》博士。

乌孙大昆弥元贵靡及鸱靡皆病死。公主上书言："年老土思，愿得归骸骨，葬汉地！"天子闵而迎之。冬，至京师，待之一如公主之制。后二岁卒。

元贵靡子星靡代为大昆弥，弱。冯夫人上书："愿使乌孙，镇抚星靡。"汉遣之。都护奏乌孙大吏大禄、大监皆可赐以金印紫绶，以尊辅大昆弥。汉许之。其后段会宗为都护，乃招还亡叛，安定之。星靡死，子雌栗靡代立。

【译文】

三年（庚午，公元前51年）

匈奴呼韩邪单于前来朝见，拜见汉宣帝时，自称藩臣而不称名字。汉宣帝赐给他冠带、官衣服、黄金印玺、绿色绶带、玉石装饰的宝剑、佩刀、一张弓、四十八支箭，十支有戟套的长戟，安车一辆，马鞍马辔一套，马十五匹，黄金二十斤，钱二十万，衣衫被褥七十一套，锦绣、绸缎、各种细绢八千匹，丝绵六千斤。朝会典礼结束后，汉宣帝派使臣带领单于先至长平阪住宿，自己也从甘泉前往池阳宫住宿。汉宣帝登上长平阪，下诏命单于不必参拜，允许单于左右的大臣列队观瞻，蛮夷各国的国君，各诸侯王、列侯等数万人，全部来到渭桥下夹道迎接。汉宣帝登上渭桥，众人齐呼万岁。过后单于到长安居住。汉宣帝在建章宫设酒宴款待单于，请他观赏珍宝。二月，送单于回国。单于自己请求："希望留居于大沙漠之南的光禄塞下，遇有紧急情况，退入汉受降城自保。"汉宣帝派长乐卫尉高昌侯董忠、车骑都尉韩昌率领骑兵一万六千，又征发边疆各郡数以千计的士兵、马匹，送单于出朔方郡鸡鹿塞。下诏命董忠等留下保卫单于，帮助单于征讨不服其统治的匈奴人，又转运边疆的谷米干粮，前后共三万四千斛，供给匈奴人食用。以前，自乌孙以西直到安息，与匈奴接近的西域各国，全都畏惧匈奴，轻视汉朝；自呼韩邪单于至汉朝朝见后，则全部遵从汉朝号令了。

汉宣帝因四方戎狄臣服，想到辅佐大臣的功劳，便命人在麒麟阁上，为他们绘制画像，描绘容貌，注明官爵、姓名，只有霍光不注名字，只写"大司马、大将军、博陆侯，姓霍氏"，其次为张安世、韩增、赵充国、魏相、丙吉、杜延年、刘德、梁丘贺、萧望之、苏武，共十一人，他们都为国立过大功，闻名于当世，所以表彰他们，表明他们对中兴汉朝的辅佐之功可以媲美于古代的方叔、召虎、仲山甫。

汉宣帝下诏命儒家学者们讲述他们对五经的解释的相同和不同之处，由萧望之等公平上奏，再由汉宣帝亲自出席做出裁决。结果，决定以梁丘贺注解的《易经》、夏侯胜、夏侯建注解的《尚书》、穀梁赤注解的《春秋》作为标准本，分别设置博士。

乌孙大昆弥元贵靡及鸱靡全部病死，公主刘解忧上书汉宣帝说："我年纪已老，思念故乡，希望能让我返回家乡，葬在汉朝的土地上！"汉宣帝很觉可怜，派人将她接回汉朝。冬季，刘解忧回到长安，接待她完全如同公主的礼仪。两年后死去。

元贵靡的儿子星靡继位为乌孙大昆弥，但年纪尚小。冯嫽上书汉宣帝说："我愿出使乌孙，镇抚星靡。"汉宣帝批准所请，派她出使乌孙。都护韩宣奏称，乌孙的大禄、大监等大臣都可赐予黄金印信、紫色绶带，让他们尊重、辅佐大昆弥。汉宣帝批准所请。后来段会宗担任都护，帮助乌孙招回流亡叛逃在外的乌孙人，使乌孙安定下来。星靡死去，其子雌果靡接替他成为乌孙大昆弥。

【原文】

黄龙元年（壬申，前49年）

帝寝疾，选大臣可属者，引外属侍中乐陵侯史高、太子太傅萧望之、少傅周堪至禁中，拜高为大司马、车骑将军，望之为前将军、光禄勋，堪为光禄大夫，皆受遗诏辅政，领尚书事。冬，十二月，甲戌，帝崩于未央宫。

癸巳，太子即皇帝位，谒高庙，尊皇太后曰太皇太后，皇后曰皇太后。

【译文】

黄龙元年（壬申，公元前49年）

汉宣帝卧病在床，挑选可以嘱托后事的大臣，召外戚侍中乐陵侯史高、太子太傅萧望之、少傅周堪来到宫中，任命史高为大司马、车骑将军，萧望之为前将军、光禄勋，周堪为光禄大夫，共同接受遗诏，辅佐朝政，主管尚书事务。冬季，十二月甲戌（初七），汉宣帝在未央宫驾崩。

癸巳（十二月二十六日），皇太子刘奭即皇帝位，拜谒汉高祖祭庙，尊皇太后为太皇太后，皇后为皇太后。

资治通鉴第二十八卷

汉纪二十

【原文】

孝元皇帝上初元元年（癸酉，前48年）

上素闻琅邪王吉、贡禹皆明经洁行，遣使者徵之。吉道病卒。禹至，拜为谏大夫。上数虚己问以政，禹奏言："古者人君节俭，什一而税，无他赋役，故家给人足。高祖、孝文、孝景皇帝，宫女不过十余人，厩马百余匹。后世争为奢侈，转转益甚；臣下亦稍放效。臣愚以为如太古难，宜少放古以自节焉。方今宫室已定，无可奈何矣；其余尽可减损。故时齐三服官，输物不过十笥；方今齐三服官，作工各数千人，一岁费数巨万。厩马食粟将万匹。武帝时，又多取好女至数千人，以填后宫。及弃天下，多藏金钱、财物、鸟兽、鱼鳖凡百九十物；又皆以后宫女置于园陵。至孝宣皇帝时，陛下恶有所言，群臣亦随故事，甚可痛也！故使天下承化，取女皆大过度：诸侯妻妾或至数百人，豪富吏民畜歌者至数十人，是以内多怨女，外多旷夫。及众庶葬埋，皆虚地上以实地下。其过自上生，皆在大臣循故事之罪也。唯陛下深察古道，从其俭者：大减损乘舆服御器物，三分去二；择后宫贤者，留二十人，余悉归之，及诸陵园女无子者，宜悉遣；厩马可无过数十匹，独舍长安城南苑地，以为田猎之囿。以方今天下饥馑，可无大自损减以救之称天意乎！天生圣人，盖为万民，非独使自娱乐而已也。"天子纳善其言，下诏，令诸宫馆希御幸者勿缮治；太仆减谷食马；水衡减肉食兽。

臣光曰：忠臣之事君也，责其所难，则其易者不劳而正；补其所短，则其长者不劝而遂。孝元践位之初，虚心以问禹，禹宜先其所急，后其所缓。然则优游不断，谗佞用权，当时之大患也，而禹不以为言；恭谨节俭，孝元之素志也，而禹孜孜言之；何哉！使禹之智不足以知，乌得为贤！知而不言，为罪愈大矣。

【译文】

汉元帝初元元年（癸酉，公元前48年）

　　元帝一向听说琅邪王吉、贡禹都精通儒家经典，品行廉洁，便派遣使节征召二人到京师长安。王吉在途中病逝。贡禹到达之后，被任命为谏大夫。元帝屡次虚心地向他请教如何治理国家，贡禹说："古代君王节约俭朴，只征收十分之一的赋税，没有其他的赋税和徭役，所以家家户户都过着富足的生活。高祖、孝文帝、孝景帝，宫女不过十余人，御马百余匹。但是后世争着追求奢侈，日益严重。臣下属也逐渐仿效。我愚昧地认为：像远古一样当然困难，但也应稍稍仿效古代，实行节俭。现在宫殿已经落成，无可奈何了，其余的开支，可以尽量减少。过去设立在齐郡的皇家织造厂，每年为皇室制作的高级丝织服装，不过十只竹箱。而今，这三座织造厂，其工人各有数千人，一年耗资数以亿计。而皇家饲养的御马，已将近一万匹。武帝时，又广泛征集美女达数千人，用来充实后宫。到他去世，陪葬的金钱、财物、鸟兽、鱼鳖总共一百九十种，而所有的宫女，都被送到陵园，看守陵墓。到宣帝安葬时，陛下不能提出任何减省的意见，臣子们也援照先例，太令人痛惜了！这种风气影响全国，娶妻纳妾，往往大大超过正常限度。诸侯王的妻妾有的多到数百人，豪强官吏以及富民，有的拥有歌女达数十人。因此，闺房内多有怨女，而单身汉也随之增多。至于庶民百姓，丧葬时都用尽地上的钱财珍宝，将大量随葬品埋于地下。这一过失，来自天子，全是大臣们援例厚葬的结果。我建议陛下，深入考察古代的道理，遵从节约的方法，大大减少御用车子、衣服、器物的开支——三分减去二分。选择后宫贤德的美女，只留下二十人，其余都送回各自的家。凡看守陵园没有生育过的女子，应都遣散。御马可以不超过数十匹，只留长安城南苑地，作为打猎场所。因为天下而今正值饥馑荒年，难道可以不大大地缩小支出，用作拯救困苦的人民，以称天意吗？上天降生圣人，是为广大人民谋福利，不是独使他自己享乐而已。"元帝赞成，采纳了贡禹的建议，下诏：凡是皇帝很少使用的离宫别馆，不要修缮，太仆减少喂养的马匹，水衡减少供皇帝打猎或观赏用的吃肉的野兽。

臣司马光曰：忠臣侍奉君王，责求君王去做困难的事，那么，容易的事用不着费大力气便可以纠正；弥补君王的短缺，那么他的长处不必劝勉就自然可以发扬。元帝刚刚即位，向贡禹虚心请教，贡禹应该把急事放在首要位置，把缓事摆在第二位。优柔寡断，邪恶之辈掌权，是当时的大患，而贡禹不在这方面发言。谦恭谨慎、节约俭朴，是元帝一向所具有的品质，贡禹却煞费苦心，提出建议。这是为什么？假如他的智慧连这些都不知道，怎么可称贤能！假如他知道而不肯说，罪就更大了。

【原文】

二年（甲戌，前47年）

乐陵侯史高以外属领尚书事，前将军萧望之、光禄大夫周堪为之副。望之名儒，与堪皆以师傅旧恩，天子任之，数宴见，言治礼，陈王事。望之选白宗室明经有行散骑、谏大夫刘更生给事中，与侍中金敞并拾遗左右。四人同心谋议，劝导上以古制，多所欲匡正；上甚乡纳之。史高充位而已，由此与望之有隙。

中书令弘恭、仆射石显，自宣帝时久典枢机，明习文法；帝即位多疾，以显久典事，中人无外党，精专可信任，遂委以政，事无大小，因显白决，贵幸倾朝，百僚皆敬事显。显为人巧慧习事，能深得人主微指，内深贼，持诡辩，以中伤人，忤恨睚眦，辄被以危法；亦与车骑将军高为表里，议论常独持故事，不从望之等。

望之等患苦许、史放纵，又疾恭、显擅权，建白以为："中书政本，国家枢机，宜以通明公正处之。武帝游宴后庭，故用宦者，非古制也。宜罢中书宦官，应古不近刑人之义。"由是大与高、恭、显忤。上初即位，谦让，重改作，议久不定，出刘更生为宗正。

望之、堪数荐名儒、茂材以备谏官，会稽郑朋阴欲附望之，上书言车骑将军高遣客为奸利郡国，及言许、史子弟罪过。章视周堪，堪白："令朋待诏金马门。"朋奏记望之曰："今将军规橅，云若管、晏而休，遂行日昃，至周、召乃留乎？若管、晏而休，则下走将归延陵之皋，没齿而已矣。如将军兴周、召之遗业，亲日昃之兼听，则下走其庶几愿竭区区奉万分之一！"望之始见朋，接待以意；后知其倾邪，绝不与通。朋，楚士，怨恨，更求人许、史，推所言许、史事，曰："皆周堪、刘更生教我；我关东人，何以知此！"于是侍中许章白见朋。朋出，扬言曰："我见言前将军小过五，大罪一。"待诏华龙行污秽，欲入堪等，堪等不纳，亦与朋相结。

恭、显令二人告望之等谋欲罢车骑将军，疏退许、史状，候望之出休日，令朋、龙上之。事下弘恭问状，望之对曰："外戚在位多奢淫，欲以匡正国家，非为邪也。"恭、显奏："望之、堪、更生朋党相称举，数谮诉大臣，毁离亲戚，欲以专擅权势。为臣不忠，诬上不道，请谒者召致廷尉。"时上初即位，不省召致廷尉为下狱也，可其奏。后上召堪、更生，曰："系狱。"上大惊曰："非但廷尉问邪！"以责恭、显，皆叩头谢。上曰："令出视事。"恭、显因使史高言："上新即位，未以德化闻天下，而先验师傅。既下九卿、大夫狱，宜因决免。"于是制诏丞相、御史："前将军望之，傅朕八年，无他罪过，今事久远，识忘难明，其赦望之罪，收前将军、光禄勋印绶；及堪、更生皆免为庶人。"

上复征周堪、刘更生，欲以为谏大夫；弘恭、石显白，皆以为中郎。

上器重萧望之不已，欲倚以为相；恭、显及许、史兄弟、侍中、诸曹皆侧目于望之等。更生乃使其外亲上变事，言"地震殆为恭等，不为三独夫动。臣愚以为宜退恭、显以章蔽善之罚，进望之等以通贤者之路，如此，则太平之门开，灾异之原塞矣。"书奏，恭、显疑其更生所为，白请考奸诈，辞果服；遂逮更生系狱，免为庶人。

会望之子散骑、中郎伋亦上书讼望之前事，事下有司，复奏："望之前所坐明白，无谮诉者，而教子上书，称引亡辜之诗，失大臣体，不敬；请逮捕。"弘恭、石显等知望之素高节，不诎辱，建白："望之前幸得不坐，复赐爵邑，不悔过服罪，深怀怨望，教子上书，归非于上，自以托师傅，终必不坐，非颇屈望之于牢狱，塞其怏怏心，则圣朝无以施恩厚！"上曰："萧太傅素刚，安肯就吏！"显等曰："人命至重，望之所坐，语言薄罪，必无所忧。"上乃可其奏。冬，十二月，显等封诏以付谒者，敕令召望之手付。因令太常急发执金吾车骑驰围其第。使者至，召望之。望之以问门下生鲁国朱云，云者，好节士，劝望之自裁。于是望之仰天叹曰："吾尝备位将相，年逾六十矣，老入牢狱，苟求生活，不亦鄙呼！"字谓云曰：

"游，趣和药来，无久留我死！"遂饮鸩自杀。天子闻之惊，拊手曰："曩固疑其不就牢狱，果然杀吾贤傅！"是时，太官方上昼食，上乃却食，为之涕泣，哀动左右。于是召显等责问；以议不详，皆免冠谢，良久然后已。上追念望之不忘，每岁时遣使者祠祭望之冢，终帝之世。

臣光曰：甚矣孝元之为君，易欺而难悟也！夫恭、显之谮诉望之，其邪说诡计，诚有所不能辨也。至于始疑望之不肯就狱，恭、显以为必无忧，已而果自杀，则恭、显之欺亦明矣。在中智之君，孰不感动奋发以膺邪臣之罚！孝元则不然。虽涕泣不食以伤望之，而终不能诛恭、显，才得其免冠谢而已。如此，则奸臣安所惩乎！是使恭、显得肆其邪心而无复忌惮者也。

初，武帝灭南越，开置珠崖、儋耳郡，在海中洲上；吏卒皆中国人，多侵陵之。其民亦暴恶，自以阻绝，数犯吏禁，率数年壹反，杀吏；汉辄发兵击定之。二十余年间，凡六反。至宣帝时，又再反。上即位之明年，珠崖山南县反，发兵击之。诸县更叛，连年不定。上博谋于群臣，欲大发军。待诏贾捐之曰："臣闻尧、舜、禹之圣德，地方不过数千里，西被流沙，东渐于海，朔南暨声教，言欲与声教则不治之，不欲与者不强治也。故君臣歌德，含气之物各得其宜。武丁、成王，殷、周之大仁也，然地东不过江、黄，西不过氐、羌，南不过蛮荆，北不过朔方，是以颂声并作，视听之物咸乐其生，越裳氏重九译而献，此非兵革之所能致也。以至于秦，兴兵远攻，贪外虚内而天下溃畔。孝文皇帝偃武行文，当此之时，断狱数百，赋役轻简。孝武皇帝厉兵马以攘四夷，天下断狱万数，赋烦役重，寇贼并起，军旅数发，父战死于前，子斗伤于后，女子乘亭障，孤儿号于道，老母、寡妇饮泣巷哭，是皆廓地泰大，征伐不休之故也。今关东民众久困，流离道路。人情莫亲父母，莫乐夫妇；至嫁妻、卖子，法不能禁，义不能止，此社稷之忧也。今陛下不忍悁悁之忿，欲驱士众挤之大海之中，快心幽冥之地，非所以救助饥馑，保全元元也。

"臣窃以往者羌军言之，暴师曾未一年，兵出不逾千里，费四十余万万；大司农钱尽，乃以少府禁钱续之。夫一隅为不善，费尚如此，况于劳师远攻，亡士毋功乎！求之往古则不合，施之当今又不便，臣愚以为非冠带之国，《禹贡》所及，《春秋》所治，皆可且无以为。愿遂弃珠崖，专用恤关东为忧！"上以问丞相、御史。御史大夫陈万年以为当击；丞相于定国以为："前日兴兵击之连年，护军都尉、校尉及丞凡十一人，还者二人，卒士及转输死者万人以上，费用三万万馀，尚未能尽降。今关东困乏，民难摇动，捐之议是。"上从之。捐之，贾谊曾孙也。

【译文】

二年（甲戌，公元前47年）

乐陵侯史高以外戚的缘故主管尚书事宜，前将军萧望之、光禄大夫周堪做他的副手。萧望之是当时著名的大儒，他与周堪都曾担任过元帝的老师，旧情很深。元帝对二人很信任，屡次宴请接见二人，谈论历代的安危兴衰，陈述国家的大政方针。萧望之推荐皇族出身，精通儒家经典，品行纯正的散骑、谏大夫刘向任给事中，与侍中金敞同在元帝左右，纠正元帝的过失。四人同心合力，筹谋商议，规劝引导元帝实行古代制度，打算多方纠正政治上的失误。元帝对此，心意十分向往，且纳用其言。史高不过在高位上充数罢了，因此跟萧望之有了嫌隙。

中书令弘恭、仆射石显，从宣帝时代，就长期掌管中枢机要，熟悉法令条文。元帝即位后多病，因为石显长期担任要职，又是宦官，无婚姻之家，少骨肉之亲，在朝廷中没有党羽，精明干练，可以信任，于是就把大权托付给他。朝廷事无大小，都通过石显转奏，再由皇帝裁断。石显的权势，超越所有朝臣，文武百官，都对他恭敬地侍奉。石显为人灵巧聪明，通晓事理，很能领会皇帝隐藏在内心深处的旨意。他心肠阴险狠毒，以似是而非的狡辩诬陷他人，任何一点小小的怨恨，都会被他滥用法律加害。他跟车骑将军史高内外勾结，在讨论国家大事时，常坚持奉行旧制度，不接受萧望之等人的主张。

萧望之等人憎恶许氏家族和史氏家族的放纵，又痛恨弘恭、石显的专权，于是向元帝建议："中书是传宣诏书的地方，位居朝廷中枢，掌管机要，应该由光明正大的人士担任那里的工作。武帝因为常在后宫游玩宴乐，才改用宦官，这不是古代的制度。应解除宦官兼任中书官职的规定，这才符合古代君王不接近受过刑罚之人的礼制。"这项建议激化了萧望之与史高、弘恭、石显的矛盾。而元帝刚即位不久，谦让谨慎，不想轻易改变祖先的安排。所以这件事久议不决，最后把刘向由中朝调出，改任外朝官宗正。

　　萧望之、周堪多次向元帝推荐著名儒士和学者，作为谏官人选。会稽郡人郑朋暗中企图投靠萧望之，于是上书元帝，揭发车骑将军史高派遣门客到各地营私，以及许、史两大家族子弟的罪恶。元帝把这份奏章拿给周堪过目，周堪建议说："命令郑朋在金马门等待召见。"郑朋遂上一份签呈给萧望之，说："现在将军为国家谋划法制，只不过像管仲、晏婴便止休？还是忙得过了中午才吃饭，直追周公、召公的勋业才停止？如果像管仲、晏婴便止休，那么我将回故乡延陵看守祖先的坟墓，直到老死。如果将军复兴周公、召公留下的事业，不倦地兼听群言，那么我也许愿意竭尽小小的力量，奉献给您！"萧望之开始接见郑朋，推心置腹相待。后来看出他是一个投机取巧的邪恶之徒，与他断绝了往来。郑朋是楚地士人，由失望而怨恨，于是就改而投靠许、史家族。对他过去所做的事解释说："那都是周堪、刘向教唆我干的，我远在函谷关以东，怎么知道朝廷里的事？"侍中许章于是奏请元帝亲自召见郑朋。在跟元帝对话后，郑朋出了皇宫，宣称："我向圣上检举萧望之有五项小过，一项大罪。"待诏华龙，品行恶劣，也想加入周堪等人组成的派系，周堪等不肯接纳。于是华龙也与郑朋勾结在一起。

　　弘恭、石显命令郑朋、华龙二人控告萧望之等密谋罢黜车骑将军史高，使圣上疏远许、史两大家族。等到萧望之休假那天，让郑朋、华龙呈递奏章。元帝交付弘恭查办。在询问萧望之时，萧望之回答说："外戚身居高位，大多荒淫奢侈，我期望圣上疏远他们，是为了扶正国家，并没有邪恶的意念。"弘恭、石显上奏说："萧望之、周堪、刘向，结党营私，互相称许推荐，多次诋毁国家重臣，离间陛下的亲戚，图谋控制朝廷，独揽权势。作为一个臣子是不忠，诬陷陛下是无道。请派谒者把全案移送廷尉。"当时元帝即位不久，不了解移送廷尉是关进监狱，于是就批准了奏请。后来，元帝要召周堪、刘向，左右回答说："他们已被逮捕关押。"元帝大惊说："不是仅仅由廷尉问话吗！"责备弘恭、石显，二人都叩头谢罪。元帝说："快让他们出来办公！"弘恭、石显唆使史高对元帝说："陛下刚刚即位，没有以德感人而闻名全国，却先用法律核验师傅。既然已把九卿、大夫级官员下狱，应就此将他们免职。"元帝于是下诏给丞相、御史："前将军萧望之，做过我八年的师傅，没有其他罪过，现今事情久远，记忆遗忘，难于明了，赦免他的罪过，收回他的前将军、光禄勋印绶；而周堪、刘向一律免官，贬为庶人。"

元帝再次征召周堪、刘向，准备任命他们当谏大夫。弘恭、石显向元帝进言，从中作梗，元帝于是任命二人当中郎。

元帝一直非常尊重萧望之，想倚重他，让他担任丞相。弘恭、石显，与许史两家族的兄弟，以及侍中、诸曹，都怨恨萧望之等人。刘向于是指使他的外亲就地震灾难上书说："地震发生，大概是针对弘恭等来的，而不是因为萧望之、周堪、刘向三个匹夫。我非常愚昧，但我认为，应该罢黜弘恭、石显，以示对于压制善良的惩罚。应该擢升萧望之等，以便疏通贤者的道路。如果是这样，则天下太平的大门洞开，灾异的泉源也就阻塞了。"奏章呈上之后，弘恭、石显怀疑是刘向干的，要求元帝准许追究其中的奸诈真相。上书人在供词中果然承认是受刘向指使。于是逮捕刘向，囚禁于牢狱，免官，贬为平民。

恰好萧望之的儿子散骑、中郎萧伋也上书为其父的前案呼冤。奏章交付给有关部门。有关部门复查后上奏说："萧望之以前被指控的罪证很明确，并不是诬告陷害。他却教唆儿子，向陛下上书，引用《诗经》上关于无罪的诗篇。有失大臣体统，不敬，请逮捕审讯。"弘恭、石显等了解萧望之平素气节高尚，不可能接受下狱的屈辱，因此建议说："萧望之侥幸没有牵连进前案中去，而又得赐爵位封邑，他不悔过认罪，反而满腹牢骚，教唆儿子上书，把过失推到陛下身上。自以为是陛下的师傅，无论怎么都不会治罪。如果不用监狱的痛苦压制萧望之，阻止他的怨恨，那么陛下就再也无法施厚恩于臣子了！"元帝说："萧太傅素来性情刚烈，怎么肯去坐牢？"石显等人说："人所最重视的是性命，而萧望之被指控的，不过语言上的轻罪，必定不会有什么可担忧的。"元帝于是同意奏请。冬季，十二月，石显等把诏书封好，交给谒者，命令让萧望之亲自拆封。同时下令太常迅速调发执金吾所属车马，赶来包围萧望之住宅。谒者到达萧宅，召萧望之。萧望之就此问他的学生鲁国人朱云，朱云是崇尚节操之士，劝萧望之自杀。当时，萧望之仰天长叹说："我曾经立于将相之列，而今年纪已超过六十。这么老的年纪被关进监狱，去苟且求生，岂不鄙贱？"遂呼唤朱云的字说："游，快把药和好，不要延长我等死的时间！"于是饮下鸩酒，自杀身死。元帝接到报告，大为震惊。拍手说："我本来就怀疑他不会去坐牢，果然杀了我的好师傅。"这时，太官正呈上午餐，元帝不肯进食，泪流满面，悲哀感动了旁边的人。于是召石显等责问，石显等承认当初判断错误，都摘掉官帽，叩头请罪，过了很久，事情才算了结。元帝追思哀悼萧望之，不能忘情，每年四季都派使节去他坟墓前祭祀，直到自己去世。

臣司马光曰：元帝这位君王，太容易受欺骗而又难以醒悟了！弘恭、石显诬陷萧望之，其阴谋诡计，诚然有时候很难分辨。至于他开始怀疑萧望之不肯入狱，弘恭、石显却说必定不会出现意外，不久萧望之果然自杀，则弘恭、石显的欺诈，已经很明显了。属于中等智慧的君王，谁不情绪激动，勃然大怒，给奸邪的臣子以惩罚！而元帝则不然，虽然以痛哭流涕、不进食来哀悼师傅，却终究不能杀掉弘恭、石显，只不过使他们脱下官帽谢罪而已。如此，奸臣怎么惩治呢？这正是导致弘恭、石显肆意妄为而不再有忌惮的原因。

起初，汉武帝吞并南越，在海南岛上，开始设置珠崖郡、儋耳郡。官吏以及士兵，全是中国人。对当地土著，多有侵夺凌辱之事。而土著人民，也很强悍凶恶，认为海南岛隔绝在大海之外，不断地违犯官吏的禁令。大约每隔几年，就叛乱一次，击杀官吏。汉朝廷每次都出动军队，予以平定。二十余年之间，共发生过六次叛乱。到宣帝在位期间，又有两次叛乱。元帝即位的第二年，珠崖郡山南县叛乱，汉朝出兵镇压。而其他各县也跟着叛乱，接连两年不能平定。元帝广泛征求群臣的意见，准备出动大军镇压。待诏贾捐之说："我曾经听说，尧、舜、禹这些圣明有德的君王，其统辖的范围，不过数千里。西接流沙，东濒大海，朔方以南都是中国声威和教化普及的地区。声明：愿接受中国声威和教化的，中国就去治理；不愿接受中国声威和教化的，中国并不强迫。因此君王和臣子，都有德可以歌颂，凡有生命的动物，都得到它们的需要。我听说武丁、成王是商王朝和周王朝至仁的君王，然而其领地东方不过到达江国、黄国，西方不过到达氐、羌二部落，南方不过到达蛮人的楚部落，北方不过到达朔方。因此颂扬的声音遍起，凡是会听会看的生物，都乐于生存。越裳部落，经过九重翻译，而向中国进贡，这不是用武力可以得到的。后来到了秦王朝，出动军队远征，贪功于外，而使国内虚弱，天下背叛，朝廷崩溃。到了汉孝文皇帝，停息武备，修明文教，在那个时代，审理和判决的案件，不过几百起，赋税和徭役，少而简单。到了孝武皇帝，磨好武器，喂饱战马，用以打击东西南北四方夷族，审理和判决的案件，多达几万起，赋税频繁，徭役沉重。

盗贼四起，而大军不断出击，做父亲的在前方战死，做儿子又相继为战事而负伤。女人守卫边塞的堡垒，孤儿在道路上啼号，老母、寡妇在小巷里吞声而哭。这都是开拓的疆土太大，战争不能停止的缘故。而现在，函谷关以东人民，长期困穷，流离失所。人情，最亲莫过于父母，最爱莫过于夫妇。到了卖妻子、卖儿女，法律不能禁绝，道义无法制止的地步，这是国家的忧患啊。现在陛下不能忍受一时的愤怒，准备驱使壮士，把他们推入大海之中，在那个蛮荒黑暗的孤岛上，显示威力，并不是拯救饥馑，保全百姓的好方法。

"我私下用以前平定西羌叛乱的军事行动作为例证。军队在前线作战，还不满一年，而战场距京师长安，还没有超过一千里，军费已达四十余亿。大司农所辖国库钱财用光，更动用少府征收的山海池泽之税接续。解决一个角落的问题，费用还这么多，何况使军队长途跋涉，去攻击敌人，造成伤亡而不可能有功呢！从古代寻找同类的事，则找不到。在现代干这类事，害处如此。我很愚蠢，认为除非是懂得文明礼教的国家，《禹贡》谈到的地方，《春秋》记载的地方，都可以放到一边。因此建议：放弃珠崖郡，专心救济函谷关以东的受灾饥民，排除国家的忧患。"元帝询问丞相、御史。御史大夫陈万年认为应当出击。丞相于定国认为："朝廷连年发兵镇压珠崖郡叛乱，护军都尉、校尉和丞，共十一人，只有二人生还，战士和转运粮草的人，死亡达万人以上，费用达三亿多钱，还不能全都平服。而今函谷关以东又遭灾荒，严重缺粮，民心动摇，贾捐之的建议是正确的。"元帝批准。贾捐之是贾谊的曾孙。

【原文】

五年（丁丑，前44年）

上用诸儒贡禹等之言，诏太官毋日杀，所具各减半；乘舆秣马，无乏正事而已。罢角抵、上林宫馆希御幸者、齐三服官、北假田官、盐铁官、常平仓。博士弟子毋置员，以广学者；令民有能通一经者，皆复。省刑罚七十余事。

【译文】

五年（丁丑，公元前44年）

元帝采用儒家学者和贡禹等人的建议，下令：太官不要每天都宰杀牲畜，所供应的饮食，各减少一半。皇帝使用的御车御马，只要能维护正事使用就够了。撤销角抵这种表演游戏，释放上林宫馆内很少有机会同皇帝见面的宫女，撤销位于齐郡的三座皇家织造厂，放弃北假一带皇家农田，撤销盐铁官，撤销常平粮仓，博士弟子的名额不加限制，黎民对儒家经典，能精通其中任何一经的，都免除赋税徭役。废除刑罚的七十余项判例。

【原文】

永光元年（戊寅，前43年）

春，正月，上行幸甘泉，郊泰畤。礼毕，因留射猎。薛广德上书曰："窃见关东困极，人民流离；陛下日撞亡秦之钟，听郑、卫之乐，臣诚悼之。今士卒暴露，从官劳倦，愿陛下亟反宫，思与百姓同忧乐，天下幸甚！"上即日还。

秋，上酎祭宗庙，出便门，欲御楼船。薛广德当乘舆车，免冠顿首曰："宜从桥。"诏曰："大夫冠。"广德曰："陛下不听臣，臣自刎，以血污车轮，陛下不得入庙矣！"上不说。先驱光禄大夫张猛进曰："臣闻主圣臣直。乘船危，就桥安；圣主不乘危。御史大夫言可听！"上曰："晓人不当如是邪！"乃从桥。

九月，陨霜杀稼，天下大饥。丞相于定国，大司马、车骑将军史高，御史大夫薛广德俱以灾异乞骸骨；赐安车、驷马、黄金六十斤，罢。太子太傅韦玄成为御史大夫。广德归，县其安车，以传示子孙为荣。

石显惮周堪、张猛等，数潜毁之。

【译文】

永光元年（戊寅，公元前43年）

春季，正月，元帝前往甘泉，在泰畤祭祀天神。祭祀完毕，就留在那里进行射猎。御史大夫薛广德上书说："我看到，函谷关以东地区，困顿已达极点，百姓流离失所，而陛下却每天撞着被灭亡的秦国的大钟，听着郑国、卫国的音乐，我对此实在哀痛。护卫陛下的大军，暴露在外，随从的官员，疲劳困倦。希望陛下火速回宫，心里想着跟百姓同忧同乐。这样，才是天下的大福。"元帝当天返回长安。

秋季，元帝用重酿之酒祭祀祖庙，出便门，准备乘楼船。薛广德拦着皇帝的车，脱下官帽，叩头说："请走河桥。"元帝传下话来，说："请御史大夫戴上官帽！"薛广德说："陛下如果不接受我的建议，我就在此刎颈自杀，用鲜血污染车轮，陛下就进不了祖庙了！"元帝不高兴。负责开道的光禄大夫张猛说："我听说，主上圣明，臣子自然正直。坐船危险，而过桥却安全，圣明的君主不冒危险。御史大夫的话，可以听从！"元帝说："劝告别人，难道不应像这样把道理说清楚吗！"于是改从桥上走。

九月，寒霜毁掉农田庄稼，天下发生了大饥荒。丞相于定国，大司马、车骑将军史高，御史大夫薛广德，都因为这场天灾，引咎辞职。元帝批准，赏赐他们安车、四匹马、黄金六十斤，罢了官。提升太子太傅韦玄成担任御史大夫。薛广德回到故乡，把皇上赏赐给他的安车悬挂起来，留传给子孙，以示荣幸。

中书令石显忌惮光禄勋周堪、光禄大夫张猛等，不断在元帝面前诬陷诽谤他俩。

【原文】

二年（己卯，前42年）

秋，七月，陇西羌乡姐旁种反，诏召丞相韦玄成等入议。是时，岁比不登，朝廷方以为忧，而遭羌变，玄成等漠然，莫有对者。右将军冯奉世曰："羌虏近在竟内背畔，不以时诛，无以威制远蛮，臣愿率师讨之！"上问用兵之数，对曰："臣闻善用兵者，役不再兴，粮不三载，故师不久暴而天诛亟决。往者数不料敌，而师至于折伤，再三发调，则旷日烦费，威武亏矣。今反虏无虑三万人，法当倍，用六万人；然羌戎，弓矛之兵耳，器不犀利，可用四万人。一月足以决。"丞相、御史、两将军皆以为"民方收敛时未可多发；发万人屯守之，且足。"奉世曰："不可。

天下被饥馑，士马羸耗，守战之备久废不简，夷狄皆有轻边吏之心，而羌首难。今以万人分屯数处，虏见兵少，必不畏惧；战则挫兵病师，守则百姓不救，如此，怯弱之形见。羌人乘利，诸种并和，相扇而起。臣恐中国之役不得止于四万，非财币之所能解也。故少发师而旷日，与一举而疾决，利害相万也。"固争之，不能得。有诏，益二千人。于是遣奉世将万二千人骑，以将屯为名，典属国任立、护军都尉韩昌为偏裨，到陇西，分屯三处。昌先遣两校尉与羌战，羌众盛多，皆为所破，杀两校尉。奉世具上地形部众多少之计，愿益三万六千人，乃足以决事。书奏，天子大为发兵六万余人。八月，拜太常弋阳侯任千秋为奋武将军以助之。冬，十月，兵毕至陇西，十一月，并进，羌虏大破，斩首数千级，馀皆走出塞。兵未决间，汉复发募士万人，拜定襄太守韩安国为建威将军；未进，闻羌破而还。诏罢吏士，颇留屯田，备要害处。

【译文】

二年（己卯，公元前42年）

秋季，七月，陇西羌族乡姐部落造反。元帝召集丞相韦玄成等高级官员，入宫举行会议。这时，粮食连年歉收，朝廷正在忧虑，突然传来羌族叛乱的消息，韦玄成等高级官员默不作声，没有人敢开口。右将军冯奉世说："羌民近在境内背叛，如果不及时诛灭，就无法控制远方蛮族，我愿率大军前往讨伐。"元帝问他需要多少部队，冯奉世说："我听说，一个善于统兵的大将，兵役不需要两次征发，粮秣不需要运送三次。所以大军不至于长期暴露在原野之外，而是速战速决。从前，我们屡屡不能正确估计对手，大军才遭到挫败，不得不一而再、再而三地增派援兵，不但拖延的日子长，所需的军费多，而且国家的威望也受到损害。现在叛军约有三万人，依据兵法，攻击部队应当加倍，需要六万。然而羌族军队的武器落后，只有弓箭与长矛，我们的部队可以减少为四万人，一个月足以解决。"然而，丞相、御史、车骑将军王接、左将军许嘉，都以为："民间正逢秋收，不可在农忙时多征调人入伍，征发一万人前往屯守，差不多够了。"冯奉世说："不可。天下百姓受到天灾饥馑的袭击，兵士战马不但体力瘦弱，而且数量也大都消耗，很久以来，防守与作战的训练和装备已经废弛。夷民狄民对边塞的汉朝官吏，都不放在眼里，所以羌民才首先发难。而今我们用一万人，分别驻防几个地方，敌人发现我们兵力单薄，必然不会害怕。我们如果进攻，就会遭受挫折，损兵折将。如果固守，则不能拯救边民。这样，便显露出胆怯衰弱的形象。羌民将抓着对他们有利的机会，各种族各部落，势将互相呼应，纷纷起兵。到那时候，我恐怕朝廷集结四万人的兵力都不够，花再多的钱都不能解决。所以，少发兵而拖延时日，与多发兵而一举解决，利与害之间，相差万倍。"他坚持自己的意见而谏诤，然而得不到支持。元帝下诏，增加两千人的军队。于是派遣冯奉世率领一万二千骑兵，以领兵屯田为名，任命典属国任立、护军都尉韩昌作为助手，抵达陇西，分另屯驻在三处要塞。韩昌先派遣两个校尉，向羌民出击。羌民大举迎战，击溃汉朝军队，杀死两位校尉。冯奉世呈报山川地图和兵力分配计划，请求增援三万六千人。认为只有这样，才有把握取得决定性的胜利。元帝看到冯奉世的上奏，大举发兵达六万余人。八月，元帝任命太常弋阳侯任千秋为奋武将军，作冯奉世的助手。冬季，十月，大军都到了陇西。十一月，数路并进，大破叛军，斩杀数千人，残余部众全都逃出边塞。在两军尚未决战的时候，朝廷又招募战士一万人，任命定襄太守韩安国为建成将军，还没有出发，听说羌族已经溃败，于是停止前进。元帝下诏复员，但留下不少部队开荒屯垦，防卫要害地区。

汉纪二十一

资治通鉴第二十九卷

【原文】

孝元皇帝下永光三年（庚辰，前41年）

复盐铁官；置博士弟子员千人。以用度不足，民多复除，无以给中外徭役故也。

【译文】

汉元帝永光三年（庚辰，公元前41年）

恢复盐铁专卖制度。规定博士弟子的定员为一千人。这是因为朝廷经费不够开支，而民间又有许多人免除赋税徭役，使朝廷无法供应内外徭役的缘故。

【原文】

建昭元年（癸未，前38年）

上幸虎圈斗兽，后宫皆坐；熊逸出圈，攀槛欲上殿，左右、贵人、傅倢伃等皆惊走；冯倢伃直前，当熊而立。左右格杀熊。上问："人情惊惧，何故前当熊？"倢伃对曰："猛兽得人而止；妾恐熊至御坐，故以身当之。"帝嗟叹，倍敬重焉。傅倢伃惭，由是与冯倢伃有隙。冯倢伃，左将军奉世之女也。

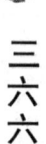

【译文】

建昭元年（癸未，公元前 38 年）

元帝前往虎圈，观赏野兽搏斗，妃嫔们都在座奉陪。一只熊突然跳出圈外，攀着阑杆想上殿堂。元帝左右的侍从、贵人，包括傅婕妤在内的妃嫔们，都惊慌逃命。只有冯婕妤，一直向前站着挡住熊。左右的武士把熊杀死。元帝问她："人之常情，遇到猛兽会惊恐，你为什么上前阻挡熊？"冯婕妤说："猛兽凶性发作，只要抓着一个人，就会停止攻击，我恐怕它到陛下的座位，所以以身阻挡它。"元帝感激嗟叹，对冯婕妤倍加敬重。而傅婕妤大为惭愧，从此与冯婕妤产生隔阂。冯婕妤是左将军冯奉世的女儿。

【原文】

二年（甲申，前 37 年）

东郡京房学《易》于梁人焦延寿。延寿常曰："得我道以亡身者，京生也。"其说长于灾变，分六十卦，更直日用事，以风雨寒温为候，各有占验。房用之尤精，以孝廉为郎，上疏屡言灾异，有验。天子说之，数召见问。

是时，中书令石显颛权，显友人五鹿充宗为尚书令，二人用事。房尝宴见，问上曰："幽、厉之君何以危？所任者何人也？"上曰："君不明而所任者巧佞。"房曰："知其巧佞而用之邪，将以为贤也？"上曰："贤之。"房曰："然则今何以知其不贤也？"上曰："以其时乱而君危知之。"房曰："若是，任贤必治，任不肖必乱，必然之道也。幽、厉何不觉悟而更求贤，曷为卒任不肖以至于是？"上曰："临乱之君，各贤其臣；令皆觉寤，天下安得危亡之君！"房曰："齐桓公、秦二世亦尝闻此君而非笑之；然则任竖刁、赵高，政治日乱，盗贼满山，何不以幽、厉卜之而觉寤乎？"上曰："唯有道者能以往知来耳。"房因免冠顿首曰："《春秋》纪二百四十二年灾异，以示万世之君。今陛下即位以来，日月失明，星辰逆行，山崩，泉涌，地震，石陨，夏霜，冬靁，春凋，秋荣，陨霜不杀，水、旱、螟虫，民人饥、疫，盗贼不禁，刑人满市，《春秋》所记灾异尽备。陛下视今为治邪，乱邪？"上曰："亦极乱耳，尚何道！"房曰："今所任用者谁与？"上曰："然，幸其愈于彼，又以为不在此人也。"房曰："夫前世之君，亦皆然矣。臣恐后之视今，犹今之视前也！"上良久，乃曰："今为乱者谁哉？"房曰："明主宜自知之。"上曰："不知也；如知，何故用之！"房曰："上最所信任，与图事帷幄之中，进退天下之士者是矣。"房指谓石显，上亦知之，谓房曰："已谕。"房罢出，后上亦不能退显也。

臣光曰：人君之德不明，则臣下虽欲竭忠，何自而入乎！观京房所以晓孝元，可谓明白切至矣，而终不能寤，悲夫！《诗》曰："匪面命之，言提其耳。匪手携之，言示之事。"又曰："诲尔谆谆，听我藐藐。"孝元之谓矣！

石显、五鹿充宗皆疾房，欲远之，建言，宜试以房为郡守。帝于是以房为魏郡太守，得以考功法治郡。

房自请："岁竟，乘传奏事"，天子许焉。房自知数以论议为大臣所非，与石显等有隙，不欲远离左右，乃上封事曰："臣出之后，恐为用事所蔽，身死而功不成，故愿岁尽乘传奏事，蒙哀见许。"

房去月余，竟征下狱。初，淮阳宪王舅张博，倾巧无行，多从王求金钱，欲为王求入朝。博从京房学，以女妻房。房每朝见，退辄为博道其语。博因记房所说密语，令房为王作求朝奏草，皆持束与王，以为信验。石显知之，告"房与张博通谋，非谤政治，归恶天子，诖误诸侯王。"皆下狱，弃市，妻子徙边。郑弘坐与房善，免为庶人。

石显威权日盛，公卿以下畏显，重足一迹。显与中书仆射牢梁、少府五鹿充宗结为党友，诸附倚者皆得宠位。民歌之曰："牢邪！石邪！五鹿客邪！印何累累，绶若若邪！"

显内自知擅权，事柄在掌握，恐天子一旦纳用左右耳目以间己，乃时归诚，取一信以为验。显尝使至诸官，有所徵发，显先自白："恐后漏尽宫门闭，请使诏吏开门"，上许之。显故投夜还，称诏开门入。后果有上书告"显颛命，矫诏开宫门"，天子闻之，笑以其书示显。显因泣曰："陛下过私小臣，属任以事，群下无不嫉妒，欲陷害臣者，事类如此非一，唯独明主知之。愚臣微贱，诚不能以一躯称快万众，任天下之怨；臣愿归枢机职，受后宫扫除之役，死无所恨。唯陛下哀怜财幸，以此全活小臣！"天子以为然而怜之，数劳勉显，加厚赏赐，赏赐及赂遗訾一万万。初，显闻众人多匈匈，言己杀前将军萧望之，恐天下学士讪己，以谏大夫贡禹明经著节，乃使人致意，深自结纳，因荐禹天子，历位九卿，礼事之甚备。议者于是或称显，以为不妒谮望之矣。显之设变诈，以自解免，取信人主者，皆此类也。

【译文】

二年（甲申，公元前37年）

　　东郡人京房跟从梁人焦延寿学习《易经》。焦延寿常说："得到我的学问而丧失生命的，就是京房。"他的学说长于占卜天灾人祸，共分六十卦，轮流交替地指定日期，用风雨冷热作为验证，都很准确。京房运用这种学说，尤其功力深厚，被地方官府推荐为"孝廉"之后，他到朝廷充当郎，屡次上书元帝，议论天象变异，得到验证。元帝喜欢他，数次召见，向他询问。

　　这时，中书令石显正独揽大权。石显的好友五鹿充宗任尚书令，二人联合执政。有一次，元帝在闲暇时召见京房，京房问元帝："周幽王、周厉王为什么导致国家出现危机？他们任用的是些什么人？"元帝说："君王昏庸，任用的都是善于伪装的奸佞。"京房进一步问："君王是明知奸佞而仍用他们？还是认为贤能才用他们？"元帝回答说："是认为他们贤能。"京房说："可是，今天为什么我们却知道他们不是贤能呢？"元帝说："根据当时局势混乱，君王身处险境便可以知道。"京房说："如果是这样的话，任用贤能时国家必然治理得好，任用好邪时国家必定混乱，这是事物发展的必然轨迹。为什么幽王、厉王不觉悟而另外任用贤能，为什么终究要任用奸佞以致后来陷入困境？"元帝说："乱世君王，各自认为他所任用的官员全是贤能。假如都能觉悟到自己的错误，天下怎么还会有危亡的君王？"京房说："齐桓公、秦二世也曾经知道周幽王、周厉王的故事，并讥笑过他们。可是，齐桓公任用竖刁，秦二世任用赵高，以致政治日益混乱，盗贼满山遍野。为什么不能用周幽王、周厉王的例子测验自己的行为，而觉悟到用人的不当？"元帝说："只有治国有法的君王，才能依据往事而预测将来。"京房于是脱下官帽，叩头说："《春秋》一书，记载二百四十二年间的天变灾难，用来给后世君王看。而今陛下登基以来，出现日食月食，星辰逆行；山崩泉涌，大地震动，天落陨石；夏季降霜，冬季响雷，春季百花凋谢，秋季树叶茂盛，降霜后草木并不凋谢。水灾、旱灾、虫灾，百姓饥馑，瘟疫流行。盗贼制伏不住，受过刑罚的人充满街市。《春秋》所记载的灾异，已经具备。陛下看现在是治世，还是乱世？"元帝说："已经乱到极点了，这还用问？"京房说："陛下现在任用的是些什么人？"元帝说："今天的灾难变异和为政之道，幸而胜过前代。而且认为责任不在这些人身上。"京房说："前世的那些君王，也是陛下这种想法。我恐怕后代看今天，犹如今天看古代。"元帝过了很久才说："现在扰乱国家的是谁？"京房回答说："陛下自己应该知道。"元帝说："我不知道；如果知道，哪里还会用他？"京房说："陛下最信任，跟他在宫廷之中共商国家大事，掌握用人权柄的人，就是他。"京房所指的是石显。元帝也知道，他对京房说："我晓得你的意思。"京房告退。后来，汉元帝还是不能让石显退位。

臣司马光曰：君王的德行不昌明，则臣属虽然想竭尽忠心，又从何着手呢？观察京房对元帝的诱导，可以说是把道理说得十分清楚透彻了，而最终仍不能使元帝觉悟，可悲啊！《诗经》说："我不但当面把你教训过，而且提起过你的耳朵。不但是用手携带着你，而且指示了你许多事。"又说："我教导你是那么的恳切细致，而你却漫不经心，听不进去。"这说的就是汉元帝啊！

石显、五鹿充宗都痛恨京房，想使京房远离元帝，于是向元帝建议，应该试任京房为郡守。元帝遂任命京房当魏郡太守。

京房请求："年终时候，请准许我乘坐驿车前来，向陛下当面报告。"元帝许可。京房自知数次因为议论受到大臣的非议，跟石显之间怨恨已成，不想远离元帝身边。于是上密封的奏章："我一出京师，恐怕被当权大臣所害，身死而事败，所以盼望在年终之时，得以乘驿车到京师向陛下奏事，幸而蒙陛下哀怜而允许。"

京房离开一月余，竟被征回京师，逮捕入狱。当初，淮阳宪王刘钦的舅父张博是一个看风行事，无善行的人物，向刘钦要了许多金钱，到京师长安活动征召刘钦入朝。张博曾跟随京房学习《易经》，而且把女儿嫁给京房。京房每次朝见，回家之后，都把跟元帝之间问答的话告诉张博。张博于是暗中记下京房所说的机密言语，让京房代刘钦草拟请求入朝的奏章。他把这些密语记录和奏章草稿，都送给刘钦过目，作为证据。石显知道此事后，指控："京房跟张博通谋，诽谤治国措施，把罪恶推到皇帝身上，贻误连累诸侯王。"于是京房跟张博都被捕入狱，在街市上斩首，妻子儿女被放逐到边塞。御史大夫郑弘，被控跟京房是朋友，遭免职，贬作平民。

石显的淫威和权势日益增长，公卿及以下的官员都害怕他，人人自危，不敢稍有宽纵。石显与中书仆射牢梁、少府五鹿充宗结为死党密友，凡依附他们的人，都得到了高官厚禄。民间有歌谣说："你是姓牢的人，还是姓石的人，是五鹿家的门客吗？官印何其多，绶带何其长！"

石显心知自己专权，把持朝政，怕元帝一旦听取亲信的抨击而疏远自己，便时常向元帝表示忠诚，取得信任，验证元帝对自己的态度。石显曾经奉命到诸官府征集人力和物资，他先向元帝请求："恐怕有时回宫太晚，漏壶滴尽，宫门关闭，我可不可以说奉陛下之命，教他们开门！"元帝允许。一天石显故意到夜里才回来，宣称元帝命令，唤开宫门入内。后来，果然有人上书控告："石显专擅皇命，假传圣旨，私开宫门。"元帝听说了这件事，笑着把奏章拿给石显看。石显抓住时机，流泪说："陛下过于宠爱我，委任我办事，下面无人不妒火中烧，想陷害我，类似这种情况已不止一次，只有圣明的主上才知道我的忠心。我出身微贱，实在不能以我一个人去使万人称心快意，担负起全国所有的怨恨。请允许我辞去中枢机要职务，只负责后宫的清洁洒扫，死而无恨。唯求陛下哀怜裁择，再给我一次宠幸，以此保全我的性命。"元帝认为石显说得对而怜悯他，不断慰问勉励，又重重赏赐。这样的赏赐及百官赠送的资金达一亿。当初，石显听说人们议论愤激，都说是他逼死前将军萧望之，怕招来全国儒生的抨击。由于谏大夫贡禹深明儒家经典，节操高尚而有名望，石显便托人向贡禹表示问候之意，用心结交，并向元帝推荐，使贡禹擢升九卿，并对他以礼相待，很是周详。于是舆论也有赞扬石显的，认为他不曾妒恨陷害萧望之。石显谋略变诈，善于为自己解围，以取得皇帝的信任，用的都是此类手法。

【原文】

三年（乙酉，前36年）

冬，使西域都护、骑都尉北地甘延寿、副校尉山阳陈汤共诛斩郅支单于于康居。

始，郅支单于自以大国，威名尊重，又乘胜骄，不为康居王礼，怒杀康居王女及贵人、人民数百，或支解投都赖水中；发民作城，日作五百人，二岁乃已。又遣使责阖苏、大宛诸国岁遗，不敢不予。汉遣使三辈至康居，求谷吉等死，郅支困辱使者，不肯奉诏；而因都护上书，言"居困厄，愿归计强汉，遣子入侍。"其骄嫚如此。

汤为人沉勇，有大虑，多策略，喜奇功，与延寿谋曰："夷狄畏服大种，其天性也。西域本属匈奴，今郅支单于威名远闻，侵陵乌孙、大宛，常为康居画计，欲降服之；如得此二国，数年之间，城郭诸国危矣。且其人剽悍，好战伐，数取胜；久畜之，必为西域患。虽所在绝远，蛮夷无金城、强弩之守。如发屯田吏士，驱从乌孙众兵，直指其城下，彼亡则无所之，守则不足自保，千载之功可一朝而成也！"延寿以为然，欲奏请之。汤曰："国家与公卿议，大策非凡所见，事必不从。"延寿犹与不听。会其久病，汤独矫制发城郭诸国兵、车师戊己校尉屯田吏士。延寿闻之，惊起，欲止焉。汤怒，按剑叱延寿曰："大众已集会，竖子欲沮众邪！"延寿遂从之。部勒行陈，汉兵、胡兵合四万余人。延寿、汤上疏自劾奏矫制，陈言兵状，即日引军分行，别为六校：其三校从南道逾葱岭，径大宛；其三校都护自将，发温宿国，从北道入赤谷，过乌孙，涉康居界，至阗池西。而康居副王抱阗将数千骑寇赤谷城东，杀略大昆弥千余人，驱畜产甚多，从后与汉军相及，颇寇盗后重。汤纵胡兵击之，杀四百六十人，得其所略民四百七十人，还付大昆弥，其马、牛、羊以给军食。又捕得抱阗贵人伊奴毒。入康居东界，令军不得为寇。间呼其贵人屠墨见之，谕以威信，与饮、盟，遣去。径引行，未至单于城可六十里，止营。复捕得康居贵人贝色子男开牟以为导。贝色子，即屠墨母之弟，皆怨单于，由是具知郅支情。明日，引行，未至城三十里，止营。

单于遣使问："汉兵可以来？"应曰："单于上书言：'居困厄，愿归计强汉，身入朝见'，天子哀闵单于，弃大国，屈意康居，故使都护将军来迎单于妻子。恐左右惊动，故未敢至城下。"使数往来相答报，延寿、汤因让之："我为单于远来，而至今无名王、大人见将军受事者，何单于忽大计，失客主之礼也！兵来道远，人畜罢极，食度且尽，恐无以自还，愿单于与大臣审计策！"

明日，前至郅支城都赖水上，离城三里，止营傅陈。望见单于城上立五彩幡帜，数百人被甲乘城；又出百馀骑往来驰城下，步兵百馀人夹门鱼鳞陈，讲习用兵。城上人更招汉军曰："斗来！"百余骑驰赴营，营皆张弩持满指之，骑引却。颇遣吏士射城门骑、步兵，骑、步兵皆入。延寿、汤令军："闻鼓音，皆薄城下，四面围城，各有所守，穿堑，塞门户，卤楯为前，戟弩为后，仰射城楼上人。"楼上人下走；土城外有重木城，从木城中射，颇杀伤外人，外人发薪烧木城，夜，数百骑欲出，外迎射，杀之。

初，单于闻汉兵至，欲去。疑康居怨己，为汉内应，又闻乌孙诸国兵皆发，自以无所之。郅支已出，复还，曰："不如坚守。汉兵远来，不能久攻。"单于乃被甲在楼上，诸阏氏、夫人数十皆以弓射外人。外人射中单于鼻，诸夫人颇死；单于乃下。夜过半，木城穿；中人却入土城，乘城呼。时康居兵万余骑，分为十余处，四面环城，亦与相应和。夜，数奔营，不利，辄却。平明，四面火起，吏士喜，大呼乘之，钲、鼓声动地。康居兵引却；汉兵四面推卤楯，并入土城中。单于男女百余人走入大内。汉兵纵火，吏士争入，单于被创死。军候假丞杜勋斩单于首。得汉使节二及谷吉等所赍帛书；诸卤获以畀得者。凡斩阏氏、太子、名王以下千五百一十八级；生虏百四十五人，降虏千余人，赋予城郭诸国所发十五王。

【译文】

三年（乙酉，公元前36年）

冬季，命西域都护、骑都尉、北地郡人甘延寿，和副校尉、山阳郡人陈汤一同出兵，在康居王国斩杀郅支单于。

最初，郅支单于自以为匈奴是一个大国，威名远扬，颇受别国尊重，又乘军事胜利而十分骄傲。因为不得康居王礼敬，一怒之下杀了康居王的女儿及康居贵族、平民数百人，有的还截其四肢，扔到都赖水里。他强迫康居人为他建筑城垣，每日有五百名工匠劳作，历时二年才完成。又派出使节，前往阖苏王国、大宛王国，责令每年进贡。二国畏惧郅支单于，不敢不给。汉朝前后派出三批使节，前往康居郅支单于处，查问谷吉等人的遗体下落。郅支对于汉朝使节窘困侮辱，不肯接受汉朝皇帝的诏书,只是通过西域都护上书,说:"居住的地方环境困苦,愿意归顺强大的汉朝,还打算派儿子去当人质。"其态度傲慢如此。

陈汤为人沉着勇敢,能深思熟虑,富有计策谋略,渴望建立奇特的功勋,他向甘延寿建议说:"边境各族畏惧匈奴,这是天性。西域各国,本来都属匈奴管辖,而今郅支单于的威名传播很远,不断侵略乌孙王国和大宛王国,经常给康居王国出谋划策,企图使乌孙、大宛投降归顺。如果把这两国征服,只要几年时间,西域城邦国家都会陷于危险的境地。郅支单于性情剽悍,喜好战争,不断取得胜利。日子一久,必将成为西域的灾难。虽然他现在地处遥远,幸而他们没有坚固的城堡和强劲的弓弩,无法固守。我们如果征发屯田的军队,并率领乌孙王国的军队,一直挺进到他的城堡之下,他要逃没有地方可逃,要守则兵力不足以自保,千载难逢的功业可以在一天早上完成。"甘延寿认为有理,准备先奏请朝廷批准。陈汤说:"圣上一定会召集公卿商议,远大的策略,不是平庸的官僚所能了解,肯定不同意。"甘延寿迟疑,不肯听他的话。正好甘延寿久病卧床,陈汤单独行动,假传圣旨,征发各城邦国家的军队、车师戊己校尉的屯田部队。甘延寿听说了这件事,大惊而起,要加阻止,陈汤大怒,手按剑柄,叱责甘延寿说:"大军已经集中会合,你小子打算阻止大军吗?"甘延寿于是顺从。他俩部署、集结汉朝和西域多国兵力,共有四万余人。甘延寿、陈汤上奏章自我弹劾假传圣旨之罪,陈述所以如此做的理由。发出奏章的当天,大军出发,分成六路纵队,其中三路纵队沿南道越过葱岭,穿过大宛王国。另三路纵队,由都护甘延寿亲自率领,从温宿国出发,由北道经乌孙王国首府赤谷城,穿过乌孙王国,进入康居王国边界,挺进到阗池西岸。而这时康居王国的副王抱阗,率领数千骑兵,在赤谷城东方攻击乌孙王国大昆弥地区,屠杀及俘虏千余人,抢走牛、羊、马等大批牲畜,然后从后面追上汉军,夺取汉军后部的大批辎重。陈汤命西域兵迎战,杀四百六十人,夺回抱阗所掳掠的乌孙百姓四百七十人,交给大昆弥。而夺回的马匹、牛、羊,则留下来作为军队食物。又逮捕到抱阗手下的贵族伊奴毒。进入康居王国东部国界后,陈汤严明军纪,不准烧杀抢掠。秘密召康居王国的贵族屠墨来会晤,向他展示汉朝的威力与决心,摆下酒筵席,共同盟誓,然后送他回去。大军继续挺进,在距新筑的单于城约六十里处,安营扎寨。这时,又俘虏康居王国另一贵族具色子男开牟,让他做向导。具色子男开牟是屠墨的舅父，也痛恨郅支单于的凶暴。汉朝军队于是对郅支单于内部的情况，了如指掌。第二天，大军继续挺进，距单于城三十里，扎营。

郅支单于派使节前来询问："汉朝军队到这里来的目的何在？"汉军的官员回答说："你们单于曾经上书汉朝皇帝，说：'居住环境困苦，愿意归降强大的汉朝，亲身到长安朝见。'皇帝怜悯单于放弃幅员广大的国土，委屈地住在康居，所以派遣都护将军，率军前来迎接单于及妻子儿女。恐怕单于的左右惊动，所以没有敢于直接到达城下。"双方使节来往了几次之后，甘延寿、陈汤出面，责备郅支单于的使节说："我们为了单于，不远万里来到此地，然而，一直到今天，他还没有派出一位名王、显贵，前来晋见都护将军，接受命令而供事，为什么单于对大事这么疏忽，不讲主人待客人的礼节？我们从遥远的地方到此，人马困乏已极，而粮草又快用完，恐怕连回程都不够用，愿单于跟大臣们慎重考虑！"

次日，大军挺进到都赖水畔，在距单于城三里外扎营，构筑阵地，遥望单于城上，五色旗帜迎风飘扬，数百匈奴人披甲戴胄，登上城楼守备。又从城中冲出一百余名骑兵，往来奔驰城下。一百余名匈奴步兵，在城门两侧，结成"鱼鳞阵"，正作战演习。城上守军还向汉朝军队挑战："来打吧！"一百余名匈奴骑兵直冲汉营，汉营的强弩全部拉满，箭矢外指。匈奴骑兵不敢攻击，撤退。强弩部队射击城门外操练的匈奴骑兵、步兵，匈奴兵全部退入城内。甘延寿、陈汤下令总攻："听到鼓声，都直扑城下，四面包围，各军记住所分配的位置，开凿洞穴，堵塞射击孔。盾牌在前，戟弩在后，仰射城楼上的守军。"攻击开始，城楼上的匈奴守军退下逃走。土城之外，还有由两层木墙构成的重木城。匈奴人由木城射击，使汉朝远征军多有伤亡。于是远征军以薪纵火，焚烧木城。入夜，匈奴守军骑兵数百名突围，汉军予以迎头痛击，箭如雨下，全部歼灭。

当初，郅支单于听说汉朝军队到达，打算离开此城。可是，怀疑康居王对他怨恨，与汉朝勾结，里应外合，又听说乌孙王国等西域各国，都派出军队，自以为无处可以投奔。所以，他已逃出单于城，却又返回，说："不如坚守。汉朝军队远征万里，不可能持久进攻。"郅支单于全身披甲，在城楼上指挥作战。他的阏氏、夫人共数十名，也都用弓箭射城外的汉军。汉朝的弩兵射中郅支单于的鼻子，而他的夫人也多有死亡。郅支单于于是从城楼下来。午夜之后，木城被攻破，木城中的匈奴军退入土城，登上城头，呼号呐喊。这时，康居王国一万余人的骑兵援军来到郅支城附近，分散在十余处，环绕城的东西南北四面部署，跟城上的匈奴守军互相呼应。乘着夜色，多次向汉朝军队的营地冲击，然而不能得手，每次都退下来。天将亮时，四面火起，官兵振奋，乘火势大喊，钲鼓之声动地。康居军队再向后撤。汉朝军队推举盾牌，从四面同时冲入土城中。郅支单于率匈奴男女一百余人逃入王宫，汉朝军队纵火焚烧王宫，官兵争先冲入，郅支单于身受重伤而死。军候假丞杜勋，砍下郅支单于人头。在王宫中搜出汉朝使臣的节两只以及谷吉等携带的写在帛上的书信。凡是抢掠的财物，都归抢掠者所有。斩阏氏、太子、名王及以下共一千五百一十八人，生擒一百四十五人，投降的一千余人，分配给领兵共围单于的西域十五个国王。

【原文】

竟宁元年（戊子，前33年）

春，正月，匈奴呼韩邪单于来朝，自言愿婿汉氏以自亲。帝以后宫良家子王嫱字昭君赐单于。单于欢喜，上书"愿保塞上谷以西至敦煌，传之无穷。请罢边备塞吏卒，以休天子人民。"天子下有司议，议者皆以为便。郎中侯应习边事，以为不可许。上问状，应曰："周、秦以来，匈奴暴桀，寇侵边境；汉兴，尤被其害。臣闻北边塞至辽东，外有阴山，东西千馀里，草木茂盛，多禽兽，本冒顿单于依阻其中，治作弓矢，来出为寇，是其苑囿也。至孝武世，出师征伐，斥夺此地，攘之于幕北，建塞徼，起亭隧，筑外城，设屯戍以守之，然后边境用得少安。幕北地平，少草木，多大沙，匈奴来寇，少所蔽隐；从塞以南，径深山谷，往来差难。边长老言：'匈奴失阴山之后，过之未尝不哭也！'如罢备塞吏卒，示夷狄之大利，不可一也。今圣德广被，天覆匈奴，匈奴得蒙全活之恩，稽首来臣。夫夷狄之情，困则卑顺，强则骄逆，天性然也。前已罢外城，省亭隧，才足以候望，通烽火而已。古者安不忘危，不可复罢，二也。中国有礼义之教，刑罚之诛，愚民犹尚犯禁；又况单于，能必其众不犯约哉！三也。自中国尚建关梁以制诸侯，所以绝臣下之觊欲也。设塞徼，置屯戍，非独为匈奴而已，亦为诸属国降民本故匈奴之人，恐其思旧逃亡，四也。近西羌保塞，与汉人交通，吏民贪利，侵盗其畜产、妻子，以此怨恨，起而背畔。今罢乘塞，则生嫚易分争之渐，五也。往者从军多没不还者，子孙贫困，一旦亡出，从其亲戚，六也。又边人奴婢愁苦，欲亡者多，曰：'闻匈奴中乐，无奈候望急何！'然时有亡出塞者，七也。盗贼桀黠，群辈犯法，如其窘急，亡走北出，则不可制，八也。起塞以来百有余年，非皆以土垣也，或因山岩、石、木、溪谷、水门，稍稍平之，卒徒筑治，功费久远，不可胜计。臣恐议者不深虑其终始，欲以壹切省徭戍，十年之外，百岁之内，卒有他变，障塞破坏，亭隧灭绝，当更发屯缮治，累岁之功不可卒复，九也。如罢戍卒，省候望，单于自以保塞守御，必深德汉，请求无已；小失其意，则不可测。开夷狄之隙，亏中国之固，十也。非所以永持至安，威制百蛮之长策也！"对奏，天子有诏："勿议罢边塞事。"使车骑将军嘉口谕单于曰："单于上书愿罢北塞吏士屯戍，子孙世世保塞。单于乡慕礼义，所以为民计者甚厚，此长久之策也。朕甚嘉之！中国四方皆有关梁障塞，非独以备塞外也，亦以防中国奸邪放纵，出为寇害，故明法度以专众心也。敬谕单于之意，朕无疑焉。为单于怪其不罢，故使嘉晓单于。"单于谢曰："愚不知大计，天子幸使大臣告语，甚厚！"

单于号王昭君为宁胡阏氏；生一男伊屠智牙师，为右日逐王。

初，石显见冯奉世父子为公卿著名，女又为昭仪在内；显心欲附之，荐言："昭仪兄谒者逡修敕，宜侍帷幄。"天子召见，欲以为侍中。逡请间言事。上闻逡言显专权，大怒，罢逡归郎官。及御史大夫缺，在位多举逡兄大鸿胪野王；上使尚书选第中二千石，而野王行能第一。上以问显，显曰："九卿无出野王者；然野王，亲昭仪兄，臣恐后世必以陛下度越众贤，私后宫亲以为三公。"上曰："善，吾不见是！"因谓群臣曰："吾用野王为三公，后世必谓我私后宫亲属，以野王为比。"

初，中书令石显尝欲以姊妻甘延寿，延寿不取。及破郅支还，丞相、御史亦恶其矫制，皆不与延寿等。陈汤素贪，所卤获财物入塞，多不法。司隶校尉移书道上，系吏士，按验之。汤上疏言："臣与吏士共诛郅支单于，幸得禽灭，万里振旅，宜有使者迎劳道路。今司隶反逆收系按验，是为郅支报仇也！"上立出吏士，令县、道出酒食以过军。既至，论功，石显、匡衡认为："延寿、汤擅兴师矫制，幸得不诛；如复加爵土，则后奉使者争欲乘危微幸，生事于蛮夷，为国招难。"帝内嘉延寿、汤功而重违衡、显之议，久之不决。

故宗正刘向上疏曰："郅支单于囚杀使者、吏士以百数，事暴扬外国，伤威毁重，群臣皆闵焉。陛下赫然欲诛之，意未尝有忘。西域都护延寿，副校尉汤，承圣指，倚神灵，总百蛮之君，揽城郭之兵，出百死，入绝域，遂蹑康居，屠三重城，搴歙侯之旗，斩郅支之首，县旌万里之外，扬威昆山之西，埽谷吉之耻，立昭明之功，万夷慑伏，莫不惧震。呼韩邪单于见郅支已诛，且喜且惧，乡风驰义，稽首来宾，愿守北藩，累世称臣。立千载之功，建万世之安，群臣之勋莫大焉。"

于是天子下诏赦延寿、汤罪勿治，令公卿议封焉。议者以为宜如军法捕斩单于令。匡衡、石显以为"郅支本亡逃失国，窃号绝域，非真单于。"帝取安远侯郑吉故事，封千户；衡、显复争。夏，四月，戊辰，封延寿为义成侯，赐汤爵关内侯，食邑各三百户，加赐黄金百斤。拜延寿为长水校尉，汤为射声校尉。

初，太子少好经书，宽博谨慎；其后幸酒，乐燕乐，上不以为能。而山阳王康有才艺，母傅昭仪又爱幸，上以故常有意欲以山阳王为嗣。上晚年多疾，不亲政事，留好音乐；或置鼙鼓殿下，天子自临轩槛上，隤铜丸以擿鼓，声中严鼓之节。后宫及左右习知音者莫能为，而山阳王亦能之，上数称其材。史丹进曰："凡所谓材者，敏而好学，温故如新，皇太子是也。若乃器人于丝竹鼙鼓之间，则是陈惠、李微高于匡衡，可相国也！"于是上嘿然而笑。

及上寝疾，傅昭仪、山阳王康常在左右，而皇后、太子希得进见。上疾稍侵，意忽忽不平，数问尚书以景帝时立胶东王故事。是时太子长舅阳平侯王凤为卫尉、侍中，与皇后、太子皆忧，不知所出。史丹以亲密臣得侍视疾，候上间独寝时，丹直入卧内，顿首伏青蒲上，涕泣而言曰："皇太子以适长立，积十余年，名号系于百姓，天下莫不归心臣子。见山阳王雅素爱幸，今者道路流言，为国生意，以为太子有动摇之议。审若此，公卿以下必以死争，不奉诏。臣愿先赐死以示群臣！"天子素仁，不忍见丹涕泣，言又切至，意大感寤，喟然太息曰："吾日困劣，太子、两王幼少，意中恋恋，亦何不念乎！然无有此议。且皇后谨慎，先帝又爱太子，吾岂可违指！驸马都尉安所受此语？"丹即却，顿首曰："愚臣妄闻，罪当死！"上因纳，谓丹曰："吾病寝加，恐不能自还，善辅道太子，毋违我意！"丹嘘唏而起，太子由是遂定为嗣。而右将军、光禄大夫王商、中书令石显亦拥佑太子，颇有力焉。

夏，五月，壬辰，帝崩于未央宫。

六月，己未，太子即皇帝位，谒高庙。尊皇太后曰太皇太后，皇后曰皇太后。以元舅侍中、卫尉、阳平侯王凤为大司马、大将军、领尚书事。

【译文】

竟宁元年（戊子，公元前33年）

春季，正月，匈奴呼韩邪单于前来朝见，请求准许他当汉家女婿，使他有缘亲近汉朝。元帝把后宫良家女子王嫱，别名王昭君，赏赐给呼韩邪单于。呼韩邪单于非常欢喜，上书汉元帝："愿保护东起上谷，西至敦煌的汉朝边塞，永远相传。请撤销边境防务和守塞的官吏士卒，使天子的小民获得休息。"元帝把呼韩邪单于的建议交给有关官员讨论，参与讨论的官员都认为可以接受。郎中侯应了解边塞事务，认为不可以允许。元帝问他原因，侯应说："周朝和秦朝以来，匈奴暴戾强悍，不断侵略边境。汉王朝建立之初，尤其受到它的伤害。据我了解，北方边塞，东到辽东，外有阴山，东西长达一千余里，草木茂盛，禽兽众多，本来冒顿单于依赖这里地势险要，制造弓箭，出来抢劫，正是匈奴畜养禽兽的圈地。直到孝武皇帝出军北征，把这一地区夺到手，而将匈奴赶到大漠以北。在这一地区，建立城堡，修筑道路，兴建外城，派遣军队前往屯戍守卫。然后，边境才比从前稍稍安宁。漠北土地平坦，草木稀少，沙漠相连。匈奴前来侵扰，缺少隐蔽之地。边塞之南，道路深远，山谷起伏，往来十分困难。边塞老一辈的人说：'匈奴丧失阴山之后，每次经过那里都伤心痛哭。'如果撤销边防军队，对夷狄大为有利，这是不能答应的理由之一。现在，圣上的恩德宽阔广大，如天一样覆盖着匈奴。匈奴人得到拯救，才能活下去。感激救命之恩，叩头称臣。不过，夷狄的性情，穷困时谦卑顺从，强大时骄傲横逆，天性如此。前些时，已撤除了外城，减少了亭、燧等军事建筑，现在的边防军队，仅够担任瞭望，互通烽火而已。古人居安思危，边防不可再撤除，这是理由之二。中国有礼义的教育，有刑罚的惩处，愚昧的小民还要犯禁。何况匈奴单于，他能绝对保证他的部众不违犯规定吗？这是理由之三。即令在中国境内，还在水陆要道设立关卡，用以控制封国王侯，使做臣属的断绝非分之想。在边塞设置亭障，屯田戍守，不仅仅是为了防备匈奴，也是因为各属国的降民，他们本是匈奴的人，恐怕他们念旧而逃亡。这是理由之四。近年来，接近边塞的西羌部落，与汉人来往。汉朝的官吏小民贪图财利，掠夺盗取他们的牲畜，甚至强占他们的妻子，因为这些怨恨，激起他们叛变。现在如果撤除边防军队，可能发生这种因欺侮而起的纷争。这是理由之五。过去，从军的战士，很多人没有回来，留在匈奴，他们的子孙生活贫困，有可能大批前往匈奴投靠亲友。这是理由之六。沿边一带，奴仆婢子忧愁悲苦，想逃亡的人多，都说：'听说匈奴那里快乐，无可奈何的是边塞的监视太紧！'然而时常仍有逃出边塞的人。这是理由之七。窃贼强盗凶暴狡诈，结成团伙触犯法令，如被追捕得急了，就会北逃匈奴，则不可以制裁。这是理由之八。自从沿边设立要塞，已有一百余年，并不完全用土筑墙，有的利用山岩，有的利用石木，有的利用山谷，有的利用水峡，稍加连接增补，征发士兵、刑徒修建，长年累月，用去的劳力经费，无法计算。我恐怕主张撤除边塞的官员，没有深刻考虑到事情的来龙去脉，只想暂时减少戍边的负担。十年之后，百年之内，如果突然发生变化，而边塞已经破坏，烽火亭已经湮没，还要再征发戍卒修建。可是，百余年累积下来的工程，不可能马上恢复。这是理由之九。如果撤销边防军队，废除边境上用于伺望侦察的土堡，匈奴单于必定自认为保塞守边，对汉朝有大恩德，将不断请求赏赐，如果稍有失望，那么后果就难以推测。引起夷狄与汉族感情上的裂痕，毁坏中国的防卫。这是理由之十。由于以上十项理由，我认为：撤除边防军队，不是保持永久和平安定，控制百蛮的好策略！"奏书上去后，元帝下诏："停止讨论撤除边塞这件事。"派车骑将军许嘉向单于传达口谕说："单于上书，请求汉朝撤走北方边塞屯田戍守的军队，愿意子孙世代永远保卫边陲。单于向往仰慕礼义，为人民想得很周到，这的确是一个有久远意义的计划，朕非常赞美。中国四方都有关卡、要塞，不是专门为防备来自长城以北的侵扰，也是为了防备中国的奸邪之徒到外面肆无忌惮地胡作非为，造成祸害，所以设边塞表明法规，消灭人们的邪念。朕怀着敬意了解了单于的心意，决不怀疑。因恐怕单于误会中国不撤退边塞军队的原因，因此派遣许嘉向单于解释。"单于道歉说："我愚昧，没有想到这些重大的谋划。幸亏天子派大臣告诉我，待我十分优厚！"

呼韩邪单于称王昭君为宁胡阏氏；生下一个男孩，名叫栾提伊屠智牙师，被封为右日逐王。

当初，中书令石显，看到冯奉世父子都当公卿，名声显著，女儿又是元帝后宫的昭仪，存心要亲近这家权贵。于是向元帝推荐："冯昭仪的哥哥谒者冯逡，品格美好，行为端正，应该侍奉左右。"于是，元帝召见冯逡，打算任命他当侍中。冯逡请求单独接见谈事情。元帝听他抨击石显专擅权力，大怒，让他仍然回到原来郎官的位置。等到御史大夫出缺，很多官员推荐冯逡的哥哥大鸿胪冯野王断任。元帝命尚书在二千石官员中遴选，而冯野王以品行好，能力强被评为第一。元帝询问石显的意见，石显说："九卿中，没有比冯野王更恰当的人选。然而冯野王是冯昭仪的亲哥，我恐怕后世评论起来，必然认为陛下越过许多贤能，对后宫亲属徇私而任命为三公。"元帝说："好，我没有看到这一点！"于是，告诉众位大臣说："我如果用冯野王当三公，后世一定抨击我对后宫亲属徇私，会把冯野王拿出来作为例证。"

当初，中书令石显，曾经打算把姐姐嫁给甘延寿，甘延寿拒绝。等到甘延寿打败郅支单于，返回长安，丞相、御史也对假传圣旨这件事深恶痛绝，对甘延寿的功勋并不赞许。而陈汤又一向贪财，把在外国掳掠的金银财宝带入塞内，违反了多项法令。司隶校尉用公文通知沿途郡县，逮捕陈汤的部下，加以审问。陈汤上书元帝说："我和我的部下共同诛讨郅支单于，幸而将他擒获歼灭，从万里之外，凯旋班师，应有朝廷派出的使者在道上迎接慰劳。然而今天司隶校尉反而逮捕审问，这是替郅支单于报仇啊！"元帝下令，立即释放所有被捕官兵，命沿途地方官府用酒和食品慰劳通过的军队。甘延寿、陈汤返回长安后，评论功劳，石显、匡衡认为："甘延寿、陈汤假传圣旨，擅自调动军队，不诛杀他们，已是宽大，如果再赐他们爵号，封他们土地，那么以后派出的使节，就会争先恐后地采取冒险行动，以图侥幸成功，在蛮夷中间生事，给国家招来灾难。"元帝内心嘉许甘延寿、陈汤的功劳，而又难于违反匡衡、石显的意见。过了很久，事情仍不能定下来。

前任宗正刘向上书说："郅支单于囚禁和杀害的中国使节以及随从官员，数以百计。这种事在外国广为传播，严重地伤害中国的威望，朝廷群臣都为此而痛苦难过。陛下大怒，要诛杀郅支单于，这一欲念从未忘怀。西域都护甘延寿，副校尉陈汤，秉承圣上旨意，倚仗神灵，统率百蛮的君主，集结各城邦的军队，百死一生，深入极远的地域，于是击破康居，攻杀郅支单于的三层城防。拔掉歙侯大旗，砍下郅支单于人头，悬挂战旗于万里之外，为国家扬威到昆仑山之西。洗刷掉谷吉被杀的耻辱，建立了光辉的功勋，所有的夷民全都慑服，无不震恐。呼韩邪单于看到郅支单于已经伏诛，既高兴又害怕，归化慕义，驱驰而来，叩首朝觐，愿为中国守卫北方边疆，世代做中国的臣属。建立千年永垂的功劳，为国家奠定万世和平，所有官员都没有这么大的贡献。"

于是元帝下诏赦免甘延寿、陈汤，不治罪，命公卿讨论如何赐封他们爵位。大家认为应该按照军法"捕斩单于令"，可是匡衡、石显认为"郅支本已逃亡，失去国土，在极远的地域盗用单于名号，而不是真单于。"元帝援用安远侯郑吉的前例，要封给甘延寿、陈汤各一千户的采邑。匡衡、石显再次争执。夏季，四月戊辰（三十日），元帝赐封甘延寿为义成侯，赐封陈汤为关内侯，采邑各三百户人家，加赐黄金各一百斤。任命甘延寿当长水校尉，陈汤当射声校尉。

当初，太子刘骜从小就喜爱儒家经典，宽厚、博学、谨慎。可是后来却爱饮酒，喜欢安乐，元帝认为他没有能力。而另一位皇子山阳王刘康有才干，他的母亲傅昭仪又受到宠爱，元帝因此常有意改封刘康为太子。元帝晚年多病，不过问国家大事，喜爱音乐。有时候把军中所用的骑鼓放在殿下，元帝亲自走到廊上，凭倚栏杆，用铜丸从远处投击鼓面，发出紧密的节奏。侍妾们与左右对音乐有素养的人，都办不到，可是刘康却能够，元帝多次夸奖他的才干。史丹进言说："才干的意义是，聪明而喜好学问，温习旧的知识，能够得到新的理解和体会，皇太子就是这样的人。如果是用演奏乐器的能力衡量人，那么陈惠、李微比匡衡高明，可以辅助国政了。"当时元帝沉默不语，付之一笑。

及至元帝卧病，长久不能起床。傅昭仪和她的儿子山阳王刘康，经常在病床前侍奉。而皇后王政君和太子刘骜，却很少能够进见。元帝的病势渐渐沉重，心绪不宁，几次向尚书查问汉景帝废掉皇太子刘荣，改立胶东王刘彻当皇太子的旧事。这时，太子的大舅父阳平侯王凤当卫尉、侍中，和皇后、太子忧心忡忡，不知道用什么方法才能挽救危局。史丹是元帝最亲密的大臣之一，因此能够直接进入寝殿探病，等到元帝单独躺着的时候，他径直进入寝殿，在地面的青蒲上叩头，流泪说："刘骜以嫡长子的身份，被封做太子，已十多年了，他的尊号家喻户晓，天下无不归心，愿做他的臣子。我见山阳王刘康一向得到陛下的宠爱，如今道路上纷纷传言，既为国家也有个人考虑，认为太子的地位不稳。如果是这样，三公、九卿及其以下高级官员，必然以死相争，拒绝接受这样的诏令。我请求陛下先赐我死，作为群臣的表率。"元帝素来仁慈，不忍看到史丹伤心流泪，而史丹的话又恳切中肯，甚为感动，有所觉悟，喟然叹息说："我的病日益沉重，太子刘骜、山阳王刘康、信都王刘兴、年纪都小，心中思恋，对他们的未来怎不悬念！可是，并没有改立太子的念头。而皇后王政君一向谨慎小心，先帝又喜爱太子，我怎么能违背他的意旨？你从什么地方听到这些话？"史丹立即向后退，叩头说："我愚昧妄信传言，罪当处死。"汉元帝于是接受劝谏，对史丹说："我的病势越来越沉重，恐不能痊愈，你要好好辅导刘骜，不要辜负了我的重托。"史丹唏嘘起身告退。太子的地位，从此才告巩固。而右将军、光禄大夫王商，中书令石显，也都站在刘骜一边，用力拥戴保助。夏季，五月壬辰（二十四日），汉元帝在未央宫驾崩。

六月己未（二十二日），太子刘骜即帝位，拜谒汉高祖的祭庙。尊祖母皇太后张氏"太皇太后"，尊母亲皇后王政君"皇太后"。任命大舅父侍中、卫尉、阳平侯王凤为大司马、大将军，主管尚书事务。

资治通鉴第三十卷

汉纪二十二

【原文】

孝成皇帝上之上建始元年（己丑，前32年）

石显迁长信中太仆，秩中二千石，显既失倚，离权，于是丞相、御史条奏显旧恶；及其党牢梁、陈顺皆免官，显与妻子徙归故郡，忧懑不食，道死。诸所交结以显为官者，皆废罢；少府五鹿充宗左迁玄菟太守，御史中丞伊嘉为雁门都尉。

班婕妤辞辇图　南北朝　佚名　漆画

司隶校尉涿郡王尊劾奏："丞相衡，御史大夫谭，知显等颛权擅势，大作威福，为海内患害，不以时白奏行罚；而阿谀曲从，附下罔上，怀邪迷国，无大臣辅政之义，皆不道！在赦令前。赦后，衡、谭举奏显，不自陈不忠之罪，而反扬著先帝任用倾覆之徒，妄言'百官畏之，甚于主上'；卑君尊臣，非所宜称，失大臣体！"于是衡惭惧，免冠谢罪，上丞相、侯印绶。天子以新即位，重伤大臣，乃左迁尊为高陵令。

【译文】

汉成帝建始元年（己丑，公元前32年）

石显调任长信中太仆，官秩为中二千石。石显已失去了靠山，又被调离中枢要职，于是丞相、御史上奏成帝，列数石显过去的罪恶。石显及其党羽牢梁、陈顺均被免官，石显与妻子儿女也被逐归原郡。石显忧郁愤懑，不进饮食，死在途中。那些因结交石显而得到官位的人，全部被罢黜。少府五鹿充宗被贬为玄菟郡太守，御史中丞伊嘉被谪调雁门都尉。

司隶校尉、涿郡人王尊上书弹劾："丞相匡衡，御史大夫张谭，明知石显等专权擅势，作威作福，是海内祸害，却不及时奏报皇上，予以惩罚，反而百般谄媚，曲意奉承，攀附臣下，欺瞒主上，心怀邪恶，迷惑君王，丧失大臣辅政的原则，都为大逆不道！这些罪恶发生在大赦之前，尚可不究。然而，在大赦之后，匡衡、张谭指控石显时，不自责不忠之罪，反而故意宣扬突出先帝任用倾覆小人的失误。妄言什么'文武百官畏惧石显，超过了皇上'。这种卑君尊臣的言论，是不该说的，有失大臣体统！"于是匡衡惭愧恐惧，脱掉官帽谢罪，缴还丞相、侯爵的印信、绶带。成帝因新即位，不愿伤害大臣，就下令贬王尊为高陵县令。

【原文】

二年（庚寅，前31年）

呼韩邪死，雕陶莫皋立，为复株累若鞮单于。复株累若鞮单于以且麋胥为左贤王，且莫车为左谷蠡王，囊知牙斯为右贤王。复株累单于复妻王昭君，生二女，长女云为须卜居次，小女为当于居次。

【译文】

二年（庚寅，公元前 31 年）

呼韩邪死，雕陶莫皋即位，称复株累若鞮单于。他任命且麋胥为左贤王，且莫车为左谷蠡王，囊知牙斯为右贤王。复株累单于按照匈奴的习俗，再娶王昭君为妻，生下二女：长女云公主，嫁匈奴贵族须卜氏；小女嫁匈奴贵族当于氏。

【原文】

四年（壬辰，前 29 年）

大雨水十余日，河决东郡金堤。先是清河都尉冯逡奏言："郡承河下流，土壤轻脆易伤，顷所以阔无大害者，以屯氏河通两川分流也。今屯氏河塞，灵鸣犊口又益不利，独一川兼受数河之任，虽高增堤防，终不能泄。如有霖雨，旬日不霁，必盈溢。九河故迹，今既灭难明，屯氏河新绝未久，其处易浚；又其口所居高，于以分杀水力，道里便宜，可复浚以助大河，泄暴水，备非常。不豫修治，北决病四、五郡，南决病十余郡，然后忧之，晚矣！"事下丞相、御史，白遣博士许商行视，以为"方用度不足，可且勿浚。"后三岁，河果决于馆陶及东郡金堤，泛滥兖、豫及平原、千乘、济南，凡灌四郡、三十二县，水居地十五万余顷，深者三丈；坏败官亭、室庐且四万所。

冬，十一月，御史大夫尹忠以对方略疏阔，上切责其不忧职，自杀。遣大司农非调调均钱谷河决所灌之郡，谒者二人发河南以东船五百艘，徙民避水居丘陵九万七千余口。

上即位之初，丞相匡衡复奏："射声校尉陈汤以吏二千石奉使，颛命蛮夷中，不正身以先下，而盗所收康居财物，戒官属曰，'绝域事不覆校。'虽在赦前，不宜处位。"汤坐免。

会西域都护段会宗为乌孙兵所围，驿骑上书，愿发城郭、敦煌兵以自救；丞相商、大将军凤及百僚议数日不决。凤言："陈汤多筹策，习外国事，可问。"上召汤见宣室。汤击郅支时中寒，病两臂不屈申；汤入见，有诏毋拜，示以会宗奏。汤对曰："臣以为此必无可忧也。"上曰："何以言之？"汤曰："夫胡兵五而当汉兵一，何者？兵刃朴钝，弓弩不利。今闻颇得汉巧，然犹三而当一。又《兵法》曰：'客倍而主人半，然后敌。'今围会宗者人众不足以胜会宗，唯陛下勿忧！且兵轻行五十里，重行三十里，今会宗欲发城郭、敦煌，历时乃至，所谓报雠之兵，非救急之用也。"上曰："奈何？其解可必乎？度何时解？"汤知乌孙瓦合，不能久攻，故事不过数日，因对曰："已解矣！"屈指计其日，曰："不出五日，当有吉语闻。"居四日，军书到，言已解。大将军凤奏以为从事中郎，莫府事壹决于汤。

【译文】

四年（壬辰，公元前29年）

大雨连下十余日，黄河在东郡金堤决口。在此之前，清河郡都尉冯逡奏报说："清河郡位于黄河下游，土壤松脆，容易崩塌。暂时没有发生大灾害，是由于屯氏河通畅，可以两河分流。如今屯氏河已经淤塞，灵鸣犊口也越来越不通畅，只有一条河，却要兼容数条河流的水量，虽然加高堤防，最终却无法使它顺畅宣泄。若有大雨，十日不停，河水必然满盈泛滥。夏禹时代的九河故道，如今既已湮没难寻，而屯氏河刚刚淤塞不久，容易疏通。再有，黄河与屯氏河分流的叉口处地势较高，实施分减水力的工程，施工起来也方便。可重新疏通屯氏河，以帮助黄河宣泄洪水，防备非常情况的发生。如果不预先修治，黄河一旦在北岸决口，将危害四、五郡；在南岸决口，将危害十余郡。事后再忧虑，就晚了！"成帝将冯逡的奏章交给丞相和御史去处理，他们奏请派遣博士许商去巡视那一地区。根据许商视察的结果，他们认为："现在国家经费不足，可暂且不疏通。"三年后，黄河果然在馆陶及东郡金堤决口，洪水泛滥兖州、豫州以及平原郡、千乘郡、济南郡，共淹了四郡三十二县，十五万余顷土地变为泽国，水深的地方达三丈。冲毁官署驿站及民间房舍近四万所。

冬季，十一月，由于御史大夫尹忠的救灾方案疏漏而不切实际，成帝严厉斥责他不尽心职守，尹忠自杀。成帝派大司农非调调拨均平钱谷救济受淹各郡，又派两名谒者向河南以东地区征调船舶五百艘，从洪灌区中抢救灾民九万七千余人，把他们迁移到丘陵高地。

成帝即位初期，丞相匡衡再次上奏说："射声校尉陈汤，以二千石官员的身份出使西域，专门负责西域蛮夷事务，他不能持身以正，做部下的表率，反而盗取所没收的康居王国财物，并告诫下属官员说：'远在外域发生的事，不会核查追究。'此事虽发生在大赦之前，但他已不适宜再担任官职。"陈汤获罪被免官。

正好，西域都护段会宗被乌孙王国的军队围困，段会宗用驿马上书，请求成帝征发西域诸国军队，以及汉朝在敦煌的军队救援。丞相王商、大将军王凤以及百官会议数天也做不出决定。王凤说："陈汤富于谋略，又熟悉外国的情况，可以询问他。"成帝在宣室殿召见陈汤。陈汤在进攻郅支单于时，中了风寒，两臂不能屈伸，入见时，成帝下诏准许他不必跪拜，把段会宗的奏书拿给他看。陈汤回答说："我认为这件事一定没什么可忧虑的。"成帝说："你为什么这样讲？"陈汤说："五个胡兵才能抵挡一名汉兵，为什么呢？因为他们的刀剑不锋利，弓弩也不强。最近听说颇学得一些汉人制作兵器的技巧，然而仍是三个胡兵抵挡一个汉兵。再说，《兵法》上说：'客兵必须是守军人数的两倍，才能对敌。'现在围困段会宗的敌兵人数不足以战胜他，请陛下不必忧虑！况且军队轻装日行五十里，重装备则日行三十里。现在段会宗打算征发西域诸国和敦煌的军队，部队行军需较长时间才能赶到，这成了所谓报仇之军，而不是救急之兵了。"成帝说："那怎么办呢？围困一定可以解除吗？你估计什么时候可以解围？"陈汤知道乌孙之兵，不过是乌合之众，不能久攻，以经验推测，不过数日。因此回答说："现在已经解围了！"又屈指计算日期，然后说："不出五日，就会听到好消息。"过了四天，军书到，声称已经解围。大将军王凤上奏，要求任命陈汤为从事中郎。从此大将军幕府的大事，均由陈汤一人决定。

【原文】

河平元年（癸巳，前28年）

春，杜钦荐犍为王延世于王凤，使塞决河。凤以延世为河堤使者。延世以竹落长四丈，大九围，盛以小石，两船夹载而下之。三十六日，河堤成。三月，诏以延世为光禄大夫，秩中二千石，赐爵关内侯、黄金百斤。

【译文】

河平元年（癸巳，公元前 28 年）

春季，杜钦向王凤推荐犍为人王延世，让他负责堵塞黄河决口的工程。王凤任命王延世为河堤使者。王延世命人用付子编成长四丈，九人合抱那么大的付笼，里面装上小石头，用两条船夹着搬运，沉入决口处。三十六天后，河堤修好。三月，成帝下诏任命王延世为光禄大夫，官秩为中二千石，封为关内侯，赐黄金一百斤。

【原文】

二年（甲午，前 27 年）

六月，上悉封诸舅：王谭为平阿侯，商为成都侯，立为红阳侯，根为曲阳侯，逢时为高平侯。五人同日封，故世谓之"五侯"。太后母李氏更嫁为河内苟宾妻，生子参；太后欲以田蚡为比而封之。上曰："封田氏，非正也！"以参为侍中、水衡都尉。

【译文】

二年（甲午，公元前 27 年）

六月，成帝给他的舅父们全部封侯：王谭封为平阿侯；王商封为成都侯；王立封为红阳侯；王根封为曲阳侯；王逢时封为高平侯。五人同日封侯，因此世人称他们为"五侯"。皇太后的母亲李氏，改嫁给河内人苟宾为妻，生子叫苟参。太后想比照田蚡的先例封苟参为侯爵。成帝说："封田蚡，并不合正理！"只任命苟参为侍中、水衡都尉。

【原文】

三年（乙未，前26年）

上以中秘书颇散亡，使谒者陈农求遗书于天下。诏光禄大夫刘向校经传、诸子、诗赋，步兵校尉任宏校兵书，太史令尹咸校数术，侍医李柱国校方技。每一书已，向辄条其篇目，撮其指意，录而奏之。

刘向以王氏权位太盛，而上方向《诗》《书》古文，向乃因《尚书·洪范》，集合上古以来，历春秋、六国至秦、汉符瑞、灾异之记，推迹行事，连傅祸福，著其占验，比类相从，各有条目，凡十一篇，号曰《洪范五行传论》，奏之。天子心知向忠精，故为凤兄弟起此论也；然终不能夺王氏权。

河复决平原，流入济南、千乘，所坏败者半建始时。复遣王延世与丞相史杨焉及将作大匠许商、谏大夫乘马延年同作治，六月乃成。复赐延世黄金百斤。治河卒非受平贾者，为著外繇六月。

【译文】

三年（乙未，公元前26年）

成帝因为皇宫藏书有许多已经散失，派谒者陈农到全国去搜求失传的书籍。诏令光禄大夫刘向校正经传、诸子、诗赋；步兵校尉任宏校正兵书；太史令尹咸校正占卜之书；侍医李柱国校正医药书。每一部书校正完毕，刘向就条列出它的篇目，写出内容摘要，呈报成帝。

刘向因外戚王氏权位太盛，而皇上现在正在留意《诗经》《书经》等古书，就根据《尚书·洪范篇》，汇集自上古以来，历经春秋战国，直至秦汉，所有关于祥瑞、天灾、变异的记载，推测天象变迁的原因，联系比附人间的祸福，突出其占卜与应验，分门别类，各立条目，共十一篇，书名为《洪范五行传论》，呈献成帝。成帝心里明白刘向忠心耿耿，是因为王凤兄弟权势太盛，才著作此书。然而他到底不能剥夺王氏的权柄。

黄河再次在平原郡决口，洪水灌入济南、千乘，所造成的损失是建始年间洪灾的一半。朝廷再次派遣王延世跟丞相史杨焉，以及将作大匠许商、谏大夫乘马延年，共同负责治理工程。六个月后，工程才完工。再次赏赐王延世黄金百斤。治河卒没有发给工钱的，都登记姓名在册，折合抵消徭戍六个月。

【原文】

四年（丙申，前25年）

琅邪太守杨肜与王凤连昏，其郡有灾害，丞相王商按问之。凤以为请，商不听，竟奏免肜，奏果寝不下。凤以是怨商，阴求其短，使频阳耿定上书，言"商与父傅婢通；及女弟淫乱，奴杀其私夫，疑商教使。"天子以为暗昧之过，不足以伤大臣。凤固争，下其事司隶。太中大夫蜀郡张匡，素佞巧，复上书极言诋毁商。有司奏请召商诣诏狱，上素重商，知匡言多险，制曰："勿治！"凤固争之。夏，四月，壬寅，诏收商丞相印绶。商免相三日，发病，欧血薨，谥曰戾侯。而商子弟亲属为驸马都尉、侍中、中常侍、诸曹、大夫、郎吏者，皆出补吏，莫得留给事、宿卫者。有司奏请除国邑；有诏："长子安嗣爵为乐昌侯。"

【译文】

四年（丙申，公元前25年）

琅邪太守杨肜与王凤是姻亲，琅邪郡发生灾害，由丞相王商查问此事，王凤为杨肜向王商说情，王商不听，竟上奏请求罢免杨肜的官职。奏章上去后，果然留中不下。王凤因此怨恨王商，秘密搜求他的短处，指使频阳人耿定上书弹劾王商说："王商与他父亲身边的婢女通奸。他妹妹淫乱，奴仆把奸夫杀死，我怀疑奴仆杀人是王商教唆指使的。"天子认为，这些都是无法证明的暧昧过失，不足以构成大罪而伤害大臣。王凤则极力争辩，坚持把此事交付司隶查办。太中大夫、蜀郡人张匡，一向险恶谄媚，也上书极力诋毁王商。主管官员上奏要求召王商到诏狱进行审讯。成帝一向器重王商，知道张匡的话多为阴险不实之词，于是批示说："不许究治！"王凤仍坚持追究。夏季，四月，壬寅（二十日），成帝下诏，收缴王商的丞相印信、绶带。王商被免相三天后，发病，吐血而死。谥号为戾侯。而王商的子弟亲属担任驸马都尉、侍中、中常侍、诸曹、大夫、郎吏等官职的，全部被调出宫廷补任其他官职，不许留在给事、宿卫等可接近皇帝的位置上。主管官员还上奏，要求撤销王商的封地。成帝却下诏说："王商长子王安继承爵位为乐昌侯。"

【原文】

阳朔元年（丁酉，前24年）

时大将军凤用事，上谦让无所颛。左右尝荐光禄大夫刘向少子歆通达有异材，上召见，歆诵读诗赋，甚悦之，欲以为中常侍；召取衣冠，临当拜，左右皆曰："未晓大将军。"上曰："此小事，何须关大将军！"左右叩头争之，上于是语凤，凤以为不可，乃止。

王氏子弟皆卿、大夫、侍中、诸曹，分据势官，满朝廷。杜钦见凤专政泰重，戒之曰："愿将军由周公之谦惧，损穰侯之威，放武安之欲，毋使范雎之徒得间其说！"凤不听。

时上无继嗣，体常不定。定陶共王来朝，太后与上承先帝意，遇共王甚厚，赏赐十倍于他王，不以往事为纤介；留之京师，不遣归国。上谓共王："我未有子，人命不讳，一朝有他，且不复相见，尔长留侍我矣！"其后天子疾益有瘳，共王因留国邸，旦夕侍上；上甚亲重之。大将军凤心不便共王在京师，会日食，凤因言："日食，阴盛之象。定陶王虽亲，于礼当奉藩在国；今留侍京师，诡正非常，故天见戒，宜遣王之国！"上不得已于凤而许之。共王辞去，上与相对涕泣而决。

王章素刚直敢言，虽为凤所举，非凤专权，不亲附凤，乃奏封事，言"日食之咎，皆凤专权蔽主之过。"上召见章，延问以事。章对曰："天道聪明，佑善而灾恶，以瑞应为符效。今陛下以未有继嗣，引近定陶王，所以承宗庙，重社稷，上顺天心，下安百姓，此正议善事，当有祥瑞，何故致灾异！灾异之发，为大臣专政者也。今闻大将军猥归日食之咎于定陶王，建遣之国，苟欲使天子孤立于上，颛擅朝事以便其私，非忠臣也。且日食，阴侵阳，臣颛君之咎。今政事大小皆自凤出，天子曾不壹举手，凤不内省责，反归咎善人，推远定陶王。且凤诬罔不忠，非一事也。前丞相乐昌侯商，本以先帝外属，内行笃，有威重，位历将相，国家柱石臣也，其人守正，不肯屈节随凤委曲；卒用闺门之事为凤所罢，身以忧死，众庶愍之。又凤知其小妇弟张美人已尝适人，于礼不宜配御至尊，托以为宜子，内之后宫，苟以私其妻弟；闻张美人未尝任身就馆也。且羌、胡尚杀首子以荡肠正世，况于天子，而近已出之女也！此三者皆大事，陛下所自见，足以知其馀及他所不见者。凤不可令久典事，宜退使就第，选忠贤以代之！"

自凤之白罢商，后遣定陶王也，上不能平；及闻章言，天子感寤，纳之，谓章曰："微京兆尹直言，吾不闻社稷计。且唯贤知贤，君试为朕求可以自辅者。"于是章奏封事，荐信都王舅琅邪太守冯野王，忠信质直，智谋有馀。上自为太子时，数闻野王名，方倚以代凤。章每召见，上辄辟左右。时太后从弟子侍中音独侧听，具知章言，以语凤。凤闻之，甚忧惧。杜钦令凤出就第，上疏乞骸骨，其辞指甚哀。太后闻之，为垂涕，不御食。上少而亲倚凤，弗忍废，乃优诏报凤，强起之；于是凤起视事。

上使尚书劾奏章："知野王前以王舅出补吏，而私荐之，欲令在朝，阿附诸侯；又知张美人体御至尊，而妄称引羌胡杀子荡肠，非所宜言"；下章吏。廷尉致其大逆罪，以为"比上夷狄，欲绝继嗣之端；背畔天子，私为定陶王。"章竟死狱中，妻子徙合浦。自是公卿见凤，侧目而视。

冯野王惧不自安，遂病；满三月；赐告，与妻子归杜陵就医药。大将军凤风御史中丞劾奏'野王赐告养病而私自便，持虎符出界归家，奉诏不敬。杜钦奏记于凤曰："二千石病，赐告得归，有故事；不得去郡，亡著令。《传》曰：'赏疑从予'，所以广恩劝功也；'罚疑从去'，所以慎刑，阙难知也。今释令与故事而假不敬之法，甚违'阙疑从去'之意。即以二千石守千里之地，任兵马之重，不宜去郡，将以制刑为后法者，则野王之罪在未制令前也。刑赏大信，不可不慎！"凤不听，竟免野王官。

是岁，陈留太守薛宣为左冯翊。宣为郡，所至有声迹。宣子惠为彭城令，宣尝过其县，心知惠不能，不问以吏事。或问宣："何不教戒惠以吏职？"宣笑曰："吏道以法令为师，可问而知；及能与不能，自有资材，何可学也！"众人传称，以宣言为然。

【译文】

阳朔元年（丁酉，公元前24年）

当时，大将军王凤掌握国家大权，成帝谦让软弱，没有实权。成帝身边的侍臣，曾向他推荐光禄大夫刘向的幼子刘歆，说他博学卓识有奇才。成帝召见刘歆，刘歆为他诵读诗赋。成帝非常喜欢他，想任命他为中常侍，命左右取来中常侍的衣冠，正准备行拜官礼时，左右侍从之人都说："还没有让大将军知道。"成帝说："这是小事，何必通报大将军！"左右之人叩头力争，于是成帝便告诉了王凤。王凤认为不可以，此事便作罢。

王氏子弟全都当上卿、大夫、侍中、诸曹，分别占据显官要职，达官显贵充满朝廷。杜钦见王凤过于专权，告诫他说："我希望将军采取周公的谦恭谨慎态度，减少穰侯魏冉的威风，放弃武安侯田蚡的贪欲，不要使范雎之流得以从中挑拨离间！"王凤不听。

这时，成帝没有继嗣，身体又常患病。定陶王刘康来朝见，太后与成帝秉承先帝的遗愿，待他十分优厚，给予的赏赐是其他诸侯王的十倍，对当初夺嫡之事，也不存丝毫芥蒂。成帝把他留在京师，不让他归国，还对他说："我没有儿子，人命无常，不必避讳，一旦有别的变化，将再也看不见你了。你就长期留在京师，随侍在我身边吧！"后来，成帝病情渐渐减轻，刘康于是留居在封国驻京府邸，日夜进宫服侍成帝，成帝对他十分亲近看重。大将军王凤对刘康留居京师感到不方便，恰好发生日食，王凤就乘机说："发生日食，是阴气过盛的征象。定陶王虽亲，按礼应当在自己的封国当藩王。如今留在京师侍奉天子，是不正常的，因此天现异象发出警告。陛下应遣送定陶王返回封国！"成帝无法违抗王凤，只好同意。刘康辞行，成帝和他相对流泪而别。

王章一向刚直敢言，他虽由王凤举荐，但不赞成王凤专权，不亲近依附王凤。他上密封奏书说："发生日食，都应归咎于王凤专权，蒙蔽主上。"成帝召见王章，进一步询问。王章回答说："上天行事，耳聪目明，保佑善良，惩罚邪恶，用祥瑞或灾异作为效验的征兆。如今陛下因为没有亲子，而召见亲近定陶王，这是为了承接宗庙，以国家为重，上顺天意，下安民心，这是正确的决定和善事，上天应当报以祥瑞，怎么会招致灾异！灾异的发生，是因为大臣专权的缘故。现在听说大将军错将日食的发生归咎于定陶王，建议遣送他回封国。假如是想使天子在上面孤立，而由他专擅朝政，以便实现私欲，那他就不是忠臣了。而且发生日食，是阴气侵抑阳气，应归咎于臣下专权而压抑君主。如今大小政事都由王凤决定，天子连手都没有举过一次，王凤不从内心反省自责，反而归咎于善良的人，把定陶王排挤到远方。而且王凤诬陷欺骗不忠之事，不止一件。前丞相、乐昌侯王商，本是先帝的亲戚，品行敦厚，威望很高，历任将相，是国家栋梁之臣。他坚持正义，不肯违心地屈膝追随王凤。最后被王凤用闺房阴私之事而致罪罢黜，忧伤而死，百姓都怜惜他。又如，王凤明知他小妾的妹妹张美人已嫁过人，按礼不适宜上配至尊的皇帝，王凤却托言张美人适宜生男孩，将她献入后宫，用不正当的手段为小妾的妹妹牟取私利。然而，听说到现在张美人也未曾怀孕。而且，即使是羌人、胡人，还要杀死头胎婴儿，以洗涤女人的肠肚，使未来所生之子血统纯正。何况是天子，怎能亲近已嫁过人的女子！以上所说的三件都是大事，是陛下亲眼所见到的，根据它们，足以推知其余和另外那些所看不到的事情。陛下不可让王凤长期主持国事，应让他退官回到府第，另选忠诚贤能的人代替他！"

　　自从因王凤的弹劾，王商被罢黜，到后来遣送定陶王归国，成帝心里一直郁愤不平，此时听了王章的话，有所感触而醒悟，打算采纳他的建议。成帝对王章说："若不是京兆尹直言，我听不到国家大计。况且只有贤能者才了解贤能者，请你试为朕找一位能够辅政的人。"于是王章再上密封奏书，举荐信都王刘兴的舅父、琅邪太守冯野王，说他忠诚正直，又富于谋略。成帝从当太子时，就多次听说冯野王的声名，于是准备依靠他代替王凤。王章每次进见，成帝都命左右随从退出。但当时太后堂弟之子、侍中王音独自窃听，全部了解王章谈话的内容，报告了王凤。王凤听了甚为忧虑恐惧。杜钦让王凤搬出大将军府，回到原来的侯府，上书请求退休，措辞十分哀痛。太后闻讯，为王凤流下眼泪，不肯进食。成帝从小就亲近倚靠王凤，不忍心罢黜他，就下诏优礼安抚，强要他出来任职。于是王凤出来管理政事。

　　成帝让尚书弹劾王章，说："王章明知冯野王先前因为是诸侯王的舅父，而外放补官，而却因私心，违制推荐，想让他在朝中任职，以阿谀攀附诸侯。又明知张美人已入宫侍奉皇帝，却狂妄地引述羌胡杀子涤肠的风俗，这不是所应说的话。"把王章交付司法官吏处理。廷尉罗织成大逆罪，认为："把皇帝比做羌胡蛮族，想使皇上绝嗣，背叛天子，私心为定陶王打算。"王章终于死在狱中，妻子儿女流放到合浦。从此，公卿见到王凤，都侧目而视。

冯野王恐惧不自安，就得了疾病。病假满三个月后，成帝批准他带职养病，他就跟妻子回到故乡杜陵就医。大将军王凤暗示御史中丞弹劾他说："冯野王被皇上赐准带职养病，却私自趁便拿着虎符越过郡界回家，犯了奉诏不敬之罪。"杜钦给王凤上书说："官秩为二千石的官员得了病，被批准带职养病而就此回家的，有前例可援。法令中并没有不许离郡的条文。经传上说：'拿不准该不该赏赐的，姑且给予赏赐。'目的在于广施恩德，勉励有功之人。还说：'拿不准该不该惩罚的，姑且赦免。'目的在于谨慎刑罚，免生差错。现在，不顾法令和前例，而以不敬的法条治罪，完全违背了'拿不准该不该惩罚的，姑且赦免'的古训。即使认为二千石的高级官员管辖千里之地，负有军事上的重任，不应轻易离开辖郡，准备制定律条作为以后的法令，那么冯野王的罪过也在新的条文制定之前。刑罚和赏赐，关系国家的重大信誉，不可不慎重！"王凤不听，竟然罢免了冯野王的官职。

本年，任用陈留太守薛宣为左冯翊。薛宣担任郡长官，所到之处有治绩政声。薛宣的儿子薛惠当彭城令，薛宣曾经过彭城，他心里清楚儿子没有才干，便不问他行政方面的事。有人问薛宣说："你为何不指教、告诫儿子官吏的职责？"薛宣笑着说："为吏之道，以法令为师，可向法令讨教而学会。至于能干不能干，自有天分，怎么能够学呢？"众人传播称赞他的这番话，认为他的见解正确。

汉纪二十三

资治通鉴第三十一卷

【原文】

孝成皇帝上之下阳朔三年（己亥，前22年）

秋，王凤疾，天子数自临问，亲执其手涕泣曰："将军病，如有不可言，平阿侯谭次将军矣！"凤顿首泣曰："谭等虽与臣至亲，行皆奢僭，无以率导百姓，不如御史大夫音谨敕，臣敢以死保之！"及凤且死，上疏谢上，复固荐音自代，言谭等五人必不可用；天子然之。初，谭倨，不肯事凤，而音敬凤，卑恭如子，故凤荐之。八月，丁巳，凤薨。九月，甲子，以王音为大司马、车骑将军，而王谭位特进，领城门兵。安定太守谷永以谭失职，劝谭辞让，不受城门职；由是谭、音相与不平。

【译文】

汉成帝阳朔三年（己亥，公元前22年）

秋季，王凤患病，成帝数次亲临探望，并亲自握着王凤的手流泪说："将军染病，如有意外，我想让平阿侯王谭接替大将军！"王凤叩头哭泣说："王谭等虽与我是至亲，但他们行事追求奢侈，超越本分，无法统率百姓，不如御史大夫王音谨慎小心，行事走正道。我敢用生命保举他！"及至王凤将死时，上书感谢皇恩，再次坚决推荐王音接替自己，说王谭等五人必不可用。成帝同意了。早先，王谭倨傲，不肯奉迎王凤。而王音则对王凤礼敬有加，卑恭如子，所以王凤保举他。八月，丁

巳（二十四日），王凤去世。九月，甲子（初二），任命王音为大司马、车骑将军。赐王谭为特进，主管城门兵。安定太守谷永，因为王谭没有得到大将军的职位，劝他辞让，不接受主管城门的职务。自此王谭、王音互相不满，结下怨恨。

【原文】

鸿嘉元年（辛丑，前20年）

上始为微行，从期门郎或私奴十馀人，或乘小车，或皆骑，出入市里郊野，远至旁县甘泉、长杨、五柞，斗鸡、走马，常自称富平侯家人。富平侯者，张安世四世孙放也。放父临，尚敬武公主，生放，放为侍中、中郎将，娶许皇后女弟，当时宠幸无比，故假称之。

【译文】

鸿嘉元年（辛丑，公元前20年）

成帝开始微服出行，跟随的期门郎或私奴有十余人，或乘小车，或全部骑马，出入市内街巷和郊野，远到邻县的甘泉、长杨、五柞，斗鸡走马，成帝还常自称是富平侯家人。所谓富平侯，是张安世的四世孙张放。张放的父亲张临，娶敬武公主为妻，生下张放。张放为侍中、中郎将，娶许皇后的妹妹为妻，当时所受荣宠，没有可以比得上的。因此成帝假称自己是富平侯家人。

【原文】

二年（壬寅，前19年）

初，元帝俭约，渭陵不复徙民起邑；帝起初陵，数年后，乐霸陵曲亭南，更营之。将作大匠解万年使陈汤为奏，请为初陵徙民起邑，欲自以为功，求重赏。汤因自请先徙，冀得美田宅。上从其言，果起昌陵邑。

夏，徙郡国豪桀赀五百万以上五千户于昌陵。

【译文】

二年（壬寅，公元前 19 年）

当初，汉元帝十分俭省节约，他的陵墓渭陵，不再让居民迁来，建立县邑。而成帝建筑他的初陵，经营数年后，又看上霸陵曲亭以南，就更改地点，重新营建。将作大匠解万年，让陈汤替他上奏，请求为成帝新建陵墓迁移居民，建立县邑，想以此为自己邀功，求得重赏。陈汤因而请求准许他最先搬迁，希图分到肥沃的田地和美好的住宅。皇上听从他们的建议，果然设立了昌陵邑。

夏季，下令迁移郡国豪族资产在五百万以上的五千户，充实昌陵地区。

【原文】

三年（癸卯，前 18 年）

王氏五侯争以奢侈相尚。成都侯商尝病，欲避暑，从上借明光宫。后又穿长安城，引内沣水，注第中大陂以行船，立羽盖，张周帷，楫棹越歌。上幸商第，见穿城引水，意恨，内衔之，未言。后微行出，过曲阳侯第，又见园中土山、渐台，象白虎殿，于是上怒，以让车骑将军音。商、根兄弟欲自黥、劓以谢太后。上闻之，大怒，乃使尚书责问司隶校尉、京兆尹，知成都侯商等奢僭不轨，藏匿奸猾，皆阿纵，不举奏正法；二人顿首省户下。又赐车骑将军音策书曰："外家何甘乐祸败！而欲自黥、劓，相戮辱于太后前，伤慈母之心，以危乱国家！外家宗族强，上一身寝弱日久，今将一施之，

赵飞燕画像

君其召诸侯，令待府舍！"是日，诏尚书奏文帝诛将军薄昭故事。车骑将军音藉稿请罪，商、立、根皆负斧质谢，良久乃已。上特欲恐之，实无意诛也。

初，许皇后与班倢伃皆有宠于上。上尝游后庭，欲与倢伃同辇载，倢伃辞曰："观古图画，贤圣之君皆名臣在侧，三代末主乃有嬖妾；今欲同辇，得无近似之乎！"上善其言而止。太后闻之，喜曰："古有樊姬，今有班倢伃！"

其后，上微行过阳阿主家，悦歌舞者赵飞燕，召入宫，大幸；有女弟，复召入，姿性尤醲粹，左右见之，皆啧啧嗟赏。有宣帝时披香博士淖方成在帝后，唾曰："此祸水也，灭火必矣！"姊、弟俱为倢伃，贵倾后宫。许皇后、班倢伃皆失宠。于是赵飞燕谮告许皇后、班倢伃挟媚道，祝诅后宫，詈及主上。冬，十一月，甲寅，许后废处昭台宫，后姊谒皆诛死，亲属归故郡。考问班倢伃，倢伃对曰："妾闻'死生有命，富贵在天。'修正尚未蒙福，为邪欲以何望！使鬼神有知，不受不臣之诉；如其无知，诉之何益！故不为也。"上善其对，赦之，赐黄金百斤。赵氏姊、弟骄妒，倢伃恐久见危，乃求共养太后于长信宫。上许焉。

班婕妤

【译文】

三年（癸卯，公元前18年）

王氏五侯竞相崇尚奢华。成都侯王商曾得病，想找个避暑的地方，就向皇上借用明光宫。后来，他又凿穿长安城墙，引来沣水，注入他家宅第中的大水池，使可以行船取乐。游船上树立羽毛华盖，四周全都张挂帷幔，还命令划船的人唱越歌。有一次，成帝到王商的府第，看见池水是穿城挖渠引来的，十分恼怒，但只含恨隐忍，没有说话。后来，成帝微服出行时，经过曲阳侯府第，看见园中修筑土山、渐台,模仿白虎殿,于是成帝大怒,用五侯僭越的罪行指责车骑将军车王音。王商、王根兄弟十分恐慌,就想用在自己脸上刺字割鼻的办法,向太后谢罪。成帝听说后,更加怒不可遏,就派尚书去责问司隶校尉和京兆尹;明知成都侯王商等奢侈、僭越等种种不轨行为,甚至窝藏坏人,却都阿谀纵容,不举奏揭发,将他们绳之以法。司隶校尉和京兆尹两人在禁宫门外叩头请罪。成帝又给车骑将军王音下策书说:"外戚为什么自己甘愿犯罪从而败落呢?竟然打算给自己刺面割鼻,在太后面前摆出一副受戮辱的样子,大伤太后的慈母之心,从而危害搅乱国家。外戚宗族势力过强,朕在他们的包围熏染下,很长一段时间都软弱无所作为,今天我要对他们一一处罚。你立即把王商等人召到你那里,等待处理!"这天,成帝还诏令尚书,奏报汉文帝诛杀将军薄昭的旧事。车骑将军王音坐在草垫子上,请罪待刑。王商、王立、王根都背负刀斧和砧板,表示谢罪待刑。过了很久,此事才平息。成帝不过是要恐吓他们,实在并没有诛杀他们的意思。

最初,许皇后与班倢伃都受成帝宠爱。有一次,成帝在后宫庭院游玩,想跟班倢伃同乘一辆车,班倢伃推辞说:"我观看古代的图画,圣贤的君王身旁,都跟随着名臣,而三代末世的君王身旁,才有宠妾。现在陛下想让我同车,是不是有些相似呢!"成帝对她的回答很赞赏,也就不再勉强。太后听说了,高兴地说:"古代有樊姬,今天有班倢伃!"

此后,成帝微服出行到阳阿公主的家,喜欢上公主家的歌舞女赵飞燕,把她召入宫中,大加宠爱。赵飞燕有个妹妹,也被召入宫,姿容特别美艳,毫无瑕疵。成帝左右的人看见她,都惊叹赞赏。有位汉宣帝时的披香博士淖方成,当时正站在成帝身后,却唾口水说:"这是祸水呀,定会扑灭汉王朝之火!"赵飞燕姐妹俩都被封为倢伃,一时尊贵荣宠,压倒后宫。许皇后、班倢伃都失宠了。于是赵飞燕向成帝进谗言说,许皇后、班倢伃用妖术诅咒后宫得宠的美人,甚至连皇上都骂到了。冬季,十一月,甲寅(十六日),许后被废,迁居昭台宫。许后的姐姐许谒等人全被诛杀,许后的亲属被逐归原郡。审讯班倢伃时,班倢伃回答说:"我听说'死生有命,富贵在天。'我修行持正,尚且没有享到幸福,如果做邪的事,就更不用想有好结果了。假使鬼神有知,不会听取诅咒主上的恶诉;假使鬼神无知,向鬼神诉说又有什么用呢?所以用妖术诅咒之事,我不会做的。"成帝认为她说的有道理,就赦免了她，并赐黄金百斤。赵氏姐妹骄横妒忌，班倢伃怕时间长了，终为所害，就请求到长信宫侍奉太后。皇上予以批准。

【原文】

永始元年（乙巳，前16年）

上欲立赵倢伃为皇后，皇太后嫌其所出微甚，难之。太后姊子淳于长为侍中，数往来通语东宫；岁馀，乃得太后指，许之。夏，四月，乙亥，上先封倢伃父临为成阳侯。谏大夫河间刘辅上书，言："昔武王、周公，承顺天地以飨鱼、乌之瑞，然犹君臣祇惧，动色相戒。况于季世，不蒙继嗣之福，屡受威怒之异者乎！虽夙夜自责，改过易行，畏天命，念祖业，妙选有德之世，考卜窈窕之女，以承宗庙，顺神祇心，塞天下望，子孙之祥犹恐晚暮！今乃触情纵欲，倾于卑贱之女，欲以母天下，不畏于天，不愧于人，惑莫大焉！里语曰：'腐木不可以为柱；人婢不可以为主。'天人之所不予，必有祸而无福，市道皆共知之，朝廷莫肯壹言。臣窃伤心，不敢不尽死！"书奏，上使侍御史收缚辅，系掖庭秘狱，群臣莫知其故。

初，太后兄弟八人，独弟曼早死，不侯；太后怜之。曼寡妇渠供养东宫，子莽幼孤，不及等比；其群兄弟皆将军、五侯子，乘时侈靡，以舆马声色佚游相高。莽因折节为恭俭，勤身博学，被服如儒生；事母及寡嫂，养孤兄子，行甚敕备；又外交英俊，内事诸父，曲有礼意。大将军凤病，莽侍疾，亲尝药，乱首垢面，不解衣带连月。凤且死，以托太后及帝，拜为黄门郎，迁射声校尉。久之，叔父成都侯商上书，愿分户邑以封莽。长乐少府戴崇、侍中金涉、中郎陈汤等皆当世名士，咸为莽言，上由是贤莽，太后又数以为言。五月，乙未，封莽为新都侯，迁骑都尉、光禄大夫、侍中。宿卫谨敕，爵位益尊，节操愈谦，散舆马、衣裘振施宾客，家无所馀；收赡名士，交结将、相、卿、大夫甚众。故在位者更推荐之，游者为之谈说，虚誉隆洽，倾其诸父矣。敢为激发之行，处之不惭恧。尝私买侍婢，昆弟或颇闻知，莽因曰："后将军朱子元无子，莽闻此儿种宜子。"即日以婢奉朱博。其匿情求名如此！

六月，丙寅，立皇后赵氏，大赦天下。

【译文】

永始元年（乙巳，公元前16年）

成帝想封赵飞燕为皇后，但皇太后嫌她出身太微贱，从中阻拦。太后姐姐的儿子淳于长任侍中，多次往来于东宫，为成帝传话。经过一年多，才得到太后的旨意，予以允许。夏季，四月，乙亥（十五日），成帝先封赵飞燕的父亲赵临为成阳侯。谏大夫、河间人刘辅上书说："往昔武王、周公承顺天地，因而有白鱼入王舟、火焰变乌鸦的祥瑞，然而君臣仍然心怀恭敬和恐惧，脸为变色，互相诫勉。何况现在正处末世，没有太子降生的福气，却屡次遭受上天降威震怒的变异呢！虽然日夜自责检讨，改过易行，敬畏天命，思念祖宗大业，精选品德高尚的家庭，从中稽考挑选窈窕淑女，以承奉宗庙，顺从神灵之心，满足天下人的希望，然而要想有生子生孙的福气，仍然恐怕太晚！可是陛下现在却放纵情欲，倾心迷恋卑贱之女，想让这样的女子作天下之母，既不畏于天，又不愧于人，陛下的迷惑，没有比现在更大的了！俚语说：'腐木不可用做梁柱，婢女不可成为主人。'上天和人民都不赞成的事情，必然有祸而无福，这是街市小民和路人都懂得的道理，朝廷却没有人肯说一句话，我为此痛心，不敢不冒死劝谏。"奏章上去后，成帝派侍御史逮捕了刘辅，囚禁在宫廷秘密监狱里。群臣都不知道他被捕的原因。

最初，太后有兄弟八人，唯独弟弟王曼早死，没有封侯。太后怜惜他，把王曼的遗孀渠供养在东宫。王曼的儿子王莽，从小成孤儿，不能与其他人相比。那些兄弟的父亲都是将军、王侯，可以凭父亲当时的地位恣意奢华，在车马声色放荡游乐方面互相竞赛。而王莽是屈己下人，态度谦恭，勤学苦修，学识渊博，穿着像儒生。侍奉母亲跟寡嫂，抚养亡兄的孤儿，十分尽心周到。同时，在外结交的都是些俊杰之士，在内对待诸位伯父叔父，能委曲迁就，礼敬有加。大将军王凤病重时，王莽侍候他，亲口尝药，一连几个月都不能解衣入睡，因而蓬头垢面。王凤将死时，把王莽托付给太后及成帝，王莽因此被封为黄门郎，以后又升任射声校尉。很久以后，叔父成都侯王商上书，表示愿分出自己封地上的土地和百姓，请求皇上封给王莽。长乐少府戴崇、侍中金涉、中郎陈汤等，都是当代名士，也都为王莽美言。成帝因而认为王莽贤能，太后又屡次以此嘱咐成帝。五月，乙未（初六），封王莽为新都侯，升为骑都尉、光禄大夫、侍中。王莽在宫廷服务谨慎尽心，爵位越尊贵，他的礼节操守越谦恭。他把自己的车马、衣物、皮裘周济给门下宾客，而自己却家无余财。他收罗赡养名士，结交很多将、相、卿、大夫。因而在位的官员轮番向皇帝推荐他，善游说的人也为他到处宣传，虚假不实的声誉隆盛无比，压过了他的诸位伯父叔父。他敢于做违俗立异的事情，而又安然处之，毫无愧色。王莽曾私下买了一个婢女，兄弟中有人听说了，王莽于是辩解："后将军朱子元没有儿子，我听说此女有宜男相。"当天就把婢女奉送给朱博。他就是这样隐匿真情博取名声！

六月，丙寅（七日），成帝封赵飞燕为皇后，大赦天下。

【原文】

二年（丙午，前15年）

谷永为凉州刺史，奏事京师，讫，当之部，上使尚书问永，受所欲言。永对曰："臣闻王天下、有国家者，患在上有危亡之事而危亡之言不得上闻。如使危亡之言辄上闻，则商、周不易姓而迭兴，三正不变改而更用。夏、商之将亡也，行道之人皆知之；晏然自以若天有日，莫能危，是故恶日广而不自知，大命倾而不寤。《易》曰：'危者有其安者也，亡者保其存者也。'陛下诚垂宽明之听，无忌讳之诛，使刍荛之臣得尽所闻于前，群臣之上愿，社稷之长福也！

元年，九月，黑龙见；其晦，日有食之。今年二月，己未夜，星陨；乙酉，日有食之。六月之间，大异四发，二二而同月。三代之末，春秋之乱，未尝有也。臣闻三代所以陨社稷，丧宗庙者，皆由妇人与群恶沉湎于酒；秦所以二世、十六年而亡者，养生泰奢，奉终泰厚也。二者，陛下兼而有之，臣请略陈其效：

建始、河平之际，许、班之贵，倾动前朝，熏灼四方，女宠至极，不可上矣；今之后起，什倍于前。废先帝法度，听用其言，官秩不当，纵释王诛，骄其亲属，假之威权，从横乱政，刺举之吏，莫敢奉宪。又以掖庭狱大为乱阱，榜棰溝于炮烙，绝灭人命，主为赵、李报德复怨。反除白罪，建治正吏，多系无辜，掠立迫恐，至为人起责，分利受谢，生人死出者，不可胜数。是以日食再既，以昭其辜。

王者必先自绝，然后天绝之。今陛下弃万乘之至贵，乐家人之贱事，厌高美之尊号，好匹夫之卑字，崇聚剽轻无义小人以为私客，数离深宫之固，挺身晨夜，与群小相随，乌集杂会，醉饱吏民之家，乱服共坐，沉湎媟嫚，混淆无别，黾勉遁乐，昼夜在路，典门户、奉宿卫之臣执干戈而守空宫，公卿百僚不知陛下所在，积数年矣。

王者以民为基，民以财为本，财竭则下畔，下畔则上亡。是以明王爱养基本，不敢穷极，使民如承大祭。今陛下轻夺民财，不爱民力，听邪臣之计，去高敞初陵，改作昌陵，役百乾谿，费拟骊山，靡敝天下，五年不成而后反董故。百姓愁恨感天，饥馑仍臻，流散冗食，死于道，以百万数。公有无一年之畜，百姓无旬月之储，上下俱匮，无以相救。《诗》云：'殷监不远，在夏后之世。'愿陛下追观夏、商、周、秦所以失之，以镜考己行，有不合者，臣当伏妄言之诛！

汉兴九世，百九十余载，继体之主七，皆承天顺道，遵先祖法度，或以中兴，或以治安；至于陛下，独违道纵欲，轻身妄行，当盛壮之隆，无继嗣之福，有危亡之忧，积失君道，不合天意，亦以多矣。为人后嗣，守人功业如此，岂不负哉！方今社稷、宗庙祸福安危之机在于陛下；陛下诚能昭然远寤，专心反道，旧愆毕改，新德既章，则赫赫大异庶几可销，天命去就庶几可复，社稷、宗庙庶几可保！唯陛下留神反覆，熟省臣言！"

帝性宽，好文辞，而溺于宴乐，皆皇太后与诸舅夙夜所常忧；至亲难数言，故推永等使因天变而切谏，劝上纳用之。永自知有内应，展意无所依违，每言事辄见答礼。至上此对，上大怒。卫将军商密擿永令发去。上使侍御史收永，敕过交道厩者勿追；御史不及永，还。上意亦解，自悔。

十一月，壬子，擢方进为丞相，封高陵侯。以诸吏、散骑、光禄勋孔光为御史大夫。方进以经术进，其为吏，用法刻深，好任势立威；有所忌恶，峻文深诋，中伤甚多。有言其挟私诋欺不专平者，上以方进所举应科，不以为非也。光，褒成君霸之少子也，领尚书，典枢机十余年，守法度，修故事，上有所问，据经法，以心所安而对，不希指苟合；如或不从，不敢强谏争，以是久而安。时有所言，辄削草稿。以为章主之过以奸忠直，人臣大罪也。有所荐举，唯恐其人之闻知。沐日归休，兄弟妻子燕语，终不及朝省政事。或问光："温室省中树，皆何木也？"光嘿不应,更答以他语,其不泄如是。

【译文】

二年(丙午,公元前15年)

谷永为凉州刺史,到京师奏事完毕,正准备返回凉州,成帝派尚书去问谷永,有什么想说的话可由尚书转告。谷永回答说:"我听说君临天下、主宰国家的人,忧患在于上有危亡的事情,而指出挽救危亡的建议却不能上达君王。如若能很快上达,那么商、周就不会改姓而接替兴起,历法也不会做三次改变而更换使用。夏、商行将灭亡,行路之人都很清楚,而君王却安然自得,自以为就像天上永远有太阳一样,没有谁能危害他。因此罪恶日增而自己还毫无觉察,直到王位倾覆,仍不醒悟。"《易经》说:'危机出现时,有使其转危为安的办法;国家将亡时,有使其保全长存的措施。'陛下若能宽容地垂听下面的建议,不因言论触犯忌讳就加以诛杀,使地位低下如草芥的臣子也能在陛下面前畅所欲言,那就是群臣最大的愿望,也是国家的长久福气!

"去年九月,出现黑龙,同月三十日,发生日食。"今年二月二十八日夜晚,有陨星坠落,同月三十日,又出现日食。六个月之间,大的变异就发生四次,而且两两同月发生。夏商周三代之末,春秋乱世,也未曾出现过。我听说三代之所以国家灭亡、宗庙丧失,都是由于妇人和一群恶人沉湎于酒;秦王朝之所以仅传二世、历十六年就灭亡,是由于奉养活着的皇帝太过奢侈,埋葬死去的皇帝又太过丰厚。以上两方面,陛下兼而有之。请求大陈述其后果:

建始、河平年间,许氏、班氏显贵,权倾朝廷,势焰熏灼四方,对美女宠爱之甚,无以复加。如今对后来的美女的宠爱,更十倍于前。废除先帝的法令制度,听信采用她们的话,不妥当地擢升或罢贬官员,甚至纵容释放触犯王法应处死刑的人。使她们的亲属骄横不可一世,借天子的威权,横行霸道,扰乱国政。负责监察和举荐的官员,谁都不敢按法令行事。她们还利用宫廷秘密监狱,滥肆设陷捕人,用棍棒捶击拷打,比炮烙之刑还要惨痛,甚至打人至死。国家的法律,成了替赵、李两家报恩复仇的工具,罪证确凿的,反而被免除;受到弹劾惩处的,是正直的官员。狱中关押的多是无辜之人，用逼迫恐吓的手段进行拷问。赵、李两家甚至为人放债，分取利钱和接受谢礼。活着入狱，死后才出牢者，不可胜数。因此日食才接连发生，以昭示赵李两家的罪过。

君王必须首先自绝于上天，然后上天才会使其灭亡。而今陛下放弃了拥有万乘兵车的天子至尊身份，喜好平民所做的下贱之事，厌恶崇高美好的尊号，却喜好匹夫的贱名。推重和聚集一些轻佻无义的小人，作为私人门客。多次离开禁卫森严的皇宫，不顾危险，不分早晚，和众小人混在一起，像乌鸦聚集似的，乱七八糟的人会合在一起，跑到吏民家里大吃大喝，穿着不合身份的服装共同坐在一起，沉湎于轻狂的嬉闹，上下混淆，没有区别，尽力追逐跑闹取乐。陛下白天黑夜都在路上奔波，让掌管门户、负责宿卫的臣子手执武器而守护着空宫，公卿百官不知道皇帝在什么地方。这种状况，已存在数年了。

君临天下的人以人民为基础，人民以财产为根本。财源枯竭，则下面反叛；下面反叛，则君王就要灭亡。因此圣明的君王爱护培养根基，不敢无穷尽地盘剥，役使人民像举行祭祀大典那样谨慎。而今陛下轻率地夺取人民的财物，不爱惜民力，听信奸邪之臣的主意，舍去地势高而开阔的初陵，改建昌陵，工役百倍于楚灵王，费用可与秦始皇骊山墓相比，使天下疲惫。五年修不成，而又返回修筑原先的初陵。百姓的仇恨感动上天，饥馑频繁到来，人民流散，四处讨饭，饿死于道者，数以百万计。国家府库没有一年的储备，百姓没有一个月的存粮，上下均匮乏，没有办法互相救济。《诗经》说：'殷商的鉴戒不远，只看夏朝如何灭亡便知。'愿陛下追溯夏、商、周、秦之所以失天下的原因，用它作镜子来检查自己的行为，如果有不合的，我应当接受妄言之罪的惩罚！

"汉朝兴起，已传九世，一百九十余年，继承王位的君主有七位，他们都是承天命顺正道，遵奉先祖的法度，或使国家中兴，或使天下大治安定。至于陛下，唯独违背正道，纵欲贪欢，看轻自己的身份，胡行妄为。正当盛壮之年，却没有生下太子的福气，反而有危亡的忧虑。合计起来，陛下失去君王之道，不合天意的地方，也太多了。作为刘姓后嗣，这样守护祖先功业，岂不有负于祖先！现在，关系国家宗庙祸福安危的关键掌握在陛下手里，陛下如能明白过来，一心回到正道上，将过去的过错全部改正，让新的恩德显明以后，则巨大的灾异也许可消除，准备抛弃陛下的天命，也许可复回，国家、宗庙也许可保全。请陛下留神反复考虑，好好想一下我的话。"

成帝性情宽厚，喜好文辞，而沉溺于欢宴娱乐之中，这都使皇太后和诸位舅父日夜忧虑不安。可是作为至亲，不好再三劝说，因此就推给谷永等人，请他们趁天变恳切地劝谏，使成帝能采纳实行他们的建议。谷永自知宫内有人支持，因而畅所欲言，毫无顾忌。他往常每次奏事，总是得到有礼回答。到这次上奏，成帝却大发怒火。卫将军王商秘密指使谷永赶快离开。成帝派侍御史逮捕谷永，并敕令追过交道厩就不要再追了。御史没有追上谷永，便回来。成帝的怒气也平息下来，自己感到懊悔。

十一月壬子（初二），擢升翟方进为丞相，封高陵侯。任命诸吏、散骑、光禄勋孔光为御史大夫。翟方进由于精通儒学经术而升迁，他做官，引用法令严厉苛刻，喜好凭借官势树威。凡被他嫉恨嫌恶的，都用最严厉的条文深加诋毁，有很多人被他中伤。有人说他挟有私心，诬陷欺骗，处理事务不专一公平。而成帝认为，翟方进所做的决定，都以律条为根据，并无错处。孔光是褒成君孔霸的小儿子，主管尚书，负责中枢机要事务有十余年，遵守法度，凡事依照成规前例行事。成帝有所提问，他引据经典和法令，用自己心中认为是正确的话来回答，不希图苟且迎合成帝的意图。成帝有时不听从采纳，他从不敢强自谏争，因此长期安然无恙。有时也想有所建议，奏书写完，马上毁掉草稿，认为以显示主上的过错来谋取忠直的名声，实为人臣的大罪。有时向成帝举荐人才，唯恐本人知道感恩。假日回家休息，与兄弟、妻子儿女说起家常话，始终只字不提朝廷和尚书省的政事。甚至有人问孔光："皇宫内温室殿中的树木，都是些什么树？"他都默然不应，或回答些其他的话。孔光就是这样不泄露朝中之事。

资治通鉴第三十二卷

汉纪二十四

【原文】

孝成皇帝中元延元年（己酉，前12年）

上以灾变，博谋群臣。北地太守谷永对曰："王者躬行道德，承顺天地，则五征时序，百姓寿考，符瑞并降；失道妄行，逆天暴物，则咎征著邮，妖孽并见，饥馑荐臻；终不改寤，恶洽变备，不复谴告，更命有德。此天地之常经，百王之所同也。加以功德有厚薄，期质有修短，时世有中季，天道有盛衰。陛下承八世之功业，当阳数之标季，涉三七之节纪，遭'无妄'之卦运，直'百六'之灾厄，三难异科，杂焉同会；建始元年以来，二十载间，群灾大异，交错锋起，多于《春秋》所书。内则为深宫后庭，将有骄臣悍妾、醉酒狂悖卒起之败，北宫苑囿街巷之中、臣妾之家幽闲之处徵舒、崔杼之乱；外则为诸夏下土，将有樊并、苏令、陈胜、项梁奋臂之祸。安危之分界，宗庙之至忧，臣永所以破胆寒心，豫言之累年。下有其萌，然后变见于上，可不致慎！祸起细微，奸生所易。愿陛下正君臣之义，无复与群小媟黩宴饮；勤三纲之严，修后宫之政，抑远骄妒之宠，崇近婉顺之行；朝觐法驾而后出，陈兵清道而后行，无复轻身独出，饮食臣妾之家。三者既除，内乱之路塞矣。诸夏举兵，萌在民饥馑而吏不恤，兴于百姓困而赋敛重，发于下怨离而上不知。《传》曰：'饥而不损，兹谓泰，厥咎亡。'比年郡国伤于水灾，禾麦不收，宜损常税之时，而有司奏请加赋，甚缪经义，逆于民心，市怨趋祸之道也。臣愿陛下勿许加赋之奏，益减奢泰之费，流恩广施，振赡困乏，敕劝耕桑，以慰绥元元之心，诸夏之乱庶几可息！"

中垒校尉刘向上书曰："臣闻帝舜戒伯禹'毋若丹朱傲'，周公戒成王'毋若殷王纣'，圣帝明王常以败乱自戒，不讳废兴，故臣敢极陈其愚，唯陛下留神察焉！

谨按《春秋》二百四十二年，日食三十六，今连三年比食，自建始以来，二十岁间而八食，率二岁六月而一发，古今罕有。异有小大希稠，占有舒疾缓急，观秦、汉之易世，览惠、昭之无后，察昌邑之不终，视孝宣之绍起，皆有变异著于汉纪。天之去就，岂不昭昭然哉！臣幸得托末属，诚见陛下宽明之德，冀销大异而兴高宗、成王之声，以崇刘氏，故恳恳数奸死亡之诛！天文难以相晓，臣虽图上，犹须口说，然后可知；愿赐清燕之间，指图陈状！"上辄入之，然终不能用也。

特进、安昌侯张禹请平陵肥牛亭地；曲阳侯根争，以为此地当平陵寝庙，衣冠所出游道，宜更赐禹他地。上不从，卒以赐禹。根由是害禹宠，数毁恶之。天子愈益敬厚禹，每病，辄以起居闻，车驾自临问之，上亲拜禹床下，禹顿首谢恩；禹小子未有官，禹数视其小子；上即禹床下拜为黄门郎、给事中。禹虽家居，以特进为天子师，国家每有大政，必与定议。

时吏民多上书言灾异之应，讥切王氏专政所致，上意颇然之，未有以明见；乃车驾至禹弟，辟左右，亲问禹以天变，因用吏民所言王氏事示禹。禹自见年老，子孙弱，又与曲阳侯不平，恐为所怨，则谓上曰："《春秋》日食、地震，或为诸侯相杀，夷狄侵中国。灾变之意，深远难见，故圣人罕言命，不语怪神，性与天道，自子贡之属不得闻，何况浅见鄙儒之所言。陛下宜修政事，以善应之，与下同其福喜，此经义意也。新学小生，乱道误人，宜无信用，以经术断之！"上雅信爱禹，由此不疑王氏。后曲阳侯根及诸王子弟闻知禹言，皆喜说，遂亲就禹。

故槐里令朱云上书求见，公卿在前，云曰："今朝廷大臣，上不能匡主，下无以益民，皆尸位素餐，孔子所谓'鄙夫不可与事君，苟患失之，亡所不至'者也！臣愿赐尚方斩马剑，断佞臣一人头以厉其余！"上问："谁也？"对曰："安昌侯张禹！"上大怒曰："小臣居下讪上，廷辱师傅，罪死不赦！"御史将云下；云攀殿槛，槛折。云呼曰："臣得下从龙逄、比干游于地下，足矣！未知圣朝何如耳！"御史遂将云去。于是左将军辛庆忌免冠，解印绶，叩头殿下曰："此臣素著狂直于世，使其言是，不可诛；其言非，固当容之。臣敢以死争！"庆忌叩头流血；上意解，然后得已。及后当治槛，上曰："勿易，因而辑之，以旌直臣！"

【译文】

汉成帝元延元年（己酉，公元前12年）

因为发生灾害和不祥的自然现象，成帝广泛地征求群臣的意见。北地太守谷永回答说："作为君王，若亲身实行道德，承顺天地的旨意，那么自然的五种征候，会按顺序正常运转，百姓会长寿，祥瑞征兆会同时降临。若不按正道行事，违背上天的旨意，浪费财物，则罪责的征兆就会尤其显著，妖孽同时出现，饥馑连续发生。若终不醒悟改悔，恶行普遍，上天就不再作谴责的警告，而将天命归于另一位有德的君王。这是天地的正常规律，它对所有的君王都是一视同仁的。此外，还会考虑到君王的功德有厚有薄，期限有长有短，资质有高有低，所处时代有中期、晚期，同时天道本身的变化也有盛有衰。陛下继承西汉八位皇帝的功业，正当阳数中的末季，接近二百一十年的劫数，遭逢《易经》上'无妄'卦的命运，正当'百六'之灾难，三种灾难性质都不一样，但却掺杂会合在一起。建始元年以来，二十年间，各种灾害和大的天象变异，如群蜂四起，比《春秋》记载的还要多。这表示：对内来说，深宫后庭之中，将有骄横的内臣和凶悍的姬妾、醉酒狂乱，猝起败坏国家。北宫花园街巷之中，侍臣和姬妾家里的幽静之处，将会发生夏征舒、崔杼那样的变乱；对外来说，普天之下，将会发生樊并、苏令、陈胜、项梁之辈奋臂造反的灾祸。现在正处在平安和危机的分界线上，是宗庙能否保存的最为忧愁的时期，所以我谷永甘冒胆破心寒的杀头之祸，连年发出这种预言。下面有变乱的萌芽，然后才会在上面演化成变乱，怎能不谨慎！祸患是从细微逐渐发展而来，奸恶是因轻视忽略而产生。愿陛下端正君臣大义，再不要与那群小人亲狎，玷污身份，同他们在一起饮宴。应严格按照'三纲'的原则，治理后宫，压制疏远那些骄横妒忌的宠妃，尊崇贞婉、顺服的德行。出门时，要先朝见皇太后，使用皇帝仪仗，然后才可出宫，在街上布列士兵，清道戒严之后才可走上街头。不要再仅带几个随从就独自出宫，到臣妾家吃饭饮酒。以上三点除去以后，发生内乱的道路就披堵死了。而今天下到处举兵谋反，变乱萌发于人民饥馑，而官吏不加体恤，产生于百姓困苦，而赋敛沉重，发端于下层人民怨恨背离，而上面却不知道。《洪范·传》说：

'人民饥馑，不减少赋税，却宣称国泰民安，一定蒙祸而死。'郡国连年遭受水灾的损失，禾麦不收，这正是应该减免常税的时候，而有关官署却奏请增加赋税，这与儒家经典的大义甚为不符，不顺民心，是招怨惹祸的做法。我请求陛下不批准加赋的奏文，再减少一些奢华的费用，广泛地布施恩泽，赈济赡给困乏之人，下敕书劝民勤于耕田植桑，以此来安抚小民之心，各地的叛乱也许就可平息！"

中垒校尉刘向上书说："我听说，帝舜曾警告伯禹：'不要像丹朱那么骄傲。'周公曾告诫成王：'不要像殷纣王。'圣明的帝王，常以败亡变乱的事例告诫自己，不忌讳谈论王朝的废兴，因此我才敢极力陈述愚昧的见解，请陛下留神考察！"

"查考《春秋》二百四十二年里，日食不过才三十六次。可是现在连续三年发生日食，自建始年间以来，二十年的时间，就出现日食八次，平均每二年六个月就出现一次，古今罕有。天象变异有大小、疏密之分，而占验结果也有迟早、缓急的区别。观秦、汉的改朝换代，看汉惠帝、昭帝都没有后嗣，察昌邑王刘贺被废夺太子位，览孝宣皇帝承天命崛起继位，都有变异明确地记载在汉的编年史书上。上天的舍弃和俯就，岂不是十分清楚么！我有幸为皇族弱枝后裔，诚然看到陛下有宽厚贤明的圣德，希望能消除变异，而复兴商高宗、周成王那样的声誉，以增高刘氏的功业，因此才不断恳切地冒死上书。天象复杂，难以向陛下述说清楚，我虽呈献上天文图表，但仍需口说解释，然后才能使陛下明白，请陛下赐一点清闲的时间，让我指着图表向陛下详述。"成帝立即召刘向进宫，但是到底不能采纳他的建议。

官位特进的安昌侯张禹，请求成帝把平陵肥牛亭那片土地赐给他。曲阳侯王根表示反对，认为此片地在平陵墓园寝庙附近，正当衣冠出游的必经之路，应换一块地赐给他。成帝不听，终于把那块地赐给了张禹。王根因此对张禹的得宠十分妒恨，多次在成帝面前诋毁张禹。但是，成帝却越发尊敬厚待张禹，张禹每次患病，成帝都打听他的饮食休息情况，甚至坐车到张禹家问候，亲自在病床前拜见张禹，张禹叩头谢恩。张禹的幼子没有官职，张禹频频用眼看那个孩子，成帝就在张禹床前封他为黄门郎、给事中。张禹虽然家居，但以"特进"的身份当天子的老师，国家每有大事，成帝必与他磋商后才决定。

当时吏民中有很多人上书，谈论灾异的出现，讽刺指摘王氏专权招致灾异。成帝也认为颇有道理，但又觉得，事实不明显。就坐车来到张禹的宅邸，屏退左右，亲自询问张禹关于天象变异的事，把吏民上书谈到的王氏之事告诉张禹。张禹清楚自己已年老，子孙太弱，又与曲阳侯王根不和，恐怕被王氏怨恨，就对成帝说："《春秋》上记载的日食、地震，或者因为诸侯互相攻杀，或者因为夷狄侵犯中国。上天降下灾害变异，含意十分深远，难以明见。因此圣人很少谈论天命，也不说有关神怪的事。性命与天道，连子贡之辈，也未能听到孔子谈论，更何况那些见识肤浅鄙陋的儒生所说的话呢。陛下应该使政治修明，用善来应对上天的警戒，与臣下一同多行善举，这才是儒家经义的本意。那些新学小生，胡言乱语，误人不浅，不要相信和任用他们。一切只按儒学经术。"成帝一向信任爱戴张禹，因此不再怀疑王氏。后来曲阳侯王根以及诸位王氏子弟听说了张禹的话，都感到欢喜，于是亲近张禹。

曾做过槐里县令的朱云，上书求见皇帝。在公卿面前，朱云对成帝说："现今朝廷大臣，上不能匡扶主上，下不能有益于人民，都是些白占着官位领取俸禄而不干事的人，正如孔子所说：'卑鄙的人不可让他侍奉君王，他们害怕失去官位，会无所不为。'我请求陛下赐给我尚方斩马剑，斩断一个佞臣的头颅，以警告其他人！"成帝问："谁是佞臣？"朱云回答说："安昌侯张禹！"成帝大怒，说："小小官员在下，竟敢诽谤国家重臣，公然在朝廷之上侮辱帝师。处以死罪，决不宽恕！"御史将朱云逮下，朱云紧抓住宫殿栏杆，栏杆被他拉断，他大呼说："我能够追随龙逄、比干，游于地下，心满意足了！却不知圣明的汉王朝将会有什么下场！"御史挟持着朱云押下殿去。当时左将军辛庆忌脱下官帽，解下印信绶带，伏在殿下叩头说："朱云这个臣子，一向以狂癫耿直闻名于世，假使他的话说的对，不可以杀他；即使他的话说的不对，也本该宽容他。我敢以死请求陛下！"辛庆忌叩头流血，成帝怒意稍解，杀朱云之事遂作罢。后来，当要修理宫殿栏杆时，成帝说："不要变动！就原样补合一下，我要用它来表彰直臣！"

【原文】

四年（壬子，前9年）

中山王兴、定陶王欣皆来朝，中山王独从傅，定陶王尽从傅、相、中尉。上怪之，以问定陶王，对曰："令：诸侯王朝，得从其国二千石。傅、相、中尉，皆国二千石，故尽从之。"上令诵《诗》，通习，能说。他日，问中山王："独从傅在何法令？"不能对；令诵《尚书》，又废；及赐食于前，后饱；起下，袜系解。帝由此以为不能，而贤定陶王，数称其材。是时诸侯王唯二人于帝为至亲，定陶王祖母傅太后随王来朝，私赂遗赵皇后、昭仪及票骑将军王根。后、昭仪、根见上无子，亦欲豫自结，为长久计，皆更称定陶王。劝帝以为嗣。帝亦自美其材，为加元服而遣之，时年十七矣。

【译文】

四年（壬子，公元前9年）

中山王刘兴和定陶王刘欣，都到长安朝见。中山王只由傅陪同，而定陶王则把傅、相、中尉都带来了。成帝奇怪，就询问定陶王，他回答说："汉朝法令规定：诸侯王朝见天子，可以由王国中官秩在二千石的官员陪同。傅、相、中尉都是国中二千石的官员，因此让他们全都来了。"成帝又命令他背诵《诗经》，他不仅能熟练地背诵，而且还能解释。另一天，成帝问中山王刘兴说："你只由师傅一人陪同前来，有什么法令根据？"刘兴不能回答。命他背诵《尚书》，又背不下去。成帝赐饮食与他共餐，成帝已用完餐，他还在吃，吃饱才罢休。吃完起身下去，袜带松开了，他还不知道。成帝因此认为刘兴没有能力，而认为刘欣贤能，屡次称赞他的才干。当时诸侯王中，只有他们两人跟皇帝血缘关系最为亲近，定陶王祖母傅太后随王一起来朝见，私下馈赠礼物贿赂赵皇后、赵昭仪以及骠骑将军王根。皇后、昭仪和王根见皇帝无子，也想预先私自结交诸侯王，以为长久之计，因而轮流在成帝面前称赞定陶王，劝说成帝立他为继嗣。成帝自己也很欣赏他的才能，亲自为他主持加冠礼后送他回国。刘欣这年十七岁。

【原文】

绥和元年（癸丑，前8年）

上召丞相翟方进、御史大夫孔光、右将军廉褒、后将军朱博入禁中，议"中山、定陶王谁宜为嗣者？"方进、根、褒、博皆以为："定陶王，帝弟之子。《礼》

曰'昆弟之子，犹子也。为其后者，为之子也。'定陶王宜为嗣。"光独以为："礼，立嗣以亲。以《尚书·盘庚》殷之及王为比，兄终弟及。中山王，先帝之子，帝亲弟，宜为嗣。"上以"中山王不材；又礼，兄弟不得相入庙，"不从光议。二月，癸丑，诏立定陶王欣为皇太子，封中山王舅谏大夫冯参为宜乡侯，益中山国三万户，以慰其意；使执金吾任宏守大鸿胪，持节徵定陶王。定陶王谢曰："臣材质不足以假充太子之宫；臣愿且得留国邸，旦夕奉问起居，俟有圣嗣，归国守藩。"书奏，天子报"闻"。戊午，孔光以议不合意，左迁廷尉；何武为御史大夫。

上以太子既奉大宗后，不得顾私亲，十一月，立楚孝王孙景为定陶王。太子议欲谢；少傅阎崇以为"为人后之礼，不得顾私亲，不当谢"；太傅赵玄以为"当谢"，太子从之，诏问所以谢状，尚书劾奏玄，左迁少府；以光禄勋师丹为太傅。

初，太子之幼也，王祖母傅太后躬自养视；及为太子，诏傅太后、丁姬自居定陶国邸，不得相见。顷之，王太后欲令傅太后、丁姬十日一至太子家，帝曰："太子承正统，当共养陛下，不得复顾私亲。"王太后曰："太子小而傅太后抱养之；今至太子家，以乳母恩耳，不足有所妨！"于是令傅太后得至太子家；丁姬以不养太子，独不得。

卫尉、侍中淳于长有宠于上，大见信用，贵倾公卿，外交诸侯、牧、守，赂遗、赏赐累巨万，淫于声色。许后姊嬺为龙雒思侯夫人，寡居；长与嬺私通，因取为小妻。许后时居长定宫，因嬺赂遗长，欲求复为婕妤。长受许后金钱乘舆、服御物前后千余万，诈许为白上，立为左皇后。嬺每入长定宫，辄与嬺书，戏侮许后，嫚易无不言；交通书记，赂遗连年。

时曲阳侯根辅政，久病，数乞骸骨。长以外亲居九卿位，次第当代根。侍中、骑都尉、光禄大夫王莽心害长宠，私闻其事。莽侍曲阳侯病，因言："长见将军久病意喜，自以当代辅政，至对衣冠议语署置；"具言其罪过。根怒曰："即如是，何不白也！"莽曰："未知将军意，故未敢言！"根曰："趣白东宫！"莽求见太后，具言长骄佚，欲代曲阳侯；私与长定贵人姊通，受取其衣物。太后亦怒曰："儿至如此！往，白之帝！"莽白上；上以太后故，免长官，勿治罪，遣就国。

初，红阳侯立不得辅政，疑为长毁谮，常怨毒长；上知之。及长当就国，立嗣子融从长请车骑，长以珍宝因融重遗立。立因上封事，为长求留曰："陛下既托文以皇太后故，诚不可更有他计。"于是天子疑焉，下有司按验。吏捕融，立令融自杀以灭口。上愈疑其有大奸，遂逮长系洛阳诏狱，穷治。长具服戏侮长定宫，谋立左皇后，罪至大逆，死狱中。

方进智能有余，兼通文法吏事，以儒雅缘饰，号为通明相，天子器重之；又善求人主微指，奏事无不当意。方淳于长用事，方进独与长交，称荐之；及长坐大逆诛，上以方进大臣，为之隐讳，方进内惭，上疏乞骸骨。上报曰："定陵侯长已伏其辜，君虽交通，传不云乎：'朝过夕改，君子与之'，君何疑焉！其专心壹意，毋怠医药，以自持。"

上以王莽首发大奸，称其忠直；王根因荐莽自代。丙寅，以莽为大司马，时年三十八。莽既拔出同列，继四父而辅政，欲令名誉过前人，遂克己不倦。聘诸贤良以为掾、史，赏赐、邑钱悉以享士，愈为俭约。母病，公卿列侯遣夫人问疾，莽妻迎之，衣不曳地，布蔽膝，见之者以为僮使，问知其夫人。其饰名如此。

【译文】

绥和元年（癸丑，公元前8年）

成帝召丞相翟方进、御史大夫孔光、右将军廉褒、后将军朱博进宫，讨论中山王刘兴和定陶王刘欣，谁更适合继承帝位。翟方进、王根、廉褒、朱博都认为："定陶王是皇上弟弟的儿子，《礼记》说：'兄弟的儿子，如同自己的儿子。立他为后嗣，就成为儿子。'定陶王适合立为嗣子。"只有孔光认为：

王莽

"依礼，立后嗣应以血缘关系亲疏为根据。比照《尚书·盘庚》记载的商朝君王传位的方式，是哥哥去世，弟弟继位。中山王是先帝的儿子，皇上的亲弟弟，应立他为后嗣。"成帝认为："中山王没有才干；再者，依礼，兄弟的牌位不能一同进入宗庙"为理由，没有听从孔光的建议。二月，癸丑（初九），成帝下诏立定陶王刘欣为皇太子。封中山王的舅父、谏大夫冯参为宜乡侯，再增加中山国采邑三万户人家，以示安慰。成帝派执金吾任宏，暂时署理大鸿胪职，持符节征召定陶王入京。

定陶王上书辞谢说："以我的才能资质，不足以充当太子。我愿暂时留住京师的定陶国邸，早晚进宫问安，等到皇上有了亲子，我就返回藩国守土。"成帝览奏，批复说："已阅。"戊午（十四日），成帝因为孔光的建议不合自己心意，将他贬调为廷尉。任命何武为御史大夫。

成帝因太子既然已继承大宗，就不能再顾念自己的骨肉亲人，于是在十一月，封楚孝王的孙子刘景为定陶王，使刘欣生父一脉得以延续。刘欣与左右商议，准备上书叩谢皇恩。少傅阎崇认为："既当别人的继承人，依礼，就不能再顾念自己的骨肉亲人，不应当叩谢。"太傅赵玄却认为："应当叩谢。"太子听从了赵玄的建议。成帝诏问太子因何叩谢的情况后，尚书上奏弹劾赵玄，赵玄被贬降为少府，而任命光禄勋师丹为太傅。

最初，太子幼年时，是由祖母傅太后亲自抚养。等到成为太子，成帝诏令傅太后和太子亲母丁姬留居京师的定陶国邸，不许相见。不久，皇太后想让傅太后、丁姬十天一次去太子宫探望，成帝说："太子已承继正统，理当奉养太后陛下，不能再顾念自己的骨肉亲人。"太后说："太子小时候是傅太后抱养大的，现在允许他到太子宫探望，不过是以乳娘的恩情对待她，不足以造成什么妨碍。"于是下令傅太后可以到太子家探望，丁姬因为没有抚养太子，只有她不能去。

卫尉、侍中淳于长在成帝面前很得宠，大受信任和重用，权贵压倒公卿。他在外结交诸侯、刺史、太守，那些人贿赂他的钱财，和皇帝给予的赏赐，累积巨万，他整日放纵于声色之中。许皇后的姐姐许孊，是龙雒思侯夫人，寡居在家，淳于长与她私通，因而娶她为妾。许皇后这时居住在长定宫，通过姐姐许孊贿赂淳于长，谋求再当婕妤。淳于长接受了许后的金钱和御用的车马、衣物器具等，前后千余万钱的贿赂，欺骗许后，假装许诺为她向成帝请求，立为左皇后。许孊每次到长定宫探望许后，淳于长就让许孊捎书信给许后，戏弄欺侮她，辱慢轻薄，无所不言。这种书信往来及贿赂，连续很多年。

这时曲阳侯王根为辅政大臣，久病在床，多次请求辞职。淳于长以外戚的身份，又位居九卿，按顺序应当代替王根而掌权柄。侍中、骑都尉、光禄大夫王莽对淳于长的得宠心怀妒忌，就暗中打听他的那些坏事。王莽在伺候曲阳侯王根的病时，趁机说："淳于长见将军久病，感到高兴，自以为应当代替将军辅政，甚至已对士大夫及贵族子弟谈论到任官设署等事。"接着一一说出淳于长的罪过。王根大怒说:"如果有这等事,为什么不告诉我!"王莽说:"不知将军心里的想法,因此没敢说。"王根说:"快去禀告太后!"王莽求见太后,详细讲述了淳于长骄奢淫逸,想代替曲阳侯,以及与废后许氏的姐姐私通,收取许氏的衣物等贿赂。太后也发怒说:"这孩子放肆到这种地步!去,奏告皇上!"王莽又报告了成帝,成帝因为淳于长是太后的亲属的缘故,虽免去了他的官职,但不治其罪,把他遣送回封国。

最初,红阳侯王立不能得到辅政大臣的位置,怀疑是淳于长诽谤诬陷的结果,时常怨恨他。这种情况,皇上也清楚。等到淳于长将回封国,王立的嫡长子王融,请求淳于长把车辆马匹送给他,淳于长让王融捎回赠送给王立的珍宝重礼。王立因此上密封奏书,请求成帝把淳于长留在京师。他说:"陛下既然在诏书中说因皇太后的缘故不加罪淳于长,就实在不应该再有其他惩罚。"于是引起成帝怀疑,就把此事交付有关官署去追查验证。主管官吏逮捕了王融,王立令王融自杀以灭口。成帝愈发怀疑这其中有大的奸谋,就逮捕了淳于长,关押在洛阳诏狱,对他严厉追究,淳于长全部供出戏弄侮辱废后许氏、承诺立她为左皇后等事,罪名达到"大逆",就在狱中处死。

翟方进的智谋才能有余,又兼精通法令条文和行政事务,善用儒学经典装饰自己的举止谈吐,使其高雅不俗,被人称为通达明理的丞相,受到天子的器重。他又善于揣摩皇上的心思,所奏之事,没有不合皇上心意的。当淳于长受重用时,翟方进只与淳于长结交,在成帝面前称赞和推荐他。等到淳于长犯大逆罪被处死,成帝因为翟方进是朝廷重臣,为他隐瞒掩饰。翟方进内心惭愧,上疏请求退休,成帝回报说:"定陵侯淳于长已服罪,你虽与他交往,古书不是说:'早上的过失,晚上改正了,君子都赞许。'你还疑虑什么呢!请专心一意休养,不要耽误了医药,自己保重。"

成帝因为王莽首先揭发重大奸恶,称赞他忠心正直。王根因而保荐王莽代替自己。丙寅(十月二十六日),任命王莽为大司马,时年三十八岁。王莽既然超出同列受到破格提拔,继四位伯父叔父,成为辅政大臣,就想让自己的名誉超越前人,于是克制自己的欲望,修养不倦。聘请各位贤良做掾、史等属官,将皇帝的赏赐和封国的收入全部用来供养名士。他越发俭朴节约,母亲患病,公卿列侯都派夫人去探问,王莽的妻子出来迎客,衣裙的长度不拖地,穿着布围裙,看见她的人,还以为是奴婢,询问之下,才知是王莽夫人。他就是这样矫饰做作,以博取名声。